本译著受 2020 年兰州大学"双一流"建设资金人文社科类图书出版经费，2019 年中央高校基本科研业务费专项资金自由探索项目 [2019jbkyzy034] 资助。

Language: Its Nature, Development and Origin

# 语言论
## 语言的本质、发展与起源

［丹］奥托·叶斯柏森 著

柴　橚 译

中国社会科学出版社

图书在版编目(CIP)数据

语言论:语言的本质、发展与起源/(丹)奥托·叶斯柏森著;柴橚译.
—北京:中国社会科学出版社,2021.5
ISBN 978 - 7 - 5203 - 8294 - 6

Ⅰ.①语… Ⅱ.①奥…②柴… Ⅲ.①语言学—研究 Ⅳ.①H0

中国版本图书馆 CIP 数据核字(2021)第 067997 号

| 出 版 人 | 赵剑英 |
|---|---|
| 责任编辑 | 张 潏 |
| 责任校对 | 姜志菊 |
| 责任印制 | 李寡寡 |

| 出 版 | 中国社会科学出版社 |
|---|---|
| 社 址 | 北京鼓楼西大街甲 158 号 |
| 邮 编 | 100720 |
| 网 址 | http://www.csspw.cn |
| 发 行 部 | 010 - 84083685 |
| 门 市 部 | 010 - 84029450 |
| 经 销 | 新华书店及其他书店 |

| 印 刷 | 北京明恒达印务有限公司 |
|---|---|
| 装 订 | 廊坊市广阳区广增装订厂 |
| 版 次 | 2021 年 5 月第 1 版 |
| 印 次 | 2021 年 5 月第 1 次印刷 |

| 开 本 | 710 × 1000 1/16 |
|---|---|
| 印 张 | 29.5 |
| 插 页 | 2 |
| 字 数 | 469 千字 |
| 定 价 | 168.00 元 |

献给

恩师

威廉·汤姆逊

闻听思论，

吾欣欣然。

求学若渴，

再造研究。

# 译 者 序

美国语言学家威廉·拉波夫（William Labov）在评价 20 世纪最重要的三位语言学伟人时，指出："索绪尔被认为是本世纪影响最大的语言学家，梅耶是历史语言学最杰出的语言学家之一，叶斯柏森是其著作在当代被最用心解读、最注意引用的语言学家。"

1860 年 7 月 16 日，奥托·叶斯柏森（Otto Jesperson，1860—1943）生于丹麦兰纳斯的一个法律世家，在 17 岁时进入哥本哈根大学，最初学习法律，后转向语文学，学过法国文学，研究过丹麦方言，曾致力于语音学研究。他师从语言学家卡尔·阿道夫·维尔纳（Karl Adolph Verner），1887 年获得硕士学位，之后游学伦敦、牛津、巴黎、柏林、莱比锡等地，拜见了多位学者，后于德国潜心研究古英语和中古英语。1891 年，他在丹麦语言学家威廉·路德维格·皮特·汤姆森（Vilhelm Ludwig Peter Thomsen）的悉心指导下，凭借英语格系统论文获得博士学位。自 1893 年起，叶斯柏森担任英语教授直到 1925 年退休；1909 至 1910 年在美国加州大学、哥伦比亚大学作访问教授；1920 至 1921 年出任哥本哈根大学校长。他是国际语音协会创始人之一，也是第四届国际语言学家大会主席。年过 80 岁的他依然坚持语音符号系统研究。1943 年 4 月 30 日，叶斯柏森在丹麦罗斯基勒去世，享年 83 岁。①

在学术上，叶斯柏森是西方语言学史上介于传统规定派和现代描写派之间的一位重要代表人物，对普通语言学和语法学做出卓越贡献。他的研

---

① 参阅梁方《叶斯柏森：语言学界的泰山北斗》，《中华读书报》2013 年 3 月 20 日第 018 版。

究涉及语音学、普通语言学（包括个别语言研究）、语言史、语言哲学、语言习得、心理语言学、国际语、外语教学等领域。他对普通语言学和语法学的贡献尤为凸出，影响了包括伦纳德·布龙菲尔德（Leonard Bloomfield）、艾弗拉姆·诺姆·乔姆斯基（Avram Noam Chomsky）、迈克尔·亚历山大·柯克伍德·韩礼德（Michael Alexander Kirkwood Halliday）等西方大批学者。中国汉语界学者王力、吕叔湘等人在建立当代汉语语法系统中亦借鉴叶氏理论。

由于贡献巨大，他被选为丹麦科学院院士，英国皇家学会通信会员，美国语言学学会首批名誉会员，并获得法国大学院沃耳内大奖。美国哥伦比亚大学、英国圣安德鲁斯大学和法国索邦大学授予他名誉博士学位。叶氏 70 岁生日时，美国语言学家爱德华·萨皮尔（Edward Sapir）在丹麦著名报纸《政治报》致辞："在我心目中，叶氏的著作独具特色，囊括了精当的学识，敏锐的分析，清晰流畅的语言风格，又不乏想象力与热情，而后者在一般科学研究中是不常见的。"英国著名语法学家伦道夫·夸克（Charles Randolph Quirk）在叶著《英语的成长和结构》（*Growth and Structure of the English Language*）的序言中，称赞他是有史以来最杰出的英语语言学者。

叶斯柏森一生著述颇丰，代表作包括：

《语言进化论——特别着重英语》（*Progress in Language with Special Reference to English*）

《语法哲学》（*The Philosophy of Grammar*）

《英语语法精义》（*Essentials of English Grammar*）

《分析句法》（*Analytic Syntax*）

《英语的成长和结构》（*Growth and Structure of the English Language*）

《语言论：语言的本质、发展与起源》（*Language：Its Nature, Development and Origin*）

《语音学》（*Fonetik：En Systematisk Fremstilling af Læren om Sproglyd*）

《外语教学法》（*How to Teach a Foreign Language*）

《基于历史原则的现代英语语法》（*Modern English Grammar on Historical Principles*）。

关于语言，叶斯柏森有两个主要观点：一是，语音、语法是外部形式，意义是内部形式，音与义密切关联，音变往往是由语义因素造成的；同时，叶斯柏森将功能作为语言的中心，一方面与语音联系，一方面与意念关联。研究音义结合可以双向互动，即可从语音为始，经过功能寻求所表达的意义，进而与意念结合；或者从意念出发，经过功能找到表达语义的语音形式，从而与语音结合。这种"由内到外"和"由外到内"所谓的"双向探索"是在继承亨利·斯威特（Henry Sweet）主张的基础上，更加强调语言研究必须将"形式"与"意义"密切结合。① 二是，语言进化论：达尔文《天演论》核心观点是"物竞天择"，这一理论在叶斯柏森著中占据突出地位。他指出，印欧语系古代语言词法系统复杂，近代语言词形变短，语法系统简化，这是语言进化的现象，并非退化或讹误。而该观点主要见于本著《语言论：语言的本质、发展与起源》。

在本书中，叶斯柏森首先针对德国新语法学派"语音规则无例外，强调语言的规律性"的论断，指出"目前没有一个语音规则能让笔者完全接受，因为现实的音变现象不可能完全遵从语音规则。"基于此，我们无法提炼出任何具有普遍意义的语音规则。在此真知的基础上，叶斯柏森提出了"价值原则"概念，即一种语言的表达形式在交际中失去价值时，其自身就会引发变化，或者当更加简易的语言形式可达到同样交际目的时，那些更加费力的形式就会发生变化，这是导致古英语格系统消失的主因。

其次，新语法学派在语言研究上的另一个观点是推崇"类推原则"。他们认为语言发生变化的第二个原因是心理方面的因素，即说话者经常把发音或意义上相仿的词句归为一类，并以类推的方式创造新词和新句。针对这一观点，叶氏指出，所有人类在心理上都存在这样一种倾向，即倾向于"懒惰、惰性、逃避、随意、散漫或者其他已被发明的表示'省力'或'遵循最小阻力'的同义词"。这种倾向使得人类在使用语言时尽可能地减少耗力，导致表达方式发生变化，如缩略、截短等。而词音亦在连贯话语中发生同化、脱落。叶氏把这种现象称作"趋易理论"，并进一步指出，在话语习惯总体可变的基础上，有两大因素起到决定性作用，即个体的推

---

① 参阅任绍曾《叶斯柏森语法理论体系研析》，《外语教学与研究》2000 年第 6 期。

动力和群体的约束力，二者又处于不断竞争的关系。对于这种竞争，叶氏认为"趋易理论"在某些情况下可能会起到主要作用。

再次，叶斯柏森从未忽略人的活动对语言变化的影响。在本书中，叶斯柏森对语言接触、冲突、男女的语言差异等问题展开了极为详细的讨论。失误和器官的影响在一些语言学家那里看似微不足道，但是叶斯柏森认为："对于想要理解话语并立志探究语言学发展的学者来说，这些绝非毫无意义，因为生活就是由这些细节组成的。"

叶斯柏森的《语言论：语言的本质、发展与起源》是一部兼顾历时、共时，贯通世界 30 余种语言的理论巨著。在西方，此书与费尔迪南·德·索绪尔（Ferdinand de Saussure）《普通语言学教程》（*Course in General Linguistics*）、布龙菲尔德《语言论》（*Language*）、萨丕尔《语言论：话语研究导论》（*Language：An Introduction to the Study of Speech*）齐名，同属西方语言学经典著作，并且近十年以来，叶氏理论研究在国内呈提升发展趋势。遗憾的是，国内至今仅引进全英版本，尚无汉译本。译者故此查阅大量语言学资料，期待国内读者完美领略原著风姿。译者才疏学浅，难免有疏漏之处，尚祈各位读者不吝指教。

柴 槺

2020 年于兰州大学 茸龙斋

# 序　言

在 20 世纪初，人们普遍认为语言学的独到之处在于它的历史性，换句话说，一种语言或者一个单词不再是一成不变的事物，而是长期以来不断发展的结果，同时也是日后发展的起点。这种看待语言的方式被视为近几个世纪以来语言学发展的决定性因素，我们完全可以在涉猎语言学的时候，提及诸如"进化论""达尔文主义"之类的论断，以此表明在过去百年光阴中，语言学与其他学科有着非常相似的发展趋势。话虽如此，这也不意味着语言学者总能认清语言的本质，由于隐喻是人们惯用的表达方式，在多数情况下，隐喻只会模糊事物的本相。人们谈及语言本身时，常将它描述为一种"生物"，例如语言的"生命力"，新语言的"诞生"，旧语言的"死亡"，即使说话者并未必意识到这一点。而此类表述的言下之意在于语言如同动植物，具有生命。当然，语言又与小狗或者山毛榉不同，后二者独立存在，而前者是人类的一项技能，是一种带有目的性的活动。我们决不该在这一特殊活动中忽视说话者以及说话的目的。当谈及文字的生命如一些著作的标题：《语言的生命》（*La Vie des Mots*）《文字的传记》（*Biographies of Words*），这些作品的作者主观上尚未把语言视为毫无生命的物体。只有当人类说、听或者记录语言的时候，语言才会存在。这种存在方式并不足以与"生命"这个单词的本义以及它的引申义相提并论。因为，语言有且仅有一种固定的含义。它是人类的一种习惯，是人类个体的习惯性行为，它能够让话说者的想法在对方的脑海中引发共鸣。因此，我们可以将一个单词与人类的行为习惯相提并论，例如脱帽或者将手指放在帽子上。在此类情况中，人类会形成一套特定的肌肉活动，当有人感知到这些活动时，这套肌肉活动便会向他展示动作发出者的所思所想，又或者向对方传递某些信息。诚然，行为是个人的，但它可理解的前提是，该行为属于具有类似习惯的群体，由此，语言被视为一套具有明确社会特征的人类习俗。

基于上述论述，我们可将语言与"生命"联结，但"生命"这个词依然与传统语言学派使用的定义存在差异。在本书，笔者将对语言进行生物学或者传记学梳理，也就是说，对说话者语言以生物学或者传记的方式进行探究，还会在本书第 2 卷用较长的篇幅阐述幼儿学习母语的方式。多年以来，本人实地观察丹麦儿童语音并以自己的儿子弗朗茨（Franz）为研究对象，收集到相当丰富的语料。① 遗憾的是，我无法直接观察母语为英语的儿童语音现象，因此，本书涉及英语语音的实例大多援引英美心理学家的著作。在此，我向这些学者示以最为诚挚的谢意。假如本书能够引起英美语言学家的关注，促使他们开始从事儿童个体、群体语音系统性研究的话，笔者与有荣焉。于笔者而言，此项研究独具魅力，语言学家也许会注意到，即便对于那些经常近距离观察研究的心理学家来说，该研究中的诸多内容可能因其平淡乏味导致被忽视的可能，但这些平凡乏味或许和语言的生命与发展息息相关。

从另一个角度讲，语言学也会受到外国人的影响，本书第 3 卷将涉及完全掌握母语之后的个人仍将具备将国外差异性的语音引入母语语音系统的倾向。这自然会引出以下问题：这些语音变化是否遵循同一发展方向，人类的语言在宏观上究竟有无进步。通过对历史上众多语言的探索，笔者坚信，关于人类语言起源这一问题的答案终见端倪。

至于语音音变理论，特别是对语音规则教条式的盲从批判可追溯至笔者于 1886 年发表的论文。本书对语言"进步还是衰退"探讨，可以视作笔者在 1894 年出版《语言进化论——特别着重英语》（*Progress in Language with Special Reference to English*）的全新修订。因此，书中的诸多观点对于忠实的读者来说并非全新。但我依然希望，你们能够认识到笔者已经将旧内容与新资料统一整理、系统归纳，形成了一套相当完整的语言进

---

① See Otto Jespersen, *Nutidssprog hos Börn og Voxne*, Copenhagen, 1916.

化理论。

即使如此，笔者依然无法将语音理论全部浓缩在本书当中。考虑到篇幅有限，我不得不取消原计划，删减对语言"活力"的实用性评价。不过，书中的相关部分依然涵盖了自己长期坚持的观点，这一观点所涉及的对语言现象的推测与以下种种问题之间存在着千丝万缕的联系：在语音、拼写、语法、习语等方面，语言怎样才算得上"正确"或者"标准"？人类能否（或者是否应该）通过单词量的扩展，让语言变得更加纯粹、更为精准，能够恰如其分地表达微妙的思想，并在口语和写作方面更为得心应手？① 根据科学原则，建立一门国际通用的人工语言是否切实可行？关于此问题，笔者简述自己的观点：全人类拥有这样一种语言至关重要，从科学理论和实践运用的角度来讲，它与以往所有的尝试②相比，伊多语（Ido）是最优秀的。笔者已经在其他著作中详细探讨过该问题。若要谈及语法系统、语法与逻辑、语法类别及定义，笔者向读者推荐两本书，一本是《语言逻辑》（*Sprogets Logik*，1913），另一本则是本人所著《基于历史原则的现代英语语法》（*Modern English Grammar on Historical Principles*，1914）第 2 卷，第 1 章。不过，我希望在未来的作品中围绕这些问题展开更加详细的讨论，并将该著作暂定为《语法逻辑》（*The Logic of Grammar*），其部分章节业已完成，余下内容也在积极准备之中。

笔者已在本书添列语言学史的简单介绍，目的是向读者阐明，前人是如何处理有关语言问题的。在此部分，笔者引用如：西奥多·本菲（Theodor Benfey）、鲁道夫·冯·劳默（Rudolf von Raumer）、贝特霍尔德·古斯塔夫·戈特利布·德尔布吕克（Berthold Gustav Gottlieb Delbrück）③、威廉·路德维格·皮特·汤姆森（Vilhelm Ludwig Peter Thomsen）、汉斯·厄特尔（Hanns Ortel）和霍尔格·佩德森（Holger Pedersen）等人的学术著

---

① 相关问题的答案可在笔者于 1914 年《科学》（*Science*）杂志上发表的论文《语言的力量》（"Energetik der Sprache"）中找到线索。

② 包括沃拉普克语（Volapük）、世界语（Esperanto）、成型中立语（Idiom Neutral）、拉丁国际语（Latin sine flexione），等等。

③ 直到完成语言学史相关章节的撰写，笔者才有幸拜读贝特霍尔德·古斯塔夫·戈特利布·德尔布吕克（Berthold Gustav Gottlieb Delbrück）的《语言学导论》（*Einleitung in das Sprachstudium*，1908）第 5 版。

作。笔者甚至查阅了本书所涉及的每一个案例的原始资料，在一些早期的语言学著作中，发现了许多十分有趣却被忽略的问题，也认识了一些应被永久铭记却被遗忘的伟大学者。总的来说，笔者重点梳理语言学发展的主线，而非过多展示其细节；在评价本书的第一部分时，读者也应牢记，这一部分的主要目的在于引出后续章节所要探讨的问题。自始至终，我都在尝试通过自己的视角探索语言，对诸多问题的观点会与当前广为接受的理论存在分歧。我希望，读者能够客观地认识到本书或多或少取得了前人不曾取得的成绩。

本书按照国际语音协会系统（*Association Phonétique Internationale*）撰写，将发音转换为音标，虽然不会精细区分，但此举在于明确常规拼写的不足之处，音标会在"〔 〕"给出。在此，笔者就一处疏漏向读者致歉，本书在涉及诸如希腊口语，古英语元音长度等问题上存在不一致现象。不过，这些疏漏并非重要。

在此，我向嘉士伯基金会的各位董事致以谢意，感谢他们对本书的大力支持。我还要感谢谢菲尔德大学的 G. C. 莫尔·史密斯教授，他免费英译笔者的拙作《当代儿童与成年人语言》（*Nutidssprog hos Börn og Voxne*）中的大部分内容（本书第 2 卷的基础），还认真审校本书，并在多处对笔者的英语表达予以纠正、改进，其诚挚的友谊以及不知疲倦的修改，笔者铭记终生。

奥托·叶斯柏森

1921 年 6 月，哥本哈根大学

# 音　标

’：重音

·：长音

[a·]：英语 *a*lms

[ai]：英语 *ice*

[au]：英语 h*ouse*

[æ]：英语 h*a*t

[ei]：英语 h*a*te

[ɛ]：英语 c*a*re；法语 t*e*l

[ə]：非重读央元音

[i]：英语 f*i*ll；法语 qu*i*

[i·]：英语 f*ee*l；法语 f*i*lle

[o]：法语 s*eau*

[əu]：英语 s*o*

[ɔ]：开元音

[u]：英语 f*u*ll；法语 f*ou*

[u·]：英语 f*oo*rl；法语 ép*ou*se

[y]：法语 v*u*

[ʌ]：英语 c*u*t

[ø]：法语 f*eu*

[œ]：法语 s*œu*r

[~]：法语鼻化元音

[c]：德语 *ich*

[x]：德语，苏格兰语 *loch*

[ð]：英语 *th*is

[j]：英语 *you*

[θ]：英语 *th*ick

[ʃ]：英语 *she*

[ʒ]：英语 measure

[']：俄语腭音化；丹麦语喉塞音

# 目　录

第一卷　语言科学

## 第二卷　童年期

## 第三卷 个人与世界

## 第四卷　语言发展

# 第一卷

## 语言科学

# 第一章 19 世纪前

## 一 古代

世界各地的人们为何使用不同的语言？文字究竟是如何创造的？名称与事物之间到底存在什么样的关联？某人或者某物为何使用现在的名称而非其他？当人类开始思考这些问题的时候，语言科学便产生了。正如最初回答世界上的其他谜题一样，人类多从神学角度诠释以上问题：上帝或者某个神灵创造了语言，又或者是上帝将所有动物带到亚当面前，让他逐一命名。在《旧约全书》（*Old Testament*）中，语言的多样性被诠释为上帝对人类罪行与傲慢的惩罚。面对这样一个重要且普遍的问题，犹太人已经探索到语言更加具体的层面，当时，他们运用词源学而非望文生义的方法解释人名的由来。

在希腊语与随后的拉丁语学者的著作中，近似词源学的原始研究被大量发现，这些研究或多或少以相似的发音或者某种意义上稀奇古怪的关联为基础。但是，对于思维敏锐的古希腊思想家来说，宏观、抽象的问题最具吸引力。语言是承载概念的自然表达？还是可以被其他声音替代的任意符号？关于这场无休止的争论，正如，柏拉图在《克拉底鲁篇》（*Plato's Kratylus*）中指出，只要语言依旧是这场辩论的核心，人类将无法得到明确的答案。即便在比较语言学发展百余年的今天，情况依旧如故。几个世纪以来，古希腊的"phúsei（自然论）"与"thései（约定论）"将哲学家与语法学家分为两大阵营，一些学者如柏拉图《对话录》（*Plato's Dialogue*）中的苏格拉底，尽管承认现存语言与事物之间并非必然关联，但他们依然希望人类能够创造出一种理想语言，能够让单词与事物之间以完全合理的方式联系，这为约翰·威尔金斯主教以及后来语言哲学的现代建构者铺平了道路。

不过，这种抽象且"先验（a priori）"的猜测，不论多么高明，令人振奋，正如该术语本身，很难被纳入科学。因为，科学的前提是对事实仔细观察、系统分类，但这样的行为在古希腊学者涉及语言的探索中极少。最初对语言观察、分类的大师是古印度语法学家。古老圣诗在诸多方面虽已过时，宗教信仰却要求这些倍受尊敬的文本不得有一丝更改，同时，严格的口述传统也让圣诗一成不变、代代相传。这为古印度语法学家创造了绝佳时机，能够精准地分析圣诗，对诗歌的每个发音做出详尽描述，同样，诗歌的语法探究也令人钦佩。尽管古印度语法学家自创了一些术语，但其分析系统有序，描述简洁巧妙，与西方语法学家的方法截然不同。在19世纪，帕尼尼（Panini）与其他梵语学者的著作首次为欧洲人熟知，它们对西方语言学产生了深远影响。某些印度语法术语延用至今，例如，各种复合名词等。

欧洲的语法学在古希腊罗马时期进展缓慢。亚里士多德奠定了单词以"词性（parts of speech）"划分的基础，并引入了"格（ptôsis）"的概念。亚里士多德的成果随后被斯多葛学派①继承，该学派中的诸多术语沿用至今。不过，其中却出现了令人费解的错误，如"genikē（类属）"误译为"genitivus"，即"出生的、起源的"；"aitiatikē（受格）"误译为"accusativus"，似从"aitiáomai（我控诉）"一词而来。随后，亚历山大利亚学派②将古代诗人（文人）作为解读对象，这些古代诗人（文人）的语言便不再通俗易懂。他们不仅对屈折词缀与词义做出详尽描述，还把单词分为规则和不规则两类。总之，不论亚历山大利亚学派还是古罗马时期学者，

---

① 斯多葛学派是塞浦路斯岛人芝诺（Zeno）于公元前300年左右在雅典创立的学派，因在雅典集会广场的画廊聚众讲学而得名。斯多葛派认为世界理性决定事物的发展变化。所谓"世界理性"，就是神性，它是世界的主宰，个人只不过是神的整体中的一分子。——译者注

② 亚历山大利亚学派是语文学研究比较著名的学派之一，它产生于亚历山大利亚城，在亚历山大利亚城（当时希腊的京城）有一批研究语言学的学者，他们主要从事荷马史诗的整理和考订工作。在文献的校对过程中，他们会对一些语言现象进行讨论，得出一些关于词法的理论。在亚历山大利亚学派盛行时期，传统语言学的突出贡献就是关于词类的区分。——译者注

均未洞悉语言的本质，词源学研究依旧滞留在发展初期。

## 二 中世纪与文艺复兴

进入中世纪，语言学依旧毫无寸进。学界的首要任务是学习拉丁语。拉丁语是罗马教会的通用语言，并在文明世界广泛使用，尽管当时称得上"文明"的国家寥若晨星。拉丁语学习者大多不以审慎的态度对待该语言，更遑论各国语言在文献领域相继使用。

文艺复兴给语言学研究带来积极变化，尤其引入古希腊文研究，扩展了语言学的研究视野。在当时，语言研究集中在西方古典文学黄金时期的拉丁语：写出西塞罗式的拉丁语成为当时人文主义者的志向。随着各国文献学在接下来几个世纪中的重要性日益凸显，国际交通、通信设施的日渐完善，语言学家对欧洲各国现存语言的兴趣日渐浓厚。当然，出现这一现象的最重要因素是印刷术的发明，它为语言学提供了比以往更为有利获取外语的途径。与20世纪相比，当时浓厚的神学氛围也让学者了解到希伯来语的《旧约全书》。而熟悉一门与欧洲语言存在诸多差异的希伯来语，激发了当时学者对该语研究的兴趣，但从另一方面讲，该现象又被证明是诸多错误的开端，因为闪米特语族①的定位至今不明。而作为闪米特语族中的希伯来语历来公认为是天堂语言，人们臆想其他语言均源自后者。于是，希伯来语和欧洲诸语之间的种种相似被相继挖出：只要单词稍有关联，由该词发音推断出的各种词序即被视为合理，即使这种情况在今天看来有多么的荒谬。事实上，希伯来语是从右向左书写的，而我们的语言大多从左到右书写，可在当时的词源学领域，任意调换单词中的字母顺序极为常见。以上这些不切实际、异想天开的比较也许在某种程度上为后来更加系统的词源学研究铺平了道路。通过收集大量单词，清醒且具有批判思维的语言学家从这些词汇中选取不容置疑的实例。基于这些实例，严谨的词源科学终将建立。

---

① 闪米特人用的语言，闪米特语族主要包括阿拉伯语、希伯来语和埃塞俄比亚的阿姆哈拉语（Amharic）、提格雷语（Tigré）等。——译者注

　　古日耳曼语族（old Gothonic）文本的发现与出版，特别是乌菲拉（Wulfila）主教哥特语译本的《圣经》以及古冰岛语文献的相继出土，虽与古英语（盎格鲁—撒克逊语）文献数量相比极为稀少，但其重要性不容忽视，因为二者为17—18世纪日耳曼语族的研究铺平了道路。总体上讲，当时的语言学家对语言史的研究兴趣极小，他们大都认为，与其追溯一种语言几个世纪的发展历程，不如建立一个当下使用的庞大语料库。这也是伟大哲学家戈特弗里德·威廉·莱布尼茨（Gottfried Wilhelm Leibniz）敦促彼得大帝（Peter the Great）搜集沙皇俄国各类语言单词与范本的原因。莱布尼兹本人亦对语言学感兴趣，他曾经有见地论述了人类通用语言的可能性。当时，知名的语言学著作或多或少归功于莱布尼兹这一倡议以及后来叶卡捷琳娜大帝的支持，比如：彼得·西蒙·帕拉斯（Peter Simon Pallas）的《全球语言词汇比较》（*Linguarum Totius Orbis Vocabularia Comparativa*，1786—1787），赫尔伐士（Lorenzo Hervas y Panduro）的《语言目录》（*Catálogo de las Lenguas*，1800—1805），约翰·克里斯托弗·阿德隆（Johann Christoph Adelung）的《米特拉达梯或普通语言学》（*Mithridates oder Allgemeine Sprachenkunde*，1806—1817）。虽然，这些作品不无欠缺，如对诸多语言并非公正的评判，只注重词汇而非语法，将圣经视为唯一的范本，但上述著作对当时语言学思想与研究产生了深远影响，并为19世纪语言学的诞生做出了巨大贡献。需要铭记的是，赫尔伐士是最早意识到语法比词汇更为重要的学者之一。

　　接下来，我们回顾比较语言学兴起前的几个世纪人类对语言与语言教学的总体认知。当时，学校主讲的语言是拉丁语，学者首先接触的也是拉丁语语法。这导致了大多数人将其他语言的语法与拉丁语语法等同。拉丁语语法学习自此占据了重要位置，其他学科如学生的母语、科学、历史，等等，均被忽视，但现在，我们认为，这些学科对年轻人更加重要。传统上讲，"中学（secondary school）"一词虽然在英格兰被称作"语法学校（grammar school）"，在丹麦称为"latinskole（拉丁学校）"，但二者的称呼显然同出一义。在本书中，我们关心拉丁语语法的特殊地位只是因为它对诸多语言施加多重影响。

　　拉丁语是一门富含屈折的语言，在研究其他语言的同时，我们会习惯性地使用拉丁语语法对其分类,即便该语言的语法与拉丁语语法并不相同,例如英语与丹麦语的名词变格被赋予了宾格、与格、离格。但在几百年之前,这二种语言中并无上述格。当时所有的语言均受到拉丁语复杂动词时态与语气的影响,这种强求一致的规则扭曲了诸多语言的语法。尽管拉丁语与其他语言并无语法关联,但依旧受到世人吹捧,一些只存在于其他语言而非拉丁语的语法现象为人忽视。即使进入20世纪,以拉丁语语法为准绳来判断其他语言语法的做法依旧盛行,我们很难找到一种完全不受拉丁语影响的语法。

拉丁语主要以书面语的形式讲授。① 这种现象导致了拉丁语学习完全由拼写代替发音,忽视了所有语言学习过程中首要是学习发音其次是书写的规律,换言之,语言的真正生命在于听说而非读写,而拉丁语式的颠倒学习对该语言的发展极为不利。在多数情况下,学者在书籍中能够找到一门语言简单的发音已然不错。尽管付出巨大努力,甚至一些努力可追溯到16世纪,但直到19世纪,随着现代语音学的兴起,系统性的语音研究才真正有所起色。但是,相比于书面语,语音的意义尚未得到所有语言学家的充分认同。有太多的学者并未尝试运用语音开展研究。如果要求他们读出自己撰写的著作,他们也会非常困扰。在1877年,亨利·斯威特(Henry Sweet)出版的《语音学手册》(*Handbook of Phonetics*)也许在20世纪初已不再适用,但该书的序言却依然蕴含真理。他指出:"在缺乏语音学训练,忽视甚至曲解重要语音学事实与规律的情况下,许多研究是错误的。一个典例便是,弗里德利克·库尔夏(Friedlich Kurschat)指出奥古斯特·施莱歇尔(August Schleicher)既没有亲自观察也无法理解立陶宛语的语音。"毫无疑问,拉丁语作为西方语言教学的基础已有数百年的历史,这在很大程度上造就了书面语言学而非语音语言学的研究优势。

接下来,我想谈一个非常重要的学术观点,因为它影响了我们今天如何看待语言与讲授语言,特别是看待语法和讲授语法的方式。自中世纪以

---

① 不同国家的拉丁语发音完全不同,自16世纪以来,英、法两国学者已经无法了解彼此的拉丁语发音。

来，学习拉丁语的目的是什么？自然不是简单地传授语言知识或是为了某种实际用途，也非打开通往经典文学与宗教文学的大门，实际上，学习拉丁语的目的是为了拓宽读者的精神视野，获得纯粹智力上的享受。或许，出于同样的目的，一些颇具科学思维之人可能会对遥远的非洲或者美洲的习语更感兴趣。可事实上，拉丁语是受教之人彼此之间一种行之有效的交流方式。如果一个人想要在学界或者等级森严的教会占有一席之地，那么他不仅要学会阅读拉丁语，还要学会拉丁语写作。而语法产生伊始就不再是一门自古罗马时期仅仅注重单词屈折以及如何正确使用词形的科学，实际上它成为了对拉丁语词汇屈折以及如何正确使用该形态的艺术，也是一门教授你如何规避语法错误的艺术。于是，语法不再反映语言的真实，而是遵守语言的规则，遵循语言的范式，例如当时的记忆口诀："Tolle-me，-mi，-mu，-mis，Si declinare domus vis！"总之，语法是规定性的而非描述性的。

因此，当时的语法是"说好与写好的艺术（ars bene dicendi et bene scribendi）"。裘利斯·凯撒·斯卡里格（Julius Caesar Scaliger）说过："语言唯一的目的便是使用正确的语法说话（Grammatici unus finis est recte loqui）"。使用正确的措辞（好语），避免错误的措辞（坏语），便成为语法教学的两大目的。自 20 世纪初，从语法角度研究其他语言，"艺术性"与"正确性"这两个关键词不仅适用于拉丁语，也是所有语言的准绳。

单词的选取同样秉持以上观点。这种现象在当时法国和意大利学院出版的词典中尤为突出。与 20 世纪初不同，它们的编纂者并非收录全部词汇，而是精心挑选一些最具品味，最适合优雅、挑剔的作者写入至高文学作品的优美单词。当时的词典与其说是对词汇用法的具体描述，不如将它们视为选取最佳单词的良方。

面对语言标准的制定中所充斥的诸多错误，我们只有全面地认识语言史以及对语言心理学的整体把握才能规避错误，否则制定所谓可行的、正确的狭窄语言标准就会产生负面影响，比如，一个单词实际存在两种或者以上的发音，最终却只有一种被认定正确。这种选择通常是由个人喜好决定，并无科学依据。而另一种被禁止的词形可能与所谓正统的词形或者词典中采用的形态难分伯仲，甚至更胜一筹。假如需要接受两种或者多种词形，为了区分彼此，语法学家必须制定规则。但这些规则并不明晰，甚至所谓的区别在实际使用中毫无差异。我们的后代却要在学校费力地学习那些人为的区别，即使它们实在微不足道。自法国"盛世（grand siècle）"① 以来，如此细致的语法规则成为语法学家的滥觞。但在当时的英国，同样的情况尚未出现，英国人更倾向"自由（laissez faire）"的方式学习语言，也从未建立专门规范语言的语法学校。即便建立语法规则，英国学校、报社等机构也很少将规范建立在狭隘或者以偏概全的语言规则之上。因为制定绝对的、不可侵犯的规则，如此做法虽一劳永逸，但如句子结尾使用介词，此法虽显笨拙，却不能视为错误。在 20 世纪初，假如以英语写作，英语口语常见错误（*Common Faults in Writing and Speaking English*）为内容的书籍以及他国相似的著作并未吸收比较语言学和历史语言学教学法的话，那么我们今天谈论哪些方面能够决定语言正确性的时候，17—18 世纪的语法学家已被狭隘且不充分的观点误导。

另外，过分关注拉丁语有时是有害的。现代语法规则虽然与拉丁语语法在诸多方面完全相悖，我们却过多依赖拉丁语的规则解决现代语言问题。从某种角度上讲，拉丁语法可视为逻辑学。虽然，严格遵守语言的规则十分必要，但这样的结果却是在确定语法正确性的同时，过于注重逻辑上的考虑，确定语言是否符合所谓的"逻辑性"。这种错误的倾向加上语法教师不可避免的教条，自然阻碍了语言的发展。因此，我们必须再次抓住语言科学发展的主线。

## 三　约翰·哥特弗雷德·赫尔德与 18 世纪语言学

进入 18 世纪，关于语言起源的问题困扰着许多思想名家。让－雅克·卢梭（Jean Jacques Rousseau）认为，古人可能以他提出的"社会契

---

① 路易十四在其执政期间（1661—1715），他的威望和声誉如太阳般照耀整个欧洲大陆，法兰西的国力和国际影响力在他统治期间也如日中天。总之，路易十四是法国历史上极为优秀的君主，他缔造了法国历史上最伟大的时代之一。——译者注

约（contrat social）"① 的概念方式创造语言。根据他的理论，这是所有社会秩序的基础。然而当前，我们依然无法想象不具备任何交流方式的原始人如何意识到语言的必要性，又是怎样使用特定的语音传达思想，达成共识的。因此，在语言学发展的历史长河中，卢梭看待问题的方式显然过于粗糙，不具备真正的重要性。

与卢梭相比，法国认知学家孔狄亚克（Etiènne Bonnot de Condillac）的推论更为合理，他假设了一对原始男女如何自然习得语言的全过程，譬如在情绪激动时，双方本能地大喊大叫并伴有激烈手势。这样的喊叫与人类原始情绪密不可分。假如在不断发音的同时，反复使用相同的手势并试图引起对方注意某一事物的话，那么这种声音就可以指代这一事物。即使这对男女尚未具备复杂发音的能力，但他们的后代也会进化出更加灵活的舌头，能够主动或者被动创造新的语音，至于他们的父母则猜测这些语音的含义并加以多次模仿，衍生出更多的单词。之后，历经几代人的努力，在不断丰富、扩展词汇量的基础上，一门有着真正意义的语言终将建立。

在 18 世纪，对上述问题思考最为透彻的学者当属约翰·哥特弗雷德·赫尔德（Johann Gottfried Herder），尽管他在科学研究领域贡献寥寥，却为语言学的兴起奠定了基础。在获奖论文《论语言的起源》（*Treatise on the Origin of Language*，1772）中，赫尔德首次有力抨击了当时得到约翰·彼得·苏斯米尔奇（Johann Peter Süssmilch）认可的正统观点，即语言不可能是人类发明的，而是上帝的馈赠。赫尔德的论点之一便是，倘若上帝创造了语言并将它传授给人类，语言理应更富逻辑且充满理性。事实远非如此，世界上现存的语言大都过于杂乱，它们绝无可能是神的造物，必定出自凡人之手。虽然在论文评奖中，柏林学院使用"创造"一词评论赫尔德的此篇论文，赫尔德却不认为人类"创造"了语言，在他看来，语言并非人类有意为之的造物，而是源自本性。语言的起源应归功于人类的本能冲动，就像成熟的胚胎渴望来到世间一样。人类如这世间所有的动

---

① 社会契约是某一社会全体成员就该社会行动的基本准则取得的一致协议，通常带有假设或想象性质。——译者注

物，使用声调发泄自己的情绪，但这远远不够，若要追溯人类语言的源头，我们寻觅到的不可能仅仅是那些宣泄情感的叫喊。不论这些叫喊的含义有多么的凝练，它们永无可能成为真正承载思想的语言。另外，人类与飞禽走兽的区别不在于自身能力的高低，而在于人类对自身能力的全面发展。相较于动物，人类在力量与直觉上的不足可以被自身对外界更加广泛的关注弥补。人类的头脑可视作一个无懈可击的实体，它构成了人类与低等动物之间不可逾越的阻碍。当浩如烟海的信息通过人类的感官涌入大脑之际，人类便会有意识地选取信息并牢牢地抓住它，就像一只羊进入视野，人会从它的身上寻找明显的特征——"咩咩"的叫声一样。当再次遇见该动物的时候，人就会模仿羊的叫声并以"咩咩（bleating）"为其命名，自此，羊成为"咩咩叫的动物（the bleater）"。可以说，语言中的名词是由动词转化而来的。假如语言是上帝的造物，它必定遵循相反的顺序，从名词开始再到动词，这才是创造语言最佳的逻辑顺序。原始语言的另一个特点是人类以强烈、夸张的隐喻传递思想，这一过程将不同感觉交织在一起，呈现出最为杂乱的画面，"原始人类大脑发育不全以及数种情感交织的流动"造就了原始语言中大量同义词的存在，"不仅词汇贫乏，语言中还存在大量冗余"。

　　赫尔德在谈及早期或者原始语言的时候，他实则指的是东方语言，特别是希伯来语。爱德华·萨皮尔（Edward Sapir）就曾认为："我们永远不该忘记，赫尔德的时间观与我们不同。"[1] 我们会耐心地探究人类经历数万年乃至数十万年的文明成果，赫尔德却囿于当时所谓正统的六千年人类史。当现代学者就语言起源进行推演的时候，欧洲语言与《旧约》中的希伯来语逐渐割裂的两千至三千年的时光，在赫尔德眼中变得无足轻重。对他来讲，希伯来语、荷马时代的古希腊语与现代语言相比，前二者与最古老的语言存在着更加紧密的关联，于是，他夸大了语言的"源始性（ursprünglichkeit）"。

　　我认为，赫尔德对语言学的主要影响并非源自这篇探讨语言起源的文章，

---

　　[1]　参阅爱德华·萨丕尔（Edward Sapir）1907年在《现代语言学》（*Modern Philology*）发表的论文，其主要内容探讨了赫尔德的语言起源说。

而是通过他毕生的成果间接体现。他对一切自然之物（das naturwüchsige）拥有强烈的直觉，不仅对各国的"处女地（terræ incognitæ）"——浪漫主义诗歌大加赞赏，还通过自己的译文让德国同胞认识到浪漫主义作家内心世界中的复杂感受。赫尔德也是认识到德国中世纪文学与民间传说蕴含巨大价值的早期学者之一。格林兄弟（Brüder Grimm）视赫尔德为精神导师。他发现了语言与早期诗歌的密切关联，具体说是语言与人类早期自发创作密切相关，这与后世刻意的诗歌创作不同。对赫尔德来讲，每种语言不仅是文学载体，其本身就是文学，就是诗歌。每个种族都用自己的语言朗诵灵魂的诗篇。赫尔德热爱自己的母语，在他眼里，德语或许稍逊色于古希腊语，但邻国语言仍难以望其项背。德语的辅音组合在一定程度上赋予了自身规律性的节奏，使得德语不再仓促，这亦如德国人稳步前进的举止。美妙的元音交替（gradation of vowels）缓和了辅音的强硬，无数的擦音又让德语听起来悦耳，其音节丰富、短语庄重、成语严谨备受世人喜爱。若要与路德时代的德语相比，现代德语的确有所退化，亦更难以与霍亨斯陶芬王朝①的德语匹敌，因此，发现、复兴过往的德语任重道远。这种思想不仅对后来的约翰·沃尔夫冈·冯·歌德（Johann Wolfgang von Goethe）以及浪漫主义作家产生巨大影响，也激发了新一代学者将语言研究范畴由陈腐的"经典作品"转向过去熟视无睹的相关领域。

## 四 丹尼尔·耶尼施

当我们对语言的恰当表达、最佳用法，又或者对不同语言的功能、美感进行比较的时候，虽然这类问题常见于业余爱好者围绕文学作品的随机探讨而非严谨的语言学研究，但是，人们依然要问：究竟怎样的一种语言是理想的？科学研究的现实性如此之高，以至于在我们这个时代，没有一家学术机构会如 1794 年柏林学院所做之事。在当时，柏林学院颁发关于完美语言的最佳论文奖，目的是将全欧洲的语言按照理想化的标准逐一排

---

① 霍亨斯陶芬王朝是欧洲历史上神圣罗马帝国的一个王室。在 1138 年登上王位之前，他们是斯瓦比亚（Suabia）世袭伯爵与统治家族。——译者注

序。最终，柏林牧师丹尼尔·耶尼施（Daniel Jenisch）获此殊荣。他于
1796 年出版《欧洲十四种新旧语言的哲学与批判性比较与赏析》（*Philoso-
phisch-Kritische Vergleichung und Würdigung von Vierzehn Altern und Neuern
Sprachen Europens*）。时至今日，此书依然值得一读，因为自出版之后的一
百二十年里，他的主要思想依然被学界忽视。此书引言部分有这样一段话
可作为威廉·冯·洪堡特（Wilhelm von Humboldt）、海曼·斯坦塔尔
（Heymann Steinthal）、弗朗茨·尼古劳斯·芬克（Franz Nikolaus Finck）和
玛丽·伊丽莎白·拜恩（Mary Elizabeth Byrne）的座右铭。不过，他们的
研究似乎未曾受到耶尼施的直接启发。"从某种程度来讲，人类的全部智
慧与道德都能在语言中得到揭示。东方人'我言，故我在'。原始人语言
野蛮，文人话语斯文。希腊人思维缜密、情感细腻；罗马人正色直言，看
重事实而非推论；法国人广受欢迎、人情练达；英国人深刻渊博，德国人
通晓哲理。"

接下来，耶尼施指出，作为思想交流、情感表达的工具，语言的目的
是在特定时期根据人类的实际需要恰如其分地表达观点、抒发情感。因此
在任何情况下，我们必须检查语言的四个基本特征：一、丰富性；二、强
调性；三、清晰性；四、谐音。谈及语言的丰富性，我们关注的不只是描
述实在物体或者抽象概念的单词数量的多少，更要考虑词汇的可塑性
（lexikalische bildsamkeit）。语言的活力不单单体现在词汇和语法当中（如
语法结构简单、冠词缺失等），还应反映在"与该语言的使用者所持有的
精神力量"。而这种精神力量在词汇和语法中同样有迹可循，特别是具有
自然规则的句法之中。最后，谐音不仅取决于语言中辅音与元音的选择，
也取决于其组合是否和谐悦耳。因此，在耶尼施看来，语言的总体印象比
任何析毫剖厘的细节更重要。

以上是对希腊语、拉丁语以及一些现存语言的比较及判断标准。耶尼
施对很多语言都表现出深厚的学识与扎实的实用经验，他对这些语言优缺
点的评价总体上是明智的，虽然他过于重视大师们的成就，而这些学者的
著述实际与语言价值并无内在关联，很大程度取决于语言在高雅文艺创作
中是否占有一席之地而非著作的完美程度。例如，耶尼施的这种偏见在他
对乔治·希克斯（George Hickes）的评价中表现得淋漓尽致，他认为希克

斯的所有努力注定徒劳。① 再例如他试图从乌菲拉主教哥特语译本的《圣经》中梳理哥特语的变格与变位规律。但在其他方面，耶尼施完全摒弃了自我偏见。他用大量的篇幅赞美其他语言，甚至不惜批判自己的母语。在著作第 396 页，他指出，德语与最灵活的现代语言——法语相比：德语的词序极不自然，大量冠词拖泥带水，还附着一连串冗长的助动词，如 "ich werde geliebt werden, ich würde geliebt worden sein"，这些助动词与动词之间因为许多无关内容的插入而相隔甚远，这些问题无一例外使得德语处于极为尴尬的境地，于读者来说，显得冗长零散，在作者眼中，又颇为棘手。总之，耶尼施评价自己的母语是严苛、公正的，这种态度并不常见，笔者在此提及他的这段话也是为了告诫学者，如果想要对语言进行整体性比较、评价，难免陷入困境。耶尼施与赫尔德虽然拥有相同的母语，但前者对它的评价不偏不倚，后者却大加赞扬。

　　进入 19 世纪，耶尼施的著述并未引起学界的广泛关注，因为当时的观点与此著截然不同。只有少数有幸拜读的学者可能将此书与所罗门·列夫曼（Salomon Lefmann）的作品②相提并论，并认为提出语言孰优孰劣的问题与力图解答该问题的愚蠢不相上下。人类对语言评价的态度既不公正也非明智，我们能够看出钻研比较语法的学者受其专业的影响，往往轻视那些通过审美或者文学途径比较语言的学者。但无论如何，在笔者看来，率先处理这样的问题不失为一种明智之举，因为人类通常以一种即兴、模糊的方式解答以上问题，随后将该问题置于科学领域，再更加详细地验证人类为何对语言中某些特定的表达拥有本能上的偏爱，而这也为语言美学的发展奠定了基础。

---

① See Daniel Jenisch, *Philosophisch-Kritische Vergleichung und Würdigung von Vierzehn Altern und Neuern Sprachen Europens*, Berlin: Maurer, 1796, p. 76.

② 参阅列夫曼（Salomon Lefmann）于 1897 年出版的《弗朗茨·博普：他的学术生涯》（*Franz Bopp: Sein Leben und Seine Wissenschaft*, 1897）附录第 11 页。

# 第二章　19 世纪初

## 一　梵语

19 世纪见证了语言学的巨大飞跃，在某些方面呈现出前所未有的特质。研究视域愈加广泛，描述、考察、探究的语种也越来越多，即便这些语言并无重要的文献支撑。一些语言被学者关注长达数世纪之久，最新的研究成果也愈加系统。随着对多语更加深入的了解，语言学具备更为全面、透彻的分类。同时，学者不仅描述、分析语言的形态，还对其进行深层阐释，并在现有史料的基础上追根溯源。总之，语言学不再仅仅描述某种语言在何时、何地出现，不再仅仅关注语言形式及其使用的情况，它亦开始探讨该语言为何采用如今的形式。总之，语言学从纯粹的描述性科学走向了解释性科学。

19 世纪初，语言学主要的创新点是语言史观。总体上讲，语言学花费整整一个世纪将"历史"这个概念从战争、王朝的变迁中挣脱出来，用来发现万物皆准的发展或者进化思想。这种创新为语言学以及其他学科带来翻天覆地的变化。自此，语言学不再将拉丁语视为准绳，也就是说，运用拉丁语的传统形式与另一种语言（如法语）比较，将二者视为不断变化、不断发展、不断运动、不断变革的事物。这种观点好比赫拉克利特（Heraclitus）所说的"万物皆流（Pánta reî）"，伽利略（Galileo Galilei）的"但它仍在移动（Eppur si muove）"。如果更好地运用这种语言史观，我们似乎可以揭示语言的更多奥密，也能更好地解释语言学之外的学科，例如人类学、早期人类史以及某些国家人类史。

我们普遍认为，梵语的发现是语言学发展中的重要转折点。这句话是有几分道理的。一方面，梵语本身不足以让研究者对语言和语言学的本质产生真正的洞见。因为，一个真正拥有语言天赋之人即便对梵语一窍不通，也能掌握语言之间的关系以及语言发展的基本真理。即使如此，围绕梵语的首次研究也极大地推动了语言学发展，并对欧洲多数语言学者产生了深远影响。因此，本书必须简述这段历史。曾经的欧洲对印度几乎一无所知，直到英、法两国为控制印度的财富发动战争，这引发了西方人对古老印度文化的兴趣。同样，在梵语的学术领域，英、法两国也是竞争对手，我们会发现，双方都曾占据梵语研究的领先地位。早在 1767 年，法国基督传教士加斯顿—洛朗·科尔多德（Gaston-Laurent Cœurdoux）向当时的法兰西学会寄去一本回忆录。他在回忆录中呼吁对梵语单词和拉丁语的相似性加以关注，他甚至比较了梵语"asmi（我是）"的现在陈述语气和虚拟语气中的屈折及其对应的拉丁语语法。不过遗憾的是，他的成果在随后的四十年都未曾问世，直到他人独立著述并发表了同样观点。另一位学者是英国威廉·琼斯爵士（Sir William Jones）。早在 1796 年，他就说出了那句不朽的名言。这句名言常被引用在语言学史的典籍当中："不论梵语拥有多么悠久的历史，它的语言结构始终令人惊叹，比希腊语完美，比拉丁语丰富，比二者凝练，在动词词根和语法形式上又与二者有着明显的亲缘性。这必然不是什么偶然。因为，这种相似是如此的显著，以至于世界上没有任何一位语言学家在考察三种语言之后，不会相信它们同出一源，尽管这个源头可能早已不复存在。出于同样的原因，虽然说服力不强，哥特语和凯尔特语……都与梵语同源。古波斯语应加入到欧洲语系之内。"威廉·琼斯爵士并未在诸多细节对三种语言进行比较，而这也是他留给年轻一代学者的学术线索。

## 二 卡尔·威廉·弗里德里希·冯·施莱格尔

在浩繁的语言学著作中，卡尔·威廉·冯·施莱格尔（Karl Wilhelm Friedrich von Schlegel）的《论印度人的语言与智慧》（*Ueber die Sprache und Weisheit der Indier*，1808）对 19 世纪语言学的发展产生了重要影响。施莱

格尔曾经在巴黎钻研梵语数载，出于浪漫主义热情，他希望印度古籍研究能够在欧洲思想界掀起一场革命，一如希腊语的研究为西方文艺复兴拉开序幕。这里，我们暂不涉及他的语言学理论，仅仅是他的这种思想便与印度宗教、印度哲学，或者更确切地说，与印度宗教、印度哲学的诗歌密不可分。他时常惊叹于梵语与欧洲语言之间的相似性，并列举梵语与德语、希腊语、拉丁语几乎别无二致的单词。对于这种相似性不过是偶然或者印度人套用欧洲语言等观点，他予以否定，并专门给出明确的证明：与其他语言相异，欧洲语言与梵语在语法结构上非常一致，且梵语历史更加久远。在该作中，施莱格尔是第一位提出"比较语法"的学者。[1] 但是，如摩西一般，他仅看到这片"迦南"，却没有踏足其内。他的比较语法概念阻碍了他成为语言学这一新兴学科的奠基人，因为他指出，自己要避免规定任何改变或者替换字母（发音）的规则，并要求把单词的一致性视为语言起源的证据。[2] 在其他分析中，他还补充道："假如语言转换时期在历史上是可以证明存在的话，我们大可从'dies'派生出'giorno'；用西班牙语'h'代替拉丁语'f'；或在同一个单词内，将拉丁语'p'转换为德语'f'，'c'变为'h'（顺便一提，这正是发现德语音变现象的有趣预兆），对于其他不太明显的例子，以上的实例或许是类推的基础。"假如他规定了梵语以及其他相似语言如我们现在所说的"语音规则（sound-laws）"的话，并且继续深挖，那么他的学术成就会远远领先那个时代。缺憾如斯，他的比较法只能说是浅薄的，且经常陷于偶然、肤浅的相似，忽略了真正的一致性。他还错误地认为波斯语和德语之间有着紧密关联。而这一观点在当时广为流传，[3] 我们可以在牧师耶尼施的专著甚至博普（Franz Bopp）的第一本书作中找到相似的说法。

施莱格尔并不惧怕调查全人类的语言。他把所有的语言分为两类，一类是梵语与梵语同族语言，另一类是其他语言。至于前者，他发现梵语词

[1]　See Karl Wilhelm Friedrich Schlegel, *Ueber die Sprache und Weisheit der Indier*, Heidelberg: Mohr und Zimmer, 1808, p. 28.

[2]　Ibid. , p. 6.

[3]　See Streit Wilhelm August Streitberg, *Geschichte der Indogermanischen Sprachwissenschaft*, Strassburg, 1917, pp. 35, 182.

根的有机发展表现为"内在的变化能力",或者用他的术语"屈折（flex-ion）"表示。对于后者，语言受到词缀（前缀和后缀）的影响。他认为希腊语中的助词与助动词能够组合成词，而语法性词尾（bildungssylben）很可能通过这种组合的方式产生。但在梵语中，后者并不存在。梵语的词汇必须通过完全有机的屈折方式产生，即通过词汇内部变化以及基础发音改变，而非机械地增加单词与助词。不过，他也承认，在某些语言中，词缀会带来近似屈折的效果。总之，他发现了这两类语言，其语法艺术性与语言完美性互相背离。[①] 有机语言代表了最完美的语言形态，其结构的美感与艺术性很容易因"懒惰（indolence）"丧失殆尽，比较现代德语、罗马语、印度语与它们相应的早期形态，就能发现这种退化。另外，在词缀构成的语言中，我们发现这些语言起初毫无艺术性可言，可当词缀不断与中心词互相粘连，语言的"艺术性"日臻完善。

针对语言的终极起源问题，施莱格尔认为语言结构的多样性表明了语言起源的多样性。而某些语言，如满语（Manchu）充斥着模仿自然界声音的拟声词，它们在满语中发挥了重要作用。不过，其他语言绝非如此。作为最古老的有机屈折语言，比如梵语，其完美性表明了它们并非仅从模仿动物的声音衍化而来。语言的不同形态也产生了一个额外证据：并非所有的人类始于原始野蛮，有些种族自存在之初，便拥有强烈的理性。可以说，施莱格尔的思想为后来的语言学观埋下了伏笔。在语言领域之外，他还是一位颇有名气的作家，但这为他的语言学思想蒙上了恶名。另外，缺乏严谨的肤浅推理亦无法令人信服。

施莱格尔将全世界的语言分为两类的方法，为日后语言三分论奠下基础。其中，他把汉语归于第二类语言的底层，据他所说，作为次要意义的汉语助词由单音节组成，与实词无关。显然，这是主观评判。我们在此使用"黏着语（affixes）"进行定义也非妥当，尽管施莱格尔本人没有明确，但汉语实际上不属于他所说的黏着语，而是自成一类。另外，他认为闪米特语族属于黏着语的观点同样经不起推敲，他似乎还认为它们中的许多结构与真正的屈折语极为近似。如果把上述两类语言引入到他的理论当中，

---

① See "der Gang der Bloss Grammatischen Kunst und Ausbildung", p. 56.

便可得出与当时大多数通用语言学著作稍有不同的语言三分论。至于第一个提出语言三分论的正是施莱格尔的哥哥奥古斯特·威廉·冯·施莱格尔（August Wilhelm von Schlegel），他提出世界语言应分为三类：一、无任何语法结构的语言（les langues sans aucune structure grammaticale）——由于该定义本身的错误，他把汉语理解为一种由不变单音节词构成的语言；（2）黏着语（les langues qui emploient des affixes）；（3）屈折语（les langues à inflexions）。

　　与弟弟相仿，奥古斯特·威廉·施莱格尔把屈折语置于首位，认为只有它们是"有机的（organic）"。另外，他还将屈折语继续细分为综合型屈折语和分析型屈折语，后者在动词变位中使用人称代词和助动词，并以介词补充格的缺失，用副词表示比较程度。尽管综合型屈折语在欧洲黑暗的中世纪就已消失，但在现代又出现了分析型屈折语。由于对分析型语言的深入研究，我们了解到屈折语的衍变。以上关于语言划分的论述出现在《普罗旺斯语言与文学观察》（*Observations sur la Langue et la Littérature Provençale*，1818）的引言部分，该书主要对作为综合型屈折语的拉丁语与分析型屈折语的罗曼语族进行比较。

## 三　拉斯穆斯·克里斯蒂安·拉斯克

　　现在，我们要来了解 19 世纪初西方语言学界最伟大的三位开拓者。如果将他们的名字以首字母顺序排位的话，博普、格林、拉斯克（Rasmus Kristian Rask）恰好是后世多数语言学家评价三人所做贡献大小的顺序。而确立三位学者成为语言学创始人的著作在同一时期相继问世，博普于 1816 年出版《论梵语动词变位系统：与希腊语、拉丁语、波斯语和日耳曼语比较》（*Über das Conjugationssystem der Sanskritsprache：in Vergleichung mit Jenem der Griechischen，Lateinischen，Persischen und Germanischen Sprache*）；1818 年，拉斯克出版《古代北方语或冰岛语起源研究》（*Undersøgelse om det Gamle Nordiske Eller Islandske Sprogs Oprindelse*）以及 1819 年格林的《德语语法》（*Deutsche Grammatik*）第 1 卷。尽管博普的研究与另外两人并无关系，但我们发现，格林深受拉斯克的影响。后者在其专著《古代北方语或冰岛语起源研究》（该作手稿于 1814 年完成，比博普的《论梵语动词变位系统：与希腊语、拉丁语、波斯语和日耳曼语比较》早两年）出版前几年，已经在语言学领域颇有建树。而要探讨这三位学者，最好将拉斯克置于首位，格林次之，因为从某种程度上讲，他可视为拉斯克的学生，最后一位是博普。在此顺序中，我们可以看到，博普与随后比较语言学的发展关系紧密，他对这门学科的发展在三人之中的影响无疑最为深远。

拉斯穆斯·克里斯蒂安·拉斯克于 1787 年出生在丹麦中部的一个农民家庭。自幼，拉斯克便是一位天生的语法学家。他曾经在学校的颁奖礼上获得一本《挪威王列传》（Heimskringla）①。在没有任何冰岛语法基础与词典的帮助下，他根据此书绘制了一份词形变化表。在毕业前，拉斯克就已熟练掌握了冰岛语以及其他多门语言。在哥本哈根大学学习期间，他继续学习语言类课程，并在语言学领域不断开拓视野，深入研究各种语言的语法结构，但冰岛语（古诺尔斯语②）仍旧是他的最爱。他对这门语言充满激情："我们的祖先竟然创造出如此非凡的语言。"这种"非凡"主要源于冰岛语与古典语言一样拥有完整的屈折系统，部分源于冰岛语未与其他语言混合，因而保持了词汇的纯洁性。他于 1811 年出版了一部关于冰岛语语法的著作，考虑到此前相关研究资料极度贫乏，该书叹为观止，他极为清晰地将复杂的冰岛语简化为一个连贯系统，解释了元音音变（vowel changes），也就是现在所说的 "mutation（元音变异）" 或者 "umlaut（元音变音）"，由词干元音与词尾元音近似所致。这在当时是一个全新的观点，于此可见，他对语言本质的洞察力极为敏锐。格林曾认为拉斯

---

① 冰岛诗人、历史学家斯诺里·斯图鲁松（Snorri Sturluson）的著作。书中叙述了从传奇时代到公元 1177 年挪威王室的历史，并介绍了 16 位国王的生平，最主要的是《圣奥拉夫萨迦》，约占全书三分之一的篇幅。——译者注

② 古诺尔斯语（英语：Old Norse）是印欧语系日耳曼语族的一个分支，发展自 8 世纪时更古老的原始诺尔斯语（Proto-Norse），在维京时期至公元 1300 年左右，通行于斯堪的纳维亚居民以及海外殖民地。绝大部分现存文字源自中世纪冰岛语，事实上古诺尔斯语的标准版本是古西诺尔斯语方言，包含了古冰岛语和古挪威语。大部分的古诺尔斯语使用者，说的是非常相近的古东诺尔斯语方言，包含丹麦、瑞典与其殖民地。在这两种语系之间并没有明显的地理分界。古东诺尔斯语的特征是在挪威东部发现，而古西诺尔斯语是在瑞典西部发现。——译者注

克的解释"比事实更准确（mehr scharfsinnig als wahr）"①。因为，拉斯克甚至推导出单数名词"blað"的复数形式"blöð"的变化原因：该词复数曾以"-u"结尾，而这种形式现已消失。据我所知，这是该语言史前阶段的首次推断。

1814 年，在冰岛长期逗留期间，拉斯克把有关古诺尔斯语起源的获奖代表作《古代北方语或冰岛语起源研究》送往哥本哈根，但由于种种原因，直到 1818 年出版。假如此书在完成时立即出版，并使用比丹麦语更加普遍的语言，那么拉斯克很可能成为现代语言学的创立者。此书清晰地阐述了 19 世纪上半叶语言学研究的最佳方法，并将该方法应用于解决一系列重要问题。不幸的是，该书中只有一部分译成其他语言，埋没在约翰·塞弗林·瓦特（Johann Severin Vater）于 1822 年出版的《欧洲语言和西南亚语言比较》（*Vergleichungstafeln der Europäischen Stamm-Sprachen und Süd-West-Asiatischer*）的附录当中。不过，拉斯克的著作直到现在依然值得研读，在此，我将简述此书的主要内容。

根据拉斯克的设想，在史料记载之前，语言是我们了解国家历史的主要手段。因为宗教、习俗、法律、制度都有可能改变，但语言大致不变。即使有变化，千年之后的语言依然可认。为了弄清一门语言的前世今生，我们不仅要在细节上比较，还须有条不紊地研究语言的宏观结构。这其中首要的任务是研究语法系统，因为，一种语言通常会吸收其他语言的单词，但很少吸收其他语言的语法，大多数语言学书籍最大的错误便是忽略这一点。而语法越复杂的语言就越接近源语；不论一门语言如何混杂，该语言与另一种语言假如共享最基本、最实质、最必不可少的词汇，特别是代词、数词，那么这两种语言属于同一语系；假如两种语言在代词和数词上存在诸多共同点，甚至可能为彼此字母（在该书其他章节，拉斯克更倾向使用"读音"一词）转换制定规则，特别是二者的词汇结构具有对应性，那么从本质上说，这两种语言存在同源关系。以上是该著作最重要的观点。拉斯克还补充到，两种语言之间的语音转换实则取决于发音器官与发音方式。

---

① Jacob Grimm, *Kleinere Schriften II*, Berlin, 1864—1890, p. 515.

接下来，拉斯克开始使用这些规律寻找古冰岛语的源头。他首先描述古冰岛语在"哥特语（日耳曼语族）"中的地位，然后在该语族中寻找同源语。由于语法和词汇相差甚远，他很快放弃了研究格陵兰语、巴斯克语与古冰岛语之间的联系。至于凯尔特语，他考虑再三，最终放弃。（他很快意识到这是一个错误的决定，参阅下文）之后，他详细探讨芬兰语与拉布兰语（Lapp），并得出结论：与最初的同源关系相比，语言之间的相似性是由借词（loans）引发的。但当他研究斯拉夫语族时，其结论又有所不同，因为他发现这些语言与冰岛语存在诸多相似，故此将斯拉夫语族与冰岛语归为同一独立语支。尽管立陶宛语和拉脱维亚语（又称莱蒂语，"Lettic"）与斯拉夫语族极为相似，但前二者首次被拉斯克准确定位为一个独立语支。在该书中，古冰岛语与罗曼语族的比较，特别是与希腊语的比较极为详细。拉斯克不仅检验了日耳曼语族、斯拉夫语族、立陶宛语、拉丁语、希腊语与冰岛语中众多单词的关联，并且为我们展示了诸语之间的语法比较。这些研究虽然简洁，但大体准确。在当时，他不懂任何亚洲语言，却暗示由于远在东方的波斯语、印度语与希腊语的关系甚密，可能是冰岛语的遥远起源。他指出希腊语是日耳曼语族的"源头（source）"或者"根基（root）"，尽管在提出自己的观点时多少带有不确定，而这种不确定妨碍了他对这些语言的正确理解，即这些语言均起源于同一种早已灭绝的未知语言。在《古代北方语或冰岛语起源研究》出版的同年，拉斯克于圣彼得堡写了一封信，信中明确表达："我将语言划分为：印度语系（克罗地亚语、印度斯坦语）、伊朗语系（波斯语、亚美尼亚语、奥塞梯语）、色雷斯语系（希腊语、拉丁语）、萨尔马提亚语系（拉脱维亚语、斯拉夫语）、哥特语系（日耳曼语、挪威语）以及凯尔特语系（凯尔特语、盖尔语）。"①

这是西方学界首次对语系最全面、最清晰的划分，在语言归属和语言之间的关系问题上，拉斯克展现了无与伦比的天赋。大至在同一时期，他又对芬兰—乌戈尔语进行分类。该领域权威学者如威廉·汤姆森、埃米尔·内斯特·塞塔拉（Eemil Nestor Setälä）认为拉斯克的语言分类比之后

---

① Rasmus Kristian Rask, *Samlede Afhandlinger*, Copenhagen, 1834, p. 281.

绝大多数学者的语言分类更加出色。在印度的旅行中，拉斯克发现以往学者的错误观点，并认识到古波斯语在语言划分中的正确位置。当时，他对印度语和波斯语的调研极具价值，但这些手稿直到40年后，即1863年得以出版。他也是第一位认识到达罗毗荼语（他所说的马拉巴尔语，即"Mal-abaric"）与梵语是两种不同语言的学者。在1826年撰写的一篇关于古波斯语的短文中，他还偶然破译了楔形文字（cuneiform）中的两个字母，为最终破译楔形字碑文做出重要贡献。

之后，在瑞典、芬兰、俄罗斯、高加索、波斯、印度的长途旅行（1816年至1823年）中，拉斯克把大量的精力用于各类语言研究。舟车劳顿、疾病缠身、资金短缺最终导致英年早逝。

拉斯克于1832年去世，他平生撰写了大量语法著作。这些著作，特别是在语言形态学方面，以其细节的准确与清晰的系统化分著称，此外，一些语法著作开辟了全新领域。除了上文提及的冰岛语语法研究之外，他对盎格鲁—撒克逊语语法，弗里西亚语语法和拉布兰语语法的研究同样名留青史。尽管客观来讲，历史语法学并非他的专长，但拉斯克在1815年发表了一篇文章。在此文章中，他从历史视角诠释了丹麦语法的诸多特点，他对西班牙语和意大利语的语法探索明显早于弗里德里希·克里斯汀·迪兹（Friedrich Christian Diez）的历时研究。但在某些方面，他也坚持着一些错误观点，一个典例便是他关于古日耳曼语族中的"长元音（long vowels）"理论，该理论建立在现代冰岛语发音与古冰岛语发音大体一致的假设之上。但在比较所有古代语言之后，格林指出，冰岛语的发音同样处于不断发展与变化当中。在辅音方面，较于格林，拉斯克更具深入认识。与同时期大多数比较语言学家不同，他具备一个巨大优势，拉斯克直接从母语人士那里学习语言，而其他学者主要或者完全依赖于书籍与手稿。甚至在之后很长一段时间，我们并未发现一本能够像拉斯克的《丹麦拼字学：关于共同语言和相邻语言》（*Forsøg til en Videnskabelig Dansk Retskrivningslære med Hensyn til Stamsproget og Nabosproget*，1826）包含如此众多鲜活话语的一手资料。尽管拉斯穆斯·拉斯克饱受贫困与疾病的困扰，且鲜有人使用丹麦语写作，可他凭借广阔的视野与敏锐的洞察力，对所有不切实际的语言学理论予以否定，由此脱颖而出，成为语言学最伟大的领袖之一。[1]

## 四 雅各布·路德维希·卡尔·格林

雅各布·路德维希·卡尔·格林（Jacob Ludwig Karl Grimm）的人生经历与拉斯克完全不同。格林于 1785 年出生于一个律师家庭，自幼学习法律，人生成长受到弗里德里希·卡尔·冯·萨维尼（Friedrich Carl von Savigny）的影响。萨维尼认为，法律制度是人类逐步发展的产物，与民众传统、社会理智、道德生活息息相关，这一观点强烈地激发了格林的想象。但他更喜欢钻研德国古老的通俗诗歌。在当时，这些诗歌在路德维希·蒂克（Ludwig Tieck）和其他浪漫主义者的推波助澜下，成为一种时尚。因此，当格林在巴黎协助萨维尼研究法律史的时候，法国国家图书馆珍藏的古德语诗歌手稿激发了他的热情。自此，他成为法国国家图书馆的一名管理员，并出版了第一本著作《德国古典歌曲集》（*Ueber den Altdeutschen Meistergesang*，1811）。同时，他与作为同伴、同事的兄弟威廉·卡尔·格林（Wilhelm Karl Grimm）着手收集民间传说，于 1812 出版了《德国儿童与家庭童话集》（*Kinder- und Hausmärchen*）。可以说，该作中的丰富注释为比较民俗学奠定了坚实基础。他起初对语言学兴趣不大，但接触到词源学，便立即沉迷于运用几世纪之前的方法（甚至算不上是方法）构建天马行空式的猜想。奥古斯特·威廉·施莱格尔对他在词源学的早期尝试进行批评，以及阅读拉斯克专著的经历让格林意识到采用更加严谨研究方法的必要性。于是，他立即投入大量精力对德语以及同族古老语言细致

---

[1] 笔者在《拉斯穆斯·拉斯克》（*Rasmus Rask*，1918）简述了拉斯克的一生并赞扬了他的学术成就，另见威廉·路德维格·皮特·汤姆森（Vilhelm Ludwig Peter Thomsen）《论文集》（*Samlede Afhandlinger I*，1919）第 47 页起，第 125 页起；拉斯克作品的完整评述可参阅鲁道夫·冯·劳默（Rudolf von Raumer）《日耳曼语言史》（*Geschichte der Germanischen Philologie*，1870）；赫尔曼·奥托·西奥多·保罗（Hermann Otto Theodor Paul）《德国语言学概论》（*Grundriss der Germanischen Philologie*，1891）；对拉斯克天赋的评价，参阅阿尔弗雷多·特龙贝蒂（Alfredo Trombetti）《批评方式》（*Come si fa la Critica*，1907）第 41 页；保罗·朱尔斯·安东尼·梅耶（Paul Jules Antoine Meillet）《印欧方言》（*Les Dialectes Indo-Europeens*，1908）第 415 页；赫尔曼·赫特（Hermann Hirt）《印欧语系：分布、起源与文化》（*Die Indogermanen：Ihre Verbreitung，Ihre Urheimat und Ihre Kultur*，1905）第 74 页至第 578 页。

研究。1812年，格林在对拉斯克冰岛语语法的评论中写道："世界中每一种语言都应视为神圣的存在。即便是最鲜为人知的、最受人轻视的方言也应任由它发展，并维持其本质，绝不横遭破坏，因为它在某些尚未发现的方面比现在使用的所谓最有价值的语言更具优势。"迄今为止，民间方言虽被忽视，我们却看到了对此所做出的积极评价，这源于当时浪漫主义者对"民众（people）"的一切抱有极大兴趣。许多有价值的语言学成果大都出于这种兴趣以及在对传统语言学理论有意识的反抗中产生的，因为守旧的语言学只专注拉丁语、希腊语以及使用这两种语言文字所撰写的文献。这一点如威廉·舍雷尔（Wilhelm Scherer）所说："格林兄弟将精确的语言学运用到古老民族文学和民间传统研究当中。在此之前，这种精确只出现在希腊、罗马经典著作与圣经。他们二人扩展了严肃语言学的疆土，正如他们扩展了诗歌领域一样。他们抛弃了语言学家们不成文的传统，即对通俗民谣、传说、童话、迷信、育儿经等秉持贵族式的傲慢态度。在兄弟二人的影响下，语言学成为了一门大众学科。与此同时，全新的研究模式被创造，用于全人类科学探索以及对人类整个精神生活的比较。因此，书面文学不过是人类精神生活的一面。"①

格林尽管摆脱了古典语言学传统，但他仍然秉持用标准衡量不同语言之间的优劣。"在研读古日耳曼人（altdeutschen）资料的时候，我每天都会发现德语与希腊语、罗马语共通的完美形式，考虑到德语的现状，我总会嫉妒希腊人和罗马人。""……六百年前，每个乡巴佬都能流利地说出哥特语，他们每天都在体验完美、精妙的语言，这是现在最伟大语法学家都无法想象的。沃尔夫拉姆·冯·埃申巴赫（Wolfram von Eschenbach）和哈特曼·冯·奥尔（Hartmann von Aue）虽未听说亦不会读写变格、变位，但在他们的诗歌中，我们可轻易、准确地观察到名词与动词在屈折和使用上的诸多不同。虽然通过深入研究，我们发现了不同词形，却不敢再次使用，因为语言发展的历史长河永无逆流。"

格林开始撰写他的历史比较语言学巨著《德语语法》（*Deutsche Grammatik*）。在此书中，他对德语的定义过于宽泛，几乎不合常理，涵盖范围

---

① Wilhelm Scherer, *Jacob Grimm*, Berlin: Weidmann, 1885, p. 152.

包括书中所说的日耳曼语族。《德语语法》第 1 卷于 1819 年问世。在前言部分，我们发现他正在为语言学开拓前所未有的疆土，并引用全新的方法重新审视语法。他谈到了过往的德语语法学家，并直言不讳地希望不要把自己与他们的观点混为一谈。在格林看来，这些语法学家身上围绕着一股难以名状的迂腐之气，试图将语言教条化。但是，语言如这世间最为天然之物，是一种无意识且不被注意的秘密，在我们年轻的时候，就已根植于你我之间。每一位德国人（即使未受教育之人）都能够自然地使用德语，都可称自己为活生生的语法家而不忍受语法规则的束缚。因此，格林无意对语言做出任何规定，他只是关注语言的自然发展现象，并在恰当的时候将他的著作呈献给萨维尼，正是这位导师让他了解到制度在一个国家是如何发展的。特别指出，该书第 2 版序言部分存在一些迹象表明作者态度的转变："我反对语法中使用常规的逻辑概念，显然，这些概念有助于定义的严格性和可靠性，但它们束缚了我们的观察，我恰恰认为观察才是语言学的灵魂……介于我的出发点是追溯语言中的那些永不停止的变化（unstillstehende），这些变化会随着时间、地点的改变而改变，所以，我不得不对一种又一种方言展开研究，甚至按捺不住去对一些外语进行观察，并最终与我们的语言建立关联。"

至此，历史语言学派诞生了第一个明确纲领，时至今日，这也是语言学研究的主要纲领：语言不断更新发展。而格林的观念亦不断变化。在这之后，对格林影响最大的学者当属拉斯克。当格林在撰写 1819 年第 1 版《德语语法》的时候，他对拉斯克并不了解，只知道他是一位冰岛语语法学家。就在他将要完成著作之际，格林读到了拉斯克的《古代北方语或冰岛语起源研究》。他立即在自己作品的序言与同时期的书信中对拉斯克的学术大加赞赏，更是对他的盎格鲁—撒克逊语语法和瑞典语版本的冰岛语语法有着不亚于前者的称赞。不过，直到《德语语法》第 1 卷问世，格林才拿到拉斯克的这两部著作。研读后的格林并未继续撰写《德语语法》第 2 卷，而是彻底重写第 1 卷，并于 1822 年出版。此次再版的著作中，最大的创新之处在于增加了语音学，用他的话说，这是"第一部始于字母探讨的力作（Erstes buch. Von den buchstaben）"。1819 年第 1 版的《德语语法》在语音学领域并无涉足，但第 2 版中却增加了多达 595 页的语音学研究。

## 五 音变

1822 年再次出版的《德语语法》第 1 卷让格林声名远播，特别是书中提出的"音变（lautverschiebung）"理论，弗雷德里希·马克斯·穆勒（Friedrich Max Müller）称之为"格林定律（Grimm's Law）"，该定律在学术界成为普遍共识。不过，假如有人用自己的名字为该条定律命名的话，那么将此称为"拉斯克定律"再适合不过，因为格林提到的音变，如拉丁语"p，t，k"分别对应希腊语"f，þ（th），h"等都曾出现在拉斯克于 1818 年出版的《古代北方语或冰岛语起源研究》一书的第 168 页，换句话说，早在开始动笔撰写之前，格林已熟知拉斯克著作当中的这些案例。

比较两位学者描述音变现象的差异也颇为有趣：理智清醒、就事论事的拉斯克对音变只做简单描述，他运用极为恰当的案例支撑自己的观点，从未把这一现象归纳为简单公式，也未曾深究成因。① 格林却立志寻找大量实例，并把音变的整个过程简化为一个公式，目的在于涵盖高地德语中的"子音推移（second shift）"。虽然，拉斯克对这一特殊的音变极为熟悉，但在格林看来远非如此，因此，格林在《德语语法》第 1 卷第 68 页构建了以下图式：

---

① 拉斯克犯了一个小小错误，误将"b"等同于音变"b"，不过该错误无伤大雅，因为基本不存在这样的实例。雅各布·霍恩曼·布雷兹多夫（Jakob Hornemann Bredsdorff）在《语言变化的原因》（*Om Aarsagerne til Sprogenes Forandringe*，1821）第 21 页中，引用拉斯克定律；赫尔曼·保罗（Hermann Paul）在《日耳曼语言概论》（*Grundriss der Germanischen Philologie I*，1891）第 86 页，对拉斯克音变理论进行补充，将其视为对格林理论的改进。他指出："日耳曼语族的送气音在希腊语中基本上是清塞音，日耳曼语族的清塞音在希腊语中是浊塞音，而日耳曼语族的浊塞音在希腊语中又变为送气音。例如日耳曼语族'fod'，希腊语'pous'；日耳曼语族'horn'，希腊语'keras'；日耳曼语族'horn'，希腊语'keras'；日耳曼语族'þrír'，希腊语'treis'；日耳曼语族'padde'，希腊语'batrakhos'；日耳曼语族'kone'，希腊语'gunē'；日耳曼语族'ti'，希腊语'deka'；日耳曼语族'bærer'，希腊语'pherō'；日耳曼语族'galde'，希腊语'kholē'；日耳曼语族'dør'，希腊语'thura'。"至于单词"horn"，拉斯穆斯·克里斯蒂安·拉斯克（Rasmus Kristian Rask）曾经加了一个脚注，大意是说，"h"无疑是德语的"ch"音。这是格林在公开音变定律一年之前就已存在的论断！

表 2 - 1　　　　　　　　　　　　　　辅音音变

| 希腊语 | p | b | f | t | d | th | k | g | ch |
|---|---|---|---|---|---|---|---|---|---|
| 哥特语 | f | p | b | th | t | d | h | k | g |
| 高地德语 | b（v） | f | p | d | z | t | g | ch | k |

图中，三种语言之间的清塞音（T）、送气音（A）、浊塞音（M）的转换方式又可简化为：

表 2 - 2　　　　　　　　　　　　　　辅音转换

| 希腊语 | T | M | A |
|---|---|---|---|
| 哥特语 | A | T | M |
| 高地德语 | M | A | T |

格林的成果备受瞩目，因为一个极具概括力的公式总比三言两语的现象描述看似科学得多。不幸的是，这个公式并非准确。第一，高地德语并没有与希腊语"p"、哥特语"f"相对应的浊塞音（如"poûs，fotus，fuss"等）；第二，高地德语和哥特语都有"h"，二者均对应希腊语"k"（如"kardía，hairto，herz"等）；第三，高地德语"g"也与哥特语"g"保持一致，这显然与格林定律不符。上述问题直到卡尔·阿道夫·维尔纳（Karl Adolph Verner）规则（Verner's Law）的提出，才得到很好的解释。而更糟糕的是，这一似是而非的概括性理论体现出的规律性和统一性实则是"送气音"滥用所致，即送气音被用于描述与之毫不相干的种种发音，例如：（1）塞音与字母"h"的结合发音；（2）塞音与擦音"pf，ts"的组合，字母为"z"；（3）清擦音，如"das"中的"f，s"；（4）浊擦音"v，ð"，字母为"th"；（5）"h"音。格林为自己的公式倍感鼓舞，因为他构建语言发展的三个阶段，细分辅音（唇音、齿音、喉音）中的三种发音（清塞音、浊塞音、送气音）的音变规律。此规律的总结又引发了他的遐想，数字"3"似乎蕴含某种神秘力量，这让他随后的众多语言学著作中，数字"3"无处不在，例如：他认为语言有三个原始元音（a，i，u），词有三种性别。数有三类（单数，双数，复数），语言有三种人称，三种语态（主动语态，中间语态，被动语态），三种时态（现在、过去、将来）以及由三个原始元音（a，i，u）导致的

变格。① 格林颇具夸张的解释充满了肤浅的从众心理与浓厚的浪漫主义色彩。"语言一旦迈入第一阶段，就摆脱了语音的有机基础，很难逃脱第二阶段与第三阶段的发展。只有进入第三阶段，语音得以完善……我们很难不敬佩将语音彻底转换的精神（sprachgeist）。虽然，许多语音已不再使用，但这些语音终将在过往的规律中找到新的应用，并把自己安排在不同的发音部位。这里，我并不是说音变毫无损害，甚至从另一个角度讲，音变在我看来是一种异常野蛮的行为。这种现象与德国中世纪初期的快速发展和对自由的渴望有关，正是这种发展与渴望开启了欧洲语言变革。德国人一直推进德语最为核心的语音发展……"之后，格林还对德国在知识上的发展与军事上的赫赫战功做出评价。他指出："进入第三阶段的语音虽然结束了发展周期，必须使用一种全新的方法解决音变过程中产生的偏差。但语音已经本能地完成了三个阶段的发展历程，音变似乎不会再次开始。"② 不过，我们很难从这些话中读出什么明确含义。

　　另外，格林"循环"（kreislauf）理论的产生源自这样一种理念：音变可持续长达数百年之久，这意味着音变是一个长期持续的过程，但是，与 15 世纪丹麦语中的某些音变（如"gribe, bide, bage, from gripæ, bitæ, bakæ"）以及近期丹麦语中的音变（与高地德语相同，丹麦语"tid, tyve"等单词中"t"近似［ts］，如高地德语"zeit"）相比，8 世纪的高地德语音变与公元前某时期原始日耳曼语族音变之间的关系并非紧密。由此可知，音变之间几乎不可能存在任何直接关联，正如英语中的辅音即使历经漫长的变迁，其发音也无太大变化。③

---

　　① See Streit Wilhelm August Streitberg, *Geschichte der Indogermanische Sprache I*, Strassburg, 1917, pp. 191, 241.

　　② Jacob Grimm, *Geschichte der Deutschen Sprache*, Leipzig: Weidmannsche buchhandlung, 1880, pp. 292 – 293.

　　③ 令我惊讶的是，在 1918 年《美国语言学杂志》（*American Journal of Philology*）第 39 期，第 415 页的一篇文章中，赫尔曼·科利茨（Hermann Collitz）称赞雅各布·路德维希·卡尔·格林（Jacob Ludwig Karl Grimm）的学术观点优于拉斯穆斯·克里斯蒂安·拉斯克，因为他看到格林"音变理论中，各个过程之间的内在联系"，认为这是"一个伟大定律，其公式'T：A：M'可以用来解释（一种语言中）三组不同辅音的转换，以及（在三种不同语言中）一组辅音的两次转换或三次转换，拉斯克对此一无所知。""只有在广义上接受'送气音'的定义，格林定律才能成立。"不过，笔者认为这里所谓的"广义"意味着谬误或者主观。起初，"k = h"的音（转下页）

格林算不上一名合格的语音学家，有些时候，他提出的一些观点在今天看来只能莞尔一笑，他指出："由 7 个字符组成的德语单词'schrift'包含了 8 个音，因为'f'一个字母代表了'ph'2 个音。"[1] 由此，格林理所当然地认为"sch"包含了 3 个音，即"s"以及由"c"和"h"组成的送气音"ch"。即便荒谬如斯，格林在西方语音学史上有着无人能及的影响力。同样，在格林其他语法理论如"字母理论（theory of letters）"中，除了极为详尽的单词表，其内容远比大众熟知的词汇更加丰富，这也让后来的学者看到了语言发展中极大的规律性。尽管他本人在词源学研究领域并未遵循"语音规则（phonetic law）"，但"语音规则（phonetic law）"在语言学研究领域中扮演着举足轻重的角色。只要谈及语言规则，格林便联系辅音音变，并意识到该规则可以成为对词源研究的检验。自此，"辅音音变（consonant shift）"成为语言学中的定律，影响了众所周知许多单词的产生，并以一种全新夸张的方式，将拉丁语或希腊语中的单词与研究者自身的母语联系在一起，使得辅音音变成为当时语言学这门新兴学科的理论基石。

时至今日，格林发明的一些术语依然在语言学界通行，如：元音音变（umlaut），元音交替（ablaut），强变格与强变位，弱变格与弱变位。关于元音音变（umlaut），我们已经了解到，格林是在拉斯克的著作中学习到此类语音现象。后来，英国语言学家斯威特将其称之为元音变异（mutation），其他学者则更倾向称之为元音突变（infection）；至于元音交替，亨利·斯威特视作元音递变（gradation），拉斯克则把它称为"omlyd"，亦如格林的理论，目的是将两种元音变化的现象严格地区分开。元音交替首先出现在格林所谓的"强变化动词"中，他对"springe, sprang, gesprungen"中的元音交替十分着迷，从中看到了如"bim, bam, bum"的类似结构。这种既神秘又富于逻辑性的语言结构明显包含了极为传统的德国精

---

（接上页）变中并无循环现象；根据格林公式，我们发现只有少数几个单词存在三阶段音变（如"tres, three, drei"）；而在丹麦语音变的三阶段中，第三个阶段却再次回归到第一个阶段（如"tre"）；另外，英语"Mother"一词经历了五个阶段的音变："t, þ, ð, d, ð"。难道这五个阶段彼此也存在关联？

① Hermann Paul, *Grundriss der Germanischen Philologie I*, Strassburg: K. J. Trübner, 1891, p. 3.

神。自此，他便对其他语言中的元音交替视而不见，这也导致了他在《德国语法》第 2 卷的撰写中步入歧途，主观臆断地创造了动词词根（verbal roots），用以解释动词之外的元音交替现象。

如我们所知，格林虽然秉承了反对为语言制定规律的原则与倾向，不过有时，他也会沉迷于对中世纪德语的偏爱，例如他依然使用 "der boge" 而非近百年来德语中的 "der bogen"。同样，他的许多追随者也以历史为基准探讨语音正确性的问题，从而更多地支持过往语言更为 "有机" 的形态而非后来的语音发展。

现在，我们无需谈论格林在柏林担任教授的余生中做出的伟大贡献。与一般观点相反，我承认自己偏爱的是他在句法学上的研究，该项研究载于《德语语法》第 4 卷以及相关文章中。他渊博的学识、敏锐的观察力以及历史学方法都让他位于众多学者前列，他有很好的判断力，能够让他摆脱同时期古典语法著作中普遍存在的形而上学式的思维。实际上，他在句法领域的贡献更令人感兴趣，因为他似乎并不重视句法学，甚至指出句法学有一半超出了语法范畴。这句话虽然比历史比较语言学的诞生要晚一些，但在概述 19 世纪语言学三位伟人之后，我们将会再次回来，继续讨论这一问题。

## 六　弗兰茨·博普

现在，我们来谈一谈弗兰茨·博普，他是现代语言学奠基人之中最伟大的一位，其一生波澜不惊。21 岁时（1791 年出生，1867 年去世），他去巴黎学习东方语言，不久致力梵语研究。当时还在法国巴黎的博普于 1816 年出版了人生的第一本专著《论梵语与希腊语、拉丁语、波斯语、日耳曼语动词变位系统比较》（*Ueber das Conjugationssystem der Sanskritsprache：in Vergleichung mit jenem der Griechischen，Lateinischen，Persischen und Germanischen Sprache*）。德国学界将其视为比较语言学的开山之作。不过，此书的后半部分是从梵语翻译而来。作为比较语法学家、梵语学者，博普长久从事编辑、翻译梵语的工作。自 1822 年被任命为柏林学院教授以来，博普的几篇论文在柏林学院公开发表，显示出自身作为比较语法学家的学术特质，特别是他的名著《梵语、禅德语、亚美尼亚语、希腊语、拉丁语、立陶宛语、古斯拉夫语、哥特语和德语比较语法》(*Vergleichende Grammatik des Sanskrit，Ṣend，Armenischen，Griechischen，Lateinischen，Litauischen，Altslawischen，Gotischen und Deutschen*) 更是将比较语言学的特点尽致表现。该书首次在 1833 年至 1849 年间出版，第 2 版出版于 1857 年，第 3 版 1868 年。博普于 1867 年逝世。

博普理论重新整理、修订《论梵语与希腊语、拉丁语、波斯语、日耳曼语动词变位系统比较》中的 "动词变位系统 (Conjugations system)"，于 1820 年，出版英语修订版《梵语、希腊语、拉丁语与日耳曼语比较研究》(*Analytical Comparison of the Sanskrit，Greek，Latin and Teutonic Languages*)。1888 年，弗里德里希·泰科玛 (Friedrich Techmer) 在《国际通用语言学杂志》(*Internationale Zeitschrift für Allgemeine Sprachwissenschaft*) 第 4 期对该书做详尽介绍。

与拉斯克的研究不同，博普一生致力于借助梵语寻找语法起源，但他并不认为梵语是语法的最初形态："我并不认为希腊语、拉丁语和其他欧洲语言是从梵语衍生而来的，我更倾向将这些语言视为一种原始语言的后续变体，只不过，梵语更好地继承了该原始语言的特点。因此，虽然婆罗门 (Brahmans) 的语言比古书和碑文更接近希腊语和拉丁语的原始形态，但后二者也能阐释梵语语法。"[1] 本书的后续研究亦证实了博普的观点。

通过比较梵语、希腊语等语法，博普试图找到二者的相似之处，尝试探索语言的最初起源。在他看来，完成梵语、希腊语等语法比较，探究语言终极起源的最初工作会更加容易。不过他深受当时哲学语法思维的影响，比如，当时的语言学家约翰·戈特弗里德·雅各布·赫尔曼 (Johann Gottfried Jakob Hermann) 在他的著作《希腊语法修订》(*De Emendanda Ratione Græcæ Grammaticæ*，1801) 中，以纯粹的逻辑学为基础，将主语 (subject)、谓语 (predicate)、连系动词 (copula) 作为句子的三要素；又

---

[1] Franz Bopp, *Analytical Comparison of the Sanskrit，Greek，Latin and Teutonic Languages*, Amsterdam: Benjamins, 1820, p. 3.

出于动词的功能是让谓语从属主语，由此句中只能有一个动词，即"to be"。以及当时，博普在巴黎求学时的老师希尔维斯特·德·萨西（Silvestre de Sacy）同样秉持上述观点。博普重申："从最严格的意义上讲，动词是一个句子中主语与其附属部分的连接词。根据这一定义，句中似乎只能存在一个动词，即实义动词，如拉丁语'esse'，或者英语'to be'……与拥有类似结构的希腊语、拉丁语相比，都可以使用这类动词构建完整句子，但是动词的特殊功能被完全省略，比如：拉丁语动词'dat'表示'他给'或者'他正在给……'，其中字母't'代表第三人称，充当主语时，'da'表示'给予'。甚至，连系动词'potest'也包含上述三要素，即't'是主语，'es'是连系动词，'pot'做定语。"

从这种逻辑思维出发，博普发现实义动词"to be"的两种梵文形态"as"和"bhu"，它们永远是动词的必要组成部分。但他并不是第一个认为动词词尾是独立词语的学者。约翰·霍恩·图克（John Horne Tooke）曾明确指出："语言中的所有通用词尾……其本身就是具有不同含义的独立词。"[1] 他继续解释道，拉丁语"ibo"一词中的"i"意为"走"，"b"源自希腊语"boúl（omai）"，意为"将要"，"o"指"我"，源自"ego（自我）"。博普的解释与之类似，尽管他不赞同将"boúl"简单粗暴地缩略为"b"。他认为，梵语动词词根"as"与英语"to be"相似，拉丁语动词完成时是"scrip-s-i（我写）"，希腊语动词不定过去时是"etup-s-a"，将来时是"tup-s-o"。即便相同的动词词根表不同时态，但这并未给博普的研究带来多大困难。他甚至解释了拉丁语"fueram"是由"fu""es""am"等构成，其中的词根"fu""虽不能表过去时，但依然满足屈折要求。由于'fui'能够体现'完成时态'，因此'fu-eram'只表过去未完成时。同理，'fu-ero'意为'I shall have been'，而不是'I shall be'。"[2] 另外，所有包含"r"的拉丁语词尾最初都是由实质名词构成的（如，"ama-rem"等）。而动词不定式"face-ere, ed-ere, esse"中包含的"e 恰如其分地表示了主

---

① John Horne Tooke, *Epea Pteroenta, or, the Diversions of Purley II*, London: Johnson, 1786, p. 429.

② Franz Bopp, *Analytical Comparison of the Sanskrit, Greek, Latin and Teutonic Languages*, p. 57.

动不定式的词尾。随后，词根'es'通过加'e'的方式，产生原始词根'ese'；之后，'s'再次加入，形成'esse'。"另外，词尾"e"又与希腊语中"eînai（我是）"等单词中的词根"ai（我）"对应。①

如果说博普从梵语词根"es"中寻得诸多语言词尾的万能钥匙话，那么在梵语动词"bhu（成为）"，则找到了其他语言词根的关键。他发现了拉丁语未完成时动词"da-bam"与将来时动词"da-bo"之间的联系，亦如"er-am"和"er-o"之间的关系。"'bo，bis，bit'与盎格鲁—撒克逊语中表将来时动词'beo，bys，byth'存在惊人相似，这种相似性不能视为纯粹的偶然。"（在此，盎格鲁—撒克逊语的语言形式与语言功能并未得到正确表述）此外，拉丁语"ama-vi"的词尾"vi"也可追溯到同一词根，因为涉及意大利语"amava"源自拉丁语"amabam"一词，我们发现"b"变成"v"。意大利语中的"fuvi"和"pot-vi"也是由拉丁语"fui"与"potui"衍变而来的。可以说，"语言似乎孜孜不倦地把纷繁复杂的语料组合在一起，就像精湛的艺术家塑造雕像，不仅为耳朵或者眼睛提供完美的形态，也让整座塑像浑然一体。"②

以下是博普解释词汇屈折起源最初的方法样例："拉丁语的被动语态'amat-ur（第三人称单数，被爱）'和'amant-ur（第三人称复数，被爱）'符合实义动词的连接方式，那么'r'会被's'置换（permutation）；如果我们继续比较第二人称被动词'ama-ris（被爱）'和第三人称被动词'am-at-ur（被爱）'，那么结果更令人信服。可以说，单词中的一个字母被其他字母置换，在拉丁语中尤为常见。假如'ma-ris'是由'ma-sis'衍生并保留了原有字母顺序的话，那么'ma-tur'一定是'ma-rut'或'ma-sut'的换位词（transposition），'ma-ntur'同理也是'ma-runt'或者'ma-sunt'的换位词。假如以上属实，我们就能对拉丁语被动语态做出解释，尽管它不同于梵语、希腊语、哥特语，但它必定不是全新的语法。这就是为什么许多被动语态的拉丁语动词都具有主动意义，因为没有理由为实义动词添

---

① Franz Bopp, *Analytical Comparison of the Sanskrit*, *Greek*, *Latin and Teutonic Languages*, p. 58.

② Ibid. , p. 60.

加被动含义。假如 'ama-ris' 可以代表 'ma-sis'，那么还存在另外一种解释，'s' 可能是反身代词 'se' 的词根辅音（radical consonant）。该代词的引入特别适合生成中间语态（middle voice），它表明了动作反射到施动者自身。希腊语就是一个例证，它证实了中间语态轻易转化为被动语态的特殊意义。"可以说，上述推理（只出现在《论梵语与希腊语、拉丁语、波斯语、日耳曼语动词变位系统比较》）将我们带到一个前科学时代，而拉斯克的著作中鲜有如此论说的痕迹。不过，《梵语、希腊语、拉丁语与日耳曼语比较研究》中的相关诠释更被博普推崇，多年以来亦被学界奉为真理，直到学者在凯尔特语中发现了被动语态字母 "r"。显然，由于凯尔特语和意大利语关联紧密，"se" 假说最终被淘汰。博普对抽象动词的偏爱在他将冰岛语过去时 "-st" 解释为 "s" ＝ "es" 一览无余。[①] 但是，对于这一点，只有拉斯克和格林的论断才是清晰、正确的。

在博普的其他理论中，有一点必须指出，拉丁语被动语态第二人称 "ama-mini" 中的 "-mini" 被认为对应希腊语 "-menos" 阳性复数主格分词，亦为拉丁语 "alumnus" 的变体。[②] 时至今日，该解释未被所有学者接受。

至于格林后来对 "弱变化动词" 的论述，博普在不同的解释之间摇摆不定。他在《梵语、希腊语、拉丁语与日耳曼语比较研究》第 118 页指出，"t" 或 "d" 等同于分词的词尾，在这种情况下，格词尾被省略，并由人称词尾替代。至于 "d" 后面的音节 "ed"（如哥特语 "sok-id-edum" 中的 "ed"，该书第 119 页 "希腊语" 的说法错误，应为 "哥特语"）不过是一次偶然的例外。但在第 151 页，博普又将 "sokidedun" 与 "sokide-di" 中的 "sok" 与动词 "tun" 过去时进行组合，如德语 "suchetaten" 与 "suchetäte"。随后，他比较了英语中 "did（did seek）" 的用法，认为英语所用的动词过去时一如德语 "tun" 或者哥特语 "tanjan"。此处，博普的理论仅限于包含两个 "d" 的单词，即复数陈述语气动词和虚拟语气词。在此书英文版中，博普沿用了这一双重解释，并增添了一些内容，例如哥

① See Franz Bopp, *Analytical Comparison of the Sanskrit, Greek, Latin and Teutonic Languages*, p. 132.

② Ibid., p. 51.

特语 "sok-i-da" 中的 "d" 和 "oh-ta" 中的 "t" 源自梵语分词 "tyak-ta,
likh-i-ta",拉丁语 "-tus" 以及希腊语 "-tós"。而哥特语的 "d" 或 "t"
常表被动,在中性动词中则表主动,这自然会形成具有主动意义的过去
时。此外他还发现,过去时和分词之间存在关联的证据:分词中只有 "d"
或 "t" 结尾的动词才能凭借齿音的发音方式表过去时,而其他动词(格
林称之为 "强变化动词")则需添加含有 "an" 的分词或者加入重复、变
化的元音表过去。博普比较希腊语不定过去时的被动态(aorist passive)
"etúphth-ēn" 与 "edóth-ēn",认为二者可能由分词 "tuphth-eís" 与 "doth-
eís" 衍生而来。① 这一论断似乎被学术界忽视或者放弃。不过,另一种解
释是,"dedi" 与英语 "did seek" 相同,博普在其著作 49 页给出了 "dedi"
的虚拟语气与陈述语气复数。即便这些单词只包含一个齿音,却依然被格
林认可。在随后的著作中,博普与格林达成共识,放弃了自己原有理论的
第一部分。事实上,冯·施塔德(D. von Stade)早已给出德语中过去时态
的论断②;拉斯克也曾经指出:"德语中 'd' 或 't' 何时出现不易解释,
因为拉丁语和希腊语中均找不到此用法,而在冰岛语,该用法明显与过去
分词相关,在过去虚拟语气中同样有迹可循,显然它们每一种语气都包含
着过去时的古老特征。但当上述分词在 'tos' 中消失,这种古老的特征便
在希腊语中不复存在了。"③(参阅本书第 19 章,第 12 节)

　　至于元音,博普在《梵语、希腊语、拉丁语与日耳曼语比较研究》中
提到一个较为有趣的理论:梵语之所以存在大量的 "a",可能是该字母发
音存在缺陷。梵语口语中 "类似意大利语短音 'e' 和 'o'" 极为常见,
书面语却写作 "a"。"基于此现象,我们大可猜测在梵语与希腊语的共有
词中,印度语 'akāra'(该词中 'a' 为短元音)往往对应希腊语 'ε' 和
'o',例如 'asti(他是)' 对应 'εστ ί';'patis(丈夫)' 对应 'πόσιϛ';
'ambaras(天空)' 对应 'ὄμβοϛ(雨)',等等。" 受格林理论影响,博普
冒进地提出 "原始语言中只有 'a,i,u' 三元音" 的推断,并与他的追

---

①　See Franz Bopp, *Analytical Comparison of the Sanskrit, Greek, Latin and Teutonic Languages*,
p. 37.

②　See Hermann Collitz, *Das Schwache Präteritum*, Balimore, 1718, p. 1.

③　Ibid., p. 270.

随者一直坚信，梵语中的"a"代表了语言的原始状态，直到大约 1800 年
"腭音规则（palatal law）"的出现才让学界意识到希腊语中的"a, e, o"
三元音才真正地代表了更古老的语音阶段（假如博普当时并未抛弃自己的
观点，那么他很有可能得到真实结论）。

## 七  弗兰茨·博普续

在《梵语、希腊语、拉丁语与日耳曼语比较研究》有关词根探讨的
章节中（《论梵语与希腊语、拉丁语、波斯语、日耳曼语动词变位系统
比较》并无此章节），对比闪米特语族与现存语言词根之后，博普指出，
闪米特语族词根一般不多不少恰好由三个字母组成，这使得闪米特语族
的单词通常包含两个音节。而在梵语、希腊语等语言中，词根的性质
"不是由字母数量决定，而是由音节数量决定，因为单词中一般只含有一
个词根。"因此，像"i（行走）"这样属于闪米特语族的阿拉伯语独有
词根在梵语、希腊语中是无法想象的。这种特殊的词根虽然在闪米特语
族的语法中起到重要作用，但西方语言对此类词根有着更加严格的限制。
早在博普以梵语为研究对象，他便认识到梵语中类似"to be"这一动词
组合仅偶尔出现，并在提出"真正有机方式"[1] 的两年前，施莱格尔已
经将这种变化定义为屈折。不过在 1820 年，博普推翻了施莱格尔以及他
本人在此之前关于"屈折"是梵语区别于其他语言的假设，即便其他语
言的语法变化大多是通过添加词缀方式实现。他指出语言二分法适用于
绝大多数语言，但汉语可能是例外，此外，添加词缀的构词方式在梵语
中极为常见："真正纯粹的屈折……只存在于那些由元音变化、辅音重复
的单音节重叠词[2]中。"可以说，博普不仅规避了施莱格尔语言分类的片
面性，也避免了施莱格尔之后相关理论的单一性，因为根据后者的理论，

---

① Franz Bopp, *Ueber das Conjugationssystem der Sanskritsprache: in Vergleichung mit jenem der Griechischen, Lateinischen, Persischen und Germanischen Sprache*, Frankfurt am Main: Andreäischen, 1816, p. 7.

② 重叠词是人类语言中普遍的现象，尤其是形态不丰富的语言，如孤立语，重叠是重要的构词手段。——译者注

所有语法成分原本独立于从属词根（independent subordinate roots）。

在另一部著作《元音系统比较批评》（*Vocalismus*: *Oder Sprachvergleichende Kritiken über J. Grimm's Deutsche Grammatik und Graff's Althochdeutschen Sprachschatz*, *mit Begründung einer Neuen Theorie des Ablauts*, 1827），博普反驳了格林的印欧语系元音交替论，因为该理论认为是人的心理作用造成了元音交替现象的产生，而博普却倾向对印欧元音交替现象做出机械解释[①]，指出元音交替的产生取决于"词尾重量（the weight of the endings）"，例如梵语中的"vēda"，哥特语"vait"，希腊语"Oîda"以及对应的复数形式"vidima, vitum, ídmen"。在这种思维下，比起格林的论断，博普更赞成当时大多数青年学者的观点。虽然这些学者并未发现词尾的"重量"，但他们认为，元音交替只会机械地引发语音的细微变化，只有博普的论文提及梵语中这种重量的存在。当然，当时的博普并不知道他所谓的词尾"重量"即为重音。

在 1790 年，埃弗拉德·谢迪乌斯（Everard Scheidius）和拉斯克已经将梵语动词中的人称代词词尾与相应的梵语代词进行识别。[②] 博普虽然赞同，但他认为谢迪乌斯不应只考虑梵语代词的主格形式。

可见，在早期作品中，博普虽然解释了语言学普遍性问题，但在语音音变的探索上存在太多错误，加之整体研究方法经不起推敲，导致了他的研究只起到提示而非决定性的作用。现代读者在博普的著作中会惊奇地发现，一些完全不符合事实的语音突变、辅音省略、辅音换位现象的存在。可以说，博普从未像拉斯克那样深刻地思考语言之间的亲属关系，在《论梵语与希腊语、拉丁语、波斯语、日耳曼语动词变位系统比较》中，博普接受了一种当时广为接受的观念，即波斯语与德语之间的关系比波斯语与梵语的关系更为密切。后来，他试图在马来—波利尼西亚语与印欧语系之间建立这种关联。即便如此，我们必须承认，博普在漫长且艰苦的一生中完成了大量卓有成效的工作，在梵语语文学与比较语法学等领域取得了无

---

① 可能受到亚历山大·冯·洪堡特的影响，洪堡特在 1826 年 9 月写给博普的信中，指出："语法不仅仅在于元音变化。"

② See Rasmus Kristian Rask, *Undersögelse om det Gamle Nordiske Sprogs Oprindelse*, Kjöbenhavn: Gyldendal, 1818, p. 258.

数可圈可点的功绩。而在比较语法学的研究当中，他逐渐纠正了自己过往的错误观点，不断拓宽自己的研究视野，将越来越多的同源语纳入研究视野，巧妙地解释了凯尔特语中奇特的辅音音变现象（这一现象曾经让拉斯克疑惑不解，甚至怀疑凯尔特语不属于印欧语系，但博普证明了凯尔特语的音变在于对前一单词词尾发音的省略），不可辩驳地确立了该语言在印欧语系中的地位。在他众多的学术成就当中，很多人必会提起"词形变化取决于词干尾音"（various declensional classes as determined by the final sound of the stem）的理论。在此，笔者不予深究，只想表明一点，博普的大作《梵语、禅德语、亚美尼亚语、希腊语、拉丁语、立陶宛语、古斯拉夫语、哥特语和德语比较语法》一直是比较语言学这门新兴学科最好也是唯一的读物，该书不仅明晰过往晦涩的观点，并且让这门深奥的学科广为接受。

在《梵语、禅德语、亚美尼亚语、希腊语、拉丁语、立陶宛语、古斯拉夫语、哥特语和德语比较语法》中，博普批驳卡尔·威廉·施莱格尔的语言二分法，即使用雅利安语语法解释一切，甚至包括梵语词根的内在变化，这必然导致博普改进奥古斯特·威廉·施莱格尔语言三分法，将印欧语系归于第二类而非第三类。[1] 其语言划分具体如下：第一类，该类语言既无词根也无组合（composition）的能力，更无有机形态或者语法规则，汉语可归入此类，因为汉语当中多数语法关系只能依靠汉字的位置进行判断；第二类，具有单音节词根的语言，该类语言能够通过组合的方式获得有机和语法，其主要构词法是动词词根与代词词根组合。印欧语系隶属这一类，此外还包括那些既不属于第一类也不属于第三类的语言；第三类，由双音节词根与三个必要辅音构成单词的语言。只有闪米特语族属于这一类，其语法不仅包含多种组合方式，还包括如第二类语言中词根的内部屈折。[2]

可以看出，博普有意识地避开了术语"黏着（agglutination）"与"屈折（flexion）"，因为前者往往用来比较雅利安语与其他语言，而博普试图体现

---

[1] See Franz Bopp, *Vergleichende Grammatik des Sanskrit, Send, Armenischen, Griechischen, Lateinischen, Litauischen, Altslawischen, Gotischen und Deutschen I*, Berlin: F. Dümmler, 1833, p. 108.

[2] 内部屈折是通过改变词中词素的部分语音来表示语法意义的一种方式，又称语音交替或音位交替。——译者注

雅利安语包含上述两类语言的本质特征；由于施莱格尔将后者用于内部屈折变化研究，导致此概念存在诸多模糊之处，因为在施莱格尔看来，只有英语"drink，drank，drunk"可以被定义为纯粹屈折，而德语"trink-e，trank，ge-trunk-en"以及希腊语"leip-ō，e-lip-on，le-loip-a"除了部分"屈折"之外，又含有"黏着"成分。根据施莱格尔的定义，显然没有任何一种语言是单纯的"屈折"语言，"屈折"并不能作为划分语言类别的标准。虽然后来，施莱格尔的"屈折"理论为广大学者摒弃，但他们在研究如梵语、希腊语等非英语语言时依然使用该术语，并认为"屈折"包含了内部屈折（inner modifications）与外部屈折（outer modifications）① 两大类，不过，这两类无法在同一时态的单词中共存。

从语言学后期的发展来看，无论施莱格尔兄弟还是博普，他们的语言分类不仅有力概括了当时世界的多语分布，而且代表了语言历时发展的多个阶段。事实上，博普的分类具有明确的构架，它虽已排除某些语言从第二类进入第三类的发展事实，这是因为两类语言中的词根特征完全不同，但从另一方面讲，博普倾向从原始独立的词根解释雅利安语词尾，这为同一语言中孤立（isolation）、黏着（agglutination）、屈折（flexion）连续发展的三个理论阶段奠定基础。

博普在第一部著作中就曾暗示，在我们所知的人类最早时期，语言已经达到最完美的形态，之后不断衰退。② 1827 年，他对格林的评论当中重申了这一观点："我们认为，语言在句法上取得了进步，但就语法而言，语言已经或多或少失去了原本完美结构。在这种完美结构中，各个成分之间曾经有着极为精妙的关系，一切派生词都与其本源保持着一种可见的、未受削弱的关联。"③ 类似的衰退观也在洪堡特与施莱格尔等学术著作中有所体现。

综上所述，博普拭图探究语言中屈折的最初起源，却最终发现了"比

---

① 外部屈折是通过在原有词位的基础上添加前缀、后缀、中缀等附加成分的方式来构成各种形态变化，以表达不同语法意义的一种语法手段。——译者注

② See Franz Bopp, *Ueber das Conjugationssystem der Sanskritsprache: in Vergleichung mit jenem der Griechischen, Lateinischen, Persischen und Germanischen Sprache*, p. 56.

③ Franz Bopp, *Vocalismus: Oder Sprachvergleichende Kritiken über J. Grimm's Deutsche Grammatik und Graff's Althochdeutschen Sprachschatz, mit Begründung einer Neuen Theorie des Ablauts*, Berlin: Nicolaische buchhandlung, 1827, p. 2.

较语法学"这门学科。关于这一点，保罗·朱尔斯·安东尼·梅耶（Paul Jules Antoine Meillet）指出："博普就像克里斯托弗·哥伦布（Christopher Columbus），在寻找通往印度海路的过程中，偶然发现了美洲。"① 作为拉斯克的同胞，博普虽然犯下许多学术错误，却也因为激励了梅耶这样的法国学者，推动比较语法学的发展而为世人原谅。正如来自冰岛的北欧人早在哥伦布之前发现了美洲，却未曾想到寻找通往印度之路，在博普之前，拉斯克通过冰岛语而非梵语这一迂回路径发现了"比较语法学"的存在。

## 八 威廉·冯·洪堡特

在此，提到语言学领域最深刻的思想家之一，威廉·冯·洪堡特（Wilhelm von Humboldt，1767—1835）是适宜的。他不仅在德国政界举足轻重，而且其本人也花费大量的时间研究多国语言，深入思考与语言学和人种学相关的诸多问题。②

---

① Paul Jules Antoine Meillet, *Introduction à l'étude Comparative des Langues Indo-Européennes*, Paris：Hachette et cie, 1912, p. 413.

② 威廉·冯·洪堡特（Wilhelm von Humboldt）与博普（Franz Bopp）的理论关系值得深究，参阅 1897 年所罗门·列夫曼（Salomon Lefmann）《弗朗茨·博普：他的学术生涯》（*Franz Bopp：Sein Leben und Seine Wissenschaft*，1897）一书附录部分，在洪堡特写给博普的信件中，他大体同意博普的观点（《弗朗茨·博普：他的学术生涯》第 5 页），认为屈折是由音节的黏着产生的，并且这些音节的独立含义早已消失。不过，洪堡特不确定语言中所有的屈折现象都可以用这种方式解释，特别是在"元音变音（umlaut）"的情况下，他对此深表怀疑，并以希腊语"stéllō（发送）"的将来时"stalô"为例（《弗朗茨·博普：他的学术生涯》第 12 页），认为"元音变音"包括"元音交替（ablaut）"。他还补充道："有些屈折在语言中是如此的微不足道，又如此广泛地传播，以至于我更想将它们称之为原始语言。例如，我们语言中作为与格的'i'与'm'，它们的发音尖锐，似乎是要引起人们的注意，它们不像其他与格仅表示单一的关系，而是表示双重关系。"（《弗朗茨·博普：他的学术生涯》第 10 页）。不过，洪堡特对博普关于当时学界争论的"表达否定的前缀（alpha prīvātīvum）"的认识留有疑问（《弗朗茨·博普：他的学术生涯》第 14 页），因为这些案例大多源自如美洲语和巴斯克语中的介词。洪堡特经常把德语中的属格（如"manne -s"）解释为"aus"的残余。这显然是错误的，因为"aus"中的"s"是从特殊的高地德语中的"t"衍化而来，因此"s"的属格也应从独立语言中的"t"发展得来。不过，他的理论十分有趣，除了历史证明了与之相反的事实之外，该推论并不比许多"黏着"理论拥护者的解释更糟。但是，洪堡特继续表示，自己不准备用希腊语和拉丁语中的例子支撑自己的观点。也许，洪堡特对博普理论中的弱过去时的见解可能产生了一些影响，因为博普对自己的研究总持怀疑态度，并倾向搭建词尾与包含"t"的分词之间的关联。

在洪堡特的众多学术作品中，最重要的文献要属 1836—1840 年在他逝世后出版的《论爪哇岛的卡维语》（*Ueber die Kawisprache auf der Insel Jawa*）以及该书的前言《论人类语言结构的差异及其对人类精神发展的影响》（"Ueber die Verschiedenheit des Menschlichen Sprachbaues und Ihren Einfluss auf die Geistige Entwickelung des Menschengeschlechts"）。基于后者，洪堡特发展了自己的语言哲学。不过，他的语言哲学并非是一个简洁的观念，而是运用一种极为晦涩难懂的行文风格表达的。这也是他的仰慕者与追随者海曼·斯坦塔尔在一系列著作中对洪堡特的思想做出诸多不同阐释的原因。不过，斯坦塔尔的每一次阐释都比前一次更准确。因此，笔者相信以下内容可以看作洪堡特思想相当公正的诠释。

首先，洪堡特坚持认为，语言是一种持续的运动，这一点正确无疑。语言不是某个实体，也不是一项完成的工作，而是一种"活动"（Sie selbst ist kein werk, *ergon*, sondern eine tätigkeit, *energeia*），因此，除了运用遗传学定义外，语言是无法定义的，它是大脑中不断重复的劳动，并利用清晰的声音传达出思想的行为。严格地讲，这只是对一次单独话语行为的定义，语言必须视为这些行为的总和，因为根据以往观念，构成语言的词汇、规则实际上只存在于相互关联的话语活动当中。把语言分解成文字和规则不过是笨拙的科学分析的非生命产物①；语言中没有什么是静态的，一切都是动态。语言也不是永恒的，即便书面语也是如此；语言中死亡的部分必须不断地在人类头脑中重新创造，并被人说出或者为人理解，才能再次完整地进入单词。②

洪堡特不断地探讨语言的完美性与准完美性。但"没有一种语言应该被谴责或者蔑视，即便野蛮部落的语言，因为每种语言都是人类天赋的写照。"③ 另外，他还谈及某些语言的优点，即使这些语言的使用者从未意识到该语言作为传达思想的优越之处，毫无疑问，继承重要思想的中国古文赋予了令人深刻的庄严性。它之所以伟大就在于抛弃所有不必要的修饰成

---

① See Wilhelm von Humboldt, *Ueber die Verschiedenheit des Menschlichen Sprachbaues und Ihren Einfluss auf die Geistige Entwickelung des Menschengeschlechts*, Berlin: S. Calvary, 1876, p. 41.

② Ibid., p. 63.

③ Ibid., p. 304.

分，用以直达最为纯粹的思想；马来语因其结构简单、容易掌握，为世人称赞；闪米特语族能够凸显元音的细微区别，保持极高的艺术性；巴斯克语具有一种特殊的活力，这取决于该语言结构与单词组合赋予自身简洁、大胆的表达；特拉华语和其他美洲语言可用一个单词表达其他语言多个单词指代的思想。总之，人类的头脑总能产生一些令人钦佩的语言，不管它有多么片面，而这些语言中的闪光点并非与其等级相称。① 洪堡特对语言有着许多精彩的评论，但我们依然忽略了耶尼施提到的关于完美语言的诸多细节。可以说，洪堡特将我们带到了一个更高级的理论层次，虽然看得更远，但困难依旧重重。

根据洪堡特的观点，每一种语言，甚至最受人鄙视的土语，都应视为完整有机体，且不同于其他语言，它表达了该语言使用者的个性。同时，它也是该种族精神的独特反映，代表了该种族实现完美语言的独特方式。因此，作为种族象征，语言在很大程度上源于它所代表概念的符号。某些声音与某些思想之间存在着一种天然联系，导致所在不同的语言对相同观念使用相似的语音现象。

洪堡特反对当时学界提出的"一般"或者"普遍"的语法概念。此外，他发现了一种归纳性语法。该语法的基础是比较同一语法概念在不同语言中的不同表达方式。在文章中，他具体以单词"Dual（双数）"为例，跨越多种语言深入探讨，但并未给出更多案例。事实上，围绕语言的抽象推理比探究语言细节更令洪堡特感兴趣。

在《论语法形式的产生及其对观念发展的影响》（*Ueber das Entstehen der Grammatischen Formen und Ihren Einfluss auf die Ideenentwickelung*，1822）中，他指出语言最初仅指代物体，是让听者去理解或者猜测（hinzudenken）语言与物体之间的联系。随着时间的推移，词序逐渐固定，有些单词失去了独立的用法与发音，因此在第二阶段，我们可以通过词序以及介于物质意义与形式意义之间的单词看到这些单词的语法关系。渐渐地，这些单词变成了词缀，但词缀与词根的联系并不牢固，连接处依旧清晰可

---

① See Wilhelm von Humboldt, *Ueber die Verschiedenheit des Menschlichen Sprachbaues und Ihren Einfluss auf die Geistige Entwickelung des Menschengeschlechts*, Berlin: S. Calvary, 1876, p. 41.

见。其结果造成单词并非整体。由此，在第三阶段，我们依旧发现语言中一些并非结合完整的单词。直到第四阶段，这一阶段的单词方能视为一个整体，且只能以屈折发音的方式改变语法性质；自此，每个单词都有明确的词类区分，每个单词的各种词形不再含任何实质性干扰，只留下纯粹的关系表达，例如拉丁语"amavit（爱）"以及希腊语"epoíēsas（做）"正是具备真正语法形态的单词，但二者不同于原始语言中的单词形式，因为二者各自已经融合成为整体，这必然导致单词内部各成分的含义被遗忘，并将它们牢牢地禁锢在统一的发音中。尽管洪堡特认为，屈折语是从黏着语发展而来的，但他明确地否定了语言渐进发展的观点，而倾向于突变论。①

另外，洪堡特关于语言分类的观点十分有趣。在他的著作中，我们会经常看到"黏着"②"屈折"与新术语"合并（incorporation）"进行比较。因为他发现，在美洲诸多语言中，如墨西哥语，宾语往往置于动词之内，该动词又位于表人的成分与词根之间。洪堡特由此得出，除无语法的汉语之外，语言拥有三种形态，即屈折语、黏着语以及合并语，但他补充道，所有的语言都包含三种形态中的一种或者多种，③并否认黏着语或者屈折语的单独存在，因为二者通常是混用的。④而屈折是赋予单词内部结构真正稳固的唯一方法，同时又可根据必要的思想分配在句子的各个位置，它无疑代表了完美的语言结构。但现在的问题是，究竟有哪种语言会始终如一地贯彻这种构词法？任何一种语言中都找不到纯粹的屈折。即使在闪米特语族中，我们发现了最真实的屈折形态与最精练的语言符号，且彼此互相结合，但该语言依旧并非完美如一，它或多或少受到语法规则的限制。另一方面，梵语中的每一个单词，其紧凑、统一保留了屈折免于任何黏着的嫌疑。这种状态遍及梵语的各个部分，又

---

① See Heymann Steinthal, *Die Sprachwissenschaft Wilhelm von Humboldt's und die Hegel'sche Philosophie*, Berlin: F. Dümmler's buchhandlung, 1848, p. 585.

② 在 1821 年，洪堡特可能是该术语的创始人，参阅威廉·奥古斯特·斯特雷特伯格（Streit Wilhelm August Streitberg）《印欧语言学史》（*Indogermanische Forschungen*）卷 35，第 191 页。

③ See Wilhelm von Humboldt, *Ueber die Verschiedenheit des Menschlichen Sprachbaues und Ihren Einfluss auf die Geistige Entwickelung des Menschengeschlechts*, p. 301.

④ Ibid., p. 132.

为语言带来最高自由度。① 与"合并"相比，屈折似乎是语言天才创造出
的直观原则。② 不过，梵语与汉语，作为语言结构中对立的"两极"，彼此
都完美地遵循了各自原则，我们可以将其他语言放置在二者之间的相应位
置。③ 而黏着语之间却无共通之处，它们的构词特征只能证明它们既非孤
立也非屈折。总之，人类的语言结构是如此的多样，以至对它全面的分类
是一项绝望的工程。④

　　洪堡特还认为，语言受讲话者心理能力变化而不断发展。这种发展过
程中包含两个阶段：第一阶段，语言的创造本能仍处于增长、活跃的状
态；第二阶段为停滞期，这意味着语言创造性本能明显的衰退。尽管如
此，衰退期也能为语言带来新的准则与全新变化。⑤ 在第一阶段创造期中，
国家更多地使用语言表达含义，忽视了语言本体，在用语言极力表达思想
大获成功的同时，也会维持语言的创造力。⑥ 第二阶段则见证了语言屈折
形态的衰退。与某些精美的语言相比，这种情况在较为原始的语言中发
生的概率较低。因为当人类思维最为活跃的时候，语言会发生最剧烈的
变化，人类会认为过多关注语音的屈折是极为肤浅的。此外，人类可能
缺少对语音固有诗意魅力的感知，这正是人类从更感性的情绪向更理性
情绪转变的结果，从而影响了语言变化。一些外在因素同样发挥着作用，
例如原始的发音器官，并非灵敏的耳朵，各类缩写与省略趋势的蔓延，
就语言的理解功能而言，人类轻视语言中并非必要的一切。虽然在第一
阶段，上述这些因素可以唤起人类追溯语言起源的意识，并在表达心理
活动时充满了审美情趣。但是进入第二阶段，语言只能服务于生活的实
际需求。于是，英语等语言可通过简化自身语法形式，产生近似汉语的
结构。即便如此，我们依然可以发现英语中曾经存在的屈折痕迹。而在
洪堡特看来，英语与德语都是极为优秀的语言，只不过，洪堡特并未告

---

① See Wilhelm von Humboldt, *Ueber die Verschiedenheit des Menschlichen Sprachbaues und Ihren Einfluss auf die Geistige Entwickelung des Menschengeschlechts*, p. 188.

② Ibid.

③ Ibid., p. 326.

④ Ibid., p. 300.

⑤ Ibid., p. 184.

⑥ Ibid., p. 197.

诉我们二者优秀的原因。

## 九　再谈格林

洪堡特的理论可能影响到雅各布·格林（Jacob Grimm）于晚年撰写的两篇论文，因此，我们有必要加以讨论。在 1847 年发表的《论德语中的迂腐》（*Ueber das Pedantische in der Deutschen Sprache*）中，格林表示，过去经常夸赞母语的自己也偶尔拥有责备它的权利。即便德语不存在迂腐，德国人也会发明它，这是德国人追求精准、忠实所带来的弊端。在此篇文章中，格林尝试对德语做出评价，但总体来说，它不如丹尼尔·耶尼施的论文全面、深入。格林在文章中发现德语存在的一些问题，如王子是冠以"Durchlauchtigster（最高）"还是"allerhöchstderselbe（至高）"？以及用第三人称复数代词"Sie"① 能否指代一个人。他又谈及德语被动语态、过去时和将来时中助动词的累赘，以及让法国人不耐烦喊出"我在等动词（J'attends le verbe）"的德语词序。他还指责使用大写字母指代实质名词以及德语单词拼写的其他怪癖，但他并未对语言评价制定细则，尽管我们在此篇文章中看到他将德语过往的发展阶段置于今日德语高得多的位置上。

在 1851 年，格林发表了另一篇关于语言起源的重要文章，可以说这篇文章包含了格林关于语言哲学最为成熟的认识。不幸的是，其中大部分内容均以浮夸的诗歌体呈现，部分原因可能是格林对通俗诗歌与民间传说并非精确研究带来的负面后果。由于写作风格不利于思想的清晰性，对读者的理解带来很大困难。格林在此较为详实地反驳了语言是上帝创造人类时的造物，或者说，语言是上帝在创造人类之后向人类馈赠的可能性。语言自身的不完美与多变性与它的神圣起源背道而驰。语言是逐渐发展起来的，它必然是人类的产物，在这一点上，它不同于低等动物永恒不变的呐喊。自然本能虽无法历史性延续，但是人类可以，因为第一个男人与第一个女人一旦成年结婚，就必须生育一对以上的男女，如果只生下儿子或者女儿，那么人类的持续繁衍便不再可能，更不用说，兄弟姐妹之间的通婚

---

① 可同时表示您、你们。——译者注

是违反道德的。至于这些人类如何开始说话，又是如何被他人理解，格林并未真正论述。在文章中，格林使用语言"发明者（inventors）"的这一表达，认为除了具备象征意义的发音如"l"和"r"之外，语言和意义的关联相当随机。另一方面，他给予人类语言第一阶段的诸多信息：第一阶段的语言仅包含三个元音"a，i，u"和少量辅音组合。每个单词都是单音节的，且最初的单词无抽象概念。所有旧语言（?）中都存在性别屈折，阴性屈折是女性对语言产生的影响。通过单词性别的区分，格林指出名词突然具有了规律性与清晰性是一件非常幸运的巧合。表示人称、数、时态、语气的词尾源自代词与助动词，它们最初松散地连接在词根上，后与词根融合在一起。此外，重叠词表过去；在吸收了重叠音节之后，德语的元音交替获得指代过去的语法效果。所有名词又是由动词衍化而来，就像德语"hahn（公鸡）"一词，它源自早已消失的动词"hanan"，对应拉丁语"canere"，即"唱歌"。

尽管格林在探讨语言发展的过程中，提出非常新颖的观念，但我们依然可以发现洪堡特的身影。格林将语言的发展分为三个阶段，只有后两个阶段可通过历史文献接触到。在第一阶段，我们创造、扩充词根和单词；在第二阶段，我们发展了完美的屈折语；在第三阶段，人类并不满意，放弃了屈折语（?）。语言发展的三个阶段可比作叶子、花朵、果实。"但是，人类的语言之花并非在最初存在时绽放，而是在中期才展现它的美；只有在未来的某个时候才能收获最为成熟的果实。"格林继续总结语言发展三段论："语言最早的形态是优美的，也是分散、凌乱的；发展到中期，语言充满了强烈的诗情画意；而在我们这个时代，语言试图通过保持整体的和谐弥补美的减弱，尽管这种手段较为低级，却更加有效。"格林在该篇论文多处谈及语言的下行发展，认为最古老的语言"都表现出丰富、愉悦、完美的形态，其内部所蕴含的物质、精神元素都可以生动地互相渗透"，但在后来发展当中，语言被黏着、助动词替代，语言的内在力量与精妙的屈折尽数放弃、摧毁。总之，语言史揭示了语言从完美时期到较完美状态的下行发展。这是当时几乎所有语言学家都持有的观点。不过，现在有了一个新的发现，格林开始隐约地认识到语言中屈折的缺失有时可能被其他等值的甚至更有价值的形态弥补。他甚至在没有详尽论述的情况下，反驳了自己过往的观点："人类的语言只是在形态上或者某些方面有所衰退，但从整体上来看，人类的语言是进步的，其内在力量亦在持续增长。"随后，他以英语为例，指出英语虽然完全破坏了所有古老的语音规则，摒弃了所有屈折形式，但这让英语获得一种力量，这种力量在其他人类语言中或许从未发现。英语美妙的结构源于欧洲两种最高贵语系的联姻。因此，英语最适合现代伟大诗人，英语被称作世界语，当之无愧。就像英国，它似乎注定在未来统治世界。这种热情洋溢的赞美之词与我们下文要讨论的德国伟大学者施莱歇尔的看法形成了反差。施莱歇尔认为，这只能说明"一个在历史和文学上都占有举足轻重地位的语言，其衰落程度是如此之快。"[1]

---

① August Schleicher, *Sprachvergleichende Untursuchungen II*, Bonn: H. B. König, 1850, p. 231.

# 第三章　19 世纪中叶

## 一　博普与格林之后

博普和格林在语言学领域功绩卓著，在德国以及其他国家影响深远。早在二位学者去世之前，其著作中的主流观念就已后继有人。因此在很长的一段时间内，这些传承者或直接或间接对当时语言学的发展产生了影响。通过他们的努力，人们对一些语言现象有了全新认识，这些新的认识与前人的学术成果差异巨大；在新学派看来，18 世纪词源学等理论已完全过时，它们不过是某些无能之徒天马行空般的乱想而已，而现在，学者已经发现了语言学坚实的理论基础，并在该基础之上建立宏伟的语言科学。这种认识源于学者当时对一种观念毫无怀疑的认可，即欧洲绝大多数语言以及亚洲的一些最重要语言，它们属于同一语系：这里，我们要提到一个最为确凿的事实，该事实终止了学界曾经试图将拉丁语、希腊语与希伯来语词根联系在一起的荒唐尝试。至于这一语系的名称，拉斯克曾在"欧洲语系""萨尔马提亚语系（Sarmatic）"（与闪含语系对应的）"雅菲语系（Japhetic）"之间犹豫不决；而博普并未提出概括性的名称，但在著作《比较语法》（*Vergleichende Grammatik*，1871）的扉页，他列举了书中描述的主要语言，并在正文中宣称自己更偏爱使用"印欧语系（Indo-Europe-an）"这一说法，尽管该名称在当时的德国没未像在法国、英国、斯堪的纳维亚半岛等地区广受欢迎；洪堡特在很长一段时间将其称为"梵语语系"，后改为"印度—日耳曼语系"，这一名称在德国大受欢迎，尽管博普抗议，认为"印度经典语系（Indo-klassisch）"更加适合。当时也有人提议使用语系内部东、西方代表性语言，将其二者合并成为"印度—凯尔特语系"。不过，上述名称略显笨拙，并不能突出语系特点，而使用简短术语"雅利安语系"似乎要好得多，因为作为最古老的人种之一，（印度与波斯地区）"雅利安语"中的任何成员都以"雅利安人"自诩。①

由于博普、格林以及同事、追随者的不懈努力，语言学地位产生了积极变化。在过去，语言学只是"语文学（philology）"分支，而英语中的语文学"philology"一词，即"语言研究或比较语言研究"在其他语言中并无准确对应词汇，这必然引发歧义，因此首先确立术语极为必要。在本书，笔者本应使用欧洲学界认可的术语"philology"，不过该单词在英文中常用来模糊指代"学问（scholarship）"，或者具体指代某一国家的文化研究，由此便有了拉丁语文学、希腊语文学、冰岛语文学，等等。另一方面，"linguist"一词常用来指代那些只掌握几门外语之人，如果笔者称这类人为"实用语言学家（practical linguist）"，并用"linguist"表示某一语言（或者某些语言）的学者，那么我想自己与越来越多的英、美学者达成一致，即使用"linguistics"指代某一语言（或者某些语言）科学研究的简便名称。

亲爱的读者，既然你们能够理解上述两个术语的区别，不妨继续读下去。在19世纪初，由于引入全新的比较语法与历史语法，语文学与语言学之间的区别越来越大，因为语言学是使用全新的方式看待语言事实并试图追溯其起源的学科。对语文学家而言，希腊语或拉丁语只是达到某些学术目的的手段，语言本身就是目的。前者认为语言是获取第一手文献知识不可或缺的宝贵方法，而语言学家在乎的并非是文学，而是语言本身，他们甚至研究那些缺乏文学性的语言，因为它们能够对语言的发展或者相关语言形态带来启示。语文学家不会研究，也不会想到研究乌菲拉主教哥特语译本的《圣经》，因为对哥特语的了解只会让他们接触到《圣经》的语言翻译，而在《圣经》其他译本中，《圣经》的思想可以得到更好的审视。但在语言学家看来，哥特语就是价值。当然，语文学和语言学之间的分

---

① 广义上，使用"雅利安语系"同样遭到反对，因为该名称的狭义指"印度语"与"伊朗语"；因此，使用"印度—伊朗语（Indo-Iranic）"较佳。

化也非绝对。除了成为全新意义上的语言学家之外，拉斯克还是一位冰岛语文学家，博普是梵语语文学家，格林是德语语文学家。但三人十分偏向语言学研究，他们的一些学生也是纯粹的语言学家，对语文学并无涉猎。

在摆脱语文学，宣称语言学是一门独立学科之际，新学说的拥护者往往认为自己发现了一种新的研究方法，其研究对象也与语文学涉猎不同，即便二者都与语言有关。语文学家将语言视为某个国家文化的组成部分，语言学家却将语言视为自然体。在 19 世纪初，哲学家开始将全部学科泾渭分明地分为精神科学与自然科学（人文科学与自然科学），语言学家常常认为语言学属于后者。由于当时自然科学的迅速兴起与辉煌成就，自然科学中骄傲、自负的学者普遍认为自然科学优于人文科学，并且拥有比人文科学更加科学的研究方法。在日常英语使用中，我们也能发现这种观点夹杂其内："科学"意味着自然科学，其他领域则被称为"艺术"或者"人文科学"。

不过，我们在语言科学先驱者的只言片语中发现了新的观点。拉斯克曾经明确指出："语言是自然体，对它的研究应与自然史研究近似。"① 不过在重复该句话的同时，他似乎又在思考语言与人造语言之间的差别不在于精神科学和自然科学之间的差异，而在于艺术与自然的不同，语言哪里可以，又哪里不可以为人类有意识地改变，这的确是个与众不同的问题。②

在 1827 年，博普对格林的书评中指出："语言可以视为有机自然体，它们根据一定的规律产生，并发展成为具有内在生命原则的有机体，之后由于不被世人了解而逐渐灭亡！语言会抛弃、毁坏自身的某些成分或者形式，虽然这些成分、形式最初十分必要，但在后来，它们逐渐成为语言之外的部分……一种语言的生命力和繁殖力能够维持多久是无法确定的。"③ 这是比

---

① Rasmus Kristian Rask, *Samlede Afhandlinger*, p. 502.

② See Rasmus Kristian Rask, *Forsøg til en Videnskabelig Dansk Retskrivningslære*, København: Poppske, 1826, p. 8.

③ Franz Bopp, *Vocalismus: Oder Sprachvergleichende Kritiken über J. Grimm's Deutsche Grammatik und Graff's Althochdeutschen Sprachschatz, mit Begründung einer Neuen Theorie des Ablauts*, p. 1.

喻性极强的论述，我们不应只看字面意义。但是，如此表达以及在谈到语言构成或者语言整体时不断使用"有机""无机""有机体"等词汇，往往扩大了语文学和语言学之间的分歧。虽然博普本人从未以自然主义的方式看待语言，但是在本章第 4 节，我们将会看到施莱歇尔毫无畏惧地系统建立一门关于语言的自然科学。

假如学者没有萌生区分语文学与语言学强烈意愿的话，那么二者不会分化。对于古典学者来说，他们并不喜欢梵语无处不在的入侵，因为古典学者既不懂梵语，也没有看出它的作用所在，对这门新学科试图重建拉丁语和希腊语语法，并以全新的理论代替过去广为接受的理论感到厌恶。不过，这些精通梵语的语言学家却热烈讨论着如"guna①""vrddhi（元音交替）"以及其他野蛮术语，甚至使用拉丁语大胆地谈论"位置格（locative case）"的案例，就好像格研究从未解决过似的！②

古典学者会批判比较语言学家忽视句法，这一点无疑是正确的，因为句法在古典学者看来是语法中最重要的组成部分。他们还批评语言学家仅满足肤浅的语言比较，这一观点也不无道理，因为，语言学家花费更多的精力去研究语法、词汇而非鲜活的文本。有时，他们还会在博普的梵语 – 拉丁语译本以及《弗兰茨·博普的梵语词典》（*Glossarium Sanscritum a Franzisco Bopp*，1828）的扉页上找到语法错误而欣喜若狂。古典学者也对当时语音或者字母变化研究表示怀疑。不过，当他们引用经文"字句让人死，精义让人活（the letter that killeth，while the spirit giveth life）"的时候，古典学者忽略了这样一个事实：这世间不可能让任何人直接洞察别人的思想，除非通过外在表现（语言）。因此，只有通过声音才能了解语言，语音学必定成为任何语言研究的基础与前提。然而，不可否认的是，学者有时会机械地看待比较语音学，从而降低了语言学人性化的一面。

在我们回顾语言学史上这一时期时，某些特定的趋势或特征总会引起我们的注意。首先，我们必须提到梵语的重要性，梵语被认为是每位比较

---

① 在梵语中，为元音"a，i，e"添加前缀，拖长音节。——译者注

② See Salomon Lefmann，*Franz Bopp，Sein Leben und Seine Wissenschaft*，Berlin：G. Reimer，1891，pp. 292 – 299.

语言学家的必修课。在解释任何同源语言时，词源学家首先要调取梵语词汇。这种研究方法延续至今，例如马克斯·穆勒指出："梵语无疑构成了比较语言学唯一坚实的基础，在面对语言错综复杂的情况下，梵语永远是唯一的安全指南。不懂梵语的比较语言学家如同一个不懂得数学的天文学家。"① 后世语言学家同意亚历山大·约翰·埃利斯（Alexander John Ellis）的观点是可以原谅的。埃利斯表示："在我们这个时代，人们发现了梵语，也开始了语言研究。但是，唉！这一切的开端都是错误的。现在，我面临着被误解的巨大风险，因为我认为，从梵语着手对语言的本质进行科学探索是不幸的，但是我依然坦率地承认，假如梵语这门语言没有引入欧洲……那么我们对语言的认识将会极为片面……我们要感谢这些伟大的学者，他们致力于解开梵语的奥秘，揭示了梵语与欧洲语言之间的关联。但在此，我必须重申，以梵语为开端的语言研究就像从古生物学研究动物学一样，均是错误的开始，其二者之间的关联亦如生命与骸骨之间的关系。"②

接下来，博普与其拥趸致力于发现语言之间的相似，并试图找出彼此的关联。对于语言学这门新兴学科来说，这一阶段的发展符合常理，不过有时也会导致研究的片面性，因为这种比较常会忽视每种语言的独特性，同时，不同国家、不同时代的语言又混杂在一起。相比同时代的学者，睿智的拉斯克不易受到该影响，同时，奥古斯特·弗里德里希·波特（August Friedrich Pott）的做法无疑是正确的，他曾经警告过他的同行，比较语言学研究当中应该加入几门独立语言。③

在当时，语言学还有另外一个特点：学者们几乎都在研究已经消亡的语言。这也是自然，因为最早的比较语言学者首先关注语言最为古老的阶段，只有立足该阶段才能证明雅利安语中不同成员之间的基本亲缘关系。例如在格林的语法学专著中，几乎所有的篇幅都在介绍哥特语、古高地德语、古诺尔斯语等，对于同类语言近期的发展只字未提；在博普的比较语法学内，他对古希腊语与拉丁语进行了细致研究，却对现代希腊语与罗曼

---

① Max Müller, *Chips from a German Workshop IV*, London: Longmans, Green, 1868.

② Alexander John Ellis, *Transactions of the Philological Society*, 1873—1874, p. 21.

③ See August Friedrich Pott, *Die Sprachverschiedenheit in Europa: Die Quinäre und Vigesimale Zählmethode*, Halle: Verlag der Buchandlung des Waisenhauses, 1868, p. 229.

语族只字未提。① 这就导致了后来的语言学家或多或少认为现代语言不属于
比较语言学范畴，甚至不属于一般语言学研究范畴，尽管我们应该把现代语
言归于比较语言学与一般语言学的研究领域，因为从现代语言学内部，我们
学到的语言发展要比博普的比较思想多得多。

当然，语言学家只能通过字母对不同语言的早期阶段进行比较。我们
看到早期语言学家时常谈及语言的字母而非声音，这偏离了对语言的整体
看法。并且，这些研究从未使用第一手资料，不论在博普、格林还是波
特、本菲的研究当中，我们未能找到像拉斯克著作中发挥重大作用的关于
日常口语的第一手资料，这些资料曾给予拉斯克探究语言最为全面客观的
基础。如果将语言称为自然体的话，那么人类还未曾将它们视为自然体或
以自然的方法进行探究。

在研究现存方言时，人们的兴趣经常围绕这些方言的古老特征：每一
种现存语言中的古老形态，每一处存在于标准语音中的古老发音，这些都
受到学者的追捧。事实上，这些古老特征的重要性被夸大，学者一般有一
种印象，那就是通俗方言总是比受教之人的语言更加保守。直到过去了很
长时间，这种观点才被证明完全错误，即使方言包含了诸多古老的发音，
但总体来讲，它们比各种标准语言发展得更好，因为方言蕴含着更加坚实
的传统与强烈的文学记忆。

## 二 卡尔·莫里兹·拉普

只有进入考古学领域，格林方才鼓励方言研究，但他明确告诫学者不
要在语音细节做过多的区分，按照他的理解，这些区分在语言发展史上根
本不值一提。说到这一点，我们就会提到早期语言学术史上的一段趣事。
拉普（Carl Moritz Rapp）曾先后出版 4 卷本的《基于语言生理学的西方习
语史研究》（*Versuch einer Physiologie der Sprache nebst Historischer Entwicke-*

---

① 这一点同样出现在施莱歇尔（August Schleicher）的《印度日耳曼语言比较语法纲要》
（*Compendium der Vergleichenden Grammatik der Indogermanischen Sprachen*，1861）和卡尔·布鲁格曼
（Karl Brugmann）的《印欧语系比较语法简论》（*Kurze Vergleichende Grammatik der Indogermanischen
Sprachen*，1904）。

*lung der Abendländischen Idiome nach Physiologischen Grundsätzen*），并分别于
1836 年，1839 年，1840 年，1841 年出版。其中，关于语音本质与分类的
生理学检验只做为语言历史性回顾的基础，而该著作真正的宏伟计划是探
究希腊语、拉丁语和哥特语的发音方式，试图理清中世纪语言（包括拜占
庭希腊语、古普罗旺斯语、古法语、古诺尔斯语、盎格鲁—撒克逊语、古
高地德语）的语音系统与现存语言（现代希腊语、意大利语、西班牙语、
低地与高地德语中的各种方言）发音系统之间存在怎样的关联。为了实施
这一计划，拉普对这些语言的早期阶段深入研究，对现存语言的第一手观
察同样不可小觑。他将这些成就归结于自己拥有一双"对所有声音敏锐到
变态的耳朵"；在早期，他还观察了方言与受教之人的语言区别，并对法
语、意大利语、英语等外语产生浓厚兴趣。他去过丹麦，在那里结识了拉
斯克，并成为他的学生。拉普谈到拉斯克和他的作品时总是流露出深深的
钦佩。回国后，他开始着手研究雅各布·格林的学术著作。尽管他总是对
格林的专著大加赞扬，但格林语音学研究让他感到深深的失望。"格林的
字母理论虽然让我甘之如饴，渴望从中学到新的知识，但也让我心力交
瘁，因为他的看法与我之前对语音本质的认识完全矛盾。"拉普满腔热情
地开展伟大工作，因为他坚信"史料只能反映真理的一面，而那些不注重
书写的现存语言的分支才是真理的另一面，而这一面同样至关重要，却至
今未有满意的结果。"事实上，拉普与格林的字母理论（Buchstabenlehre）
产生冲突不难理解，因为后者只是基于文字书写发展而来，拉普也不害怕
用他所谓的"暴躁、傲慢的语气"表达非正统的观点，因此，我们不必为
他的著作为德国语言学领军人物不齿感到意外，因为他们只会注重书中大
量明显的错误，从未发现其中全新的观念。拉普的作品鲜为人知，甚至在
鲁道夫·冯·劳默的《日耳曼语言学史》（*Geschichte der Germanischen Phi-
lologie*，1896）与其他相关著作中对拉普只字未提。当我在《语音学》
（*Fonetik：En Systematisk Fremstilling af Læren om Sproglyd*，1897）提到他的
著作不该被忽视的时候，① 我熟识的德国语言学家都对他一无所知。然而

① See Otto Jespersen, *Fonetik：En Systematisk Fremstilling af Læren om Sproglyd*, København：Schubothe, 1897, p. 35.

值得称赞的不仅仅是拉普在其著作中提到的语音观察,[①] 更重要的是,整个计划是建立在对语音和字母透彻理解之上,这让拉普自始至终都在使用音标,甚至包括现存与消逝语言的样本。当时的学界还未认识到这是对任何语音系统生动、全面认识的唯一途径（以及清楚地让学界认识到自身的无知），若是格林和接替者们当初能够吸收拉普的思想,那么语言学将会获得更加迅速的进步。

## 三　雅各布·霍内曼·布列兹托尔夫

另一部著作是丹尼·雅科夫·布列兹托尔夫（Jakob Hornemann Bredsdorff）撰写的小册子《论语言变化的原因》（*Om Aarsagerne til Sprogenes Forandringer*, 1821），此书出版较早,在当时未引起太大关注。而在此前,博普、格林从未思考语言是如何改变的?究竟是什么力量迫使梵语与拉丁语、拉丁语与法语之间产生巨大的差异?这正是布列兹托尔夫在这部不朽的小册子里所探讨的问题。和拉普一样,布列兹托尔夫是一位杰出的语音学家。我们注意到他不仅讲述了语音音变还涉及到语言的其他变化。他指出,这些变化主要由以下原因引发,并用精心挑选的例子加以说明:（1）误听和误解（mishearing and misunderstanding）;（2）错误记忆（misrecollection）;（3）发音器官缺陷（imperfection of organs）;（4）懒惰（indolence）,关于这一点,布列兹托尔夫指出,一种语言产生音变十之八九是由于懒惰;（5）类推倾向（tendency towards analogy）,他以儿童发音为例,通过类推的方式,解释了"s"扩展至所有属格的现象;（6）渴望与众不同（the desire to be distinct）;（7）表达新观念的需要（the need of expressing new ideas）。同时,布列兹托尔夫承认,上述因素无法解释所有音变,比如日耳曼语族的音变（参阅本书第2章,第5节）。他还强调了异域或

---

① 观察到一些重要语音事实,如对斯堪的纳维亚语中"o"发音的正确认识以及如何辨析无元音的音节,例如:德语"mittel（中等的）""schmeicheln（奉承）",英语"heaven（天堂）"与"little（少）",等等,这些单词一直被语言学家忽视,直到1876年爱德华·西佛士（Eduard Sievers）发现了这一语言现象,1877年卡尔·布鲁格曼（Karl Brugmann）在他的一篇知名文章中引用了这一语言现象。

者外语为母语带来的诸多影响。布列兹托尔夫的解释并非完美，但在这部小册子中，他总是从人类活动，特别是心理特征看待语言变化，而这正是此书的特质所在。在这一点上，他远远超过了同时代的学者。事实上，布列兹托尔夫的多数观点，比如类推的力量（the power of analogy）与六十年后力争赢得当时主流认可的思想不谋而合。[①]

## 四　奥古斯特·施莱歇尔

不论拉普还是布列兹托尔夫，我们感受到语言学的现代科学氛围，但是在 19 世纪 20 年代甚至之后的几十年中，绝大多数语言学家（特别是波特）实际与博普、格林的研究思路趋同，所以这里再无详谈他们著作的必要了。

之后，奥古斯特·施莱歇尔（1821—1868）标志着比较语言学第一阶段的巅峰，同时也标志着语言学向不同领域、不同方法的过渡。施莱歇尔精通多门语言，拥有强大的逻辑推理能力以及清晰的阐述能力，这些特长成就了他能够成为一位天生的语言学领导者，他的著作多年以来成为语言学范本。与博普、格林不同，他只有语言学家一个身份，自称"glottiker（语言学家）"，并不厌其烦地指出"glottik（语言学）"并非语文学，而是一门独立的自然学科。

施莱歇尔精通斯拉夫语和立陶宛语。他自学立陶宛语，并从当地农民口中记录许多民谣与民间故事。在被布拉格大学聘为教授的几年时光中，他又掌握了捷克语。此外，他还会讲俄语，因此与博普、格林不同，他掌握了不止一门外语；同时，施莱歇尔对现存语言的兴趣又体现在他以家乡方言编纂的《德国松讷贝格民间传说》（*Volkstümliches aus Sonneberg im Meininger Oberlande*，1858）。当他还是孩子的时候，父亲非常严厉地要求家中使用标准语。也许是出于对父亲禁令的叛逆，他被小伙伴口中的方言

---

① 1886 年初，笔者把布列兹托尔夫这本小册子寄给了一位年轻的德国语言学家。不久，他回信道："如果你翻译了此书，并且声称这是四年前才出版的著作的话，那么谁会质疑您说的话呢？真的令人惊叹，这本六十多年前的著作从未引起学者的注意。"之后不久，这本小册子再次印刷。丹麦语言学家威廉·路德维希·彼得·汤姆森（Vilhelm Ludwig Peter Thomsen）为其作序。

以及城镇老人口述的民间故事深深吸引。后来，他将这一切记录、出版、发行。在序言中，他指出，由于自小就有讲两种语言的习惯，学习外语变得十分容易。

施莱歇尔之所以对本书的意义非凡，在于他随后出版的一系列著作不仅详述了他的语言学研究，而且对语言学理论中的基本问题提出独到、全面的见解，这些对于随后几十年的语言哲学产生了深远影响。或许，他是这世界上最具条理的语言学家之一，他的观点值得我们审慎对待。

除语言外，施莱歇尔对哲学和自然科学，特别是植物学，也颇有兴趣。这些学科扩展了他的学识，也让他的语言学理论增色不少。在图宾根大学（Tübingen）学习期间，他成为黑格尔哲学狂热的追随者，甚至在职业生涯的最后阶段，他所拥护的达尔文主义也未让他放弃年轻时追随的黑格尔学说。他指出，自然主义者让我们认识到，只有经过严密的科学观察，所建立的结论才有价值，很多语言学家都应将此铭记于心。因此，与前人相比，施莱歇尔采用了更加严格、更为理智的研究方法。他的《印度日耳曼语言比较语法纲要》（*Compendium der Vergleichenden Grammatik der Indogermanischen Sprachen*，1861）优于博普的《梵语、禅德语、亚美尼亚语、希腊语、拉丁语、立陶宛语、古斯拉夫语、哥特语和德语比较语法》。不过，在对语言本质的综合论证中，施莱歇尔并未严格遵守理性批判，如我们所见，其理论过于依赖黑格尔哲学，也继承了施莱格尔某些教条主义观点。

施莱歇尔《印度日耳曼语言比较语法纲要》前两卷的序言完全是黑格尔式的，但二者存在明显区别。在第 1 卷的序言中，他表示语言变化无疑是历史性的，与我们实际观察到自然世界变化截然不同，"不论自然世界的变化如何繁杂，它所表现出的不过是一个不断重复的循环过程"（黑格尔），然而语言领域与精神世界一样，我们可以看到从未存在过的新鲜事物，正如动物或植物的特征会代代相传，动物本领并无历史性创新，而人类却拥有创新能力。因此，语言是人类特有的精神产物：语言发展与历史发展如出一辙，在二者中，我们看到了一个不断运动进入新阶段的发展过程。但在第 2 卷，施莱歇尔明显反驳了上述观点，他试图强调语言的自然性。施莱歇尔指出：语言真实地再现了一种"生成（werden）"运动，从广义上讲，这个术语又可以称作历史，它以最纯粹的形态存在。例如，植物的生长。语言由此属于自然领域而处于非人类心理的活动范畴，如果要寻找语言的科学研究方法，自然必为我们的出发点。①

当然，我们可以说，语言学的研究方法是自然科学的研究方法，但语言学研究的对象并非等同于自然科学对象，施莱歇尔却越来越趋向于将二者画上等号。曾经，他在自己一本关于达尔文理论的小册子中指出，语言是物质，是真正的自然物。他的言论受到抨击。作为回应，他撰写了一部极具唯物主义语言观的专著：《论语言对人类自然历史的重要意义》（*Ueber die Bedeutung der Sprache für die Naturgeschichte des Menschen*，1865），以此维护自己的学术观点。而此书鲜明的特征就是以终极的唯物主义审视语言。他指出，人类任何器官活动，例如消化器官、大脑或者肌肉都取决于该器官的结构。不同物种，不同个体的不同行走方式显然是由四肢结构决定的；器官的活动与功能不过是器官的一个方面。即便如此，科学家也无法通过解剖刀与显微镜完全论证上述观点。行走方式的本质与语言的本质一样，语言只是大脑、发声器官神经、骨骼、肌肉等综合作用的结果，且最终被耳朵感知。不过，解剖学家未能证明器官结构差异与种族差异之间的对应关系，换句话说，解剖无法区分法国人与德国人的器官差异。正如无法靠近太阳的化学家只能通过检验阳光判断其组成元素，在探究语言本质的同时，我们应满足于语音研究，而非语言的客观起源。并且，二者之间并无太大差别，"正如黑格尔派的学者所说，现象与本质之间互为因果，二者同一"。

在他的著作中，笔者有一点无法理解，施莱歇尔为何会认为"语言不过是器官活动的结果"？正如太阳不取决于人类独立存在，施莱歇尔在他的著作中不止一次地提到该观点，就像大脑和发声器官的结构差异才会产生真正的语言，只是缺少检测这种隐性结构差异的适当方法罢了。于是，我们不得不满足于通过语音这一外在表征探索语言。这显然是极为荒谬的，我们都不需要加以任何严谨的反驳。如果布丁是吃出来的话，

---

① See August Schleicher, *Sprachvergleichende Untursuchungen II*, Bonn：H. B. König, 1850, p. 21.

那么语言的存在必须在听与理解的过程之内。但是，语言要被人听见，首先要说出来，并且在这两个活动（即发出声音与接收声音）之中一定存在着语言的真正本质，因此，二者必定是语言研究的首要对象（也是唯一对象）。

施莱歇尔又遇到了另一类反对意见，该意见可能针对他在外语学习能力研究中得出的"语言稳固性（substantiality of language）"的观点。因为，施莱歇尔质疑完美掌握外语的可能性，认为只有在生命早期母语被替换成另一种外语的时候，完美掌握另一种语言才有可能。"但正因为如此，这个人变成了完全不同的存在：他的大脑和语言器官都会朝着另一种语言方向发展。"如果有人说某某先生的德语与英语、法语一样好，那么施莱歇尔会首先质疑其真实性，然后猜测这个人可能"同时是德国人、法国人、英国人"。施莱歇尔还会提醒我们，德语、法语、英语属于同一语系，从更加宏观的视角，可视为同一语言。不过，他否定了有人会同时精通汉语与德语，又或者精通阿拉伯语和霍屯督语（Hottentot）等的可能性，因为这些语言隶属不同语系。但是，那些在芬兰同时讲瑞典语与芬兰语，在格陵兰讲丹麦语和爱斯基摩语，又或者在爪哇岛讲荷兰语和马来语的双语儿童呢？施莱歇尔不得不承认，我们的发音器官在某种程度上是灵活的，能够习得人生之初尚无获取的语言。不过，器官某一确定的功能依旧天生，"一个人或多或少完美掌握外语的可能性并不妨碍我们从大脑和发音器官的结构中观察到语言的物质性基础。"

即便我们承认施莱歇尔的理论目前为止是正确的，即在几乎所有的（或者所有的）双语案例里，他夸大了差异性，指出某一种语言比另一种语言更加自然，但这种差异始终只是程度上的差异。所以，他最终的结论无论如何都是错误的，我们可以非常公正地说：假如他的理论正确，那么学会弹钢琴之人再去学习拉小提琴会变得不自然，因为拉小提琴需要不同的器官。以上我们讨论的所有例子都是关于精通某物或者某项技能，这些事物或者技能只能通过不断的练习最终获取。当然，某人可能天生就比他人更易掌握某项技能，不过还有另外一个不争的事实，那就是不说外语之人，其母语的熟练程度也各有差异。因此，施莱歇尔的观点既不能解释语言是什么，也无法帮助我们洞察语言变化及其发展史。

施莱歇尔继续指出，人类的分类不应以头骨构造、毛发特征或者任何外在标准作为依据，因为这些会不断地发生变化，与之相反，语言才是恒定不变的参考标准。依照这一点，我们可以构建一套完美的自然体系，在这一体系中，所有土耳其人会被归为一类，但如奥斯曼里土耳其人（Osmanli Turk）又属于"高加索人种"，而所谓的鞑靼土耳其人（Tataric Turks）属于"蒙古人种"。同时从人类外表上讲，我们很难将匈牙利人（Magyar）、巴斯克人（Basque）与印欧人区分，他们的语言却存在诸多差异。因此，由施莱歇尔观点出发，语言的自然系统也是人类的自然系统，语言与人类的高级活动息息相关。笔者并不关心人种划分，于我而言，施莱歇尔所举的例子似乎与他的理论相悖，他认为人类的划分是基于语言划分的。这难道要我们把一个只会说法语（或者西班牙语）巴斯克人的儿子与他的父亲划分到不同种族中去？施莱歇尔在专著《论语言对人类自然历史的重要意义》第 16 页中写道，语言"具有稳定不变的特征（ein völlig constantes merkmal）"，在第 20 页，他又表示，语言"处于永久变化当中"，这难道不自相矛盾？据我所知，施莱歇尔从未明确表示，决定语言的人体结构具有遗传性，尽管在他的一些表述中暗示到这一观点，这也许就是他所谓的"持久不变（constant）"的内涵所在。另外，由于相邻国家的语言存在相似，施莱歇尔认为相同外部生活条件会影响语言的某些特征（例如，雅利安人和闪族人是唯一使用屈折语言的种族）。关于这一点，他给出的暗示与建议也极为有限。[①]

## 五 语言分类

对黑格尔哲学思想的高度认同，让探索语言分类的施莱歇尔同样引入了演绎法。黑格尔钟情于三步走，施莱歇尔也将语言分为三类。鉴于波特将语言分为四类，施莱歇尔不得不将其中的两类：黏着语（agglutinating）

---

① See August Schleicher, *Die Darwinische Theorie und die Sprachwissenschaft*, Weimar: H. Böhlau, 1873, p. 25; August Schleicher, *Über die Bedeutung der Sprache für die Naturgeschichte des Menschen*, Weimar: H. Böhlau, 1865, p. 24.

和合并语（incorporating）合二为一。之后，他可以从哲学角度演绎语言三分法。因为语言除了含义[1]与关系[2]外，再无其他（tertium non datur）。由于一种语言不可能使用单一形态完全表现，因此我们便有了三类语言：

  一、孤立语：含义只以发音表现，关系仅由单词位置决定。
  二、黏着语：含义和关系由发音表现，但语言形态明显与词根有关，且词根始终不变。
  三、屈折语：含义与关系融合或被吸收进入到一个更加高级的统一体之中，词根易受内部屈折以及词缀影响。

  施莱歇尔利用类似数学公式来说明语言的三类：如果用"R"表词根，"p"表前缀，"s"表后缀，用上标"x"表内部屈折，那么我们会看到孤立语中只有"R"（一句话可用"RRRR……"表示），黏着语单词的形态可能是"R s 或 p R 或 p R s"，而屈折语中单词的形态为"p $R^x$ s（或 $R^x$ s）"。

  根据施莱歇尔的观点，这三类语言不仅同时出现在我们当今的语言中，而且代表了语言发展的三阶段，即"某一类别的语言与该语言类别的历时发展阶段相一致"。因此，没有哪种语言能够超越屈折；屈折意味着语言的最高级发展阶段，在此阶段，语言有效地实现了它的目的，即给人一种忠实于思维的表象，但在成为屈折语之前，该语言必须首先经历孤立语和黏着语阶段。该理论能否被语言史实证实？我们能否将任何现存屈折语追溯到黏着与孤立阶段？施莱歇尔本人对以上问题的回答是否定的。因为拉丁语和现代罗曼语族最早都属于屈折语。这看起似乎有些矛盾，不过作为黑格尔的簇拥，施莱歇尔已经准备好了答案。他借用黑格尔的话指出，只有人类"意识到自己自由"的时候，历史才会真正开始，而这种意识只有在语言全面发展之后得以实现。因此，语言和历史的产生是人类活动的两个相继阶段。由于历史与历史学（或文献）共时存在，施莱歇尔能以一种"看似矛盾"的方式表达同样的观点，即文献一旦出现，语言的发

---

[1] 含义即指称（bedeutung），涉及物质（matter）、内容（contents）、词根（root）。
[2] 关系即联系（beziehung），涉及形态（form）。

展便宣告结束，从而具备固定的形态。现在，语言已经成为人类智力活动的一种表现方式，而非目的。因此，我们不会接触到任何一种正在发展或者日臻完美的语言。在历史上，所有的语言都在走下坡路，这是因为人类的思想逐渐获得更大的自由，导致了承载思想的语言衰落。

　　阅读上述语言分类的读者可以轻易看出，施莱歇尔鲜有独到见解，甚至某些表述与早期学者的说法极为类似甚至雷同。

　　不过，施莱歇尔将其他学者的语言分类与思想构成了一种连贯的理论体系。其中新增内容又以黑格尔哲学思想为语言起源的子结构。毫无疑问，施莱歇尔认为添加这一结构具有巨大贡献，有利于维持整个理论体系的稳定和持久。但事实恰恰相反，这一新增内容反而成为该结构中最不稳定、最不持久的部分。在专注语言分类的学者当中，再没有人使用黑格尔的理论。该理论不仅难以说通，而且大多数语言学家认为它过于死板、太过虚幻、毫无价值。

　　除了语言哲学上的争议之外，施莱歇尔的语言分类在某些特殊的语言中被证明是非常成功的。马克斯·穆勒的《语言科学讲义》（*Lectures on the Science of Language*，1869）以及威廉·德怀特·惠特尼（William Dwight Whitney）的《语言与语言研究：语言科学原理十二讲》（*Language and the Study of Language：Twelve Lectures on the Principles of Linguistic Science*，1868）两部广为流传的著作曾经援引这一分类，这极大地推动了施莱歇尔理论的传播。在前者中，穆勒试图赋予语言三分法的社会学意义，声称"孤立"是"家庭阶段（family stage）"的语言特征，"黏着"是"游牧阶段（the nomadic stage）"的语言特征，从未受到重视的"屈折"是"政治阶段（political stage）"的语言特征，但几乎无人认真看待他的这一观点。

　　我们不难发现该分类流行的主要原因在于它易于划分，且颇具规律性和合理性，可以自然地引起人们对这一简明规则的喜爱。此外，它迎合了当时流传甚广的片面认知，即对雅利安语和闪米特语族给予极高的评价，认为它们对世界文化与宗教产生了极为深远的影响。但在波特看来，美洲诸多语言同样具备区别于黏着的屈折语特征，即"合并"或者"多词素综合（polysynthetic）"的语言特点。不过，波特的观点通常被学者心照不宣地抛弃，因为他将美洲印第安人的语言置于梵语或希腊语之上，这在当时显然是不妥当的。当这些语言被视为语言发展过程中的绽放之花时，人们自然会把西欧现代语言视为古代高度屈折语言的堕落产物。这种看法与学者对古典遗珠的钦佩高度统一，也与当时对远古黄金时代的崇敬一致。也许，语言分类的制定者并未意识到自身在不知不觉中支持了这样一种思维定式，即高度的文明与该种族或者该种族所讲语言存在必要关联。不过，我们无需多加思考便可揭示这种假设的谬误。在现代欧洲语言中，只有立陶宛语还保留着最为纯正的屈折形态。我们发现立陶宛语中的语法系统几乎与古梵语相同，但是无人敢说立陶宛农民的文化水平高于莎士比亚，虽然英语中大量的古代屈折早已丢失。因此，文化与语言必须分开评价。

　　单纯从语言学角度讲，这一分类遭到了学界诸多反对，在此，我们将这些反对意见整合陈述，但这也意味着这些章节的主要目的：语言学史的梳理即将告一段落。

　　首先，如果不考虑语言史的发展（施莱歇尔的"nebeneinander"），将语言三分法视为对现存语言全面分类的话，那么该分类并非理想，因为第一类只包括了汉语以及汉语有关的远东语言；第三类只包含了两个语族；而第二类却涵盖数以百计极具差异的语言。似乎只有第一类语言代表了一种明确的语言类型结构。另外，由于雅利安语和闪米特语族的语言结构颇为相似，它们也应纳入一类，尽管这一归纳存在疑问，遭到博普与维克多·波热津斯基（Viktor Porzezinski）等学者的否定，但不容置疑的是，即便根据博普的理论，将所有的合并语排除在外，黏着语依然涵盖最为多样的语言。学者通常认为芬兰语是一种典型的黏着语，但依然可以找到一些屈折词汇，比如主格"vesi（水）""toinen（第二）"，部分格"vettä（水）""toista（第二）"，属格"veden（水）""toisen（第二）"，或者口语中的"sido-n（我绑着）""sido-t（你绑着）""sito-o（他绑着）"，以及上述三者的复数形式"sido-mme（我们绑着）""sido-tte（你们绑着）""sito-vat（他们绑着）"。由于词根在词尾之前已经发生变化，我们无从找到并未改变的词根。在刚果的基奥姆比语（Kiyombe）中，动词完成时在多数情况下是通过元音变化实现的，这与英语中的元音交替完全相同。比如英语中的"drink, drank"在基奥姆比语中为"vanga, venge"，"twala（带着）"

的完成时为"twele"或者"twede"，等等。① 上述的例子表明，无论我们如何定义屈折语，它并非雅利安语和闪米特语族独有现象，在其他语言中，我们也能找到屈折变化。另外，"黏着语"这一术语要么含糊不清，不能用于语言分类，要么严格地按照定义来理解，又过于狭窄，无法包含许多通常被认为属于该类别的语言。

我们还可以看到，一些试图概括大多数语言或者全部语言的学者，他们对语言的宏观三分类并不满意，而是进一步细化。在此方面，斯坦塔尔一马当先。他在诸多著作当中试图从地理学结合部分语言结构对语言再次划分，但最终未能建立起一个明确或者一致的理论系统。弗里德里希·穆勒在其著作《语言学概论》（*Grundriss der Sprachwissenschaft*，1876）中放弃了将语言按其心理学分类的建构方式，而将 12 个人种所说的百余种语言按照外部标准统一划分，但这些外部标准与语言并无直接关联。弗朗茨·米斯特利（Franz Misteli）则将语言分割为 6 种主要类型：I. 合并语（In-corporating）；II. 词根孤立语（Root-isolating）；III. 词干孤立语（Stem-iso-lating）；IV. 附着语（Affixing，Anerihende）；V. 黏着语（Agglutinating）；VI. 屈折语（Flexional）。同时，他又将上述 6 种语言归为 4 类：（1）独词句（sentence-word）语言，I；（2）无单词语言：II，III，IV；（3）有明显单词语言：V；（4）有真正单词语言：VI。其中，我们最好搁置第 4 类，因为第 4 类会引发复杂问题："究竟是什么构成了真正的单词？"也许，这一问题最终是对"劣等种族"的贬低，以及对学者自身种族地位的抬高，认为只有自己的种族才具有创造"真正单词"的能力。令笔者困惑的是，我们为何不肯承认格陵兰语、马来语、卡菲尔语（Kafir）、芬兰语与希伯来语、拉丁语一样，均为拥有真正单词的语言？

因此，语言三分法远不能将语言全面有效地分类。该理论最早出现在弗里德思希·冯·施莱歇尔专著《论语言对人类自然历史的重要意义》的附言（obiter dictum）当中，当时只对少数几种语言的语法结构进行粗浅研究。如果考虑到黏着和屈折这类概念缺乏内在的明晰性与确定性（这些概念却构成了语言分类的基石）的话，我们就不应该感到奇怪，亦可回想起

---

① See Karl Wessely, *Anthropos*, Vol. 2, 1906, p. 761.

本书前文洪堡特的至理名言："人类的语言结构是如此的多样，以至于对它全面的分类是一项绝望工程。"

在本书接下来的部分，笔者将继续探讨语言三分法，因为它代表了上述诸多语言以及我们母语发展的三个连续阶段（施莱歇尔的"nachein-ander"），并试图论证施莱歇尔的观点并未得到史实的证明。因为，语言史展示了一幅与众不同的图景。

基于以上两个因素，笔者认为此处探讨的语言分类只是草率的概括。但不幸的是，在每一门学科当中，这种草率的行为都有着异常漫长的历史。

## 六　重构

也许，施莱歇尔对语言学首要的贡献是他对原始雅利安语（Proto-Aryan language）的重构。正如拉丁语与意大利语、西班牙语与法语彼此内在的紧密联系，施莱歇尔以原始雅利安语与梵语、希腊语、拉丁语、哥特语等语言的内在关联为基础，重构了原始雅利安语。① 但是，直到《印度日耳曼语言比较语法纲要》首次出版，施莱歇尔才对原始雅利安语的重构进行了详细阐释。在该书的每一章节（如，元音、辅音、词根、词干、变格、变位）中，施莱歇尔首先提出原始雅利安的语言形态，然后在不同语言中寻找这种形态，以此确认前者。这种研究方法优点明显，任何国家的读者都能以自然的时间顺序观察该语言的历时衍变，即从最古老的阶段开始，逐渐向后推演，亦如罗曼语族学者从拉丁语入手，依次探索古法语、现代法语等阶段。但是，对于原始雅利安语的重构，该手段容易误导学者，让他们将所谓的原始形态视为确定之物。有证据表面，这些原始语言形态的存在依赖于梵语文献以及当今德语、英语中的某些词形。当施莱歇尔运用这些所谓的原始形态诠释其他语言的时候，他很有可能忘记这些原始形态与其他语言所处不同的历史时期，也忘记了这些原始形态"存在的唯一理由（only raison d'être）"是现代语言学家希望借助它们诠释现存语

---

① See Hanns Ortel, *Lectures on the Study of Language*, New York: C. Scribner's sons, 1901, p. 39.

言而已。这些形态当然具有相似性，因为它们属于同一语系。除了上述问题，重构原始雅利安语（施莱歇尔发明了一种创新方法，用前置上标星号表示原始词形，以便与现存词形区别）在诸多方面对历史语法学颇有助益。不过，当施莱歇尔寄希望于原始雅利安语的全部语法都建立在这些重构的原始形态之上，而非使用这些形态阐释语言事实的时候，是否太过激进？

施莱歇尔甚至冒险使用原始雅利安语编造了一则小寓言（无人支持此做法）。在《原始印欧语系寓言》（"Eine Fabel in Indogermanischer Ursprache"）一文的引言中，他抱怨此次尝试困难重重，主因是从现存语言中可推断出的助词较少，不过对于自己在寓言中所用单词的语音和语法形态，他确定无疑。① 由于这则寓言鲜为人知，笔者将原文与译文一并摘录，作为这一时期比较语言学的文献。

### 原始雅利安语版本：AVIS AKVASAS KA

Avis, jasmin varna na ā ast, dadarka akvams, tam, vāgham garum vaghantam, tam, bhāram magham, tam, manum āku bharantam. Avis akvabhjams ā vavakat：kard aghnutai mai vidanti manum akvams agantam.

Akvāsas ā vavakant：krudhi avai, kard aghnutai vividvantsvas：manus patis varnām avisāms karnanti svabhjam gharmam vastram avibhjams ka varnā na asti.

Tat kukruvants avis agram ā bhugat.

### 德语版本：［DAS］SCHAF UND［DIE］ROSSE

［Ein］schaf, ［auf］welchem wolle nicht war（ein geschorenes schaf）sah rosse, das［einen］schweren wagen fahrend, das［eine］grosse last, das［einen］menschen schnell tragend. ［Das］schaf sprach［zu den］rossen：［Das］herz wird beengt［in］mir（es thut mir herzlich leid）, sehend

---

① See August Schleicher, "Eine Fabel in Indogermanischer Ursprache", *Beiträge zur Vergleichenden Sprachforschung V*, 1868, p. 206.

[den] menschen [die] rosse treibend.

[Die] rosse sprachen: Höre schaf, [das] herz wird beengt [in den] gesehend-habenden (es thut uns herzlich leid, da wir wissen): [der] mensch, [der] herr macht [die] wolle [der] schafe [zu einem] warmen kleide [für] sich und [den] schafen ist nicht wolle (die schafe aber haben keine wolle mehr, sie werden geschoren; es geht ihnen noch schlechter als den rossen).

Dies gehört habend bog (entwich) [das] schaf [auf das] feld (es machte sich aus dem staube).

### 汉语版本：羊与马

（山上）有一只没有羊毛的绵羊，它看见了三匹马，其中一匹拉着沉重的马车，一匹载着不少货物，另一匹轻快地载着主人，三匹马儿跑着。

羊对马儿说："看见有人驱赶马儿，我就不舒服。"马儿说："听着，绵羊，我们看见主人把你的羊毛做成暖和的外套，我们就不舒服。"

听到这儿，绵羊逃向了平原。

问题就在上述寓言中产生了：借助施莱歇尔首创的方法，我们可否重构灭绝语言的各个历史阶段？这些由语言学家创造的语言形态，它们的真实性到底有多大？当然，问题的答案是：在一定的条件下，成功的概率很高。假如我们所依据的数据均准确无误，并且重构的语言形态与最后实际发现的语言形态相差不远，那么重构是成功的。但假如情况相反，那么重建的结果就不可信。并且，重构的程度越深（比如，重构全部语料），已知的语言形态与重构语言的时间距离越长，其准确性就越值得怀疑，比如，拉丁语"genus"的属格"generis"与希腊语"génos"的属格"génous"，我们可轻易地发现二者都以"s"置于元音之后的（辅音）形式为前提，此外，许多"s"在后来的拉丁语中变成了"r"，在希腊语中则消失不见。不过，当施莱歇尔把雅利安语"ganasas"作为上述两种语言两个单词（以及其他语言中的对应词形）的原型时，他便超越了既定规则，因为，他认为元音的发音并不一定由已知形态决定。如果我们只懂现代斯堪的纳维亚语和英语的话，必然会给原始日耳曼语"母亲"一词的词尾加上"-s"以表属格（参阅丹麦语"moders"，英语"mother's"），但是德语中的属格"der mutter（母亲）"足以揭示上述结论并非可靠。事实上，在古诺尔斯语和古英语中，"母亲"的属格并未加"s"。另一个类似的例子是将"父亲"的主格重构为"patars"，施莱歇尔假定每一个阳性单数主格都拥有"-s"的形式，事实上，除该单词外，其他古老语言中并无以"-s"结尾的主格。总之，施莱歇尔的语言重构基于这样一种假设：原始雅利安语结构简单，辅音、元音较少，且在词形上很有规律；但是，如我们所见，这种假设完全没有必要，在他逝世后仅仅几年的时光中就被推翻。汉斯·乔治·康农·冯·德·加贝伦茨（Hans Georg Conon von der Gabelentz）曾不无讽刺地评论：从施莱歇尔到布鲁格曼（Karl Brugmann），短短的几年时间，雅利安人的原始母语已变得面目全非。[1] 从中，我们得到的教训是应当慎之又慎地使用假设与标注星号的方式。

不过，标注星号的推论方式是恰当的。举一例，假如词源字典指出芬兰语"ménage"（古芬兰语"maisnage"）源自拉丁语"*mansionaticum"，那么该词源可能是正确的，即便历史上从未有人说过该单词。另外，拉丁语"*mansionaticum"在历史上的某一天形成，但无人知晓确切时间，首先它带有"-aticum"（如"viaticum"），最后（历经几个阶段）衍变为"-age"。在这期间，该词又产生了不同变体，如宾格"mansionem"以及"*masione""maison"，但无人知晓"ménage"最终产生的确切时间。我们只能说，假如该词产生时间尚早（实际上，这种可能性不大），那么该词可能是"mansionaticum"又或者"ménage"源自"mansione + -aticum"，而后一说法则更加可信。

## 七 乔治·库尔蒂乌斯、约翰·尼古拉·马德维格等专家

在施莱歇尔时期的语言学家当中，学术成就仅次于施莱歇尔便是他在

---

① See Hans Georg Conon von der Gabelentz, *Die Sprachwissenschaft*, Leipzig: T. O. Weigel Nach-folger, 1891, p. 182.

布拉格大学任教时的同事——乔治·库尔蒂乌斯（Georg Curtius）。库尔蒂乌斯专注希腊语研究，他的希腊语动词和词源的著作理清了学界诸多疑点，在弥合古典语文学与雅利安语言学之间的鸿沟同样功勋卓著。其著作《印欧语系编年史研究》（*Zur Chronologie der Indogermanischen Sprachforschung*, 1873）提出了对当时语言学普遍问题的看法。在施莱歇尔与世长辞之际，施莱歇尔的名望达到顶峰，他的理论在几乎所有学科都获得巨大成功，但库尔蒂乌斯没那么幸运了，他见证了年轻一代语言学家包括他的弟子布鲁格曼所推崇的理论与他珍爱的语言学中最基本的原则背道而驰。尽管他本人与施莱歇尔一样，一贯赞成比前辈更为严格地遵守语音规则，但他最后的一本著作实际是与青年学者的一场论战，青年学者极端地认为凡事没有例外，指出即使在古代语言中也存在着大量与现代类似的语言，除此之外，年轻学者对原始语言的重构剥夺了这位学者眼中原始语的古典美，而这种古典美在库尔蒂乌斯本人的作品《最新语言学研究批评》（*Zur Kritik der Neuesten Sprachforschung*, 1885）均有体现。不过，这一切都在预料当中。

如果说库尔蒂乌斯是一名学识渊博的古典比较语言学者的话，那么约翰·尼古拉·马德维格（Johan Nicolai Madvig）则在很大程度上是一名杰出的古典语文学家，他对普通语言学有着浓厚的兴趣，并运用敏锐的判断力和审慎的态度解决了困扰同时代学者的诸多问题。在当时的语言学理论中，他反对一切模糊、神秘的论断，也不喜欢一些学者将语言现象归结于某种神秘的力量。不过，他似乎对理性主义过于执着，例如，他全盘否认洪堡特提出的语音象征（sound-symbolism），并强调各个时代人类语言能力的一致性，即最初说话的人类与今天的人类一样，彼此无意创造能够指示任何时间与任意场景的语言，除了能让双方即时理解之外，话语再无其他。因此，我们在诸多语言中可以随处发现语言系统的不健全，例如单数与其复数形式的不一致，词尾的差异，等等。马德维格并没有刻意逃避这些矛盾，比如他解释软元音"a"的用法，表示该元音带有一种阴性的语音象征，又或者以怎样的词序呈现在原始人面前（动词中，时态关系在前；名词中，数在前，格在后）。虽然，他轻视语音学与词源学的研究，但他的语言观却比当时研究同样对象的学者更为可信。不过，他的著述鲜为人知，一部分原因是他用丹麦语写作，一部分缘由是他的写作风格过于晦涩。在以德语撰写的《语言学微论》（*Kleine Philologische Schriften*，1875）出版之际，马德维格在序言中表示自己十分遗憾，因为发现多年之前用丹麦语提出的诸多理论已被威廉·德怀特·惠特尼独立发表，因为惠特尼拥有使用世界通用语言（英语）的优势。

该时期最重要的学术特征之一，便是在比较语言学基础之上，建立许多历史语言学分支。库尔蒂乌斯对希腊语的研究可以作为一个引例，此外还有梵语专家：尼尔斯·卢兹维·韦斯特加德（Niels Ludvig Westergaard）、西奥多·本菲等；斯拉夫语专家：弗朗茨·里特·冯·米克洛西奇（Franz Ritter von Miklosich），施莱谢尔；凯尔特语专家：约翰·卡斯帕·宙斯（Johann Kaspar Zeuss），等等。格林在日耳曼语领域拥有大量拥趸，而以弗里德里希·克里斯汀·迪兹为首的学者占领了罗曼语族研究领域。在当时，他的著作《罗曼语族语法》（*Grammatik der Romanischen Sprachen*，1836）和《罗曼语族词源辞典》（*Etymologisches Wörterbuch der Romanischen Sprachen*，1853）可谓语言学系统性研究的入门佳作，所有人都渴望研习。而当回顾过往，从事这些学科研究的后人也会怀着最为真切的感激之情，庆幸自己在年轻的时候能够拥有如此的好运接触到这些经典之作。对于他们而言，所有事物皆被精巧布局，任何一种理论的建立都要经过前人的深思熟虑与翔实阐述，这让他们深感愉悦并不知疲倦地在过往坚实的基础之上继续前行。更重要的是，这一切并非立足于人为构建的含糊不清的原始语，而是人们所熟知的历史语言。因为，我们见证了拉丁语逐渐分化为七、八种语言的全过程，我们也能够根据对文献的严格考证，探清拉丁语每一个世纪中所发生的变化，由此目睹一种语言在发音、构词、句法等多个领域的真实进展，而这些相互依存的领域又会为学者留下极为深刻的印象：不仅要对现有定论抱有热情，还要对语言学其他领域中尚未论证的理论持有怀疑。

## 八 马克斯·穆勒与威廉·德怀特·惠特尼

在语言学许多领域中，我们已经看到学者揭示了影响语言大量且有趣的事实，并提出了解释这些事实极有价值的理论。除了专家之外，他们的大多数成果仍然难以为世人理解，语言学家很少将最新研究成果向那些受教之人展示。也许，这门学科无需深入研究便会引发民众的兴趣。在1861年，马克斯·穆勒发表《语言科学讲义》第一系列，该著作的诸多版本为普及语言学贡献非凡，成为新晋语言学者的"引路标"。作者在选择有趣插图和呈现主题方面具备一定的技巧，这往往引发读者的阅读热情。但书中的论点却经不起推敲。人们发现，作者在陈述某一问题后常常偏离主题，忘记了自己所要证明的一个有趣词源或者一个精妙悖论。穆勒全盘接受施莱歇尔的主要思想。因此，对穆勒来说，语言学就是一门自然科学，与作为历史科学的语文学无关。不过，再次审视此作，我们会发现他所做的一切只是为了引发读者的兴趣，他所做的一切实际上都是非自然主义的：那些关于语言史的精彩揭示像极了一本描述社会发展进程中奇闻逸事的书。它们可能与语言学的一些基本问题有关，但这些问题很少或者从未视为自然科学。遭受指责之际，穆勒依旧严肃地坚持自己的观点，而是收回自己的部分想法，漫不经心地用"一切都取决于你对'自然科学'的定义"① 打发了事。惠特尼批驳道："这就意味着，我们的作者穆勒有权按照自己的意愿定义一门自然科学，尽管他应该将此定义合理地运用在研究上……假如你让他为语言学下定义的话，那么指鹿为马也是有可能的。"②

在施莱歇尔与穆勒时代，尽管少有人将语言学定义为自然科学或者物理科学，甚至库尔蒂乌斯、马德维格、惠特尼采用了相反观点。③ 但可以肯定的是，自然主义观对语言学史产生了潜移默化的影响。它与语言学主要研究的问题与处理这些问题的方式密切相关。从格林到波特，再到施莱歇尔以及同时代学者，我们看到了他们对语音比较的兴趣日渐浓厚。人们发现越来越多的"语音规则（sound-laws）"，并在研究中愈加严格使用，其结果导致词源学的研究达到了前几代学者无法想象的精确度。但是，这

---

① Friedrich Max Müller, *Lectures on the Science of Language*, New York: Scribner, 1869, pp. 234, 442, 497.

② William Dwight Whitney, *Max Müller and the Science of Language*, *a Criticism*, New York: D. Appleton and company, 1892, p. 23.

③ See Georg Curtius, *Zur Kritik der Neuesten Sprachforschung*, Leipzig: S. Hirzel, 1885, p. 154.

些研究通常并非基于语音本质的洞察，因此词源学家的工作越来越趋向单纯的机械化，语言科学在很大程度上剥夺了与人类"灵魂"密切相关的因素。人们对元音和辅音的单独比较，也对个别屈折与单词进行越来越深刻的细节探索，并借用其他语言中的相应形态与词汇加以诠释，其结果导致了这些成果好似树上摇落的枯叶，而非一个鲜活、动态的有机体。说话个人与说话群体被完全忽视。比较语言学家虽然十分了解各种语言的发音规则以及语法形态，却对这些语言自身知之甚少。施莱歇尔并没有无视这种危机，在他去世前，他出版了《印度—日耳曼语系选集》（*Indogermanische Chrestomathie*，1869）。在序言中，他指出："除了掌握语法，了解语言自身也是有价值的，哪怕只是一点点，因为亲属语言的比较语法强调的只是一种语言及其同源语言的共通之处。这些语言看起来可能比实际情况更加近似，二者的差异很可能被忽视。因此，语言样本就成为比较语法不可或缺的补充。"而其他更具说服力的理由是，语法毕竟只是语言的一面，假如一个人想要理解、欣赏一门语言，一些长度适中且与其他语言存在关联的文本自然是最好选择，只有阅读这些文本，才能发现该语言是如何与其他语言联系在一起的，又是如何被其他语言诠释的。

　　尽管日渐壮大的机械学派语言学家让历史语音学与比较语音学日益成为一种目的，但依然有少数学者另辟蹊径。在此，笔者要提到斯坦塔尔，他从洪堡特的理论中汲取灵感，发表了大量关于心理语言学的著作。遗憾的是，斯坦塔尔在思维的清晰性与连贯性远不及施莱歇尔。穆勒曾经在一封信中写道："当我阅读斯坦塔尔与洪堡特作品的时候，我时常有种雾里看花的感觉。"[①] 而这种文风与斯坦塔尔研究领域的冷门不无关系，他以汉语研究为始，最终进入曼丁哥黑人语言，却不重视欧洲语言，这让他未能对同时代的语言学思想产生有力影响，不过他强调了"只能通过心理学来理解、阐释语言"的主张对同时期的语言学产生了作用。他对"句法吸引（syntactic attraction）"的诠释为赫尔曼·奥托·西奥多·保罗（Hermann Otto Theodor Paul）撰写《语言史原理》（*Prinzipien der Sprachgeschichte*，1880）

---

① Friedrich Max Müller, *The Life and Letters of The Right Honourable Friedrich Max Müller I*, New York：Longmans, Green, and Co. , 1902, p.256.

铺平了道路。

施莱歇尔去世后，语言学的主要代表人物是威廉·德怀特·惠特尼，他的著作《语言与语言研究：语言科学原理十二讲》以及《语言的生命与发展》（*Life and Growth of Language*，1875）被译成多国文字，其风靡程度不亚于他的对手穆勒的作品。惠特尼的文风不及穆勒，但他对后者添加有趣插图获得廉价的成功嗤之以鼻。他总是不厌其烦地阐述穆勒书中的悖论与矛盾之处，用以凸显自己更加稳健与清醒的思想。[①] 如前所述，二人的主要分歧在于，惠特尼将语言视为人类的一项制度，该制度基于人类相互理解的需要而缓慢发展。他反对所有神秘主义，对他而言，单词是传统符号，当然，他不认为每个词的含义只是由一批人确定下来的，不论词义如何产生，词义应"基于相互理解或者群体习惯"。当我们从 20 世纪语言学视角审视二人学说的时候，我们发现两位学者在诸多方面极为相似：穆勒与惠特尼都展示了学界花费 50，60 年的痛苦光阴所阐明的语言奥秘，特别是雅利安语的词汇和词形。除此之外，两位学者并不具备参透语言学中诸多谬误的能力。因此，他们对原始雅利安语的语言结构、词根以及词根的作用、词形系统的重构与衰败等问题上的见解与同时代的学者毫无二致。如今，二人的诸多理论已被推翻，包括不少曾经被认为根深蒂固的论述。

---

① 参阅《北美评论》（*North American Review*）相关文章与《马克斯·穆勒和语言学：一种批评》（*Max Müller and the Science of Language, a Criticism*，1892）以及穆勒本人的学术回应：《德国工作坊拾遗》（*Chips from a German Workshop*）卷 4。

# 第四章　19世纪末

## 一　70年代成就

在1870年，比较语言学取得了丰硕成果。这一时期的学术著作，其字里行间流露着喜悦与骄傲。穆勒就曾写道："得益于比较语法，一切变得清晰。在过往语言的异常现象与例外情况的背后，我们发现了潜在规则，我们能够更加清楚了解每天所用的语言，就像在这世界上任何地方，由于个人自由与社会之间冲突最终导致合理的法律建立。""希腊语或者拉丁语语法不存在任何偶然、不规则、毫无意义的表达。过去，没有学者发现语言背后的玄机，也无人指出语言中那些看似反常、古怪的现象实则反映了好奇、诗意、哲学性的思想。因此，我们的学者需要再次停歇，直到进入人类古老的卷轴中寻找答案。"① 惠特尼认为："传统随机性词源学研究与现代科学方法的区别在于：后者允许一切均有可能的同时，不接受任何毫无充分的证据。因此在现代科学领域，每一项研究都会以广泛的事实为依据。这就让学者认识到广泛比较与谨慎推理的必要性，并在客观条件的允许下，尽可能细致地了解并尊重所探究的每一个单词的历史。"② 本菲指出，当前对雅利安语的研究已经取得实质性进展，无论在语法还是在词汇上，原始雅利安语的重构方式已经确立，只有部分细节仍在

① Max Müller, *Chips from a German Workshop IV*, p. 41.
② William Dwight Whitney, *Language and the Study of Language: Twelve Lectures on the Principles of Linguistic Science*, New York: C. Scribner & company, 1868, p. 386.

商榷。① 可以肯定，原始雅利安语的第一人称单数是以 "-mi" 为结尾，这是对代词 "ma" 的语音简化，因此，"horse" 的原始雅利安语单词应为 "akva"。如果把 19 世纪末语言学取得的成就与 18 世纪的词源学比较，我们感到自豪是合理的。但是，我们还须承认，90% 的原始雅利安语单词在 1870 年以前已被发现，随后的调查研究不过是增加了部分单词以及许多无法确定的词组而已。但反过来讲，曾经奉为圭臬的语言定律又在 19 世纪末变得令人怀疑。

## 二　新发现

就原始雅利安人的语音结构而言，1880 年一系列重大发现深刻地改变了学者们对辅音的看法，也深刻地改变了我们对印欧语系元音系统的认知。其中腭音规则（palatal law）尤在其列。② 长期以来，学者理所当然地认为梵语保留了古老语音系统的全部特点，而希腊语和其他语言则被视为较为年轻的语言发展阶段，无人能够解释梵语在某些情况下为何拥有硬腭音 "c" 和 "j"（近似于英语 "chicken, joy" 中的首音），而在其他语言中则拥有软腭音 "k" 和 "g"。现在，学者意识到梵语中的硬腭音与软腭音的分布并非随意，而是严格遵守发音规则。在梵语中，位于辅音 "k 或 g" 之后常发近似希腊语或拉丁语 "o" 音的 "a" 会造成辅音 "k 或 g" 的软腭化；当读音 "a" 近似希腊语或拉丁语 "e" 时，又会造成 "a" 之

---

① See Theodor Benfey, *Geschichte der Sprachwissenschaft und Orientalischen Philologie in Deutschland seit dem Anfange des 19. Jahrhunderts mit einem Rückblick auf die fru heren Zeiten*, Munchen: J. G. Cotta, 1869, pp. 562 – 563, 596.

② 谁是腭音定律的第一发现者？这个问题曾经引发学界热烈讨论。由于该理论被 19 世纪 70 年代学界认为 "尚无定论"，因此当时确定谁是发现者并非重要。不过现在，该定律的第一发现者的答案似乎显而易见，维尔赫尔姆·汤姆森（Vilhelm Thomsen）是第一位在他的讲座（1875 年）中提到该定律的学者。不幸的是，他早已撰写好的论文并未发表，直到听说约翰内斯·施密特（Johannes Schmidt）正在撰写同一定律的论文，便将该文章匆匆发表在 1920 年出版的《论文集》（*Samlede Afhandlinger*）卷 2 中。此外，瑞典语言学家伊萨亚斯·泰格纳（Esaias Tegnér）独立发现了腭音定律，在《雅利安语腭音研究》（*De Ariska Språkens Palataler*, 1878）一书中撰写了 5 页内容。不过，当他发现赫尔曼·科利茨（Hermann Collitz）和弗迪南·德·索绪尔（Ferdinand de Saussure）表达了同一观点时，便删除了自己专著中的相关内容。卡尔·弗纳（Karl Verner）也曾独立提出腭音定律，参阅他的《字母研究》（*Afhandlinger og Breve*, 1903）第 109 页至第 305 页。

前的辅音"c 或 j"硬腭化。例如，梵语"ca（和）"中的"c"与希腊语"te"与拉丁语"que"硬腭音相同；梵语"kakša"中的第一个"k"与拉丁语"coxa"的"c"软腭音相同。而在梵语"cakara（已做）"一词中，"c"与"k"的发音区别亦如希腊语"léloipa"中的元音交替（the same vowel alternation）。动词"pacati（烹饪）"中"c"与实质名词"pakas（在烹饪）"中"k"的发音差异与希腊语"légei（他/她/它说）"与"lógos（我说）"之间的元音区别类似。上述实例都在表明，梵语曾经拥有元音"e，o"而非元音"a"，因此位于前元音"e"之前的辅音会在舌前部发音（fronted）或者腭音化（palatalized），例如英语"chicken（鸡）"一词中的"ch"是由于前元音"i"而产生音变，而"cock（公鸡）"中"k"的原始发音在元音"o"之前被完全保留。由此可见，梵语在诸多重要方面不如希腊语保守，这注定对整个印欧语系中的相关理论产生深远变革，正如库尔蒂乌斯评述道："作为一门新兴科学的神谕，梵语被盲目地推崇，但现在，它被搁置一边。语言学不再把梵语视为'来自东方的圣光（ex oriente lux）'，而是当作'来自东方的黑暗（in oriente tenebræ）'。"①

　　对于雅利安语的新认识又导致了对元音交替（apophony，ablaut）理论的彻底修正。由此，雅利安语中众多的元音交替构成了一个庞大且异常统一的系统。比如，下表由希腊单词组成，分为三列，每一列代表了一个"等级"：

表 4－1 　　　　　　　　　　　　希腊语元音交替

|  | 等级 I | 等级 II | 等级 III |
|---|---|---|---|
| (1) | pétomai | pótē | eptómai |
|  | (s) ékhō | (s) ókhos | éskhon |
| (2) | leípō | léloipa | élipon |
| (3) | peúthomai | — | eputhómēn |
| (4) | dérkomai | dédorka | édrakon |
| (5) | teínō（∗tenjo） | tónos | tatós |

　　首先，该表无法为我们提供动词中元音交替现象的自然线索，例如英

---

① Georg Curtius, *Zur Kritik der Neuesten Sprachforschung*, p. 97.

语：等级 I "ride"，等级 II "rode"，等级 III "ridden（2）"；德语：等级 I "werde"，等级 II "ward"，等级 III "geworden（4）"或者等级 I，"binde"；等级 II，"band"；等级 III，"gebunden（5）"。我们在上表包含的几个希腊语单词中发现：等级 I 中的单词元音始终以 "e" 为特征，等级 II 的单词元音以 "o" 为特征；至于等级 III，等级 I 与等级 II 的元音在（1）中完全消失。而在（2）和（3）中，辅音之间不再有元音，"e" 和 "o" 之后的成分组成双元音，使得单词中的元音 "i" 和 "u" 拥有完整音节（full syllabic）。而在（4）的等级 III 中，梵语 "adrçam" 中的音节主音 "r" 与希腊语 "édrakon" 音节主音 "r" 的发音相同。此外，希腊语音节 "ra" 或者特殊情况下的 "ar" 与日耳曼语族音节 "ur" 或者 "or" 发音相似。基于以上事实，布鲁格曼提出了自己的判断，即在等级 III（5）中的希腊语 "a"，拉丁语 "in" 与哥特语 "un"，三者均起源于音节主音 "ṇ"，于是，"tatós" 代替了 "* tṇtós"。他解释了希腊语 "déka"，拉丁语 "decem"，哥特语 "taihun" 与英语 "ten" 源自包含音节主音 "m" 的 "* dekṃ"。笔者并不认为他的理论完全正确，但可以肯定，较于等级 II 与等级 I，等级 III 单词中 "e" 与 "o" 的发音相对较少，并且这种减少是由于缺乏重音（stress）所致。因此，"lip" 不能视为 "leip" 和 "loip" 的原始词根。而这种全新的元音交替之所以摒弃旧的元音交替在于，旧的元音交替理论是印度语法学家基于 "guna" 与 "vrddhi（元音交替）" 提出的，当时他们认为最短的词形即为词根。但是现在，该理论被完全逆转，只有更完整的词形才是最古老的语言形态，并在现存语言中，使得原本完整的单词缩短成为现在的词形。因此，博普否定了格林元音交替理论，这无疑是正确的，格林曾经认为是人类的精神因素导致了元音交替的产生，但现在，元音交替被证明是由机械原因造成的，尽管这一结论与博普的观点相左（参阅本书第 2 章，第 7 节）。格林理论的另一个错误在于：由于元音交替一开始就出现在名词与动词中，因此它被用来表示时态上的差异，但时态差异实与元音交替无关。元音交替可以出现在除词根音节之外的所有音节中。总之，新观点为质疑旧的元音交替理论铺平了学术道路。曾经，旧理论认为雅利安语的词根是单音节，而现在的学者却承认双音节词根的存在，例如：最早的词根是 "leipo" 或者 "leipe" 而非 "lip"。自此，新的元音系统带来了深远影响，它让语言学家从全新的角度看待过去的诸多问题。与等级 I、等级 II 不同，通过重音（accent）差异对元音交替所做的机械解释只适用于等级 III，至于等级 I 中的"e"与等级 II 中"o"的交替原因尚未明确。

在 19 世纪 70—80 年代，许多优秀的语言学家在大量研究之后，澄清了雅利安语语音学和形态学中的诸多模糊之处，腭音规则与新的元音交替理论的发现只是其中一部分。另外一个最著名的发现是由丹麦语言学家维尔纳提出的维尔纳定律，即古日耳曼语族中系列辅音交替实则依赖重音，（更为显著的是）依赖原始重音，而这种原始重音在梵语中仅以最为古老的形式存在，它也不同于现代日耳曼语族中位于词尾或者词根的重音。于是，学者意识到这样一个事实：德语"vater"中的"t"与"bruder"中的"d"是由于三、四千年前重读（accentuation）的不同所致，或者英语"was"中的"s"与"were"中的"r"的发音差异是与梵语单数完成时词根重读、复数词尾重读有关。总之，上述研究不仅有助于提高民众对语言学的尊重，而且更加表明人类语音世界与自然科学相似，均受到规则的严格制约。

## 三 语音规则与类推

"盲目（blind）"推行语音规则成为"青年语法学派（junggrammatiker）"① 的主要宗旨，他们在传统语言学家面前大肆宣扬自身所取得的进步，这不仅激怒了他们的老师库尔蒂乌斯与翰内斯·弗里德里希·海因里希·施密特（Johannes Friedrich Heinrich Schmidt），赫尔曼·科利茨（Hermann Collitz）等年轻学者也对此颇为不满。几年来，人们对语言学的定律展开激烈讨论，青年语法学家试图借用演绎的方式支持他们的观点："语音规则无例外"②。奥斯特托夫错误地认为，语音变化属于生理学，而类推

① 该学派由卡尔·布鲁格曼（Karl Brugmann）、贝特霍尔德·古斯塔夫·戈特利布·德尔布吕克（Berthold Gustav Gottlieb Delbrück）、赫尔曼·奥斯托夫（Hermann Osthoff）、赫尔曼·奥托·西奥多·保罗（Hermann Otto Theodor Paul）等学者组成。
② 似乎是由奥古斯特·莱斯金（August Leskien）最早提出。

属于心理学。尽管把二者纳入两个完全不同的领域是站不住脚的，但这种区分本身十分必要，并被证明极具价值，尽管在历史语法学家看来，可能过于简单。而那些坚持语音规则之人很自然地把注意力转向不符合规则的语言形态并试图做出解释。于是，他们不可避免地认识到类推构词在所有语言中的重要位置。这种词形虽然一直为人所知，却少有关注，它们常被称为"虚假类推（false analogies）"，被认为是语言退化或者无机的语言形态（corruptions or inorganic formations），对其真实含义与旧有词形不甚了解。此外，像库尔蒂乌斯这样的老派语言学者被新语法学派彻底激怒，因为该学派指出，诸多语言包括古希腊语在内的高贵语言形式均是在类推的作用下产生的，并且辩称"虚假类推"这种错误的说法极具误导性，因为在每一个语言案例，类推本身是完美的，都能准确地运用，而类推构词与其说是近代学界对它的曲解，不如认为它代表了语言的重要原则。没有该原则，语言永无存在。

保罗是最早提出该观点并予以明确解释的青年学者之一。我从保罗的一篇早期论文援引以下段落，该论文确实为语言研究注入了新的活力：

"有一个简单的事实，我们永远不能忽视，那就是在原始的印度—日耳曼语系中，早在它分裂之前，语言并无任何词根、词干、词缀，只有完整单词，而这些单词的使用者从未考虑它们的组合性。换句话说，人类早期词库中只有无词干、无词尾的单词，它们无法供人们依据不同的场合构建不同的词形。因此，当时的人类不必用心听，不必用心记单词的种种形态。但事实是，这是不可能的。相反，说话者能够创造出名词的格，动词时态以及其他语法形式。于他而言，上述单词要么从未听过，要么没有特别留意。由于缺少词干和词缀组合，他只能从同伴那里学到现成的单词，并随着学习的深入，会把这些组合进行分组，并与语法产生联系。假如未经过特殊的训练，说话者无法清楚地认识到分组不仅可以极大地帮助记忆，而且还会形成新的单词组合。而这正是我们所说的'类推'。"

"显然，在说话的时候，每个人都在不断地生成类推语言。'记忆再造（reproduction by memory）'和'联想构词（new-formation by means of association）'是两个不可或缺的途径。曾经，我们错误地认为语法与词典所提供的语言包含了所有单词以及单词的所有形态，忘记了这种语言只是一种脱离现实的抽象语言，而'真正的语言只存在于人类个体（the actual language exists only in the individual）'，如果想要了解语言的本质与发展，即便使用科学方法，我们也无法将语言与个人彻底割裂。要理解每种独立的语言形式，我们不能简单地问'它在语言中是否过时？'或者'它是否符合语法学家推导的语言规律？'而是要问'第一次使用该词之人是否将它记忆？'抑或'他是如何类推出来该单词的呢？'比如，某个人使用德语复数单词"milben（螨虫）"，他可能从他人那里学来的，或者只听到过单数"milbe"，不过他记得"lerche（云雀）""schwalbe（燕子）"等单词的复数是"lerchen"，因此，他会无意识地联想到"milbe"的复数："milben"。甚至，他也可能获知别人说过"milben"，但记不大清楚。假如他的大脑中没有一系列类似的词形与该单词联系的话，那么他就会完全忘记该词。但事实是，在每一个案例中，共享性记忆与创造性联想通常难以区分。"①

于是，语言学家开始认真地从说话者的角度审视语言，这些说话者多以常规的方式学习母语，并在每次交流中潜移默化地学习他人的语言，也不知晓自己在一时的冲动下会创造出怎样的用语。正如苏格拉底将哲学从天堂拉到人间，现在的语言学家也从词汇和语法中提取单词与形态，并把它们放置在既不属于字典作者也不属于语法学家的普通人的思想与嘴边。即便是普通人，他们依旧能够轻松地掌握母语。从此，语言学家面临着普遍性难题，这些难题并没有给他们的前辈带来太大的困扰（除了布列兹托尔夫，他的研究可完全忽略）。这些难题具体是：导致语言变化的因素是什么？这些变化是如何产生的？语言变化该如何分类？对于上述的探讨大多出现在 1880 年出版的语言学期刊上，其中探讨最深刻、最全面的学术成果当属保罗的《语言史原理》（*Prinzipien der Sprachgeschichte*）。该书的第 1 版（1880 年）对当时的语言研究产生深远影响，其后续版本的内容不断扩充、修订，囊括了大量精心筛选的语料，用以揭示语言变化的各个过程。在此还需提到一点，保罗越来越重视句法。作为语法的一部分，句法曾被博普、施莱歇尔以及其他同时代的学者忽视，不过进入 19 世纪末，一些著名学者开始探讨这一主题并指出，比较性与历史性研究所给予句法学的启

---

① Henry Sweet, *Collected Papers of Henry Sweet*, Oxford：The Clarendon press, 1913, p. 112.

示不亚于二者在形态学上的巨大推动。

## 四 总体趋势

正如我们所见到的，19 世纪 80 年代的语言学家开始着手处理许多极为重要且被前人忽视的问题，同时，他们对前人的研究逐渐失去兴趣，如语法词尾的最初起源等问题。直到 1869 年，本菲才根据博普的"辉煌发现（brilliant discoveries）"提出了自己的理论，即不定过去时与将来时"s"源自德语动词"as（是）"，而构成拉丁语未完成时的"-bam"以及将来时"-bo"又都源自同义动词"fu"，即梵语单词"bhu"①。第二年，劳默的语言学理论与博普过往的"最重大发现（most important discoveries）"完全相同。不过不久后，我们意识到与前人相似的理论已不再成为学界主流。最后一本仰望前辈理论的专著是舍雷尔的《德语史》（*Zur Geschichte der Deutschen Sprache*，1878）。在该书的第 8 章中，舍雷尔以极端的胆识而狂野的幻想对原始词根、词尾、介词和代词逐一识别、区分，只要生活在 20 世纪头脑清醒之人阅读此书都会感到茫然。而新语法学派之中最具才华的语言学家们索性将这些理论置之脑后，对同一语言现象，他们并没有提出更为深刻的见解，对旧理论也未用现存语言现象进行核实。他们只在极具吸引力的新领域尽情开拓，不再关心原始雅利安语背后是否隐藏着语言规律，甚至强烈排斥所谓的"语源（glottogonic）"论。对于就事论事的他们来说，语言起源的推测大都是模糊的、徒劳的，这一观点很大程度上被那些所谓的哲学家、语言学家证实。事实上，自 1866 年法国语言学会（La Société de Linguistique）在巴黎成立之初，该学会章程的第二节就已明确规定："不接受任何关于语言起源或者创造通用语言的学术讨论（La Société n'admet aucune communication concernant，soit l'origine du langage，soit la création d'une langue universelle）"，这两个方面虽然"可以"用科学的方式对待，但它们不应留给一知半解的学者。

---

① Theodor Benfey，*Geschichte der Sprachwissenschaft und Orientalischen Philologie in Deutschland seit dem Anfange des 19. Jahrhunderts mit einem Rückblick auf die fru heren Zeiten*，p. 377.

在过去的 40 年里，学界普遍采用全新的学术观点，对雅利安语的各个领域展开大量研究。其中，语音学无疑占据了主要位置，并在很大程度上弥补了生理语音学的研究空白，不过形态学、句法学和语义学同样取得不俗成绩，因为我们不再把单词视为孤立单位，而是句子的一部分，或者说，是连贯发音的一部分。于此，语音学越来越重视句子的语音以及"连读音变现象（sandhi phenomena）"。对"发音"（重音和音高）的兴趣首先导致学界对句子重读（sentence-stress）和句子节奏（sentence-melody）的深入探索；其次，由于词形与其在句中的用法、功能之间的紧密联系，导致了句法学日渐瞩目；最后，如果要把语义学设立为一门真正的学科而不是由孤立样本搭建成的"古董店"的话，那么只有对词与词组成的完整话语进行研究才有可能实现。除非语言学家对不同语言文本进行更加广泛的比较，否则这种态度无法逆转。于是，以往对于同一语言以及语文学研究，其二者之间的矛盾自然而然地消失了。当今的许多学者围绕特定语言学分支以及相应的语文学做大量工作。这种趋势对上述二者大有裨益。

另一个积极变化是对现存语言采取全新态度。长期以来，语言学一直处于发展的边缘并不断回顾语言历史性发展中的巨大损失。随着对语音学、心理语言学的日益关注，学者清楚地认识到对日常用语观察的必要性。在这一方面，我必须提起这一领域的先驱亨利·斯威特。如今的学界对现存语言的兴趣愈发浓厚，已经成为语言学理论的必要基础。

可以说，本书第 1 卷涵盖了过去四十年间的西方语言学史，但这与笔者在 1880 年之前所做的语言学整理有所不同。在此，我须对语言学发展的一般趋势做出以下简论。在撰写的过程中，笔者抵御了诱惑，并未尝试对最伟大的两部普通语言学作品进行描述，即汉斯·格奥尔格·康农·德·加贝伦茨（Hans Georg Conon von der Gabelentz）和威廉·马克西米兰·冯特（Wilhelm Maximilian Wundt）的著作。尽管这两部作品极为重要且在诸多方面反映了出众的思想，但二者对当代语言学研究的影响不及前辈。于我而言，加贝伦茨的学术贡献要比冯特大得多，原因在于前者与其说是一名语言学家，不如视作一位心理学家。并且在我个人看来，他的文采要比他的思想更为夺目。至于其他学者，我只能按字母顺序列出，由于篇幅有限，无法对他们的著作一一点评：查尔斯·巴利（Charles Bally）、博杜恩·德·库尔德内（Baudouin de Courtenay）、伦纳德·布龙菲尔德（Leonard Bloomfield）、米歇尔·朱尔斯·艾尔弗雷德·布雷亚尔（Michel Jules Alfred Bréal）、德尔布吕克（Berthold Gustav Gottlieb Delbrück）、雅各布斯·乔安妮斯·安东尼斯·范·金内肯（Jacobus Joannes Antonius van Ginneken）、霍雷肖·埃蒙斯·霍尔（Horatio Emmons Hale）、维克托·亨利（Victor Henry）、赫尔曼·赫特（Hermann Hirt）、卡尔·阿克塞尔·利奇诺夫斯基·科克（Karl Axel Lichnowsky Kock）、梅耶、鲁道夫·梅林格（Rudolf Meringer）、阿道夫·戈特哈德·诺琳（Adolf Gotthard Noreen）、厄特尔、佩德森（Holger Pedersen）、克里斯蒂安·桑德菲尔德（Kristian Sandfeld）、弗迪南·德·索绪尔（Ferdinand de Saussure）、雨果·恩斯特·马里奥·舒哈特（Hugo Ernst Mario Schuchardt）、阿尔伯特·塞什艾（Albert Sechehaye）、斯特里特伯格、埃德加·霍华德·斯特蒂文特（Edgar Howard Sturtevant）、路德维希·苏特林（Ludwig Sütterlin）、斯威特（Henry Sweet）、克里斯蒂安纳斯·科尼利厄斯·乌伦贝克（Christianus Cornelius Uhlenbeck）、卡尔·沃斯勒（Karl Vossler）、爱德华·韦克斯勒（Eduard Wechssler）。而本书接下来的部分还会多次提到他们的观点，特别是笔者与他们的论断相左的时候，因为在撰写的过程中对他们的观点反复致谢，恐怕不大现实。

基于语言学史，我们看到学界在某一时期倾向对语言进行宏观综合性评价（如把语言分成孤立、黏着、屈折三类，认为语言的发展均包含孤立、黏着、屈折三个阶段，并以此为基础，对屈折词尾起源进行推论）。我们也目睹了这些综合性评价是如何被后来学者质疑的，虽然他们从未在实质方面驳斥过往的学术成果，也止于某个单词、某种词形或者某个语音的细节比较与详细诠释，从未考虑该词的起源以及整个语言系统或者语言结构的发展趋势。由此，问题出现：博普、施莱歇尔对语言宏观评价难道是错误的吗？从一些现代语言学家的著述中可以看到，围绕广义上的语言或者语源概括，这种行为本身是有害的。不过，我们不得不承认：科学目的正是需要越来越广泛的概括，从而获得越来越全面的规则，最终完成赫伯特·斯宾塞（Herbert Spencer）所说的"知识统一（unification of knowledge）"。因此，早期语言学家完全有理由提出这些重大问题。但他们解决问题的方式并未满足新一代学者更为严苛的要求罢了，我们不应该过重责备早期语言学家。同时，现代学者拒绝早期语言学家不成熟的理论也是合理的（尽管这种拒绝没有经过客观事实的充分检验）。但是将这些重大的问题完全排除在研究之外，亦不可取。[①] 我们必须反复钻研这些重大问题，直到找到一套完整的解决方案。拒绝面对这些困难造成了现代语言学研究中的薄弱，任何公正的观察者都会为此感到震惊，不论他如何承认科学在调查研究中的份量。所以，在笔者看来，现代语言学的研究视野并非宽广，主要原因在于学者忽视了与语言价值有关的所有问题。一个词或者一个词形优于另一个词或者另一个词形的标准是什么？（大多数语言学家拒绝探讨这类涉及偏好的语言正确性问题）。从宏观上看，我们观察到语言变化到底是有益的还是有害的？（大多数语言学家对此类问题嗤之以鼻）。有没有建立一种国际通用语言的可能，从而让不同国家之人轻松交流？（时至今日，大多数语言学家把赞成此类想法之人视为空想家或乌托邦主义者）。学界理应运用科学的态度严谨探讨以上问题。但在讨论这些问题之前，我们最好认识下通常被称之为语言"生命"的基本事实。因此，本书下文首先探究儿童习得母语的方式，由于语言只存在于个人，这就意味着人类的某些特定活动并非天生，需要从同类那里习得，而探究人与人、人与社会的互动关系尤为重要，本书第 2 卷将予以重点论述。

---

① "错误的尝试总比不思考要好（Es ist besser, bei solchen versuchen zu irren als gar nicht darüber nachzudenken）"，参阅乔治·库尔蒂乌斯（Georg Curtius）《印欧语言编年史研究》（*Zur Chronologie der Indogermanischen Sprachforschung*，1885）第 145 页。

# 第二卷

## 童年期

# 第五章　发音

## 一　从哭闹到说话

一位丹麦哲学家曾经说过："人生中最伟大、最了不起的成就莫过于学会说话。"当有人询问查尔斯·罗伯特·达尔文（Charles Robert Darwin），人的一生中究竟哪三年所学最多时，他回答道："出生后的第一个三年。"

一个儿童的语言能力发展需要经历三个阶段：哭喊（the screaming）、咿呀学语（the crowing or babbling）、说话（the talking）。历时最长的后者又可分为两小时期："小语言"（little language）时期以及"公共语言或者社会语言"（the common language or language of the community）时期。在"小语言"时期，儿童的语言属于个人化语言，而在公共语言或者社会语言时期，儿童语言的社会化特征愈加明显。

首先，哭喊阶段并无太多深究内容。婴儿的哭闹声并非向别人传达信息，故此暂不能称为"话语"（speech）。即便如此，长辈依然能够从中发现含义并迅速解决婴儿的问题。假如婴儿开始（实际上，很快）意识到只要哭闹，大人就会靠近并给予一些开心的事物或者陪伴的话，那么每逢不适或者想要什么，他便开始喊叫。可以说，婴幼儿的哭闹起初只是一种无意识行为，现已成为一种自发动作。许多父母发觉，婴儿已经学会了利用哭闹对父母耍横。于是，可怜的家长们不得不整宿怀抱哭闹的娃娃在家中走来走去。唯一的解决方法是置之不理，直到他们喊累为止，并且坚持不让婴儿得偿所愿，仅满足有益的欲望。当然，从中汲取教训的婴儿还会继续哭喊，只不过再次回归无意识、无法抵御的生理反射行为。

哭喊还蕴含生理学上的意义。通过哭喊，婴儿日后用于说话、唱歌的口腔肌肉与发音器官得到充分锻炼。保姆们甚至表示：小时候哭闹很凶的孩子日后都会成为很棒的歌手，这必然蕴含某些道理。

进入咿呀学语阶段的婴儿会发出一连串悦耳的语音，这些语音更适用于日后真正意义上的说话。例如，发出喔啊（cooing）、咯咯（cro-wing）、咿哑（babbling）等毫无任何意义的声音，这些口腔运动就像伸展四肢或者动动小指头，令宝贝身心愉悦。有句古语说得好：孩子最爱的玩具便是自己的舌头。当然，并非只有舌头，还有其他发音器官，特别是嘴唇、声带。这些器官的最初运动与儿童胡乱挥舞手臂一样，不受控制，随着时间的流逝，它们会更加的系统化，直至将发音器官放置在正确的位置上。

婴幼儿起初只会发出单元音或者单辅音在前、单元音在后的读音，如"la，ra，lö"等。但是，婴儿的语音不能用我们的音标进行记录。尽管婴儿头颅比例大，嘴部能力强，二者也比四肢发育快，但距离正常的话语能力依然有很大的距离。笔者曾经在另一部专著中给出了儿童与成年人颌骨的一系列测量数据，深入探讨该组数据对发音的重要性：尽管在咿呀学语阶段，数据的作用并非明显（直到5岁，儿童的颌骨长度才与37岁男性颌骨的长度相似），但在婴儿出生后的前几个月，这组数据的增长是极为可观的。以笔者的儿子弗朗茨为例：出生时，颌骨长约45毫米；3个月，60毫米；11个月，达到75毫米；而成年人颌骨的平均长度，男性为99毫米，女性93毫米。[①] 这样的结果必然导致孩子的发音与成年人不同，即使儿童模仿成年人的发音，其发音机理也与成年人有所差距。因此，当我的儿子在出生后的前几个礼拜发出类似"la"的声音时，笔者能够清楚地看到他的舌尖并非位于成年人发"l"音的正确位置。婴幼儿与成年人发音方式的非一致性（want of congruence）无疑为我们提供了解决诸多难题的线索，而这些难题曾经一度困扰着婴幼儿语音学家。

咿呀学语阶段一般不早于出生后的前3周，并持续到第7周或者第8

---

① See Otto Jespersen, *Phonetische Grundfragen*, Leipzig: B. G. Teubner, 1904, p. 81.

周。最初的发音练习可视为简单、纯粹的口肌训练。这一点十分准确，因为聋哑人依然可以锻炼口肌自娱。当小家伙听到自己的发音与母亲或者保姆的语音相似并在其中找到乐趣时，语音学习迎来了关键期。母亲也会以婴儿的说话方式加以回应，婴儿意识到母亲与自己语音的相似，便会从中获得无穷的快乐。这一时期会一直持续，直到他进入语言学习的下一个阶段。届时，他会努力地模仿别人对他所说的话（通常在 1 岁左右）。这项训练的价值虽然不能被过分高估，但父母越了解如何与宝宝做语音游戏，① 他们越能为孩子日后学习与掌握语言打下坚实基础。

## 二　最初发音

一般来讲，婴幼儿学习并发出不同声音的顺序取决于这些读音的难易度：最简单的读音最先发出。当我们深入研究，就会发现不同的学者绘制了不同的儿童发音顺序表。但这些学者们大都认同这样一种理论，"唇辅音（the consonants the labials）"如"p, b, m"，即便不是婴幼儿最早发出的语音，也是相对较早的。对此现象，学界一贯的解释是，在学习这些辅音的发音过程中，婴儿可以看到母亲嘴唇的运动，因此能够模仿。这就表明婴儿已经具备了足够的意识，并在开始模仿他人说话之前，能够发出"ma"或者"mo"。另外，还有学者认为，孩子不会注意到母亲的嘴唇，而是紧盯母亲的眼睛。真正的原因可能是，发出"b"或者"m"的唇肌运动与婴儿吮吸乳房或者奶瓶的动作相同。因此，研究盲童是否能够发出唇音将是一项有趣的探索。

除了唇音，婴幼儿还会发出其他语音，如元音、辅音。不过，婴幼儿目前还未具备观察母亲发出其他元音、辅音的能力。以唇音为例，我们知道"m"与"b"的发音区别在于软腭位置的高低，而"b"与"p"的差异在于声带振动的强弱，这些区别是无法直接观察到的。因此，在现实生活当中，婴儿很难发出其他语音，除非他一开始就不喝奶，改吃固体食

---

① 父母先说话，孩子随后重复的语言游戏，不论游戏中父母所说的音节顺序（syllable-sequences）有多么无意义。

物。只有以这样的方式，舌头才能得到充分的锻炼。

快满 1 周岁时，这名咿呀学语的小不点会发出的声音已经很多了。他喜欢把一长串相同的音节组合在一起，如 "dadadada, nenenene, bygnbygnbygn"，等等。这是孩子的一种游戏，在说出真正意义的话语之前，该游戏都不会停止。奇怪的是，人们能够正常辨别婴幼儿语音中的 "k, g, h" 以及小舌音 "r"。当这些辅音出现在真正单词中的时候，婴幼儿又很难正确发音，或者我们可以认为，这些辅音在日后孩子们所说的词汇中并不常见。其原因可能在于有意发音与无意发音的区别：当某个音节需要特定辅音，或者在前后特定的发音中需要辅音，又或者单纯地使用某个辅音表达某种目的时，婴幼儿很难发出。所以，当他们开始有意识系统模仿长辈说话时，就会遇到极大阻碍。某些发音的学习虽然不费吹灰之力且不断使用，但它会对嬉闹中习得的其他发音产生负面影响。难怪在特定时间内，儿童能够发出的声音数量大为减少，某个读音的精确度却会大幅提高。舞蹈老师、声乐老师、体操老师都有过类似的经验：上过几节课的儿童似乎比最初上课时笨了许多。

通过并非完全模仿长辈声音的方式创造出的 "小语言" 似乎太过随意，简直可以与他们第一次涂鸦媲美，比如：一位名为古斯塔夫（Gustav）1 岁 6 个月的丹麦男孩自称 "dodado"，把 "Karoline"（卡罗利妮）说成 "nnn"。其他丹麦儿童则将 "skammel"（凳子）读作 "gramn" 或 "gap"，"elefant"（大象）改为 "vat"，"Karen"（卡伦）读作 [gaja]，等等。在英国，1 岁 6 个月的希拉里（Hilary M.）把姐姐 "Ireland" 叫作 [a·ni]，1 岁 10 个月的戈登（Gordon M.）将他的妹妹 "Millicent" 称为 [dadu·]。1 岁 11 个月的托尼（Tony E.）则称自己的玩伴 "Sheila" 为 [dubabud]。

## 三 发音规则

在摆脱自身固有的 "小语言" 阶段后，儿童讲话会更富规律，语言学家能够清晰地了解儿童日常读错单词的内因：儿童会用一个读音替代另外一个读音，这说明两个读音之间存在共同点，虽然这些共同点对于我们成年人来说难以察觉。而上述所谓的"语音替换"（sound substitution）现象一般含有规律，我们早已证明了儿童错误发音实则遵守某些固有的发音规律。现在，让我们看看以下实例：

首先，世界上所有国家的儿童都倾向于使用［t］代替［k］，因为二者都使用舌头瞬间阻止空气流动而产生发音，唯一区别是前者需要舌尖发音，后者需要舌根发音。对于那些用"t"替代"k"的儿童，他们同样会用"d"替代"g"。如果一位儿童把"cat"说成"tat"，那么这位儿童同样会把"go"说成"do"。

"r"对于婴幼儿来讲，同样是一个困难的读音。2 岁的希拉里无法发出"r"。起初，"r"被读作"w"，如"run"［wʌn］；位于元音之间的"r"会变成"l"："very, berry"［veli, beli］。辅音组合中的"r"完全消失，如"cry, brush"［kai, bʌʃ］。1 岁 10 个月至 3 岁的托尼最初将位于元音之间的"r"替换成"d"："very"［vedi］，之后"r"替换为"g"："very"［vegi］，"Muriel"［mu·gi］，"carry"［tægi］。他还会经常省略单词首音"r"，如将"room"读作"oom"。对于习惯用"w"代替"r"的儿童来说，［tʃ］替代"tr"，［dʒ］替代"dr"的现象并非少见："tree, drawer"［chee］［jawer］。这实则反映了以下事实：对于一些我们成年人听起来相同的语音，在儿童耳朵里却具有不同的发音。语音学家亦会对此现象表示认同，音节的不同程度的缺失会导致发音差异。只不过儿童将这种差异放大，就像我们成年人在书写同一字母时凸出其相似之处一样。

对他们来说，两个辅音组成的"th"发音同样困难。他们通常会将"th"读成"f"或者"v"，如"throw, mother"说成"frow, muvver"。其他儿童还会将"the"读作"ze"或者"de"。2 岁的希拉里就难以发出"th"与"s"。在她的口中，"Beth, teeth, three"变为［beʃ, ti·ʃ, ʃri·］，"s"会读作［ʃ］，"Francis, steam"［franʃiʃ, ʃti·m］。"z"会变成［ʒ］，"lover, Bowes"［lʌbʒ, bouʒ］；"sw"变为［fw］："swing, sweet"［fwiŋ, fwi·t］。另外，辅音组中的"l"也会被希拉里省略："clean, climb, clock, sleep"［ki·n, kaim, kɔk, ʃi·p］。

有时，要理解儿童的发音规律，我们需要了解一些儿童语音学知识。

笔者从迈克尔·文森特·奥谢（Michael Vincent O'shea）的著作中,[①] 挑选以下几个单词作为典例："pell（smell）""teeze（sneeze）""poke（smoke）""tow（snow）"。另外，奥谢还发现了一个发音规则，可视为一种"语音同化"（assimilation），儿童会将"s"之后的鼻音读作"清塞音"（voiceless stop）。具体来讲，在语音同化的作用下，正确的发音部位以及闭口鼻音（mouth-closure of the nasal）得以保留，但发音与"s"相似，最终产生清塞音。而在其他发音组中，"m"和"n"并无语音同化。

另外，更严重的错误可在托尼的［tʃouz，pʌg，pus，tæm，pʌm，bæk，pi·z，nouʒ，ɔk，es，u·］（"clothes""plug""push""tram""plum""black""please""nose""clock""yes""you"）中找到。

## 四　音组

即便儿童可以正确发出一个读音，可当该读音成为音组的一部分时，儿童依旧难以正确读出，比如，儿童口中的"s"在辅音前通常不发音："stomach"会说成"tummy"。其他相关的示例也已在上文罗列。同样，2岁的希拉里很难发出"lp"，她会把"help"读成［hæpl］，把"ointment"说成［ointən］。2岁3个月的C. M. L. 会将"sixpence"说成"sikkums"。2岁的托尼把"grannie"读作［nægi］。位于词首的辅音组也会被儿童简化，其塞音通常得以保留（事实上，并非经常如此），例如用"b"替代"bl-""br-"，"k"替代"kr-""sk-""skr-"，"p"替代"pl-""pr-""spr-"，等等。不过，对于中间或词尾的音组，儿童的发音错误似乎无规律可循。

## 五　破坏与重复

儿童最初无法掌握长音节词。他们更喜好短音节词，并经常将单词中

---

① 作者在此遗漏了引用迈克尔·文森特·奥谢（Michael Vincent O'shea）的学术著作名称。——译者注

的长音节逐一切分。即使面对无法分割的单词，许多儿童也会在音节之间强行切分，比如："Shef-field" "Ing-land" 等，并在更多时候只能读出单词中的部分读音，通常是单词的最后一个音节或者最后几个音节，这就会产生一批近似"昵称"的新词，如将"Elizabeth"发成"Bet"或"Beth"，"po-tatoes"读成"tatoes"，"machine" "chine"，"concertina" "tina"，"mous-tache" "tash"，等等。再比如，1 岁 10 个月的希拉里会把"express-cart"读成"press-cart"，将"bananas" "pyjamas"读作"nanas" "jamas"。

对于儿童，长音节单词的发音并不困难，因为儿童在毫无意义的咿呀学语过程中，或者在更早的阶段已经开始发出一连串并无停顿的长音。但长音节词真正的难点在于究竟哪些读音需要放在一起读出。如果只听一遍保加利亚部长一连串的姓名或者梵语书籍冗长的书名，成年人同样无法完美重复。因此，对于儿童的这一语音现象，我们不应感到惊讶，比如：2 岁 6 个月的贝丝（Beth M.）把"petticoat"读成 [pekəlout]，"elephant" [efelənt]，"several"读成"serreval"，希拉里把"caterpillar"读作"pil-larcat"，"uncle" "ocken"，"wasp" "wops"，等等。

要解释儿童语言中频繁出现的语音重复，完全没有必要像一些学者提及曾经大量保留重复性单词的原始语言，或者观察自己的孩子是否出现了返祖现象。不过，根据恩斯特·海因里希·飞利浦·奥古斯特·黑克尔（Ernst Heinrich Philipp August Haeckel）的假说，每个人的成长都须迅速经历与祖先相同的"生物性系统发育"（phylogenetic），即简单、自然重复着同样的词语、同样的动作，从而带来精神上的愉悦，比如儿童会一遍遍地重复四肢动作：挥挥手、挥手帕或者多次点头表示同意，成年人也会常做这些动作。大笑的时候，成年人会重复"h"与一个不清晰的元音组成的音节，会不断哼唱一段没有歌词的曲子。因此，除了"papa, mamma"此类单词之外，小不点们也是如此。关于此类现象，我们将在本书的第 8 章，第 8 节详加讨论，这实际是孩子们经常使用某一音节重复长辈口中单词所致，例如："puff-puff" "gee-gee"。特蕾西（Tracy）曾经把"pencil"说成"pepe"，"Carrie"读作"kaka"；1 岁 11 个月的希拉里连续好几周都在重复"king-king" "ring-ring" "water-water"；1 岁 10 个月的托尼还将"tou-to"作为自己的名字，于是便有了"Dodo"的昵称。此外，音节重复在法语中极为常见，如"Fifine""Lolotte""Lolo""Mimi"等。而法语人名"Daudet"也以同样的方式从"Claude"的昵称"Claudet"衍化而来。

当某一单词中相距较远的两个音互相影响时，部分重叠（a kind of partial reduplication）的语音现象就会产生：2岁的希拉里将"doggie"读成[gɔgi]，"Dobbin"[bɔbin]，"Jesmond Dene"[dezmən di·n]，"bicycle"[baikikl]，"kettle"[kekl]；特雷西把"bottle"说成"bopoo"，其中的"oo"替代了舌侧音"l"；一位记者曾经将"whooping-cough"说成"whoofing-cough"（第二个单词的尾音移至第一个单词），将"chicken-pox"说成"chicken-pops"。有些孩子还会把"anemone"读成"aneneme"。4岁9个月S.L的错误读音甚至造成极大的误解："Mother, there must be two sorts of anenemies（银莲花误读成敌人），flowers and Germans。"

亨利·布拉德利（Henry Bradley）博士告诉笔者，他最小的孩子很难发出"Connie"这一人名，因为"Connie"是由[kɔŋi]与[tɔni]前后融合而成，并且二者内部两个不同的辅音又出现在同一位置。德语儿童书籍也出现过类似的例子，如"gigarr"替代"zigarre"，"baibift"替代"bleistift"，另外还包括鲁道夫·梅林格著作中的"autobobil"①，斯特恩夫妇（Clara Stern & William Stern）专著《儿童语言》（*Die Kindersprache*，1907）中的"fotofafieren"实例，以及朱尔斯·罗纳特（Jules Ronjat）《双语儿童的语言发展研究》（*Le Développement du Langage Observé Chez un Enfant Bilingue*，1913）中的"ambam"代替"armband"，"dan""dame"，"patte""pap"，等等。而笔者的丹麦语著作也列举了大量实例。另外，丹尼尔·巴伯勒内（Daniel Barbelenet）在《安东尼·梅耶语言学论丛》（*Mélanges Linguistiques Offerts à M. Antoine Meillet*，1902）中曾使用最为系统的科学方法探究莫里斯·格拉蒙特（Maurice Grammont）儿子的语音变化。

## 六 语音修正

事实上，儿童修正语音错误的时间是从"tat"改为"cat"为始。而

---

① 美国儿童常把"automobile"读作"autonobile"[ɔtənobi·l]。

语音修正的产生大致包含两种可能性：一种可能性，即在能够正确模仿声音之前，孩子持续一段时间接收正确的发音。在此阶段，他仍会将"k"说成"t"，尽管他会反对他人将"come"读成"tum"。保罗·帕西（Paul Passy）讲述了一位法国小女孩如何将"garçon"和"cochon"说成"tos-son"的事件。当别人谈到一名小男孩，并说"C'est un petit cochon（这是只小猪）"的时候，她会提出抗议，相反的情况同样存在。可见，孩子们一旦能够正确发音，便会将该发音正确地运用到所有所需之处。笔者认为这不过是一个再普通不过的语言习得过程，比如，发不出"h"的弗朗茨（笔者的儿子）在说"han""hun"的时候，他会说成"an""on"。但自2 岁 4 个月会正确发出"h"的那一刻起，他再也没说错。

而另一种可能性是，孩子能够正确发音，但他的声学印象（acoustic impression）并不完善。在这种情况下，他会经历一段对新语音感到不确定的波动期。同时，家长纠正孩子的错误发音也许操之过急，即便将正确的发音教给孩子，孩子也无法完全掌握。最保险的方法似乎让孩子们主动发现自己的发音错误。

有些时候，孩子又会准确获得一个发音或者一组发音，但很快将之遗忘，直到几个月后，该语音再次出现。而在一个说英语的家庭中，假如仆人们不发"h"，那么受此影响，该家庭中的每位孩子都会经历"不发 h"的语音阶段，即便其中的一名孩子发音正确，但他依然在两三个月的时间内不会使用"h"。笔者在丹麦儿童身上找到类似的案例：大约 2 岁的 S. L 将"bonnet"说成了"bontin"，事实上，早在 5 个月前，她已经能够正确地说出"bonnet"。

通向完美的语音之路必然崎岖，为了正确发出"please"（请），托尼经历了以下几个阶段：（1）［bi·］，（2）［bli·］，（3）［pi·z］，（4）［pwi·ɜ］，（5）［beisk, meis, mais］，除此之外还有几种无法记录的发音。在正确发出"pussy"（小猫）之前，特雷西和一名 1 岁 5 个月的男孩经历了以下几个错误发音："pooheh""poofie""poopoohie""poofee"；一名法国小孩会把"merci"（谢谢）读成［mèni, pèti, mèti, mèsi］；丹麦儿童在正确发音"svamp"（海绵）之前也会经历"bejab"与"vamb"的错误发音期。

可以肯定，在学习语音的整个过程中，孩子的小脑袋一直在有意识地工作，虽然一开始，他并没有足够的能力正确发音。梅林格表示，尽管没有任何相应的练习，孩子们依然能够在毫无准备的前提下习得新语音。就单个发音而言，梅林格的理论或许正确，但笔者十分怀疑该理论的普适性。与梅林格相异，罗纳特就儿童们通过何种方式学习全新、复杂语音组合的论断无疑是正确的。① 我们可以十分肯定，儿童的准确发音一定经历了反复练习，并且还会为自己所取得的进步沾沾自喜：当 2 岁 11 个月的弗朗茨掌握了"fl"音组后，他会非常骄傲地说："妈妈，你会说'flyve（飞）'吗？"然后走到我面前，告诉我，他现在可以正确地说出"bluse"（衬衫）"flute"（笛子）这两个单词了。当我问他是否会说"blad"（叶子）的时候，他回答："不，还不会，弗朗茨还不会说'b-lad'（'b'与'l'之间有停顿）。"五个礼拜后，他问："妈妈，你难道不会弹'klaver（钢琴）'吗？弗朗茨可以把'kla'说得很好啦。"就在同一时期，他第一次读错了"manchetter"（袖口），我并未告知发音错误在何处，而是询问他在读什么单词的时候，他立即给出了正确读音。此后，我还听到儿子在隔壁房间里小声重复着该单词的正确读法。

孩子们观察声音的强大能力再次体现在他们纠正长辈发音的行为上，特别是那些成年人仅凭记忆背诵的某些诗文中的单词，那么孩子就会像 2 岁 6 个月的贝丝，她总会对父母"What will you buy me when you get there?"的发音不满，要求他们快速读过话中的前几个单词，并将重音置于单词"there"上。

## 七 语调

关于语调差异，即便是婴儿，也能从表情中猜出，婴儿能够清楚地分辨哪些话语是友爱的，哪些话语是严厉的。许多孩子在很小的时候就能够准确掌握说话或者是唱歌中的语调。下面是一位年龄稍大的男孩故事。在

---

① See Jules Ronjat, *Le Développement du Langage Observé Chez un Enfant Bilingue*, Paris: Champion, 1913, p. 55.

哥本哈根，一位瑞典女士给他剪了头发，但他不喜欢新发型。在和母亲去挪威旅行的途中，男孩一进屋便嚷嚷道："妈妈，我再也不想理发啦!"此刻，孩子说话的语调是在表达不满，另外，他还注意到当地挪威语的语调与瑞典语的语调极为相似。

# 第六章 词汇

## 一 引言

在上一章中，为了简化问题，我们仅探讨了儿童的语音，并未讨论词义。当然，对于孩子与成年人来说，一个单词的两个因素（外在的语音与内在词义）无法分割，要不是试图领会父母话语中的含义，孩子们几乎没有过多的兴趣模仿父母的语言。可以说，孩子在很小的时候就会对词义有所察觉。当然，父母可能自欺欺人，给予孩子超出自身能力之外的词义。当听到"父亲"一词的时候，孩子会看向父亲，起初这可能是跟随母亲目光所致，不过，婴幼儿会自然而然地将此概念与"父亲"读音关联。当被问及"这名男孩多大了？"的时候，孩子会举起手臂，但这并不是因为孩子能够听懂句中的单词，或者对数字留有概念，他只知道当自己听到一系列的声音，如果举起双臂就能得到赞赏，于是，这句话便具有了命令效果，小狗也拥有同样的理解力。无论何时，当你向 1 岁的希拉里说《西班牙三骑士》（*Here come three knights from Spain*）中的歌词"他向我致意"时，她便会鞠躬行礼，这与她看到一些孩子练习这首歌曲时的动作如出一辙。

婴儿对话语的理解总是先于表达，一位父亲注意到，1 岁 7 个月的小女儿尽管不会说话，却能拿到自己想要的东西，还能理解一些问题。在将来的某一天，父母也许后悔自己曾经在孩子面前说过的话，当时，他们未曾想到孩子已经听懂了不少。这种事情屡见不鲜，真可谓"壶小嘴长、人小耳尖"。

　　大人很容易在对孩子理解力的认识上犯错。瑞士语言学家恩斯特·伊曼纽尔·塔波利特（Ernst Emanuel Tappolet）注意到自己 6 个月大的孩子在被问及"窗户在哪里？"的时候，他会朝着窗口做动作。于是，他做了一个有趣的实验，即用法语重复同样的问题（语调一致），那么孩子的行为与之前完全相同。严格地讲，只有当孩子开口说话，我们才能确定他真正理解了什么，甚至到了孩子会讲话的时候，我们也很难探知孩子的理解程度。

　　孩子对词义的掌握确实是一件非常复杂的事情。一个词到底包含了多少种含义？比如一个丹麦语单词"tæppe"就涵盖了英语"carpet（地毯）""rug"（小地毯）"blanket"（毛毯）"counterpane"（床罩）"curtain"（幕布）等多个含义。至于抽象意义，更加复杂。因此，孩子须以自己的方式理解语言，究竟哪些含义存在关联，哪些概念又可以使用同一单词，比如，听到"chair"（椅子）一词的孩子会联系到某把特定的椅子，然后又联系到外观完全不同的另一把椅子上，接着又会跳转到第三把椅子。总之，将这些概念整合一起是他的工作。

　　恩斯特对他儿子的描述无疑是与众不同的。有一回，他的儿子跑到门口，说："das（那个）？"（这是他询问事物名称的方式）。他们便告诉他，那是"tür"（门）。随后，他跑到房间的另外两扇门前，问着同样的问题，每一次，孩子都得到同样的答案。接着，他又对房间里的七把椅子同样问道："das？"这种语言情况正如恩斯特夫妇指出："当儿童看到的物体与触摸到的物体具有同一名称时，那么这名孩子便走上了获取一般概念（general conceptions）的道路。"不过同时，我们应警惕将一般概念强加于孩子身上的行为。

## 二　初始阶段

　　我们发现孩子习得词义与学习语音遭遇的难度是相似的，孩子会首先形成自己的概念，这种概念对于我们来说，便如"小语言"一般，晦涩难懂。

　　最初，孩子们的爱好是动物与动物图片，但在这段时期，将动物划为一类极为随意。比如，一名 9 个月大的孩子注意到祖父的狗会"汪汪（bow-wow）"地叫，他会想象着任何非人类的动物包括猪、马都会汪汪地叫（这些动物也可能被叫作汪汪）；一名 2 岁的小女孩会把一匹马叫做"he（他，丹麦语'hest'）"，并将动物分为两类：（1）马以及所有四脚动物，包括乌龟；（2）鱼（丹麦语"iz"）与不用脚走路的动物，例如小鸟和苍蝇；当 1 岁 8 个月的男孩看到一位丹麦牧师的照片，发现照片中的牧师身着轮状皱领上衣时，他便把牧师"præst"理解为"bæp"。之后，他找到一张印有姨妈的照片，而照片中的姨妈恰好身着白色衣领，他会称姨妈为"bæp"。即使是另外一位姨妈，他同样会叫作"bæp"。有时，这种词义转移极为特殊：一名 1 岁 6 个月的小男孩得到一张名为"öf"的小猪图片，对他而言，"öf"包含：（1）一头猪，（2）画一头猪，（3）一般意义上的图画。

这种词义转移看似荒谬，但与成年人的词义转移相比，并非荒诞。比如在成年人的世界中，"Tripos"可由"三脚凳"衍变为"坐在三角凳上参加剑桥大学学位答辩的学生"。当时，一位名为"Tripos"（特里波）的学生坐在三角凳上朗读有趣的讽刺诗，这些诗句随后被戏称为"Tripos verses"（特里波诗）。尽管特里波先生早已不知所踪，但他的诗句依然在 19 世纪末的剑桥校园流行。毕业名册甚至印刷在这些诗句的背面，称作"Tripos list"（荣誉学位名单）。假如一名学生名列前茅，我们会说"他站在三角凳上（he stands high on the Tripos）"。由此，时至今日的"Tripos"意为考试。

现在，我们回到孩子们的词义分类。1 岁 6 个月至 2 岁的希拉里会用"雏菊"（daisy）表示（1）特定的花；（2）任何一种花；（3）图案中的花卉；（4）任何图案。1 岁 4 个月的希拉里说出的第一个单词是"colour"（颜色），每当有什么事物引起她注意的时候，希拉里就会使用"colour"一词。该词起初是她听到别人说"a bright patch of colour in a picture（图画里的明亮色块）"中学到的。直到 2 岁，她依然频繁使用该词。而在之后的几个月里，任何生物在她眼中都是"苍蝇"（fly），每个成年人都是"士兵"（soldier），男人以外的人类都叫"婴儿"（baby）；1 岁 8 个月的 S. L. 会用拟声词"bing"表示：（1）门，（2）砖头或者砖头垒成的建筑物。她是通过关门声或者一堆砖头撞击声建立起来的词义关系，只不过，该拟声词转移到了事物的名称上。有趣的是，在1岁3个月的时候，她用"bang"（乒）而非"bing"（砰）表示任何事物的掉落。到了1岁8个月，"bang"与"bing"（砰）都会使用。笔者从儿童语言书籍中找到了另外两个例证。第一个例证，罗纳特的儿子在谈到杂货店送咖啡的男孩时，会使用"papement"一词，其意为"咖啡师"（kaffemensch）。因为该男孩身着制服，头戴平顶帽。当罗纳特的儿子看到报纸上身着制服的德、俄两国军官时，也会使用该词。此外，1岁9个月的希尔德·斯特恩（Hilde Stern）用"bichu"指代抽屉或者抽屉柜，而"bichu"源自"bücher"（书籍），因为每当从抽屉抽出画册时，他都会听到该词的发音。

需要注意，孩子用同一个单词指代不同事物，成年人往往认为孩子与他们一样，已经掌握了该词的两三种含义。比如，当孩子得到一个新玩具——一匹马，又听到长辈用"horse"（马）描述它的时候，孩子便开始模仿，并将"horse"（马）与玩具带来的快乐联系在一起。假如第二天，这名孩子发出了"horse"，小伙伴同样给他一匹玩具小马，那么这名孩子就会产生以下经验："horse"（马）一词可以满足他所有的愿望。之后，他会盯着一只瓷器奶牛，同样说出"horse"（马），他的父亲便会注意到他用"horse"（马）指代奶牛。对于孩子来讲，这或许只是一次尝试——"难道不能一直使用'horse'来实现我的愿望吗？"假如成功了，这个实验会继续下去。总之，通过周围人的配合以及对"horse"（马）词义的错误模仿会导致孩子错将"horse"（马）与"奶牛"的含义紧密地联系在一起。

当1岁10个月的艾尔莎（Elsa B.）在花园中看到一枚瓶塞，她会迅速地判定"beer"（啤酒）="stopper"（瓶塞），被误导的原因是在不久之前，她发现另一枚瓶塞的时候，大人使用了"beer"一词。

有时，父母会不自觉地误导孩子用词。曾经，我的一名小侄子想要尝一尝爸爸的啤酒，遭到拒绝后，小侄子大闹一场，爸爸说："好啦，咱们消停一会儿吧（Come, let us have peace in the house）。"到了第二天，要啤酒喝的男孩要求"消停一下"。于是，"消停一下"成为家中啤酒的代名词。在许多场合，孩子把听到的单词视为某些事物的名称，这种情况极为常见：某种气味或者某个声音在孩子们脑海中可能是一朵花：S.L. 从小就喜欢花朵，在 1 岁 8 个月大的时候，她把"pretty"或者"pretty-pretty"作为名词指代花，而"flower（花）"一词直到 1 岁 8 个月方才学会。

在这里，笔者可能要提一下，当传教士或者其他人写下他们不太熟悉的外语单词时，可能发生类似的错误。在最古老的格陵兰语单词表（1587年）中，"panygmah"意为"needle（针）"。实际上，它的含义应为"我女儿的（my daughter's）"。也许当时英国人指着针的时候，因纽特人误认为英国人想要知道这支针属于谁。在早已绝迹的波拉比亚语（Polabian）中，我们发现"scumbe（昨天），subuda（今天），janidiglia（明天）"这些单词都可以指代星期六，斯拉夫语为此做出准确解答："subuta（安息日）"为星期六，"skumpe"意为斋戒日，而"ja nedilia"是"今天是礼拜天"。

奥谢指出："一名初见雄鹿的孩子会对雄鹿的角印象深刻。不过，其父在检查动物时，多次使用了'sheep（羊）'一词。不久，这位父亲发现孩子误将'sheep（羊）'与动物的角建立意义联系。无论在图片中还是在现实世界，孩子都会认为'sheep（羊）'首先包含角之义。"显然，与单词嵌入完整句子相比，只用一个单词更易产生词义错误。基于多种原因，前一种方法获取词义更为可取。

## 三 爸爸与妈妈

孩子会在使用语言的过程中不断地调整词义，时而扩大，时而缩小，直到该词义与长辈的词义完全相同。

通常来讲，儿童眼中的一个单词最初仅为某个具体事物的专有名称，比如，"wood"并不指代广泛意义上的木头，而是特指餐厅里的一幅画；一位小女孩会把母亲的黑色暖手筒叫做"muff"，却拒绝将该词使用在自己的白色暖手筒上。因此，第一次听到"father"一词，儿童首先认定该单词专指自己的爸爸。但是很快，"father"又会延伸至其他人身上，甚至指代所有男性，也可能意为所有长胡子的男性，而"lady"则用于表达无胡须之人；另外，一批孩子会用"father"指代父亲、母亲和祖父。当儿童把"father"用在另一个男人身上的时候，他的错误很快被纠正过来。但他又不可避免地听到另一个孩子称一位陌生男子为"父亲"，或者了解到园丁是杰克的"父亲",等等。于是,"父亲"这个词对孩子来说,成为了"与小孩在一起或者属于小孩的成年人"。他会说:"快瞧,这儿有一只小狗还有它的爸爸。"或者他开始知道大猫咪是小猫咪的爸爸,大狗是小狗的爸爸。第二天,他又问:"黄蜂是苍蝇的爸爸还是妈妈?"(4 岁 10 个月的弗朗茨就问过该问题)最后,经过不断的猜测与推断,他对"father"的词义有了充分了解,并准备在随后的人生中掌握"father(父亲)"更多的含义,比如"国王是臣民之父;奥弗林神父;罗伯特·波义耳是化学之父",等等。

当父亲坐上孩子的玩具飞机,并称呼自己的妻子为"妈妈"时,这会给孩子造成认知困难,有时,孩子甚至还能听到父亲称呼自己的妻子为"祖母"或者"奶奶"。曾经,斯特蒂文特教授写信提到,邻居家有一名大约 5 岁的小女孩曾经对他说:"我看见你的女儿和妈妈了。"此句话的真实含义是"我看到你的女儿和妻子了。"在许多家庭,"姐妹"或者"兄弟"常用来替代真名。在下述事例中,我们就能明白为何关系名称在语言的发展中时常变化:德语"vetter"起初表"父亲的兄弟",因为它与拉丁语"patruus(伯父)"对应。同时,德语的"base"本义为"父亲的姐妹",后来指代"妈妈的姐妹""侄女""表亲"等。在词源上,英语单词"mother"虽与立陶宛语对应,均指代"妻子""女人",但在阿尔巴尼亚语中意为"姐妹"。

我们在上述"父亲"一词的案例中发现,引申义同样会出现在专有名词中。当新的清洁女工到来,3 岁 5 个月的托尼就会告诉母亲不要使用"Mary(玛丽)"一词,因为前一位女工的名字叫做"玛丽"[①];一位丹麦的男孩会以同样的方式,给家仆取名为"Ingeborg(英格博格)",以此作为所有仆人的泛称,例如"姨妈的英格博格叫做安",等等。一名德国女孩会说"viele Augusten",意思为"许多女孩"。当然,这也是人名"doll(朵尔)"引申为"toy baby(儿童玩具)"的原因。当我们成年人谈及某位政治家,说他并不是俾斯麦(铁血宰相)的时候,我们同样使用了引申义。

---

① 比斯拉马语,参阅本书第 12 章,第 1 节。

## 四　词义界定

对孩子来讲，将一个词和它的含义关联，是通过一系列单独事件实现的。只有在语境的帮助下，单词才能被理解。这些语境让孩子们掌握准确的词义也非一蹴而就。一名 4 岁 10 个月的男孩听说他的父亲见过国王，便问道："他的头和脚都长脑袋了吗？"他对国王的认知源自扑克牌上的图画。另一个孩子由于出生在丹麦的"宪法日（Constitution Day）"[①]，便误把宪法日认为是自己的生日，总会说"我的宪法日（生日）"，结果受她的影响，她的兄弟姐妹同样使用宪法日替代生日一词。2 岁的希拉里与 2 岁 6 个月的默多克（Murdoch D.）都使用"dinner（晚饭）""breakfast（早餐）""tea（茶）"等单词指代"meal（用餐）"。2 岁 8 个月的托尼（Tony F.）用"sing（歌唱）"表示（1）阅读；（2）唱歌；（3）长辈逗他的游戏。希拉里曾经漫不经心地说道："爸爸，来'sing（唱）'一个三只熊的故事吧。"她甚至分不清餐具中哪个是"knife（刀子）"，哪个是"fork（叉子）"。2 岁 6 个月大的贝丝经常用"can't（不能）"代替"won't（不会）"以此拒绝不想做的事情。

## 五　数字与时间

观察孩子对于一些算术概念的理解程度同样是件有趣的事情。很多孩子早早地学会说"1，2"，这是他们学走路时大人经常说的数字。但是，他们对于这些读音并无太多概念。接下来，父母会开始教孩子说数字"1，2"，并引导他说出数字"3"。多数的概念正是通过这样的方式发展起来的。不过，被问及爸爸有几根手指的时候，孩子很可能不假思索地回答：两根。弗朗茨在 2 岁 4 个月大的时候用"some-two（一些 2）"和"some-three（一些 3）"表达"多数"。到了 2 岁 11 个月，他非常喜欢数数，却

---

① 丹麦宪法日是为纪念 1849 年 6 月 5 日菲德烈七世国王颁布的第一部宪法，它标志着丹麦君主专制的结束，君主立宪制国家的开始。——译者注

只能数到 4，随后就会跳过 5 和 7。当他要求数一数碗里有多少个苹果，即便只有 3 个，他也会不假思索地说出"1—2—3—4"；或者碗中有 5 个甚至更多的苹果，他也只会数到 3 停下。到了 3 岁 4 个月，弗朗茨能够准确地数到 10，却很容易从 11 跳到 13。假如要数的事物并未排成一排，他的手指会胡乱地从一个指到另一个，弄得一团糟。直到 3 岁 8 个月，弗朗茨才能够准确无误地回答"2 加 2 等于多少"。到了第二天，他的答案会从"4"变成"3"，即便他的语气中多少有些不确定。进入春天的第二个月，我会注意到"他对数字的感觉明显比以往薄弱，户外活动让他忘记了数字以及在整个冬日背诵的诗句。"他再次开始学数数，这让他觉得十分有趣。但与最初相似，尽管弗朗茨能够准确地数到 10，但他依然对 6 之后的数字感到困惑。他喜欢做算术题，还会主动做这个游戏。一次，他问："妈妈，假如我有 2 个苹果，然后再多拿 1 个，我是不是就有 3 个啦？"可见，他对数字的感觉十分抽象以至于轻易被复杂的数字问题难住："如果你有两只眼睛和一个鼻子，那么你有几只耳朵？"他会立即回答："3 只！"孩子似乎只会在抽象层面思考数字，换句话说，他只是在学习"1，2，3，4"等数字，而不是在学习如 1 个梨，2 个梨，3 个梨等形象的计数方式。因此，许多教育家建议：在学校生活刚刚开始的阶段，孩子应通过具体的事物学习数学，而非单纯抽象的数字问题，不过这一观点的合理性遭到一些学者的质疑。

通常，孩子在弄清楚大额数字的意义之前早已知晓数字的发音，3 岁 6 个月的弗朗茨就曾说道："他们坐的那辆 434 火车过来啦。"到了 4 岁 4 个月，他问过类似的问题："两个 100 加起来是多少？是 1000 吗？"

孩子对于时间概念非常模糊。他们无法将清晰、准确的时间与常常听到他人的表达方式联系起来，比如"上周日""一周前"或者"明年"，等等。几日前，笔者听到一位小女孩说："这就是我们'下次'乘坐的地方。"显然，这里是"上次"而非"下次"。所有儿童学家都会提到，孩子们经常混淆"明天"与"昨天"。一位语言学家曾经将该现象与哥特语中意指明天的单词"gistradagis"相联系，因为该词在英语与德语的对应单词为"yesterday（昨天）""gestern（昨天）"。

## 六 困难

如果想要大人抱起自己或者把自己放到地板上，孩子一般会说"up（向上）"。他们显然没有学到"down（向下）"这个单词。于儿童而言，"up（向上）"只是一种简单获取位置变动的表达方式。同样，一名德国孩子会用"hut auf（戴上）"表示脱帽子或者戴帽子，恩斯特·弗里德里希·威廉·梅伊曼（Ernst Friedrich Wilhelm Meumann）将其解释为一种无差别的欲望（an undifferentiated desire）。不过，对于年龄大一点的孩子来讲，古怪的混淆同样会出现。

2 岁的希拉里会把一些词义完全弄反。她会说："爸爸，我的围兜太'热（hot）'了，我得让它在壁炉前暖一暖。"离开壁炉，她又会说："这回好多了，它已经完全'冷（cool）'啦。"（对冷、热词义的混淆同样出现在一位丹麦孩子与一名德国孩子的案例中）一天，清晨穿衣的希拉里会说："刮风真'好（nice）'啊，"一两小时后，准备出门的她又会说："刮风'真糟糕（nasty）'。"可以说，她完全混淆了"好（nice）"与"坏（nasty）"的含义；2 岁 5 个月的托尼甚至会说道："把'黑暗（the dark）'关掉。"

相似的词义同样会让孩子误解。当 2 岁的希拉里有了新娃娃，妈妈对她说："这是你的'儿子（son）'吗？"希拉里十分困惑，她会看着窗外的太阳说："不是的，这才是我的'太阳（sun）'。"在当时，她很难理解什么是同音异义词。[1] 而她 3 岁 8 个月的姐姐贝丝看着落日又会说道："这就是你说的'落日（sunset）'吧，在爱尔兰上学的姐姐管这叫'summerset'。"待在"'Longwood（长木）'农场 2 岁的希拉里又会问："要是这些树都被砍光，这里就该叫做'Shortwood（短木）'农场，对吧？"

一位英国朋友在寄给我的信中指出："我误解了文本的意思：'就像鳞片（scales）一样从他的眼中脱落，'起初，我只知道'scales'只有'天

---

① "son"在随后的对话中消失，因为它听起来像"sun"。参阅本书第 15 章，第 7 节。

平'的含义。而前者对于笔者而言，虽然多少有点陌生，却无太多怀疑，正如我不怀疑《圣经》中极为奇怪的语言现象：

> 教导我生活，使我不怕死
> 看坟墓不过是我的眠床——

我推断'不过是我的眠床'是描述我未来的坟墓，因此，这首诗是想让我学会敬畏死亡。"

对孩子来说，一词多义会带来理解上的困难：英国萨默塞特郡的一个小孩曾经表示："摩西不是好孩子，所以他的母亲一直打他，直到打不动为止，才把他放进蒲草箱里。"这让老师十分疑惑，直到这名老师阅读了《出埃及记》(*Exodus*)："后来不能再藏（hide）了，她就把摩西放进一个蒲草箱中。"严格地讲，句子中的"hide"一词包含两个含义（隐藏、鞭打），但对于儿童而言，当一个单词含有两个完全不同的含义或者其中一个词义为象征意义时，他们对该词的理解会产生巨大的偏差。

例如，"child（孩子）"也含有两种含义，一些语言中可能用两个不同的单词表示。笔者依稀记得自己9岁的时候听到教母谈到她的孩子（children），我便问道："你不是没有'小孩儿（no children）'吗？""不，我有两个'孩子（children）'，克拉拉、伊莱扎。"显然在当时，9岁的我认为她们都已成年，不应视为孩子了。

再以"old（老）"一词为例：一名男孩知道自己已经3岁，但他始终不肯说出"我已经3岁'大（old）'了。"因为，他觉得与年迈的祖母相比，父亲和自己都不算"老（old）"，因此不应使用"old"一词；另外一名小孩还会问道："为什么'大（grand）'公爵和'大（grand）'钢琴都有'大'字呢？"[1]

当有人告诉4岁4个月的弗朗茨："你的眼珠在转动（running）。"他非常震惊，反问道："它们是'要逃走（running away）'吗？"

最初，孩子知道的可能是一个单词的引申义（次义）。当乡下的2岁

---

[1]  Pamela Glenconner, *The Sayings of the Children*, Oxford：B. H. Blackwell, 1918, p. 21.

孩子第一次来到哥本哈根，见到真正的士兵时会说："瞧，那儿有一个'小锡兵（tin-soldier）'①。"斯特恩的女儿下乡，想去拍一拍小猪的后背，却被制止："猪总是'躺（lie）'② 在泥中的。"刹那间，女儿有了新想法："啊，因为他们很脏才被叫做猪啊，要是他们不'躺（lie）'在泥垢中，人们要叫它们什么呢？"历史总是惊人的相似。就在几天前，一位老师给我写信，说他的一名学生在作文开头写道："猪是如此的'卑贱（swine）'③，以至于被称做猪，毫不为过。"

发音相似的单词总会困扰孩子，直到他们成年才能区分"soldier"与"shoulder"，"hassock"和"cassock"，"diary"和"dairy"等单词。伦康纳女士写道："孩子们总是在说'lemon（柠檬）'一词，可他们实际想说的是'melon（甜瓜）'，即便他们努力地纠正，错误依旧在所难免。例如：'不要说 melling'。'好的，那么是 mellum'。"她的著作中还提到了其他实例，误用"Portugal（葡萄牙）"指代"purgatory（炼狱）"，所罗门国王麾下的三百"Columbines"④，大卫和他的好朋友"Johnson"⑤，该隐（Cain）和"Mabel"⑥ 等，这表明超出孩子日常认知范围的单词会被同化为熟知的词汇。

舒哈特讲述了西印度群岛一个有色人种小男孩的故事，男孩说："这个房间'三个（three）'热。"这是因为他之前误把他人说过的"too（过于）"理解为"two（二）"，由此，当他想表达"更热"时，便用"three"。据詹姆斯·佩恩先生（James Payne）所说，有名男孩多年来一直把"尊汝名为圣（Hallowedbe Thy name）"说成"汝名为哈罗德（Harold be Thy name）。"很多孩子会认为有个"杆子（pole）"插在"北极（North Pole）"，海伦·凯勒（Helen Keller）甚至想象北极熊要爬上"杆子（pole）"。

---

① 以士兵为微缩模型的玩具，在西方收藏界非常流行。它们可以是成品，也可以是未加工的，可以是手绘的。它们通常由锡、铅、其他金属或塑料制成。通常非常精细的战争场景模型是为他们的展示而造。——译者注

② "lie"本义为"说谎、欺骗"，引申义为"躺、平放"。——译者注

③ "swine"本义为"猪"，引申义为"讨厌鬼，下流坯"。——译者注

④ 正确词形为"concubine（嫔妃）"。

⑤ 正确词形为"Jonathon（乔纳森）"。

⑥ 正确词形为"abe（亚伯）"。

上述事例会让我们想起语言学家提及的"通俗词源（popular etymology）"，这一语言现象在各个国家的孩子身上极为常见。在此，笔者从其他著作摘抄了几个例子：一名 4 岁的小男孩听到奶妈唠叨几次"神经痛（neuralgia）"，自己便说："我觉得那不是'新痛（new ralgia）'，而是'旧痛（old ralgia）'。"同样，"凤尾鱼（anchovies）"误读成"hamchovies"，"旋风（whirlwind）"误做"worldwind"，"假期（holiday）"读作"hollorday"，意为去"holloa"之地的一天。斯特蒂文特教授还这样评价道：假如一个六七岁的男孩经常"冲洗耳朵（ear irrigated）"，那么当自己的鼻子需要冲洗时，他会说"nosigated"，显然，他对冲洗（irrigate）的首音节有着自己的理解。"

曾经，格伦康纳 4 岁的小儿子闹出一个关于"通俗词源"的笑话。当时，他说："我想，你得跟着四轮马车（wagonette）摇晃（wag）。马车（landau）会把你放（land）到门口，在马车上（brougham，音同 broom，与 sweep off 同义）你得打扫（sweep off）好。"

## 七　词义转移

有一类词，它们在不同的语境中拥有不同的含义，孩子一会儿听到该词用在这里，一会儿又用到那里，这给他们的理解带来很大困难。这类词包含"父亲""母亲"还有"敌人"。当 4 岁 5 个月的弗朗茨与埃格特（Eggert）玩战棋游戏时，他始终无法理解自己会是埃格特的敌人，对弗朗茨来说，只有埃格特才是敌人。"家（home）"这个词也是有力的印证，当有人询问孩子，他的祖母是否在家时，他会说："不在，祖母在祖父家里。"显然，对他而言，"在家"仅指"在我家"。而此类单词可称为转移词（shifters）。当 3 岁 6 个月的弗朗茨听到"这只（手套）"和"那只"一样好的时候，他会问："究竟哪个是'这只'，哪个是'那只'？"这并不好解释。

最重要的转移词是人称代词。当听到"我"这个单词的时候，"我"既能指"父亲"，又能代表"母亲"，也能指"彼得叔叔"，等等，这给孩子带来无穷的困惑。许多成年人意识到该问题，为了减轻孩子的困惑，他们会使用第三人称，称自己为"爸爸""奶奶"或者"玛丽"，不再称孩子为"你（you）"，而是直呼其名。这样，孩子就能够迅速地理解话语内容，但在同时，由于人称代词使用频率的下降，孩子真正掌握这类词所花费的时间也会相应变长。

假如孩子很快学会了用"我"称呼自己，而其他孩子依旧使用自己名字，那么这种差别实际并非是由智力上的差异造成的，它实际取决于长辈对他们的称呼方式（直呼其名还是使用代词）。假如成年人没有充分开发孩子对于"我（I）"的使用，那么德国人就不再是德国人，哲学家也称不上哲学家了，原因在于使用单词"我"的认知过程中，孩子第一次具备了"自我意识（self-consciousness）"。约翰·戈特利布·费希特（Johann Gottlieb Fichte）曾经告诉我们，他为孩子庆生的日子并非生日，而是孩子首次"称自己为我"的那一天。很明显，与习得语言技巧不同，能叫出"我的名字是杰克（Jack）"的孩子对自身有着充分的认知。但是，一些伟大的心理学家并不认同，他们指出："孩子不使用代词而用第三人称指代自己的原因是，他没有'我（ego）'和'非我'的概念，因为他们对自己、对他人均一无所知。"

对于孩子来说，他们时常混淆"你（you）"或"你的（your）"与"我（I）""我（me）""我的（mine）"。因为，他们注意到"你想要吗（Will you have）？"实际指的是"杰克想要吗（Will Jack have）？"由此会将"你"等同于他的名字。对于部分儿童来说，这种认知混乱可能持续好几个月。有时候，这种现象与词序颠倒有关，"你会（do you）"意为"我会（I do）"，这是一个"拟声构词（echoism）"的典型案例（详见下文）。有时，儿童会用第三人称代词引出一个更加复杂的问题，即在句首使用"杰克（Jack）"，随后又说"you have his coat（你有他的外套）"而实际含义是"杰克，我有外套（I have my coat）"。孩子甚至用"我"指代他人，例如，"我能讲个故事吗？"其真正含义是"你能讲个故事吗？"弗朗茨在2岁至2岁6个月之间很容易混淆人称代词。每次他使用错误，我都装作听不懂，目的是让他快速学会正确表达；2岁6个月的贝丝总是忌讳姐姐碰了她的东西，若姐姐坐在她的椅子，贝丝就会大叫："这是'你的（your）'椅子！这是'你的（your）'椅子！"

"I（主格）"和"me（宾格）"是英语国家的孩子造成困难的根源。托尼（2岁7个月至3岁）和希拉里（2岁）常用"my（我的）"指代"me（我）"。显然，他们也会把"me"与"I"混用，例如，"给希拉里一些药后，'我（my）'好开心。""玛吉盯着'我（my）'呢。""快把它给'我（my）'。"奥谢同样列举了一些相似实例："'我（my）'想做这个或那个；'我（my）'感觉很糟糕；这是'我（my）'的笔；把'我（my）'带到床上去。"

另外，"他的（his）"和"她的（her）"也难以区分。3岁3个月的托尼说："一位生病的女士，'他的（his）'腿伤得严重。"快满3岁的C. M. L. 常常用"wour""wours"指代"we"的物主代词"our（我们的）"和"ours（我们的）"，也会把"你的（your）"和"你（you）"混为一谈。而许多丹麦儿童的语法错误与英语儿童错误完全相同，他们常用"vos（我们的）"代替"os（我们）"。这些问题将在下一节详加讨论。

## 八  词汇扩展

孩子掌握的单词量不断增加，但受身体健康状况与生活经历的影响，每位孩子实际增加词汇量的情况并非一致。起初，我们能够清楚地计算孩子们的单词量。但随着岁数的增长，他们所掌握的单词量会成倍激增，我们很难了解他们掌握语言的真实情况。曾有数据具体给出了不同年龄段孩子掌握的单词量，或者给出了一群孩子词汇量的比对结果。

温菲尔德·S. 霍尔夫人（Winfield S. Hall）细致观察她的儿子，指出：10个月大的时候，他会说3个单词，11个月能讲12个单词，1岁时能说24个词，13个月38词，14个月48词，15个月106个，16个月199词，17个月232个单词。[1] 而在这名小男孩6岁后的第1个月里，家里散布着各种纸片与铅笔，孩子的单词被一一记录。两三天后，这位细心的母亲整

---

[1]  See Winfield S. Hall, "The First 500 Days of a Child's Life", *Child Study Monthly*, Vol. 2, 1896.

理记录，并按字母顺序对其排列，保存在专门的本子里，之后又不断有新词加入。另外，她还对孩子过往几年的生活做了记录，继续添加之前遗漏的单词。因此，霍尔夫人能够全面了解儿子在整个夏天习得的词汇量，并有意识地引入话题，让孩子有机会使用这些词。这名男孩的单词表于1902年1月在《儿童与青少年期刊》（*Journal of Childhood and Adolescence*）发表，非常值得一看，除专有名词和数词外，该表包含了2688个单词。毫无疑问，孩子实际掌握的单词数量远超于此。

即使这是一份精心编撰的单词表，但依然不足为训。笔者认为，过于注重表格上的数据并非明智之举。事实上，我们也不清楚，这些数据是孩子完全掌握的单词量，还是实际使用过的词汇。这是不同的概念，因为被动接受的语言知识往往超出主动学习或者有效的语言知识。

观察者计算这些单词的时候没有意识到困难的存在，比如：什么才能算作一个单词，比如"我、我、我们、我们（I，me，we，us）"究竟算一个单词还是四个单词？对于熟知"茶叶和杯子（tea and cup）"的孩子，"茶杯（teacup）"算一个新词吗？其他复合词呢（compound）？"包厢（box）"与"盒子（box）"算一个单词还是两个？"that man that you see（你见过的那个男人）"中的两个"that"如何计算？显然，词汇统计过程涉及了太多随意与不确定的因素，因此该数据难以服众。

更有趣的是，我们应该认识到儿童在特定年龄段无法掌握的词汇，更确切地说，他们听到或看到却无法理解的单词。笔者本人已经搜集这样一些单词表，其余的单词表则是老师们提供的，这些老师对于学生无法理解的词汇非常震惊。因为，老师在假定学生语言知识量的时候，无论怎样谨慎都不为过，并对学生掌握的外语单词与母语日常词汇都保持警醒。

谈及词汇量的增长，有人可能会问成年人掌握的平均单词量是多少？穆勒在《语言科学讲义》中引用英国一位权威牧师的说法，即一名农场工人只有300左右的词汇量。这简直是一派胡言，但该结论依然不断被他人引用，即便是如冯特这样的杰出心理学家也盲目地相信了这种谬论。需要指出，一位初学英语的丹麦男孩能够在第一年轻易地掌握700个英语词——难道我们还会相信一位英国成年人，即使处于社会最底层，他的词汇量还不如一名英语初学者？亲爱的读者，假如你再看看上文提到的那位美国 6 岁男孩的单词表（2000 至 3000 单词），你自会相信即便是最粗鲁的劳动者，他的词汇量也远不止这些。曾经，瑞典的一位方言学家做过详细的调查，他发现瑞典农民至少掌握 26000 词，他的结论很快被其他学者证实。而威廉·莎士比亚（William Shakespeare）的作品仅使用了约 20000 个单词，约翰·弥尔顿（John Milton）诗歌只含有 8000 个词。显然，对于日常生活中的常用词汇，诗人，特别像弥尔顿这样的诗人，是不会使用的，因为他的作品大多承载严肃、高尚的主题。而在爱弥尔·左拉（émile Zola）、约瑟夫·鲁德亚德·吉卜林（Joseph Rudyard Kipling）或者杰克·伦敦（Jack London）的作品中，词汇量远超莎士比亚与弥尔顿。①

## 九　小结

总之，我们成年人很少为孩子解释单词，即便解释，年纪尚小的孩子也无法理解我们给出的含义。事实上，孩子们学会一些单词的原因是在使用这些单词的时候，成年人会同时指向对应的事物。但大部分词义只能通过相关情景或者该词使用的语境习得，这会造成某些单词仅在某些特定的场合中使用方才正确，而在孩子认为相似的场景中使用会出现偏差。

当然，成年人遇到一些不熟悉的单词时，也会出现同样的情况，他们主要是在书本或者报纸上遇到生词，例如，"demise（死亡、禅位、终止）"。很多单词不仅词义模糊，且有严格的使用限制，以至于很小的偏差都会造成误解。另外，在掌握单词本义之前，孩子们经常学到该词的次要含义或者引申义。他们会逐渐掌握单词的基本含义，因为单词的本义与社会语境最为一致。只有学会了单词的本义，个人才能融入社会，而语言的社会属性又是在消除个人语言特征的基础上得以维持。

---

① 参阅拙著《英语的成长与结构》（*Growth and Structure of the English Language*，1905）第 9 章，对该问题的详尽探讨。

# 第七章　语法

## 一　序言

　　学习一门语言，掌握大量的单词是远远不够的。这些单词还要根据特定的规则连接起来。可是，无人告诉孩子"hand"的复数是"hands"；"foot"的复数是"feet"；"man"的复数是"men"；"am"的过去时是"was"；"love"的过去时是"loved"；也不会告诉他什么时候用"he"，什么时候用"him"，又或者单词该以怎样的词序排列。在语法书中，上述内容占据了大量篇幅，并且只能借助一些孩子们能够理解的单词进行解释，一个小家伙又怎可能学会所有呢？

　　许多人会说，语言的学习依靠"本能"，而"本能"不过是人类掩盖无法解答问题的体面字眼罢了，因为这个答案所言甚少，却所指甚多。但是，当另一波人用更加平实的语言回答：语言是"自然而然学会（comes quite of itself）"的时候，笔者必须强烈反对，因为迄今为止，语言学习不只是"自然而然"的行为，对于孩子来说，它是一件极为困难的事情。一个人会在儿时犯下无数的语法错误，这恰好证明了语言带给他的困难，特别是那些母语中毫无系统的屈折词汇以及毫无规律的语法规则。

　　起初，一个单词只有一种形式，但孩子很快发现，在不同语境，成年人会使用许多与之相似的词形。于是，他开始理解这些不同的词形，随之模仿甚至发明一些形式。语言学家把儿童发明的词形叫做"类推构词（analogy-formations）"，比如，通过"Jack's hat""father's hat"，儿童可类推出如"uncle's hat""Charlie's hat"等形式。这些表达虽是"正确的"，但我们无法确定这些究竟是孩子创造的还是听别人说的，因为每个人突然创造出的语言形式，在多数情况下会与别人过往使用的语言形式完全相同，因此，类推在语言发展史中扮演了非常重要的角色，我们都会在没有现成说法的情况下毫不犹豫地使用该构词法，假如没有意识到这一点，我们每个人都会时不时地创造出一些闻所未闻的语言形式。

## 二　名词与形容词

英语的属格词尾"-s"是有规律的，对于孩子来说，一旦明白了"-s"置于词尾的特性，就不难把它与所有单词关联起来。不过最初，孩子们会把单词直接组合在一起：他们会用"Mother hat"表示"Mother's hat"；还有一些句子，如"Baby want baby milk"。

之后，他们学习了属格"-s"的形式，偶尔会与代词连用，比如，用"you's"指代"your"，或者在极为罕见的情况下，使用"I's"或者"me's"表示"my"。

如今，英语属格"-s"可以自由地与所有单词连用，比如"the King of England's power"，其传统的结构是"the King's power of England"，以及"Beaumont and Fletcher's plays"（关于属格的发展史，参阅本书第 3 章）。丹麦语也有类似的结构，并且丹麦儿童还会频繁地扩展其用法，甚至在疑问句的尾部加上"-s"，如"Hvem er det da's?"（相当于英语"Who is it then's"，而不是"Whose is it then?"）。布拉德利博士曾经在信中写道："您列举的丹麦儿童语言样本与我很久之前留意到的英语儿童文本完全相同。我儿子小时候就使用'Who is that-'s'（s 前有小小的停顿）表示'Who does that belong to?'"

在儿童的语言中，不规则的复数形式常常会被规则化，如用"gooses"代替"geese"，类似的错误还有"tooths, knifes"，等等。奥谢提到了一个孩子根据"thieves"反向类推"chief"的复数词形，即用"chieves"替代"chiefs"。

有时候，孩子会从某一复数词推出单数。研究丹麦儿童的语言时，笔者有几次注意到此类现象的发生。这些孩子听到不规则的复数名词"køer（奶牛）"，便会说该词的单数是"en kø"而非"en ko"（一般情况下，其他人是从单数"ko"类推出规则的复数"koer"）。法国的儿童会说"un chevau"而非正确的"un cheval"。

在形容词的比较级中，孩子们同样使用类推构词法，比如："the littlest, littler, goodest, baddest, splendider"，等等。有报道指出，一名孩子把"quickly"的比较级说成了"quicklier"，另一名则说成"quickerly"，而非正确的"more quickly"。还有一种更加新奇的说法："也许（P'raps）是约翰，但'更也许（p'rapser）'是玛丽。"

奥谢发现，语言过渡期的孩子会在类推词形与正确单词之间来回使用，比如：4 岁的 S 可能在 5 次正确说出"better"之后，出现"gooder"的错误表达，另外在情绪激动时，他依然会用"gooder"。

## 三　动词

最初，儿童会以"love, loved, loved"或者"kiss, kissed, kissed"为基础，类推所有动词变形，如把"caught, bought, threw 或者 thrown"错误地类推为"catched, buyed, throwed"。尽管非常犹豫、困惑，他们依然会将"did"说成"done"，"hung"换成"hunged"，等等。但他们还是渐渐学会了不规则的动词变形。奥谢给出了一些例句，如："I 'drunked' my milk." "Budd 'swunged' on the rings." "Grandpa 'boughted' me a ring." "I 'caughted' him." "Aunt Net 'camed' to-day." "He 'gaved' it to me."以上所有不规则动词变形的词尾都加上了规则的动词词尾。

另外，在丹麦语对话中，一个 4 岁 6 个月的孩子说："我'种了'一颗栗子（I have 'seed' a chestnut）。" "你在哪儿看到的（Where have you 'seen' it）?"他回答，"我把它'种'在花园里了（I 'seen' it in the garden）。"这表明孩子会受到后者变形的影响。

一次，笔者听到一位法国小孩说："已经'下雨'了（Il a 'pleuvy'）"。他用"pleuvy"替代"plu"作为"pleuvoir"的过去分词。他还用"assire"替代"assis"作为"asseoir（坐下）"的过去分词；用"se taiser"

替代祈使句中经常出现的"taisez-vous"，成为"se taire（闭嘴）"的过去分词。不规则动词变形又在许多国家十分常见。

## 四　意识

孩子的小脑袋瓜会考虑这些单词的不同词形以及它们的用途吗？又或者语言学习就像血液循环或消化一样是无意识的呢？显然，孩子并非在语法课上那样思考语法，因为课堂上的老师会把同一单词规则与不规则的形态全部罗列。依然有许多语言现象让我们确信，不经过思考，语言并不会自然学好。事实上，在后来的岁月中，我们说着母语，却不知道自己如何做到的，正确的单词和短语来到我们身边，无人知晓它们是如何或者从何而来，但这并不能证明语言一贯如此，这就好比骑着自行车与朋友交谈，环顾四周，却不想着自行车的运转一样。这样的例子不胜枚举，在某个特定的时间段，骑车的每一个动作都要经过缓慢、痛苦的努力才能掌握。按照这样的思路去设想语言的学习过程，也就不足为奇了。

当然，若是直截了当地问孩子有关动词变形的看法，这是毫无意义的。但是，人们依然会注意到，孩子们在很小的时候就会对语法点进行充分思考。一天，2岁9个月的弗朗茨躺在床上，他不知道我正在隔壁，不久，我听见他背诵："Små hænder hedder det-lille hånd-små hænder-lille hænder，næ små hænder（They are called small hands-little hand-small hands-little hands，no，small hands）"（丹麦语中，"lille"不与复数名词连用）。其他父母也提到类似事情，例如，一名小孩一边练习单词复数，一边翻着画册；而另一个孩子因为说了"nak"而不是"nikkede（'点头'的过去时）"，在被纠正后，他就立刻用"Stikker stak，nikker nak"进行反驳，以示他是如何类推过去时的。一般情况下，知道错误的孩子们会立即纠正："I sticked it in-I stuck it in."

德国一名不到2岁的小孩几乎一口气说完："Papa，hast du mir was mitgebringt-gebrungen-gebracht？"另一名2岁5个月的儿童会脱口而出"hausin（正确词形为'haus'）"，随后犹豫片刻，补充道："Man kann auch häuser sagen.''①

## 五 构词

在构词的过程中，孩子的大脑依然活跃。在多数情况下，我们无法区分是孩子模仿的单词，还是创造的单词。比如，一个孩子使用"kindness"一词，这很可能是他以前听过的，也有可能是他自己创造的。但如果听到他说"kindhood""kindship"或者"wideness""broadness""stupidness"，我们就能确定，孩子创造了这些单词，因为这些构词不同于以往正确形式。再比如，一个不知道单词"spade（铁锹）"的孩子很可能将该工具叫做"digger（挖掘工具）"。他也可能将"lamp（灯）"说成"shine（光）"。甚至，在阳光明媚的时候，他可能参照"it rains"，说成"it suns"，或者让妈妈"'sauce' his pudding"。此外，英语中存在着大量名词与动词词形一致的单词（如："blossom, care, drink, end, fight, fish, ape, hand, dress"，等等），这会导致孩子们按照相同的模式创造新的动词。在此，我引用奥谢专著中的几个例子："I am going to 'basket' these apples." "I 'pailed' him out" "I 'needled' him"。

其他单词则通过派生词尾的方式创造，如"sorrified""lessoner""fly-able（能飞的）"②；"This tooth ought to come out, because it is 'crookening' the others（牙要长出来了，因为它在挤其他牙齿）"（此句为一名10岁孩子所说）。另外，"复合名词（compound nouns）"也可以自由组合："wind-ship""eye-curtain""a 'fun-copy（戏仿）' of Romeo and Juliet"③。5岁的布莱恩（Bryan L.）曾经把"chrysalises（蝶蛹）"说成"springklers"，拿孩子的话解释："这是因为它们会在春天苏醒"。

有时，孩子会以"混合（blending）"的方式创造新词：1岁8个月到2岁的希拉里误认为："rubbish = the 'rubber' to polish the boots（垃圾 =

① Rudolf Meringer, *Aus dem Leben der Sprache*, Berlin, 1908.
② Pamela Glenconner, *The Sayings of the Children*, p. 3.
③ Ibid., p. 19.

用来擦靴子的橡胶）"，"backet ＝ bat ＋ 'racquet（浅木箱 ＝ 蝙蝠 ＋ 球拍）'"。2 岁的贝丝会使用 "breakolate"，认为它源自 "breakfast ＋ chocolate"，并将 "Chally" 当作孩子的名字，误认为 "Chally" 是由 "Charity" 与 "Sally" 二姐妹的名字混合而来。

## 六　拆词

作为成年人，我们对书写或印刷中的每个单词之后留有空格司空见惯，以至于我们会完全误解人们所说的话。因为，人类在说话时不会在单词之间留有停顿，除非说话者在一个单词上犹豫片刻，或者直到讲完他想要说的全部内容。比如 "Not at all" 听起来像 "Not a tall"。因此在多数情况下，孩子们需要大量的分析与比较，才能找出一句话中哪部分是一个词，哪部分是两三个单词。我们都会遇到这样的情况："How big is the boy?" 对儿童来说，这超出了他的分析能力，但对于一名比他大得多的孩子来讲，这句话与其他句子毫无差别。前者可能做出错误的拆解，要么把词组当作一个单词，要么把单词视为一个词组。例如，一名 2 岁 6 个月的女孩每次希望弟弟别来烦她的时候，都会说 "Tanobijeu"。她的父母最终发现，女孩已经学会了年纪较大孩子常用的一句话："Tend to your own business（管好你自己的事）。"

一名孩子称呼表姐为 "Aunt Katie（卡蒂阿姨）"。不过，她会跟孩子说："I am not Aunt Katie，I am merely Katie（我不是卡蒂阿姨，我只叫卡蒂）。" 到了第二天，这名孩子会表示："Good-morning，Aunt merely-Katie（早上好啊，只叫卡蒂的阿姨）。" 当一名 2 岁 8 个月的孩子被大人表扬："You are a good boy（你是个好男孩）" 的时候，他会以同样的话语对妈妈说："You're a good boy，mother（妈妈，你是个好男孩）。"

4 岁的塞西尔（Cecil H.）从派对归来，便说自己得到一些很好吃的东西。"那是什么呢？" "老鼠（rats）。" "不对不对。" "好吧，是老鼠（mice）。" 事实上，派对中有人问她要不要 "一些冰（some-ice）"，她理解成了 "一些老鼠（some mice）"。2 岁 6 个月的 S. L. 常把 "banana" 说成 "ababana"，该词似乎源自 "Will you have a banana?" S. L. 把这句话理解为"May I have an ababana?"另外，孩子们经常错误地拆解"an-apple"，将该词说成"napple"，把"enormous"说成"normous"；其他相关实例，可参阅本书第5章，第2节。

在此，我们还可列举其他国家的语言实例，如：罗纳特的孩子把"échelle"说成"nésey"，因为该词源自"u'ne‿échelle"连读；格拉蒙特的孩子会把"cet‿arbre"说成"un tarbre"，还会将"cet os"说成"ce nos"，因为"un‿os"连读；一名德国小孩会把"hotel"说成"motel"，因为"im‿(h)‿otel"连读。[①] 还有许多德国小孩会说"arrhöe"，缘由是他们误认为"diarrhöe"的第一个音节是阴性冠词；荷兰的儿童听到短语"k weet't niet（我不知道）"，便说"Papa, hij kweet't niet（爸爸他不知道）"；丹麦的小孩听爸爸说："Jeg skal op i 'ministeriet（我要去政府办公室）'。"他会把"ministeriet"的第一个音节听成"min（我的）"，随后就问爸爸："Skal du i dinisteriet（你要去政府办公室）?"曾经，有人对一名法国小孩说他们很期待"Munkácsy（蒙卡奇）"（在法语中"Mun-"发音为"Mon-"，即我的），孩子随后去问姑妈："Est-ce que 'ton Kácsyne' viendra pas（你的卡奇不会来吗）?"7岁的安托瓦内特（Antoinette K.）在回答"C'est bien, je te félicite（很好，我恭喜你）"的时候，表示："Eh bien, moi je ne te 'fais' pas 'lic-ite'（我不会让你合法的）。"

在德语中，"Ich habe 'antgewortet'"明显是单词"angenommen"的错误类推。[②] 丹麦小孩还经常把动词"telefonere"听成两个单词，于是在疑问句中，将人称代词置于该词中间，"Tele hun fonerer（她用手机）?"一个女孩要看"ele mer fant（更多的大象，好比英语中的'ele more phant'）"；这与竞走赛中，有人把"Give me a greater handicap."说成"Give me 'more handier-cap'."是同一道理。

## 七　句子

在第一阶段，孩子们对语法一窍不通，也不会把单词连在一起，更不

---

① See Clara Stern & William Stern, *Die Kindersprache*, Barth, 1907.

② See Rudolf Meringer, *Aus dem Leben der Sprache*.

会造句，不过，他们所说的每一个单词均包含完整意义。例如，孩子口中的"起（up）"一词就意味着"我想要起床（I want to get up）"或者"把我举起来（Lift me up）。""帽（hat）"指的是"戴上我的帽子（put on my hat）""我要戴上我的帽子（I want to put my hat on）""我戴上帽子了（I have my hat on）"或者"妈妈戴了一顶新帽子（Mamma has a new hat on）"。"爸爸（father）"一词可能指代"爸爸来了（Here comes father）""这是爸爸（This is father）""他叫爸爸（He is called father）""我想要爸爸过来（I want father to come）"或者"我想从爸爸那里要这个或那个（I want this or that from father）"。可以说，上述含义与孩子的记忆印象存在模糊关联，当看见父亲或者希望看见父亲时，又或者发现了与父亲相关的事物，儿童便发出了"爸爸（father）"的语音。

不过，正如诸多学者指出，这种现象并非意味着孩子所用的是独词句（one-word sentence）。我们可以说"鼓掌（clapping our hands）"是一句话，因为它与另一个完整句子"这真是精彩绝伦（This is splendid）"表达了同样想法（或者同样心情）。事实上，这种由一个单词构成的"句子"预设了某种具体的语法结构，而儿童的表达缺乏这种语法结构。

许多研究者宣称儿童初学话语时，他们发出的声音并非传达信息，而是表达渴望与需求。这种说法多少有些夸张，因为儿童看到一顶帽子或者一个玩具，又或者刚刚能够叫出自己所学事物的名称时，其发音实则明确传达自己的喜悦心情，因为此时的儿童并无强烈的情感与表达需求，也不会说太多话，并且他很快会发现，当他通过某种声音把愿望表达出来的同时，他的愿望更易实现。

1岁7个月的弗朗茨通常会把手伸向特别想要的事物，口中发出升调长音"m"以此传达自己的渴望。例如，晚饭时想要喝水，他就会这么做。一天，他的妈妈说："现在看看你能不能说出'水（丹麦语 vand）'这个词。"他便发出相似的词音，并且很高兴地发现以这种方式，自己得到了水。过了一会儿，他又重复了之前所发之音，这个声音就是密码能够为他带来自己想喝的水。到了第二天，笔者在为自己倒水，儿子便发出了"van，van"的语音，我马上给他水喝。在过去的24小时里，他未曾听到大人再次说起该词，也无人提醒他。重复几次后（因为他一次就喝几滴水），他第一次正确读出"水（van）"这一单词。该词在第二天的晚饭时再次出现，因为弗朗茨不停地要水，多少有些烦人，妈妈便说："宝宝，要说'请'。"他立即说出"Bebe vand（水，请）'"。这是弗朗茨首次把两个单词连接在一起使用。

在随后的句子无结构时期，孩子把越来越多的单词随意地组合在一起，从而造成词序的混乱，如"My go snow（我想去外面玩雪）"，当妈妈"砰"的一声打碎了爸爸的台灯（lamp），一位2岁1个月的丹麦孩子会说（发音并非正确）："哦，爸爸，台灯，妈妈，轰（Oh papa lamp mother boom）。"看到爸爸从帽子里拿出玉米喂母鸡，他会说："爸爸，鸡，玉米，帽（Papa hen corn cap）。"

1岁10个月的弗朗茨路过邮局，便吐出几个丹麦语单词："邮差，房，带来，信（post, house, bring, letter，单词之间均有停顿）"。笔者断定他之前听到别人说过这些单词。而在同一月，他把球抛得很远，说了句："dat was good"。这显然不是句子，只是重复了别人对他讲过的话而已，并将单词拼凑在一起，认为该句话意为"真棒"。这为他们后来理解"that"和"was"在其他句法搭配中的作用铺平了道路。

在习得语言的过程中，特别是当他们早期尝试造句的时候，"拟声构词（echoism）"占据极为重要的位置。事实上，儿童会模仿别人对他们所讲之话。因此在学习外语的同时，试图模仿外语人士的说话方式是一种极为不错的办法。通过此方法，措辞、词序、语调都会牢牢地印刻在学习者的头脑当中，等到需要之刻，大脑便会自由提取。当然，成年人会有意识地选取记忆，儿童却不用这般思考，他们会大声重复大人所说的话，假如句子很短，儿童的短时记忆可以容纳，他们甚至会完整重复。不过，最后的效果也要看机率，孩子们说出的并非总是有意义的或者发音完整的句子。他们显然是在半懂不懂的状态下进行重复：

原义："Shall I carry you（我应该带你吗）?"——1岁9个月的弗朗茨："Carry you（带你）."

原义："Shall Mother carry Frans（妈妈要带弗朗茨吗）?"——"Carry Frans（带弗朗茨）."

原义："The sky is so blue（天真蓝）." —— "So 'boo'."

原义："I shall take an umbrella（我应该带把雨伞）." —— "Take 'rella'."

拟声构词这一特征在儿童心理学史中常常被学者关注，但似乎没有学者能够看清它的全部意义。甚至，最敏锐的观察者梅伊曼指出，在儿童语言习得的过程中，拟声构词毫不重要。笔者认为，拟声构词确实解释了儿童语言学习的诸多方面。首先，我们来回忆一下儿童使用的残词，例如："chine（machine）""gar（cigar）""Trix（Beatrix）"，等等；其次，儿童更喜用间接疑问句而非直接疑问句，比如"父亲，你为什么吸烟（Why you smoke, father)?"这句话除了表明儿童效仿"告诉我，你为什么抽烟（Tell me why you smoke)?"之外，再无其他解释。相比于英语，拟声构词在丹麦语中发挥着更大效用，此类句子结构常常受到丹麦父母的关注。另外，丹麦儿童的拟声构词句中还具备颠倒词序的特点，在丹麦语中，动词一般会置于首个副词之后，如"nu kommer hun（Now comes she）"等，但孩子却将动词置于句中的任意位置："kommer hun（comes she）"等。另外，不定式使用极为频繁，这是由于孩子在句末听到不定式，而不定式又依赖之前的情态动词，如"can, may, must"。因此，"Not eat that"是儿童对"You mustn't eat that"的效仿。在德语中，不定式依赖于前一单词已经成为命令的标准词序，如"Nicht hinauslehnen（不要探出窗外）"。

## 八 否定与疑问问

儿童大都先说"不"，后说"是"，原因很简单：否定比肯定蕴含的情感更加强烈。许多儿童会很自然地使用"nenenene（短ð音）"表达焦躁与不适，也许这一表达太过自然，以至于孩子们无需努力，这也很好地解释了在诸多语言中，表否定的单词多以"n（或者 m）"开头的原因。甚至有时，我们会"扬起鼻子"发出毫无元音搭配的辅音"n"以示否定。

最初，儿童不会表达他们不想要的东西是什么，只会用手推走。比如，他们觉得很烫，便推开不要。当他们学会了表达不想要的时候，儿童通常会在单词间稍作停留，就像说两句话一样，例如，"面包，不要（Bread no）"，仿佛这两个单词毫不相干，就像我们成年人用更完整的表达说出两个毫无关联的句子："你要给我面包吃吗？我没有听说。"与动词搭配的否定句型同样如此："我，睡觉，不要（I sleep no）。"该否定句型不仅出现在很多丹麦孩子口语中，其他国家的儿童同样如此。特雷西指出："恰如聋哑人的做法，儿童会在肯定句的结尾附着'不（no）'，以示否定。"例如，当失明、失聪的海伦·亚当斯·凯勒（Helen Adams Keller）感受到姐姐和妈妈对她做出单词"牙（teeth）"的口型时，她会回答："Baby teeth—no, baby eat—no"，即"宝宝不能吃东西，因为宝宝没有牙齿"。德语也有类似的现象，"Stul nei nei—schossel"，即"我不坐在椅子上，我要坐你腿上"；法语如是，"Papa abeié ato non, iaian abeié non（爸爸还没穿衣服，苏珊娜也没穿）"。① 此类强调否定的语言方式似乎经常出现在儿童话语当中。

与否定句相比，儿童掌握疑问句的时间较早，而这里所说的疑问句倒不如视为"问问题"，因为儿童一开始并非知晓疑问句型。他们大多通过行为、表情、动作表疑问。当儿童将语调加入的时候，这说明他们距离正确的疑问句型不再遥远。另外，儿童早期的疑问句大都与询问位置有关："Where is…?"因为儿童常常听到这样的句子："Where is its little nose（你的小鼻子在哪儿）?"其实，这并非真的问问题。但此类问题对宝宝有着重要的实践意义，他们很快就能使用该句型并要求别人为他拿来自己拿不到的东西。此外，儿童早期掌握的疑问句还包括"What's that（那是什么）?""Who（谁）?"

快 4 岁的时候，孩子们会突然使用"为什么（why）"的疑问句：该疑问句对他们了解世界以及世界中形形色色的事物极为重要。当他们一连串地使用"为什么"的时候，不管多么烦人、无聊，家长都不会冒然打击他们探索未知世界的好奇心。至于时间疑问句，比如"When（什么时候）?""How long（多久）?"儿童掌握的较晚，时间概念对孩子来说，较为困难。

---

① Clara Stern & William Stern, *Die Kindersprache*, pp. 189, 203.

通常，儿童很难理解选择疑问句（double questions），当被人问及："你要黑面包还是要白面包（Will you have brown bread or white）？"的时候，他们只会回答"要（yes）"。面对"那是红色还是黄色（Is that red or yellow）？"之际，他也会说"是（yes）"，"是"在这里指的是"黄色"（4岁11个月的儿童案例）。笔者认为，这说明了儿童短时记忆的持续时间较短，听到句结便忘记了句首。不过，艾伦·马维尔教授（Allen Mawer）认为，于儿童而言，真正困难在于选择：面对选择，他们通常不作答，即便说"是"，也仅仅表示他们不想失去全部选择，又或者觉得自己该回应点什么。

## 九　介词与习语

儿童习得介词的时间较晚。许多研究人员都在关注这一语言现象，斯特恩收集了儿童第一次使用介词的年龄数据：最早的儿童是在 1 岁 10 个月，而初次使用介词的平均年龄是 2 岁 3 个月。不过，笔者对孩子多早使用介词毫无兴趣，而对儿童习得介词的过程更为关注：观察这帮小家伙不可避免地第一次犯错，他们的小脑袋瓜里会产生怎样的困惑。斯特恩提出有趣的说法，儿童一旦使用某些介词，他们就会频繁地使用，但区分介词的能力并未跟得上使用速度；曾有一段时间，他的孩子们都会把同一个介词安插到所有句子中：希尔达（Hilda）使用"von"，伊娃（Eva）使用"auf"。笔者从未在丹麦儿童中观察到类似情况。

起初，所有的儿童都不会使用关联词（connective words），而是将最想要表达的内容直接说出，比如"Leave go bedroom（我能去卧室吗）？""Out road（我要去马路上）"。第一次使用介词大多出现在固定搭配，比如"go to school（去上学）""go to pieces（破成碎片）""lie in bed（躺床上）""at dinner（在用晚餐）"。再过一段时间，孩子会自由地使用介词，犯错也随之出现。这没什么好惊异的，因为在所有语言中，介词的用法最具独特性与任意性。其主要原因是，即便介词的语法规则早已制定，一旦不使用固定词组表时间、地点，那么介词的用法就会变得极为模糊，另外从逻辑上讲，介词与介词之间的用法又极为相似。笔者曾经记录儿子在介词使用中所犯的错误。通过分析，笔者发现，假如找出与介词搭配错误单词的同义词或者反义词的话，那么该介词与该错误单词的同义词或者反义词的搭配是正确的。可见，早在他使用这些介词之前，相关介词的用法在他的脑海中已然模糊不清。

介词的多重意义有时会引发歧义，譬如：一名小女孩坐入浴盆，听到她妈妈说："I will wash you in a moment（我马上给你洗）。"她却回答："No, you must wash me in the bath（不，你要在浴盆里给我洗）!"小姑娘混淆了"in"表示"在……里"与"在……之后"的用法。我们还知道上学的孩子会被问及"What is an average（平均数是多少）?"儿童随即回答："What the hen lays eggs on（是母鸡下蛋的地方）"。甚至，科学家也会混淆介词的用法。他们会想当然地说"Something has passed over the threshold of consciousness"，这是一个隐喻，和人们跨过门槛类似。如果继续使用这种隐喻的话，那么与之相悖的情况可称之为：某种事物处于门槛之外。但是，心理学家却像孩子一样思维简单，他们会把"under（在……下）"视作"over（在……上面）"的反义词，由此经常谈论"lying under（or below）the threshold of our consciousness（在我们意识之下）"，甚至创造了一个拉丁语单词"subliminal（潜意识）"。①

儿童可能会在动宾结构中不使用介词，如"Will you wait（for）me?"或者在不及物动词的使用中不添加介词："Will you jump（over）me?"又或者他们混淆了动词不定式的用法："Could you hear me sneezed（sneeze）?'。当然，这一点无需再多举例。

多年来，我在《语言进化论——特别着重英语》一书中指出，简单的语言结构甚至对母语使用者来说都有好处。但是，赫尔曼·莫勒（Hermann Möller）教授在一篇学术评论中反驳了我的观点。他认为，对于成年人来讲，学习外语的主要困难在于"强势、随意地使用规则所造成的语言陷阱数不胜数。"即便如此，这些问题依然无法与形态学为儿童带来的困

---

① 参阅赫伯特·乔治·威尔斯（Herbert George Wells）的《主教的灵魂》（*Soul of a Bishop*, 1917）第94页："He was lugging things now into speech that so far had been scarcely above the threshold of his conscious thought"。此句中应使用介词"over"而非"above"。

难匹敌。在谈及介词选择时（这对外国人来说绝非易事），他指出："儿童学习母语，无需过多的脑力思考。"这样的论断并非建立在实际观察基础之上。至少，从笔者观察儿童习得语言的经验上看，步入能够准确发音的人生阶段，儿童依然会使用许多违反母语规则的措辞，这也正是学习外语容易犯错所在。而许多孩子的语言都是把两种表达方式混杂在一起。因此，学习一门语言也就意味着你还要学习话语之外的其他方面，因为我们无法给出忽视它们的理由。

# 第八章　基本问题

## 一　擅长母语的原因

通常，孩子都能学好母语，但这种情况是如何发生的呢？为了弄清这一问题，我们将孩子最初习得的母语与之后习得的任何一种外语进行比对。比对是多方面的，且差异显著：一方是尚处幼年、万事懵懂的儿童，一方是具备各种知识且能力出众的孩子或者成年人；一方没有固定的学习步骤，另一方则安排完整、系统的学习任务（即使是那些不按照老式语法顺序编排的课本，也具备由浅入深、循序渐进的学习顺序）；一方并无专业教师，只有父母、兄弟姐妹、保姆、玩伴；另一方则配备多年教学经验的语言老师；一方只有口头指导，另一方除了口语指导外，还有可供阅读的书籍、字典以及其他辅助工具。比对结果最终如下：不论这名儿童有多么愚笨，他都能够全面、准确地掌握母语；另一方，即便最具天赋的成年人对这门外语的掌握也往往存在缺陷、错误。那么，究竟是什么原因导致这样的差异？

该问题从未阐明过，也从未经历全方位的探析。不过，片面的答案是存在的，且经常作为这一问题的完整解答。这一解释只考虑问题的一方面，即与语音有关，仿佛只要能够解释母语发音为何总要好于外语发音，一切问题便可迎刃而解。

因此，许多学者声称，儿童的发声器官格外灵活，且舌头和嘴唇的灵活度会随着他们年龄的增长而逐渐消失。不过，儿童学习语音中不计其数的错误充分证明了该理论的缺陷。假如孩子的器官真如学者设想那般灵活，他们就能够立即学会正确的发音，可实际上，儿童要花费很长的时间才能勉强准确地模仿语音与音组。因此，发音的灵活并非天生，而是后天习得，且难度不小，只与母语有关。

同样的解释也适用于对第二种假设的回答，① 孩子的耳朵虽对声音敏感，但他们的听力同样需要后天努力，因为儿童起初是无法察觉语音中的明显差别。

另外，有些人说，孩子之所以能够把母语学好，是因为他不会受到已有习惯的影响。这种解释依旧不对：正如细心的观察者发现，孩子学习发音的过程是在与坏习惯持续的斗争中实现的，而这些坏习惯已在早期阶段养成，甚至根深蒂固。

斯威特指出，孩子具备学习母语发音的有利条件是因为孩子无他事可做。② 也有人认为，孩子在学习语言的过程中有大量的事情要做，即在该时期，孩子的活跃度超乎想象，因为他要在很短的时间内付出更多的努力才能完成。更加奇妙的是，随着语言学习难度的增加，孩子从母语学习中获得了直面挫折的力量。

还有人把原因指向遗传，认为孩子的母语已由他的祖先安放在他的大脑之内，换言之，孩子继承了祖先的大脑特征，部分脑回能够让他轻松学习母语。这种说法或许有些道理，但无明确且审慎的事实依据。与该理论相悖，移民的孩子同样能够快速、准确地学习移民国家的语言，与祖祖辈辈生活在这片土地上的同龄人无异。这样的例子在英国、丹麦，特别是在美国，比比皆是。显然，环境的影响远超遗传。

而真正的答案（该答案并非完全创新）在笔者看来部分源于孩子自身，部分在于周边人的言行。首先，孩子学习母语的时间处于人生学习的最佳阶段，如果智力、天赋决定了一个人的能力话，那么毫无疑问，所有孩子在人生之初几年都被赋予了最完美的天赋。随着时间的推移，人对新鲜事物的掌握和适应不断下降。对有些人来讲，这种能力下降极为迅速，甚至僵化至无法再次做出改变，而另一部分人，即使老迈，却仍然具备

① See Otto Bremer, *Deutsche Phonetik*, Leipzig: Breitkopf & Härtel, 1893, p. 2.
② See Henry Sweet, *The History of Language*, London: Dent, 1900, p. 19.

令人欣喜的发展能力。不过，无人能够长久地保持生命最初几年的超强适应力。

我们须牢记，相比日后学习其他语言，孩子在习得母语时通常拥有更多的机会听到母语：从早到晚，他都在聆听母语，且母语的发音准确，语调标准，词法与句法无可挑剔。对孩子来讲，母语就像一股万物更新、蓬勃向上的清泉。在开口说话之前，他对语言的初步理解也会因母亲、保姆的一些习惯而变得轻松简单，因为在她们重复相同短语的同时，只会做出一些轻微的改变。她们边做边说："现在，我们得洗洗小脸蛋""现在，洗洗小额头""现在我们必须洗洗小鼻子""现在得洗洗小下巴""现在得洗洗小耳朵"等等。假如男人照顾孩子，他们绝不会使用这么多词语。如此一来，孩子很难如母亲照顾时那般迅速地学会听说。①

就这样，孩子一年到头都享有私人母语课堂。这是之后的语言学习再也得不到的机会，因为在学校，每周最多只能有 6 小时的语言课，通常还要与他人分享。另外一个难得的优势在于，他能够在所有场合听到母语，而这些话语与当时的情景完全对应，且彼此能够互相阐释。同时，说话者的姿势、表情与话语一致，这些都会促使孩子正确理解语言。一切都显得那么自然，并不会出现语言课"一月酷热""七月冰雪"生硬抽象的学习印象。孩子们亲耳听到的也能激发他们的兴趣，一次又一次的说话都能让他得以实现自身的愿望，对语言的掌握给予了自身实际的好处。

---

① 女人知道
如何将孩子抚养成人，（说句公道话）
她们知晓简单、快乐、温柔的诀窍，
能将漂亮的字眼串得美妙，
能够把万千感受化为言语，
这可是小宝贝的美丽依靠，
尽管琐事种种：孩童可以
在游戏中获得神圣的爱，
自此人生不会过早无聊……
这要归功于母爱。父爱也是如此
——我知道，父爱也是如此——不过，自己早已头昏脑沉，
虽然理智告知要担当起更多的责任，
尽管自己既不聪明，也不蠢笨。
参阅伊丽莎白·布朗宁（Elizabeth Browning）的《奥罗拉·利》（Aurora Leigh）第 10 页。

除了有用的话语外，孩子还能听到很多无关的话语，并储存在大脑中以备后用。一切看似悄无声息，脑海中却留下痕迹，人们有时会惊讶，孩子已在不知不觉中记住了庞大且准确的语言。比如，4 岁 11 个月的弗朗茨有一天突然问道："'昨天'——是不是有人说了'昨天'这个英语单词（Yesterday—isn't there some who say yesterday)？"我回答："是的。"他接着说："是 B 夫人，她常用'昨天（yesterday)'这个英语单词"。当时，这位女士已经三个礼拜未到我们家中讲英语了。一个众所周知的事实是，被催眠者有时可以使用他们只在小时候听过的语言，并说出完整句子。儿童语言学书籍记载了许多关于此类记忆的精彩描述：一名 1 岁半的孩子曾经在西里西亚居住，随后迁至柏林，在那里，他再无机会听到西里西亚语。直到 5 岁的一天，他突然吐出一串西里西亚语。经过仔细筛查，时间只能追溯到孩子开口说话之前，再无其他事实可据。[1]格拉蒙特还提到一位法国小姑娘，她的保姆讲法语时操着浓重的意大利口音，在这位保姆离开后的一个月，小女孩才开始说话，但是，她的很多发音都有意大利语特征，这些问题直到 3 岁才完全消除。

我们也会注意到，家长作为孩子的语言教师，尽管并非理想，却依然比孩子随后所遇之人所教之语更具优势。因为他们首要的角色并非老师，他们与孩子之间的关系才得以亲密。孩子取得的任何一点点进步都能引起父母的巨大关注，孩子最拙劣的尝试也会收获父母的同情与赞赏，孩子的缺点和不完美绝不会招致一丝刻薄的批评。有句斯拉夫谚语说得好："要想说得好，必须抛开语言（If you wish to talk well, you must murder the language first)"。这一点常被教师忽视，因为他们一开始就要求学生的语言准确无误，经常迫使学生在语言的细小之处苦练很久，这会招致孩子学习语言的意愿减弱甚至消失。而在初学母语的过程中，此类事情从未发生。

如上所述，我们将儿童语言划分为两个阶段，一是"小语言"阶段，二是普通语言阶段或者社交语言阶段。在第一阶段，孩子是狭窄语言圈的中心，周围人都像等金豆子似的期盼着他的小嘴吐出每一个音节。不过多

---

① See Clara Stern & William Stern, *Die Kindersprache*, p. 257.

年后，有哪位老师听到孩子依旧使用"小语言"①而感到高兴？只有母亲是真的开心，她会为此欢呼雀跃，用她的爱弥补孩子语言的错误与缺陷，她一遍又一遍地忆起孩子奇怪发音所代表的一切，并用最热切的爱将儿童语言学习道路上最初也是最艰难的脚步化为愉快的游戏。

假如孩子的"小语言"及其所犯的致命错误无法改正，也就是说，如果孩子从未走出家庭圈，家庭成员又熟知他的"小语言"的话，那么语言错误得不到纠正的情况时有发生。这种情况一般会因他与叔叔、婶婶，特别是同龄表亲和玩伴等人的接触越多而被制止，因为孩子不正确的发音会被旁人误解，且孩子会受到他人的纠正、取笑。在这种刺激下，孩子的语言水平稳步提高：随着自身成为社会群体中的一员，"小语言"逐渐被"公共语言"取代。

现在，我们也许找到了孩子母语比一名久居国外成年人的语言更好的原因：从一开始，孩子的语言需求就比那些希望能够谈论任何事物或者至少能够谈论某些事情之人的要求低得多。换句话说，后者在语言上的要求比前者要高得多，他必须借助语言满足需求。但是，婴儿即便什么都不说，只是"哇哇哇哇（wawawawa）"地叫，也能得到很好的照料。

因此，婴儿有更长的时间来积累记忆、持续练习，在一次又一次的尝试中，他终会从微小的细节中得到教训。而一个待在国外之人必须让自己所说之话为他人理解，通常只要获得一套当地人能够理解的话语方式，他便停止对外语的打磨，至少在发音和句子结构上停止改进（虽然词汇量可能大幅增加）。而这种"恰好能够辨别（just recognizable）"的语言包含了成千上万的错误，并伴随着语言学习的不良习惯，逐渐累积，最终造成外国人的话语特征——一张嘴，就知晓他们不是本地人，甚至能够辨别他们来自哪个国家。②

---

① 如使用"fant, vat, ham"指代"elephant（象）"。

② 这里并非谈论如何改进普遍外语教学法。一味照搬英国孩子学习英语的方法是行不通的。假如可行，需要花费比别人更多的时间达此目的，因此必须利用学生较于婴儿的优势，比如他们更好的阅读能力，更长久的注意力，等等。标音对克服发音困难往往拥有奇效。在其他方面，将外语教学与儿童在最初几年学习母语的方法相结合是可能的：老师不仅要提点学生，还要把他们带入语言的海洋，让他们畅游其内，依靠大量的语言事实充实大脑，从而无需灌输太多特殊的语言规则。关于细节，可参阅本人的《外语教学法》（*How to Teach a Foreign Language*, 1904）。

## 二　天赋与性别

在上文中，我们并未考虑语言习得中的另一个重要因素，即儿童的天赋。父母很容易从儿童学话的速度中总结孩子的话语能力。例如，那些因为自家孩子一个字说不出而感到失望的成人。

当然，语言学习速度过慢可能意味着能力不足，甚至智力发育滞后，但并非绝对。一个很早就叽叽喳喳的儿童可能一辈子都是爱说话之人，而"三思而言（Slow and sure）"的孩子最终会成为沉稳、独立、最值得信赖的朋友。有些孩子很长时间都不会说一个字，随后突然蹦出完整的句子，这表明他们的小脑袋瓜里有不少东西正在默默地结出果实。托马斯·卡莱尔（Thomas Carlyle）就是其中的一位：在长达 11 个月的沉默后，听到孩子的哭声，他问道："乔克怎么了？"震惊了在场所有人。埃德蒙·高斯（Edmund Gosse）的童年同样如此。其他类似的例子也有记载。[①]

孩子的语言发展并非呈直线上升，而是波浪式前进。孩子的语言学习能力看似无限，却会突然停滞不前甚至存在短时期退步。导致这一现象的原因可能是生病、长牙、学走路、时常搬家或者夏天过多的户外活动。在上述情况中，单词"我"也会忘却。

有些儿童的语言能力在前几年发展迅速，直到触碰瓶颈。不过，另外一批孩子的语言能力可以一直稳定向前。一些种族也是如此，比如：美国学校里的黑人儿童，尽管年纪尚小，也能达到白人的语言水平，但在成年后，黑人往往难以与后者匹敌。

两性在诸多方面差异巨大，语言也不例外。一般来讲，女孩学会说话的时间要比男孩早：在表达上，女孩远比男孩准确；女孩的发音没有遭到不良习惯的破坏，而不利的因素时常能够在男孩子身上发现。许多国家的数据表明，男性患有口吃以及表达不清的人数要比女性多得多。

---

① See Rudolf Meringer, *Aus dem Leben der Sprache*, p. 194；See Clara Stern & William Stern, *Die Kindersprache*, p. 257.

她们模仿的突出才能所带来的愉悦，能够帮助女性更加灵活、更为迅速地使用成年人的语言。

语言是人类约定俗成的交流方式，在使用中，唯一需要关注的是与周围人达成一致，这是女孩的强项。男孩常喜独树一帜，他们保留"小语言"的时间会比女孩长久，男孩有时会拒绝别人纠正自己的语言错误，这种情况在女孩中极为罕见。因此，不自然、独创是男孩语言的两大特点（参阅本书第 13 章）。

## 三 母语与外语

"母语"一词不应按照字面意思来理解：儿童自然习得的语言并非经常为母亲所说的语言。即便一位母亲使用外语口音或者方言，她的孩子依旧如其他孩子能够准确发音。我在许多丹麦家庭中发现这一现象，这些母亲一生都在讲挪威语，可孩子却讲着正宗、流利的丹麦语。在我所知的两个家庭中也存在类似的情况：第一个家庭中的母亲操着浓重的瑞典口音，另一位母亲则明显带有美语发音，但她们并未妨碍孩子讲出一口正宗的丹麦语。因此，我不同意帕西的看法，他认为孩子习得的是母亲的语音系统，[1] 也不同意阿尔伯特·道扎特（Albert Dauzat）与帕西相似的理论。[2] 父亲通常对孩子语言的影响较小，实际上，起决定性作用的是那些与孩子自 3 岁起便建立亲密关系的成人，他们大多是仆人，不过，同龄或者年纪稍长的玩伴对孩子的语言影响更甚，他们能够在一起玩耍长达几个小时，玩伴咿咿呀呀的口语在孩子听力最为敏感时期的大脑中回荡。在这段时期内，孩子不常见到父母，每天只有片刻光阴与他们团聚，比如共餐。另外，还有一个众所周知的事实，居住在格陵兰岛的丹麦孩子在学习丹麦语之前，都要学习爱斯基摩语；卡尔·弗雷德里希·迈克尔·迈因霍夫（Carl Friedrich Michael Meinhof）指出，生活在非洲殖民地的德

[1] See Paul Edouard Passy, *Etude sur les Changements Phonétiques et Leurs Caractères Généraux*, Paris: Firmin-Didot, 1890.

[2] See Albert Dauzat, *La Vie du Langage: Evolutions des Sons et des Mots, Phenomenes Psychologiques, Phenomenes Sociaux, Influences Litteraires*, Paris: A. Colin, 1910, p. 20.

国儿童学习当地语言的时间要早于德语学习。①

　　这绝非贬低母亲的影响力，母亲的作用的确强大，但主要体现在儿童语言的第一阶段，也就是"小语言"阶段。但是在这一时期，孩子的模仿能力最薄弱。孩子对语言细节的关注只能追溯到自身被迫进入一个更大的社交圈中，在此社交圈，他必须让自己所说的话为众人理解，并以同样的方式才能与所处社会的语言达到一致，而在此之前，他与母亲仅仅满足于能够理解彼此。

　　孩子之间的影响不可低估。② 学校里的男生会取笑同学口音当中的一切特别之处。约瑟夫·鲁德亚德·吉卜林（Joseph Rudyard Kipling）在《斯托基公司》（*Stalky and Co*）中向我们讲述了斯托基和比特尔如何细心改掉麦克特克的爱尔兰口音。当我读到这部小说的时候，自己 10 岁的经历浮现眼前。当时，我从日德兰半岛转学到西兰岛，自己口语中的一些表述与腔调备受同学嘲笑。由此可得出这样的结论，在学习通用语言或者标准语言的阶段，最重要的因素是儿童自己。经常发生的情况是，孩子们被迫在家里讲不掺杂任何方言的语言，而在户外与同学玩耍时，又会讲方言。他们能够将两种不同的话语形态完全区分开，也能用这一方式学习两种联系并非紧密的语言，有时，还会导致两种语言奇怪的混合，至少在一段时间内的确如此。多数孩子能够轻松地从一门语言转换到另一种语言，不会将二者混淆。特别是他们在不同的环境中或者从不同人的身上接触到这两种语言。可见，语言转换对他们来说，尤为容易。

　　熟练掌握两种语言固然对他们有益，但这种优势可能会付出高昂的代价。首先，学习双语的儿童对其中任何一种语言的掌握都不及单语儿童。从表面上看，这名双语儿童似乎能够像母语人士那样讲话，但他并未真正地掌握到语言的精妙。另外，在这个世界上，有多少双语儿童长大后成为伟大的诗人、雄辩家？

　　其次，精通两种语言而非一种语言所需的脑力必定削弱孩子学习其他

---

　　①　See Carl Friedrich Michael Meinhof, *Die Moderne Sprachforschung in Afrika*, Berlin, 1910, p. 139.

　　②　因此，在一个家庭中，第二名或者第三名孩子通常会比第一名孩子学会说话的时间早。

事物的能力。舒哈特指出，如果把双语人士比作两根琴弦的话，那么这两根弦必定松弛。曾经，一位古罗马人因掌握了三种语言就骄傲地声称自己拥有三个灵魂，在笔者看来，他的三个灵魂注定平庸。卢森堡的儿童一般会讲法语、德语，但正如卢森堡当地人指出，很少有人能够将这两种语言说好。"德国人经常对我们说：'作为法国人，您的德语讲的真好。'法国人表示：'他们德国人把法语讲的不错。'但是，我们永无可能如真正的德国人或者法国人流利地使用他们的语言。更糟糕的是，这样的多语人士并没有将时间和精力花费在必要的事物之上，而是浪费在学习两种或者三种语言中来表达同样思想。"①

## 四 语言游戏

从长辈那里学会说话的孩子会在很长时间以发出毫无意义的语音为乐。比如：2 岁 2 个月的弗朗茨也曾以发出一长串声音自娱，其神态自信、语调得当，我用相似的声音回应他，他非常开心。这个游戏他玩了好几年。一次，4 岁 11 个月的弗朗茨结束该游戏后，问我："这个词是英语吗？""不是。""为什么不是呢？""因为我懂英语，但我真的不知道你在说什么。"一小时后，他又来问我："爸爸，你懂得所有语言吗？""不，很多语言我都不懂。""你会德语吗？""我会。"弗兰茨看起来十分沮丧，仆人们经常说他自创的语言就是德语。他继续问道："爸爸，你懂日语吗？""不懂。"他兴高采烈："那么，爸爸，你听不懂我说的话，因为我在说日语呢。"

这种现象极为常见，纳撒尼尔·霍桑（Nathaniel Hawthorne）在小说中写道："珠儿在他耳边嘀咕了几句，听着倒真像说话，其实只是儿童们在一起玩的时候所发出莫名其妙的音符。"② 罗伯特·路易斯·史蒂文森（Robert Louis Stevenson）也指出："孩子们更喜欢模仿话语而非模仿含义。他们聚在一起，虽能清楚讲话，却依旧花费个把小时胡言乱语并为之雀

---

① 译自伊多语，参阅《国际语言》（*The International Language*），1912 年 5 月。
② Nathaniel Hawthorne, *The Scarlet Letter*, Chicago: Laird & Lee, 1892, p. 173.

跃，因为他们假装说法语。"① 梅林格 2 岁 1 个月的儿子甚至拿起乐谱，用无法理解的语言唱出一首自创歌曲。

孩子们喜欢改变单词的真正发音。例如，使用头韵，"Sing a song of sixpence, A socket full of sye（唱一首六便士的歌，一个塞满了音节的插座）"，等等。2 岁 3 个月的弗朗茨把所有单词中的元音替换为圆唇元音，如 "o" 替代 "a"，"y" 替代 "i"，3 岁 1 个月时，他又将所学诗句中的单词替换成以 "d" 开头的单词，之后又换成 "t" 开头。奥谢指出："大多数孩子在改变他们所知单词发音的同时，能够从中找到乐趣，其目的似乎是在检验自身的语言创造力，比如，H 掌握了 'dessert' 一词，为了表现创造力，他在一段时间创造了 12 个甚至更多的变体：'dǐssert, dishert, děsot, des'sert'，等等。"

节奏与韵律对于孩子来说，有着强大的吸引力。一位英语学者指出："3 岁的孩子会用毫无意义的单词模仿听过的歌曲和诗歌的节奏。" 梅林格和斯特恩也注意到这一现象。② 2 岁 10 个月的托尼（Tony E.）突然冒出 "My mover, I lov-er（押尾韵 'ver'）"。2 岁 6 个月的戈登不知疲倦地重复着创造的短语 "Custard over mustard（押尾韵 'tard'）"。据报道，丹麦一名 3 岁 1 个月的女孩拥有 "神奇的能力"，能够将所有单词转换成押韵的词组："bestemor hestemor prestemor, Gudrun sludrun pludrun"……

## 五 密语

如我们所见，孩子最初做语言游戏只是娱乐，并无 "隐藏动机（arrière-pensée）"。不过，随着年龄的增长，他们可能发现这种语言具有不被长辈理解的优势，因此他们有意识地创造一套 "密语（secret language）"。一些密语仅限于一所学校，另外一些则会在全国某一特定年龄段的儿童中广为

① Robert Louis Stevenson, *Virginibus Puerisque*, Portland：Me., T. B. Mosher, 1904, p. 236；See Pamela Glenconner, *The Sayings of the Children*, p. 40；See Clara Stern & William Stern, *Die Kindersprache*, pp. 76, 91, 103.

② See Rudolf Meringer, *Aus dem Leben der Sprache*, p. 116；See Clara Stern & William Stern, *Die Kindersprache*, p. 103.

流传。"M 密语""S 密语"的秘诀在于插入字母"m"与"s",例如
"goming mout tomdaym"或者"gosings outs tosdays",二者都表示"今日出
门";"Marrowsking"或"Hosptial Greek"的秘诀在于互换单词的首字母,
如把"plenty of rain"变为"renty of plain",将"butterfly"改为"flutter-
by";在温彻斯特,流行的"Ziph"或"Hypernese"密语是用"wa"代替
词首的两个辅音,并在单词中插入字母"p"或"g",如"breeches"转换
为"wareechepes","penny"变为"pegennepy"。在丹麦,童年的我就遇
到过两种密语:"du er et lille asen"可转换为"dupu erper etpet lilpillepe
apasenpen""durbe erbe erbe lirbelerbe arbeserbe"。在上述密语中,词中插
入"p",词尾加入"-erbse",这种密语形式又在德语中极为常见;在荷
兰,除了词尾为"-erwi, -taal"的变体是"-erf","de schoone Mei"又可
转换为"depé schoopóonepé Meipéi"。在法国,密语被称为"爪哇语(ja-
vanais)","je vais bien(我很好)"可变为"je-de-que vais-dai-qai bien-
den-qen"。在法国的萨瓦,牛仔把"deg"放在单词中的每个音节后,"a-
te kogneu se vaçhi?"(当地方言为"as-tu connu ce vacher?")变成"a-degá
te-dege ko-dego gnu-degu sé-degé va-dega chi-degi?"新西兰毛利人也拥有类
似的密语,他们使用"te-kei te-i-te te-haere-te-re te-a te-u te-ki te-re-te-i-te-
ra"替代"kei te, haere au ki reira"。可见,人类的天性在世界各地大体
一致。①

## 六 拟声

孩子真的能够创造新词吗?对于这个问题已有大量讨论,即使对这一
问题持怀疑态度的学者也认为,儿童会在模仿声音的时候具备该能力。但
需谨记,孩子口中的大多数拟声词都不是他们发明的,而是在学习其他单
词的过程中以拟声的方式获得。因此,拟声词在不同的语言里有着不同的
形态,如:英语中的"cockadoodledoo",法语"coquerico",德语"kikeri-

① 笔者在 1864 年《北欧语言学杂志》(*Nordisk Tidsskrift for Filologi*)卷 5 中,收集到一份关
于"世界密语"的书目索引。

ki"对应丹麦语"kykeliky"，英语"quack-quack"，法语"cancan"，丹麦语"raprap"，这样的例子数不胜数。虽然这些拟声词并不能精准地模仿鸟儿的叫声，但从它们的相似之处来看，比起"duck（鸭子）"这类完全随意的拟声词，孩子更易掌握。

不过，与上述拟声词相比，孩子们确实按照自己设想的词形创造了拟声词，虽然后者通常会迅速消失。例如，2 岁 3 个月的弗朗茨创造了"vakvak"一词，他的母亲听到该单词，起初并不理解它的含义，直到有一天，弗朗兹一边指着乌鸦一边重复。母亲告诉他这种鸟儿叫做"krager（乌鸦）"，弗朗兹立即重复发音，明显意识到该单词比自己创造的更好。一位 2 岁 1 个月的男孩称"soda-water"为"ft"，另一名男孩用"ging"或者"ging-ging"表示时钟或者火车。不过，他的哥哥认为"dann"一词才能代表时钟或者电铃；一名 1 岁 9 个月大的小女孩说"pooh（耳语）"含有"火柴、雪茄、烟斗"之意，而"gagag"表示"母鸡"，等等。

这些拟声词一旦形成，含义可能发生转移，读音不再发挥作用。我们可通过"bǒom"或"bom"的词义扩展加以说明。起初，两名儿童用该词表示物体落在地板的声响。后来，1 岁 9 个月的埃伦·K（Ellen K.）用它指代"blow（打）"，再后来，该词指代不快之事，比如肥皂水流进眼睛。1 岁 8 个月的卡雷·G（Kaare G.）看到一支盘子被摔碎，使用该词表示摔碎的盘子，后来指代任何破碎的东西，如裙子上的漏洞，掉落的纽扣以及不完美的事物。

## 七　造词

除了拟声词，孩子真的能够造词吗？于我而言，他们无疑能够做到。弗朗茨在游戏中创造了许多与现有词汇毫无关联或者少有联系的单词。当他摆弄一条小树枝时，会突然叫唤："这个叫'lamptine'。"过了一会儿，他又改口为"lanketine"，再后来是"lampetine"。在他 3 岁 6 个月的时候，他又换了种叫法，"现在就叫它'kluatine'或者'traniklualalilua'。"1 个月后，笔者在记录中写道："弗朗茨对自创词从未感到困惑，例如，当他用砖块堆砌了一个什么都不像的塑像时，他会说，这是'lindam'"。在花

园里玩小火车，他又会发明很多古怪的站名。曾经，他和两位堂兄创造了
"kukukounen" 一词，并以重复该词为乐，不过，我从未发现该词的真正含
义。一位英国友人撰写一篇关于他女儿的文章："到了 2 岁 3 个月，她会在
意义明了的句子中插入一些毫无意义的单词。当你问她这些单词的含义时，
她会用另一个无法理解的单词进行解释，只要她愿意，这种解释会一直进行
下去。到了 2 岁 10 个月，她假装自己弄丢砖块，可当你指出这些砖块就在她
旁边时，她却坚称这不是"砖块（bricks）"，而是"mums"。

　　在所有儿童话语的语料中，你会发现一些词，它们无法用正常的语言
描绘，这些单词又是由孩子未经探索的灵魂深处产生的。笔者从丹麦朋友
寄来的笔记中摘选几个实例："goi"是"梳子"，"putput"是"长袜或任
何衣服"，"i-a-a"是"巧克力"，"gön"是"饮用水、牛奶"，不同于
常用丹麦语"vand（水）"，她用"vand（水）"指清洁，"hesh"为"报
纸、书"。由于其中的一些单词是达尔文、依波利特·阿道尔夫·泰纳
（Hippolyte Adolphe Taine）发现的，因此这些单词在心理学界广为人知。
而在其他书籍中，笔者找到了一些学界并不熟知的例子，如"tibu"是
"鸟"，"adi"指"蛋糕"，"be'lum-be'lum"意为"二个小人转圈的玩
具"，"wakaka""士兵"，"nda""罐子"，"pamma""铅笔"，"bium"
"袜子"。①

　　一位美国通信记者写道，他的儿子喜欢在吸尘器打扫后的地毯上推小
棍，并把这种游戏称为"jazing"。他还创造了"brokens"一词作为他常玩
积木的名称。这名孩子精神紧张，他的想象力时常创造出令他在黑暗中感
到恐怖的事物，他把这些事物统称为"Boons"。不过，该名称可能源自
"baboons（狒狒）"。哈罗德·爱德华·帕尔默（Harold Edward Palmer）告诉
笔者，他的女儿（女儿的母语是法语）小时候把"肥皂"读作 [ˈfuˈwɛ]，
将"马、木马、旋转木马"读作 [deˈdɛtʃ]。

　　弗雷德里克·波尔森（Frederik Poulsen）博士在他的专著《旅行札
记》（*Rejser og Rids*，1920）中指出，2 岁的小女儿抚摸母亲毛领的时候，
她会创造出各种温柔的单词，例如"apu""a-fo-me-me"。而"a-fo-me-

---

① See Rudolf Meringer, *Aus dem Leben der Sprache*. Berlin：B. Behr, 1908.

me""具有原始语言中所有悦耳的谐音与模糊含义",可以用于任何罕见的、有趣的、欣喜的事物上。在随后的夏季旅行中,如"a-fo-me-me"等新词被一一创造。

即便如此,近些年大多数杰出的儿童语言研究者均表示,孩子不会造词。冯特甚至宣称:"孩子的语言是其成长环境的产物,在语言创造中,孩子可视为一种被动工具。"① 这是笔者在一位伟大学者那里读过的最荒谬的论断。梅伊曼则认为:"威廉·蒂埃里·普莱尔(William Thierry Preyer)与他之后的儿童心理学家都坚持孩子不能造词。"秉持相同观点的学者还包括梅林格②,斯特恩夫妇③,布龙菲尔德④。

这些学者似乎被诸如"凭空产生""发明""原创(Urschöpfung)"带入歧途,大都采取教条的态度蔑视自身观察到的真相。这种认识在他们的论证中反复出现。梅伊曼曾公开表示,"发明是一种带有目标的有条理的行动,发明是一种需要最终实现目的的构想。"当然,在化学家为新物质寻找新名词的时候,我们可以视之为单词的发明,但这一过程却不能发生在孩子身上。但在技术的世界里,面对许多偶然的发现,我们难道不会毫不犹豫地称之为发明吗?火药难道不是偶然发明的?吸墨纸就是在偶然中发现的:造纸厂的领班由于忘记为纸浆增加厚度而被解雇,看到纸张被糟蹋的老板却选择变废为宝,赚了一大笔钱。但是,这种事情在梅伊曼看来,吸墨纸从未被"发明",如果承认孩子造词,就要事先假定这个词如吸墨纸一样从未产生过。不过笔者想问:自行车、钢笔、打字机这些事物难道在过去存在?只不过现在更加先进?难道它们不算发明?人们不会想到,在我们阅读有关儿童语言著作时,一旦发现了与正常词汇差异巨大的单词,儿童就被剥夺"创造能力"和"话语形成能力"!正如斯特恩所说,他的女儿在2岁的时候使用了一些单词,这些词

① Wilhelm Maximilian Wundt, *Die Sprache*, Leipzig, 1900, p. 196.
② See Rudolf Meringer, *Aus dem Leben der Sprache*, p. 220.
③ See Clara Stern & William Stern, *Die Kindersprache*, pp. 126, 273, 337.
④ See Leonard Bloomfield, *An Introduction to the Study of Language*, New York: H. Holt and company, 1914, p. 12.

可能被认为是儿童造词能力的证明。[①] 但事实是，这些"新"词是从普通单词中发展而来的，例如，"Eischei"被用作动词，意为"去、走"，它源自单词"eins（1）"和"zwein（2）"，据说这是在教孩子走路所说。作为儿童学习词汇第一阶段的"破坏（mutilations）"现象（参阅本书第5章，第1节与第2节）实则与上述实例相似。现在，即便我和其他学者列举了儿童创造的所有单词，也会被指认这些所谓的儿童造词只是"真实"单词的变体而已（尽管这并不可能），笔者依然毫不犹豫地谈论儿童的造词能力，因为对于"eischei（走路）"，不论在词形还是在意义上与"eins"完全不同，"zwei"甚至可以被视为新词。

由此，我们可以把孩子们"发明"的单词分为三类：

第一类，孩子提供发音又给出含义的单词；

第二类，成年人提供发音，孩子给出含义的单词；

第三类，孩子提供发音，成年人给出含义的单词。

这三类不能完全分开，特别是当孩子糟糕地模仿成年人的语音或者未能完全理解单词含义时，成年人也无法填补儿童所造单词的意义空白。通常，儿童自造词汇的生命都很短暂，但也有例外。

奥谢的阐述很有启发性。"她创造了一些单词，这些词与指代对象之间存在着天然联系，她的长辈开始接受这些新词，这使得这些单词在相当长的时间内保留在她的用语当中。例如，她用'Ndobbin'指代任何食物。这一单词最初来自她吃饭时偶然发出的声音组合。在家人重复使用该词的帮助下，她确定了词义，且一度有意使用它。起初，她用它作为特定食物的名称；后来，她的长辈把该词扩展到对其他食物的指代，这帮助她扩展了该词的意义。一旦开始了这一过程，她就把该词扩展到与食物相关的任何事物上，甚至与她最初关系很远的餐厅、高脚椅、厨房，甚至是苹果树和梅树。"

可以说，对于第一类词，无论孩子年龄大小，笔者会将此类中绝大多数的单词视为孩子创造。

第二类单词数量最为稀少。例如，芬兰的一名孩子经常听到关于卡尔

---

① See Clara Stern & William Stern, *Die Kindersprache*, p. 338.

国王（查理十二世）的著名言论："Han stod i rök och damm（他屹立于烟尘中）"，并把其中的"rö"当作形容词，意为"红色（red）"。由此，我们可以想象剩下的音节创造，当孩子听到"kordamm"，误认为是某种衣服的名称。这让父母感到好笑，随即将"kordamm"作为自家睡衣的名称。

至于第三类词，孩子仅提供声音，成年人对孩子毫无意义的表达赋予意义。这一过程容易让人联想起上文提到的吸墨纸发明，因此第三类单词的拼写在成年人笔下，大都是正常词汇，只不过中间加入特殊的成分而已。

## 八 "妈妈"与"爸爸"

在所有国家的托儿所，孩子们都玩过一个有趣的游戏：首先，一名孩子假装咿呀学语的儿童，含糊不清地说出："mamama""amama""papa-pa""apapa"或者"bababa""ababab"，尽力避免与真实单词存在关联，随后，他的朋友们赋予这些单词实际意义，因为他们习惯性地认为，人类的语音应该包含内容、思想、观念。我们于是得到一份单词表，其特征凸显音素构成的简单性：两个辅音需要隔开，重复的辅音之间常加入"a"，并以"a"为尾音。实际上，这类单词在许多语言中都能够找到，虽以不同的词形出现，但含义大体相同。

正是以这样的方式，人类拥有了表述"母亲"的单词。当母亲频频走近摇篮照顾宝宝的时候，开心的宝宝会发出"mama"的重复音节，母亲误以为这是宝宝在呼唤她，自会笑脸相迎。久而久之，认识到"mama"含义的宝宝每次想要召唤母亲，便会学着使用这些音节。于是，"mama"成为包含母亲概念的公认词，其重音时而在第一个音节，时而在第二个音节。如在法语单词"mama"中，鼻元音（nasal vowel）要么在第二个音节，要么同时在两个音节。此外，单音节"ma"也可指代"母亲"。当这些音节成为常规词的时候，它们就会遵循支配其他单词的语音规则。基于这种语音规则，我们便有了德语的"muhme（姑妈）"（参阅本书第6章，第3节）。在人类早期，众多语言中的"ma"需要结合一个词尾来指代母亲的含义，如希腊语"mētēr"，拉丁语"mater"，法语"mère"（由拉丁语衍生），英语"mother"，德语"mutter"，等等。以上这些单词已经成为大众认可的单词。不过，"mama"一词只适用于家庭成员之间的亲密称呼。而这种用法又取决于潮流，在某些国家以及在特定时期，相较于其他单词，孩子们被允许使用"mama"的时间更加长久。

需要指出，"mama，ma"并非表述母亲的唯一单词。例如，一些孩子使用的"am"也被成年人使用。阿尔巴尼亚语中的"母亲"是"ama"，古诺尔斯语中的"祖母"是"amma"。"ma"加上词尾构成了拉丁语"am-ita（姑妈）"，古法语"ante（姑妈）"，并由此衍生英语"aunt"与现代法语"tante"。在闪米特语族中，"母亲"一词中的字母"m"之前又存在一个元音，如：亚述语（Assyrian）"ummu"，希伯来语"'êm"，等等。

"baba"也被认为包含"母亲"的意义，特别是在斯拉夫语族中，尽管"baba"又衍生出很多不同的含义，如："老女人""祖母"或者"接生婆"。在汤加（南太平洋岛国），"bama"为"母亲"。

在含有"n"的词汇中，我们同样能够找到表示"母亲"的单词，如梵语"naná"，阿尔巴尼亚语"nane"，还有德语"nannē（姑妈）"和拉丁语"nonna"。在西方中世纪早期，"nonna"意为"祖母"，成为对特定年龄女性的一种尊称，随后衍生出众所周知的"nun（尼姑）"，即与"monk（僧侣）"对应的阴性名词。而在其他鲜为人知的语言中，笔者会提到格陵兰语"a'na·na（母亲）"和"'a·na（祖母）"。

现在，我们来说一说"父亲"一词的由来，显然，包含"m"的音组已被解释为"母亲"，因此需要在带有"p"的音节中寻找"父亲"一词。我们在托儿所常常听到宝宝们喊着妈妈实际想要爸爸，或者喊着爸爸要妈妈。最终，孩子学会使用正确音节表达自己诉求。"papa""pappa""pa"的单词史与"m"音节史相似，基于"pater（父亲）"一词，我们可根据公认的音变规则，对"tr"音组进行扩展，由此找到法语"père"，英语"father"，丹麦语"fader"以及德语"vater"等。幸运的是，语言学家不再如弗里德里希·康拉德·奥古斯特·菲克（Friedrich Conrad August Fick）等语文学家，从"pa（保护）"词根衍生出上述词汇，也不把这些单词视为原始祖先"高度道德精神（highly moral spirit）"的载体。众所周知，单

词"papa（爸爸）"成为备受爱戴神职人员的尊称，之后便有了"Pope
（教皇）"。

　　与"p"相同，"b"音节同样能够找到"父亲"一词的诸多形式，比
如：意大利语"baboo"，保加利亚语"babá"，塞尔维亚语"bába"以及
土耳其语"baba"。以元音为首音，闪米特语族中的"父亲"从"ab"
"abu"衍变为众所周知的"abba"。自从希腊语成为全欧洲语言之父，希
腊语"abbas（父亲）"衍变出如今的单词"Abbot（修道院院长）"。

　　另外，我们还拥有一些含有齿音的"父亲"单词，例如：梵语"tatá"，
俄语"tata""tyatya"，威尔士语"tat"，等等。如今的英语"dad（父
亲）"世界通用，它会误认为是威尔士语借词。即使该词是以"d"为首
音，但毫无疑问，它有着独立的词源。在斯拉夫语族中，"déd"普遍意为
"祖父"或者"老人"。同样，德语方言中也有"deite""teite"。"tata（父
亲）"在刚果或其他非洲语言中被发现，"tatta（父亲）"在苏里南（南美洲
国家）的黑人英语中同样存在。正如由"母亲"一词到"姑妈"一词的衍
变，在某些语言，"父亲"一词会衍变为"叔叔"，如希腊语"theios"（衍
生出意大利语"zio"），立陶宛语"dede"以及俄语"dyadya"。

　　而元音为首音的父亲单词是希腊语"atta"，它用来称呼老人。哥特语
又在元音为首音的基础上增加一个词尾，得到"Attila（父亲）"，原义为
"小爸爸（little father）"；改加另一词尾便有了俄语"otec"。除印欧语系，
我们发现匈牙利语（Magyar）中的父亲为"atya"，土耳其语"ata"，巴斯
克语"aita"，格陵兰语"a'ta·ta"，而格陵兰语"a·ta"又可表祖父。[①]

---

　　①　在此，笔者附加几个额外实例。巴斯克语中的"aita"指代"父亲"，"ama"表示"母
亲"，"anaya"意为"兄弟"，参阅《罗曼语言学杂志》（*Zeitschrift für Romanische Philologie*）卷17，
第146页。满语"ama"表"父亲"，"eme"意为"母亲"，其二者元音关系亦如满语"haha（男
人）"与"hehe（女人）"中的元音，参阅加贝伦茨（Hans Georg Conon von der Gabelentz）《语言学
导论》（*Die Sprachwissenschaft*，1891）第389页。库特奈语"pa·"表示兄弟的女儿，"papa"意
为祖母（男性用语）、祖父、孙子。"pat!"表侄子，"ma"意为母亲，"ana"表示妹妹（女孩用
语），"alnana"指代姐妹，"tite"意为岳母，"titu"为爸爸（男性用语），参阅弗朗茨·乌里·博
厄斯（Franz Uri Boas）《库特奈人故事集》（*Kutenai Tales*，1918）第59页；参阅爱德华·萨丕尔
（Edward Sapir）《库特奈印第安人的亲属称谓》（"Kinship Terms of the Kootenay Indians"），《美国人
类学家》（*American Anthropologist*）卷20。不过，爱德华·萨丕尔的专著《雅纳语中的关系词语研
究》（*Yana Terms of Relationship*，1918）很少摘引上述例子。

　　此外，保姆也会使用"母亲"一词，面对宝宝的咿呀学语，保姆会笑脸相迎并试图让宝宝叫她"mama"，由此，我们就有了德语与斯堪的那维亚语"amme"，波兰语"niania"，俄语"nyanya"以及英语"Nanny"。这些单词无法与意为"姑妈"的拉丁语"amita"做出区分。另外，我们发现，梵语"mama"又意为"叔叔"。

　　假如我们通过上述的方式寻找表述"婴儿"的单词，我们会发现，如今的英语单词是"babe""baby"，德语为"bube"（与德语"muhme"均含字母"u"）；不过，"babe"同样被视为古法语"baube"与拉丁语"balbus"的派生词。当"Bab"或"Babs"（丹麦家庭内部常用"Babbe"）成为小女孩昵称时，这无疑可以理解为女孩对毫无意义语音的诠释。当然，意大利语"bambo（bambino）"也应归于此类。在此，我们还会提及"娃娃"的单词，例如：拉丁语"pupa"或者"puppa"，德语"puppe"以及带有派生词尾的法语"poupée"以及英语"puppet"①。这些词都有着丰富的词义扩展，比如："pupa（蚕蛹）"（丹麦语为"puppe"，等等）曾与"小巧"之义的拉丁语"pupillus""pupilla"联用，表示"小孩子、未成年人"，随后衍生出英语单词"pupil（弟子）"，但为了表示成年人眼中的小孩子，最后又派生出"小学生""瞳孔"之意。

　　孩子还有一些其他兴趣对象，如食物、乳房、瓶子，等等。在很多国家，学者已经观察到婴儿在很早的阶段使用长音"m"（无元音搭配）作为自己想要获得某一事物的语音标记，但是我们很难猜测该音的实际含义。婴儿不自觉地发出"m"，直到成年人听见该音并觉察婴儿到底想要什么。当孩子获得食物，开心地发出更加复杂的"m"音，如："am, mam, mammam, ama, mama, mammama"，这些可以解释为婴儿获取食物的方式，这与以"m"引导的"母亲"音组一致。而将其中某个发音确定为某种特定含义，通常是成年人决定的，只不过成年人又将这种意义"教给"孩子。最明显的例子是单词"ham"，泰纳曾经观察到"ham"是孩子饥饿或口渴的语音（"h"不发音？）。据我们所知，"mum（吃的东西）"一词

---

①　杰佛利·乔叟（Geoffrey Chaucer）《坎特伯雷故事集》（*The Canterbury Tales*），A 组第 3254 注释："popelote"。

是由达尔文的儿子发明的，并用升调说出，常表疑问，例如："你能给我'吃的东西（mum）'？"林德纳 1 岁 5 个月的孩子据说使用"papp"指代任何食物，用"mem"或"möm"表示任何饮品。而在正常语言中，梵语"māmsa"（哥特语"mimz"）"mās"，英语"meat"（丹麦语"mad"指代所有食物）与德语"mus（果酱）"，派生出"gemüse"，即蔬菜，拉丁语"mandere""manducare"，意为咀嚼，随后派生出法语"manger"，即吃，这些都是孩子借由初始发音"ma（m）"衍化而来的。

由于婴儿的最初营养来自母乳，令人欢快的单词"mamama"又可以指代乳房，于是，我们便有了拉丁语"mamma（乳房）"；增加一个词尾，即"mammila"，并派生出法语"mamelle"；增加唇音，我们便拥有了英语"pap（奶头）"，挪威语与瑞典语方言"pappe（乳房）"，拉丁语"papilla（乳头）"，与不同元音搭配产生的意大利语"poppa（乳房）"，法语"poupe（动物的乳头，过去指女性乳房）"；以"b"为首字母的相关单词：德语"bübbi（乳房）"，废弃的英语词"bubby（乳房）"；带有齿音的词汇：英语"teat（奶头）"，德语"zitze（乳头）"，意大利语"tetta（乳房）"，丹麦语"titte（乳房）"，瑞典语方言"tatte（奶头）"。此外，我们还有一些关联词，如：英语"pap（半流质食物）"，拉丁语"papare（吃）"，"吮吸"之意的德单词"pappen, pampen, pampfen"，也许"milk"一词的起源要追溯到婴儿的单词"ma"，它指代母亲的乳房或者乳汁；"milk"一词的后半部分可能与拉丁语"lac"有关。在格陵兰，"ama·ma"意为"哺乳"。

与上述词汇密不可分的是长音"m"或者"am"，二者均表现孩子吃到美食的喜悦之情。另外，包含长音"m"或者"am"的单词还包括苏格兰语"nyam"或"nyamnyam"，英国水手术语"yam（吃）"以及双齿音法语单词"nanan（糖果）"。一些语言学家会认为，拉丁语"amo（我爱）"源自"am"，因为二者均表达满足感。当一位父亲告诉我，他 1 岁 10 个月的儿子使用"nananæi""jajajaja"分别表示"巧克力"和"图画书"时，毫无疑问，这是成年人对孩子原本无意义语音的诠释。

另外，成年人可能屈从孩子的发音，例如，英语中的单词"tata（再见）"已纳入日常用语。① 斯特恩可能是正确的，他曾指出，与德国普遍使用的"ade（再见）"相比，法国的"adieu（再见）"如果不能轻易地成为孩子的语言，那么它就不会被德国与其他国家接受。

"bed（床）""sleep（睡觉）"恰恰属于孩子自然接受的单词，这样的单词还包括托斯卡纳语"nanna（摇篮）"，西班牙语"hacer la nana（去睡觉）"，英语"bye-bye（再见）"；另外，斯特恩还提到了"baba（柏林方言）""beibei（俄语）""bobo（马来语）"以及明显模仿"做嘘声"的"bischbisch"与丹麦语"visse"。

此类单词由于它们的特殊起源而被不断创新，在某种程度上超越了普通词汇。因此，人们不能从声音的原始形态中推断它们的音变规律，而是将它们视为不同语系之间原始亲缘的证据，即借词。但是，这样的做法依然错误，因为有些学者总是错误地认为（例如，斯拉夫语中的"baba"借用了土耳其语中的相关单词）英语中的"papa""mama""mamma"以及在德语、丹麦语、意大利语中的相似词汇都是从法语借来的。不过，保罗·爱德华·路德维希·柯尔（Paul Eduard Ludwig Cauer）正确指出，在《奥德赛》（Odyssey）中，诺西卡（Nausikaa）公主称呼她的父亲为"pappa fil"，荷马总不可能借用法语单词吧。② 另外，在决定孩子多长时间可以说出"爸爸"和"妈妈"的问题上，语言潮流的确起到一定作用。特别是在17世纪，法国的语言潮流可能已经传播到欧洲的其他国家。也许，我们无法在不同国家的文献中发现这些单词的早期使用情况，但这并不能证明它们未在托儿所被孩子使用。一旦这些单词在语言中具备特殊用法，便可作为借词在国家间传播，如在"abbot""pope"两个单词中，我们所看到的那样。关于这些单词的主要用法，我们可以认为某些种族的习俗决定了成年人希望从婴儿那里听到哪些单词，并最终认可"papa""dad""atta"包含"父亲"的意义。

当孩子把某物递给某人或者伸手去拿某物的时候，他通常会将谢谢说

---

① "tata"又意为"散步"（我们可以说："to go out for a ta-ta"或者"to go out ta-tas"）与"帽子"，该词的两个含义很可能是由孩子出门或准备出门时的发音衍变而来。

② See Homer, *Odyssey IV*, Oxford: Clarendon press, 1882, p.57.

成"ta"或者"da",由此,他的父母与其他人会把"ta"或"da"视为真正的单词。不过,语言不同,表达方式也不同。在英格兰,孩子用"there""thanks"表示拿和感谢,丹麦儿童则用"tak(谢谢)"① 或者"tag(拿)"。德国孩子使用"da(拿)",法国则用"tiens(拿着)",俄语"day(给)",意大利"to(togli)"。另外,荷马曾经把"tê"解释为"teinō(伸)"的祈使语气动词。不过,以上实例与本章讨论的主要内容稍有不同。②

_____

① 瑞典学者博林(Bolin)讲述自己孩子所说的"tatt-tat"一词被他理解为"tack(谢谢)",但当孩子把东西递给别人时,他同样使用"tatt-tat"。

② 本书第8章中提出的观点与斯特恩夫妇(Clara Stern & William Stern)的理论存在关联,参阅《儿童语言》(*Die Kindersprache*,1907)第19章,第300页。但笔者更加强调成人对孩子毫无意义音节的任意阐释性,我不认同斯特恩提出的"m"音节是"向心(centripetal)自然声音","p"音节是"离心自然声音"。赫尔曼·奥托·西奥多·保罗(Hermann Otto Theodor Paul)指出,托儿所时期的儿童语言如"bowwow, papa, mama"等"并不是孩子们发明的,而是经由他人传授。"参阅《语言史原理》(*Prinzipien der Sprachgeschichte*,1880)第127页。但是,保罗忽略了孩子在这些单词中,或者在其中的一些单词中所表达的自我。正如他所说,这些单词并非单纯地由成人创造。另外,我在冯特(Wilhelm Maximilian Wundt)《所谓孩子的造词》("Angebliche worterf-indung des kindes")的章节中,依然没有找到决定性的结论。参阅《语言学》(*Die Sprache*,1900)第1章,第273—287页;乔治·库尔蒂乌斯(Georg Curtius)认为希腊语"patēr"最开始缩写成"pâ",后又扩展成为"páppa",但事实却恰恰相反。参阅《最新语言学研究批评》(*Zur Kritik der Neuesten Sprachforschung*,1885)第88页。

# 第九章　儿童对语言发展的影响（上）

## 一　矛盾观

众所周知，在不同的历史时期，语言不断历经变化。我们有很多间接证据表明，即使是史前时期，语言也是如此。而这种无法避免的语言变化是否由孩子不完美模仿长辈话语所致？还是儿童的语言在一切语言史中并未发挥任何作用？关于这两个问题，我们发现语言学家的观点极为矛盾，他们并未做出彻底的探究。

曾经，有些学者认为，儿童学习语言毫无二致，他们对语言变化不用负责。其他学者持相反观点，在他们看来，语言变化最重要的因素在于语言传授给新一代的过程中产生的。面对这样一个问题，即便是最前沿的语言学家，他们的态度也摇摆不定。斯威特在不同时期发表不同观点便是最好的证明。1882 年，他指责保罗仅关注个人的"语音音变（shiftings）"，并无大局观，没有认识到"语音变化的最大原因在于一代人只能通过模仿学习上一代人的发音。除了模仿周围的语音外，一个人在语言学习过程中改变语音是否会对音变产生明显的影响，这是悬而未决的问题。"① 在 1899 年，他又宣称儿童学习母语的过程十分缓慢，"其结果也不尽如人意……假如一代代的儿童都能够完美地学习语言的话，那么语言不会改变：英国儿童至少会说与'盎格鲁—撒克逊语'一样古老的语言，也不会出现法语、意大利语这样的语言分支。虽然语言的变化只是某些细微的错误，但

---

① Henry Sweet, *Collected Papers of Henry Sweet*, p. 153.

历经几代人的努力，它彻底改变了语言特征。"[1] 仅在一年后，他又坚称孩子的模仿"在大多数情况下是完美的""音变的主要原因应当另寻他处。产生音变的真正内因似乎是由语言'有机变化（organic shifting）'所致，例如由粗心或者懒惰引发……婴儿时期产生的发音偏差极易受到忽视，特别是那些对自己发音做出同样改变之人。"[2] 从他专著的序言可以发现，斯威特所谓的"有机变化（organic shifting）"指的是成年人的音变，该概念恰好修正了儿童时期可以"完美"习得语音的论断。此外，在第 1 版的《语言史原理》（*Prinzipien der Sprachgeschichte*，1880）中，保罗并未提到儿童对音变的影响，但在后续的几个版本（1886 年第 2 版，第 58 页；1898 年第 3 版，第 58 页；1909 年第 4 版，第 63 页），他明确指出："音变的主因是语音向新一代个体传递中产生的"，因此同代人的音变很小。虽然，保罗早期受到斯威特的影响，但他最终修正了自己的观点，与斯威特理论相悖。[3]

　　当人们发现学者们以这种方式表达自己的观点，却几乎不给出任何理由时，人们更加确信该问题的答案就像掷硬币，尚无定论，又或者在"儿童的模仿几乎完美（children's imitation is nearly perfect）"这句话中，由于理解角度的不同，时而强调"几乎（nearly）"，时而强调"完美（perfect）"。不过，笔者相信，只要分解该问题，而不是将它视为一个模糊、不确定的整体的话，我们的认识将会更进一步。

---

① Henry Sweet, *The Practical Study of Languages*, London：Dent, 1899, p. 75.

② Henry Sweet, *The History of Language*, p. 19.

③ 阿尔伯特·道扎特（Albert Dauzat）的理论同样前后矛盾。1910 年，他认为语言变化并非由儿童不完美的模仿造成的。到了 1912 年，他却认为几乎所有的音变由孩子引发。参阅《语言的生命》（*La Vie du Langage*，1910）第 22 页；《语言哲学》（*La Philosophie du Langage*，1912）第 53 页。爱德华·韦克斯勒（Eduard Wechssler）引用奥托·布雷默（Otto Bremer）、保罗·帕西（Paul Passy）、让—皮埃尔·鲁斯洛（Jean-Pierre Rousselot）和阿克塞尔·加布里埃尔·瓦伦斯科德（Axel Gabriel Wallensköld）等人的著作，这些著作认为音变主要是由孩子所致。参阅《语音有规则吗？》（*Giebt es Lautgesetze*？1900）第 86 页；持该观点的学者还包括约翰·弗雷德里克·布雷达·斯托姆（Johan Fredrik Breda Storm）。参阅《语音学研究》（*Phonentische Studien*）第 5 期，第 200 页；亚历山大·伊万诺维奇·汤姆森（Alexander Ivanović Thomson）。参阅《印欧语系研究》（*Indogermanische Forschungen*）卷 24，第 9 页，以及 61 岁语言学家格拉蒙特（Maurice Grammont）的著作。许多学者似乎认为，当他们能够列举孩子的某些发音与语言的历史衍变存在共时变化的时候，该问题就解决了。

## 二　梅林格与类推

在新近学者当中，梅林格对类推构词的研究最为深入，他坚信与社会、经济等其他领域相似，推动语言发展的主力是成年男性，而非女人或者儿童。他曾经引用实例证明自己的观点，笔者却以此作为探讨问题的切入点。他指出："种种实例表明，它们（语言的变化）绝非由儿童引发。在爱奥尼亚、阿提卡以及莱斯沃斯岛所用的希腊语中，'数百'是由词尾'-kosioi（diakósioi，等）'表示，而在其他地方（如多利亚，维奥蒂亚），'数百'则用'-kátioi'表示。那么'-kósioi'里的'o'是如何出现的呢？人们认为，'o'源自表'数十'希腊语的词尾'-konta'。会不会是那些不到6岁刚学会讲话的孩子以'数十（-konta）'为基础，类推出'数百'？因为这些孩子只关注好玩的事情，不会专心练习'数百'的构词。"同样，类似的构词方式还存在于拉丁语中，据说，拉丁语的人称代词极易改变，孩子们只有完全掌握这门语言后，方才准确地使用人称代词。因此，梅林格得出结论，儿童为语言带来的变化微乎其微。

对此，我首先指出，即便上述实例并不能证明某些语言变化始于儿童，但该实例亦无法支持导致语言变化的其他原因。其次，梅林格提到的都是类推构词的例子。从这些实例的本质出发，我们发现，对于成年人与儿童来说，产生类推构词的必要条件完全相同。那么，这些必要条件到底是什么？当一个人有种冲动想要表达，却没能从大脑中提取相应词汇的时候，他只有在现有掌握的单词中进行类推。不论他是否听到别人说过相应的表述，还是亲自获得相应的传统表达，这些都不再重要，因为在那一刻，他并无现成的单词。无论这种经历出现在3岁的小孩子身上，还是发生在83岁的老者身上，二者的思维过程完全相同。因此，类推构词是否属于儿童这一问题，再也没有回答的必要了。梅林格论点在各个方面都站不住脚。

当然，我们也不能忽视，与成年人相比，儿童更具创造力，他们通过类推构词创造出更多的词汇。但在许多情况下，成年人更有机会获得语言的传统形式，他们并不会因为遗忘而疏于传统表达。但这依然没有触及我们需要探讨问题的实质。在人类的交流当中，即便是在成年人的语言内，他们同样不可避免地使用类推构词。仅仅依靠直接的传授，一个人无法习得语言的全部。可以说，语言不只复制，它同样产生新的事物，因为没有任何一次交流在所有细节上都与过往完全相同。

## 三　尤金·赫尔佐克音变论

现在，我们脱离类推导致的语言变化，探究单纯的音变是否由儿童模仿母语的过程中产生的。首先，我们须检验一个有趣的理论，"音变是否或者一定是新一代人类通过模仿母语产生的"。假如该论断得到肯定，那么它至少能够证明音变并非一蹴而就，而是渐进发展。例如在一种语言中，元音［e·］的发音越来越接近［i·］，最后变成了［i·］，如英语"see"的音变（起初，英语"see"的音标为［se·］，其元音发音与德语"see"的元音发音相同。现已衍变为［si·］）。尤金·赫尔佐格（Eugen Herzog）认为，这种音变是在传递至新一代人类的过程中产生的，不过，儿童无法用他们的小嘴发出和成年人一样的读音，除非调用自身发音器官的不同位置。于是，儿童保持这一不同位置的读音，直到口腔发育成熟。但在那时，他们的语音完全不同于上一辈人，这种音变又被下一代人类在发音器官的另一个位置上进行模仿。就这样，一代又一代的音变可以通过下列图示说明：

表 9-1　　　　　　　　　　　尤金·赫尔佐克音变化

| | | 口型 | 对应 | 发音 |
|---|---|---|---|---|
| 第一代人 | 幼年 | A1 | = | S1 |
| | 成年 | A1 | = | S2 |
| 第二代人 | 幼年 | A2 | = | S2 |
| | 成年 | A2 | = | S3 |
| 第三代人 | 幼年 | A3 | = | S3 |
| | 成年 | A3 | = | S4……① |

---

① 参阅尤金·赫尔佐格（Eugen Herzog）《罗曼语言学之争》（*Streitfragen der Romanischen Philologie I*, 1904）第 57 页，原图表中的符号，笔者稍作修改。

　　上图可以轻易地证明该理论的谬误之处。一、口腔的生长远不如人们通常认为的那般重要①；二、学界无法证明人类一旦确定了一种发声方式，就会一直沿用该方式发声，而更有可能，每个人都在不断地适应周围人的发音，即使这种适应不像儿童那般完美、迅速，换句话说，成年人语音中很少发生巨变，但这也不能证明成年人对新环境语音的"小适应（small adaptations）"存在什么错误。借助听力，持续调整自身发音，这一观点可用以下事实证明：一个完全失聪的成年人由于失去了通过听觉调整发音的能力，他们的话难以让人理解；三、这一理论还可以通过一种与现实生活相去甚远的方式看待世代人之间的关系：只要相差一定岁数（比如相差30岁）的人生活在一起，就能发现语言差距。但事情真相是，一个孩子通常被各个年龄段的人群包围，儿童或多或少向身边所有人学习语言，包括祖母到街边的小混混，并且，儿童的首席语言老师大多是与自己同龄的兄弟姐妹与玩伴（本书相关部分已经提及）。假如赫尔佐克的理论正确，那么任何人和他的祖父，或者和他的曾祖父，彼此在元音发音上都会存在不同，但事实远非如此；四、反对赫尔佐格理论的主要论点是，假如该理论正确，那么所有语言中的所有读音在任何情况下都会沿着同一方向改变。但这与语言史存在巨大矛盾。比如，英语长音"a"起初偏"o"，例如古英语中"stan, na, ham"的实际发音为"stone, no, home"，但在几个世纪后，长音"a"的发音口型呈扁平，逐渐向"e"衍变，成为现在的[ei]，如"name, man, take"。同样在丹麦语中，长音"a"的古老发音实际上是"å"，如"ål, gås"，而现代丹麦语长音"a"偏向[æ]，如"Gade, Hale"，等等。与此同时，长音"a"却在瑞典语中的发音口型呈圆形（参考法语"âme, pas"中"a"发音）。甚至在同系语言中，我们见证了语音的回向转变。在同系的其他语言，语音发展与之相反。所有可以追溯其漫长发展史的语言都是如此。所以，诸多语言呈现出元音音变的不同发展方向与赫尔佐格的观点完全不符。

---

① See Otto Jespersen, *Fonetik：En Systematisk Fremstilling af Læren om Sproglyd*, p. 379; See Otto Jespersen, *Phonetische Grundfragen*, p. 80.

## 四　语音渐变

我们最好抛开一些人为的理论，冷静地看待事实。当某些语音历经一个世纪向一个方向发展，却在下一个世纪朝着另外一个方向发展，又或者长期不变，这一现象的背后取决于没有任何标准足以衡量人类的习惯。比如，一名工人锯 100 根原木，并用 1 号原木测量 2 号原木的长度，再用 2 号原木测量 3 号原木。以此类推，你会发现第一根原木与最后一根原木在长度测量上存在巨大偏差，原因可能是每一根原木的测量误差都趋向同一方向，因此诸多误差的总和导致了 100 号原木比 1 号原木长得多，但这种误差亦可能相反。此外还存在另外一种可能，即在某一段序列中，工人锯木的长度明显超过之前的原木，而在随后的序列中，又让所锯之木明显短于之前的原木，以此修正误差。

这一比方与语音的产生是一致的：在某一时期，出于某种原因，在某种特定的情绪下，为了让我们的语言听起来更具权威性或者独特性，下腭会拉得更低一些，舌头比平时更向前伸一点，又或者受到疲劳、懒惰的影响，又或者为了嘲笑别人，抽着雪茄、口咬土豆等，发音可能不如平时。虽然，我们自始至终都秉持标准发音的观念，即正常程度的嘴部开合、送气，这一目标并非不变，我们唯一的语音标准便是所说之言能否被他人理解。被理解的部分还好，不符合这一标准的部分就必须更正并且准确重复，其目的用以回答"请您再说一遍？"的疑问。

每个人都认为自己今天所说与昨天一样，当然，这一点几乎可以做到。但是，无人敢承认自己的发音与二十年前完全相同。难道我们不能认为人的面容也是这么改变的？当一个人日复一日地和朋友在一起，粗略地看起来，他似乎还是几年前的自己，但一位久别重逢之人遇见他，会立即被他日积月累的容貌变化震撼到。

语音的变化的确没有人的外表变化迅速，道理很简单，个人改变发音远远不够，必须是众人配合的结果：语言的社会属性和社会目标包含了这样一个自然结果，那就是所有人须朝着一个方向运动，否则一个人就会抵消另一个人带来的发展；每个人也会持续地受到同伴的影响，会根据别人的声音印象，无意识地调整自己的发音。尽管受到保守因素的阻碍，细小音变依旧发生。我认为不必对新一代的语言传授做出大的改变：甚至在一个数百年来由同一批未死之人组成的社会中，语音渐变也会很好地进行下去。

## 五　语音突变

上一节提到的语音渐变，其发音与声学印象是一致的，不过也存在着一些特殊音变，它们的发音和声学印象并非一致，换句话说，旧语音与新语音的差别并非明显，但发音的器官位置以及发音方式却产生了变化，我们很难想象，在孩提时代学会正确发音之人，长大后的语音会有如此巨变：英语单词"thick"中的［þ］变为［f］，单词"mother"中的［ð］变为［v］。而另一方面，孩子们自然会以相对容易的读音或者近似的发音方式模仿更难的读音。于是，孩子们会用"fru"代替"through"，用"wiv, muvver"替代"with, mother"。这种情况不仅在未成年孩子的语音中极为常见，它同样频频出现在伦敦方言中。[1] 语音突变同样存在于古法语，例如：现代法语"muef"源自古法语"modu"，"nif"源自"nidu"，"fief"来自"feodu"，"seif"现读作"soif"，源自"site"一词，"estrif（英语 strife）"派生自"stridh"，"glaive"源自"gladiu"，"parvis"来自"paradis"，"avoutre"可能源自"adulteru"一词，"poveir"现读作"pouvoir"，源自"potere"。在古日耳曼语族中，"l"前的"þ"变为"f"，如哥特语"þlaqus"对应的古高地德语"vlach"，哥特语"þlaihan"对应古高地德语"flêhan"，哥特语"þliuhan"对应古高地德语"fliohan"。另外，英语"file"与德语"feile"均对应古诺尔斯语"þēl"，古英语"þeostre, fengel（王子）"可能源自德语"finster"，古高地德语"dinstar（'d'衍变自't'）"对应古英语"þeostre"。拉丁语也有相似的语音突变，如"fumus"对应梵语"dhumás"

---

① See Otto Jespersen, *Modern English Grammar on Historical Principles I*, Heidelberg: C. Winter, 1909, 13. 9.

与希腊语"thumós"。①

　　德语"buch"与苏格兰语"loch"中的辅音［x］变成"enough，cough"等单词中的"f"，这种变化同样是语音突变，并未经历循序渐进的语音演进过程，不过，对于已经学会该辅音的成年人来说，这种突变很难实现。由此，我们会轻易地想到这是由于新一代人有缺陷的模仿产生的。笔者试想，这种情况同样适用于从"kw"到"p"的变化，比如，希腊语"hippos""hepomai""hêpar"分别源自拉丁语"equus""sequor""jecur"，罗马尼亚语"apa"源自拉丁语"aqua"，威尔士语"map（儿子）"来自盖尔语"mac"，威尔士语"pedwar"源自爱尔兰语"cathir（四）"，等等。而在法国，我甚至听到孩子们把"cuisine（菜式）"说成［pizin］［pidin］。

## 六　语音同化

　　我们还会遇到另外一组极为重要的音变现象，它不仅包括了语音同化、长音组中辅音丢失以及语音易位（metathesis），并且与本书第9章，第4节中的语音突变存在共通之处，即音变瞬间产生，不存在任何中间变化过程。在任何语言中，语言学者都会熟悉此类语音音变。相关实例可参阅本书第5章，第4节。假如这类音变从未出现在成年人阶段，那么我们会认为，儿童对该音变的产生起到巨大的推动作用。不过，现实当中任何一位细心的学者都可以证明，成年人的话语同样存在这类错误：说话者和听话人在交流中不会留意彼此的语音错误，即使注意到，出于交流的目的，也无需纠正。当然，说话者有时会停下来，或重复之前的语句，或纠正自己的错误。基于该语言现象在成年人语言中出现的频率过低，我们无法得出"音变不能归咎于儿童"的结论，但是，由于该现象经常出现在孩子之中，我们亦得出以下推论："该语音突变不能完全归因于成年人"。当我们发现拉丁语"impotens，immeritus"中的"m"与"indignus，insolitus"中"n"的位置相同，或者发现英语"handkerchief"原始发音［ndk］

---

　　①　在俄语"Marfa，Fyodor"等词中，"f"源自"þ"，但这种情况并非出自同一语族音变，而是俄罗斯人在不完美模仿外来语（希腊语"th"）的过程中产生的。

变成［ŋk］，此类音变便不是由儿童或者成年人一方所致，而是双方共同作用的结果。当"waistcoat"［weskət］与"postman, castle"中的"t"不发音，或者"asked"里的"k"不发音时，产生此类音变的缘由同样归因于双方。只不过，二者的产生机制不同：老年人讲话时，一般遵循先"难"后"易"的发音特点。对于儿童，他们首先学会的是较为简单的发音，例如，在发双唇鼻辅音［m］与舌根软腭鼻辅音［ŋ］之前，他们先掌握［n］，或者他们完全听不出"waistcoat, postman, castle, asked"中间的辅音组合。但是，以上这些现象应该指向成年人与儿童的双方影响。[1]

## 七　残词

接下来，我们探讨"残词（stump-words）"的发展历程。毫无疑问，儿童与成年人都可能粗暴地缩略单词，但笔者相信，我们或多或少可以明确儿童与成年人对语言的发展做出的贡献。假如"残词"保留词尾、丢弃词首的话，那么这样的单词极有可能是儿童创造的（参阅本书第7章，第7节），该现象证实了儿童经常忘记词首或者无法记忆整词的论断。于是，我们得到一批残缺不全的教名（Christian names），如："Bert"（全称："Herbert"或"Albert"），"Bella"（全称："Arabella"），"Sander"（全称："Alexander"），"Lottie"（全称："Charlotte"），"Trix"（全称："Beatrix"），"Bess, Bet, Betty"（全称："Elizabeth"）。在其他语言中，类似的现象同样存在，如在丹麦语，"Bine"指代"Jakobine"，"Line"全称为"Karoline"，"Stine"指代"Kristine"，"Dres"意为"Andres"，等等。

对于孩子，他忘记词首记住词尾是极为自然的事情，但这与成年人熟悉单词并将单词有意截短（clip）的情况不同：成年人是在确定听者能够全部理解单词的基础上，保留相应的词首，例如：塞缪尔·约翰逊（Sam-

---

[1] 单词中非邻近音素也存在重复与同化，比如：法语中源自古法语"ante"（英语"aunt"源自拉丁语"amita"）的"tante"，源自"porcupine（porkepine, porkespine）"的"porpentine"（该词以及类推形式频繁出现在英国伊丽莎白一世时代的作品中），与单词中相邻音素同化不同，成年人使用该词产生音变的频率要比儿童低得多。参阅本书第15章，第4节。

uel Johnson) 博士并不是唯一一位 "截短他朋友名字之人。他能把 'Beau-clerc' 截短为 'Beau'; 'Boswell' 截短 'Bozzy'; 'Langton' 截短 'Lanky'; 'Murphy' 截短 'Mur'; 'Sheridan' 截短 'Sherry'; 以及奥利弗·戈德史密斯 (Oliver Goldsmith) 本人极为憎恶的截短词 'Goldy'。"① 另外，威廉·梅克比斯·萨克雷 (William Makepeace Thackeray) 常用 "Pen" 指代 "Arthur Pendennis"，"Cos" 指代 "Costigan"，"Fo" 指代 "Foker"，"Pop" "Popjoy"，"old Col" "Colchicum"。在 19 世纪初，拿破仑·波拿巴 (Napoleon Bonaparte) 普遍称作 "Nap" 或 "Boney"。之后不久，我们便有了对公众人物的简称，如 "Dizzy" 指代 "Disraeli"，"Pam" 指代 "Palmerston"，"Labby" 代表 "Labouchere" 等。这些残词的存在显然是成年人所为，而其他 "截短词 (clippings)" 亦是如此，甚至一部分截短词已经完全取代原词，如 "mob" 取代 "mobile"，"brig" 取代 "brigantine"，"fad" "fadaise"，"cab" "cabriolet"，"navvy" "navigator"。不过，其他依然是缩略词，例如 "photo" = "photograph"，"pub" = "public-house"，"caps" = "capital letters"，"spec" = "speculation"，"sov" = "sovereign"，"zep" = "Zeppelin"，"divvy" = "dividend"，"hip" = "hypochondria"，"the Cri and the Pavvy" = "the Criterion and the Pavilion"，等等。需要指出，有些截短词显然超出了儿童的语言能力水平，而一些缩略词却在中学和大学中比比皆是："Gym (nastics)" "undergrad (uate)"，"trig (onometry)" "lab (oratory)" "matric (ulation)" "prep (aration)" 以及指代 "the governor" 的 "the Guv"，等等。在其他语言中，截短词同样存在，如：英语 "kilo" 指代 "kilogram"，德语 "ober" 指代 "oberkellner"，法语 "aristo (crate)" "réac (tionnaire)"，等等。在大学的日常用语中，"desse" 指代 "descriptive"，"philo" 指代 "philosophie"，"preu" 指代 "premier"，"seu" 指代 "second"。丹麦语数字 "tres" 指代 "tresindstyve (60)，halvfjerds (indstyve)，firs (indstyve)"。通过丢弃词尾产生的缩略是已经掌握该词完整形式的成年人所为，这一规则同样扩展至诸多教名的截短，如："Fred" =

---

① Percy Hetherington Fitzgerald, *Life of James Boswell I*, New York: Appleton and Company, 1900, p. 486.

"Frederick"，"Em" = "Emily"，"Alec" = "Alexander"，"Di" = "Diana"，"Vic" = "Victoria"，等。我们还会发现其他语言中对名字的截短依旧富有规律：希腊语 "Zeuxis" = "Zeuxippos"，古高地德语 "Wolfo" = "Wolfbrand，Wolfgang" 等，冰岛语 "Sigga" = "Sigríðr"，"Siggi" = "Sigurðr"，等。

　　实际上，以上事实佐证了笔者的论述，即在截短姓氏的语言行为当中，从未出现过词首省略，因为，孩子们通常不使用姓氏。[①] 不过，这一规则并非绝对，比如："cello" 指代 "violoncello"，这毫无疑问是法国或者意大利成年人所为，原因在于 "violoncello" 的截短显然不能保留词首，否则会成为 "violon"，与 "violin（小提琴）" 发音混淆。"telephone" 的截短词也只能是 "phone"，否则词首 "tele" 与 "telegraph（电报）" 混淆读音。同理，"caravan" 截短词只能为 "van"，否则会成为单词 "car（小车）"。在 1829 年，自第一辆公共汽车（omnibus）出现在伦敦街头，截短词 "bus" 随之出现。该词不仅是对车辆声音的模仿，也暗含 "bustle（喧嚣）" 之意。不过，"tobacco" 的截短词 "bacco（baccer，baccy）" 与 "potatoes" 的截短词 "taters" 实属不同的缩略范畴，因为二者不是普遍意义上的截短，而是语音发展而来的纯粹产物，即二者中的第一个元音在快速发音中被省略（如，"I s'pose"），由此导致第一个清塞音无法听清，这也是查尔斯·约翰·赫法姆·狄更斯（Charles John Huffam Dickens）为何将 "tickerlerly" 视为 "particularly" 粗俗发音的原因。[②]

---

　　① 卡尔·桑德（Karl Sundén）的《现代英语省略词》（*Contributions to the Study of Elliptical Words in Modern English*，1904）只包含了部分截短姓名，至于普通姓名的截短词并未添列。另外，该著作虽然列举了几十个保留词首的姓氏，但仅提到两个保留词尾的姓氏，如："Bart" 指代 "Islebart"，"Piggy" 意为 "Guineapig"。但二者均出自不知名的小说。

　　② 学者常说，重音决定了截短部分，从先验角度看，的确如此。但在实际中，我们发现次重音音节同样被保留，例如："Mac（donald）" "Pen（dennis）"，并用 "Cri，Vic，Nap，Nat" 指代 "Nathaniel"，"Val" = "Percival" "Trix"，等等。语言从未出现过省略词首、词尾，保留单词中间的情况，因此，"Liz（源自 Lizzy）" 并非由 "Elizabeth" 截短而来，而是从 "Eliz" 间接衍生。事实上，成年人的一些截短词源自书面缩写，且大多涉及术语（如 "exam，trig" 等），比如，记者多用 "ad" 指代 "advertisement"，"par" 意指 "paragraph"，"caps" 指代 "capitals"。至于其他残词，可参阅本书第 14 章、第 8 节与第 9 节。

# 第十章　儿童对语言发展的影响（下）

## 一　混淆

不过，一些典型的"语音替换（sound-substitutions）"很难在儿童终生的语言中留有痕迹，因为该语言现象会在早期语言学习阶段被儿童彻底纠正。关于语音替换，笔者认为"t"替换"k"的现象最为普遍。而在这一语音现象背后，我们须寻得最根本的起因。因为，这一现象有时只是儿童的一种语言癖好，与早期不能发"k"的读音并不存在关联，而是两个具有相似读音的单词混淆所致（参阅本书第6章，第6节），比如，英语单词"mate"取代"make"，反映"丈夫或者妻子"的语音混淆，这是极为自然的语音现象，不仅在发音上，还是在含义上，"mate"都与"make"一词近似。另外，指代"鱼白（soft roe）"的单词原为"milk"（丹麦语"mælk"，德语"milch"），但自15世纪以来，"milt"已取代了"milk"，因为前者在当时就能够包含"脾脏"的含义。有趣的是，儿童会把读音近似的单词放在一起，即便彼此并无太大的意义关联。于是，我们就有了替代早期单词"bak，bakke（动物）"的"bat"，而"bat"的另一个词义是"棍子"，其二者含义相差甚远。

笔者认为，我们有必要解释一些特殊的语音替换实例，当儿童首次听到新词时，他们会对新单词以及不相关的单词产生语音混淆，例如："大象的鼻子"曾用"trump（源自法语'trompe'）"指代，与"trunk"语音混淆，随后又被后者替代；"stark-naked（赤裸）"的原词是"start-na-ked"，是将"stark（呆板的）"与"start（尾部的）"语音混淆，后被后者取代；源自法语"fente"的"vent（通风孔）"与"vent（呼吸）"语音混淆（亦如源自"fat"的"vat"，该词中的"v"并非由法国南方方言中的"f"音变而来，因为此类音变通常不会发生在法语借词当中）；替代"cacao"的"cocoa"与"coconut"语音混淆；源自法语"mèche"的英语单词"match（火柴）"与"match"的其他含义混淆；源自"chime"（德语"kimme"）意为"酒桶的边缘"的"chine"会与"chine（脊柱）"语音混淆。尽管，对于上述例子，笔者多少有些缺乏信心，但我本人对于此类单词幼稚的语音混淆毫无怀疑，因为它是语音发展中不规则现象的来源之一。

此外，语音替换也无法与"流俗词源"割离，比如："to curry favour（讨好）"替换过往的表达"to curry favel"，其中，"favel"意为"一匹休耕的马"，即对欺骗或者不诚实的隐喻，另可比较德语"den fahlen hengst reiten（行骗）"与"einen auf einem fahlen pferde ertappen（发现某人撒谎）"。

## 二　再分化

现在，我们来谈谈笔者大胆提出的"再分化（metanalysis）"理论，即对单词或者词组进行分化，但分化方式与前人不同。因为，每个孩子在与他人的对话中，自己必须猜出每个单词何处结束、何处开始，找出单词的词基与词尾等（参阅本书第7章，第6节）。在多数情况下，孩子的单词分化与前人相同，不过偶尔也会产生不同的分化方式，这种全新的分化（即再分化）可能最终广为接受，例如："A naddre"（源自中世纪英语"an nædre"）经历再分化，变为"an adder"。同样，"a napron：an apron""an nauger：an auger""a numpire：an umpire""an ewte：a newt（更古老的词形是'evete'，古英语为'efete'）"。上述新词都是经由再分化产生的。因此，再分化时而会缩短单词，时而会增加单词的长度，如在"th"同化为"t"之后，作为英格兰东北部约克郡三个行政区之一的"Riding"，它是由"North Thriding"① 再分化而来。"East Thriding""West Thriding"

---

① 源自古诺尔斯语"þriðjungr"，意为第三部分。

的产生亦如此。

再分化的常见做法之一便是删除词基中的字母"s"，这是因为人们会错误地把"s"视为复数词尾。于是，我们便有了"pea"代替过去的"peas, pease"，"cherry"替代中世纪英语单词"cherris"与法语单词"cerise"，用"asset"代替英语"assets"与法语"assez"，等等。其他相关实例还涉及俗语词"Chinee, Portuguee"等。[①]

新一代群体对语言造成的影响又体现在对曾经词组整合为一词的情况当中，例如，"he breakfasts, he breakfasted"替代过往的"he breaks fast 或者 he broke fast"；"vouchsafe, don（第三人称：'vouchsafes, dons'）"替代"vouch safe, do on（第三人称：'vouches safe, does on'）"。而一位已经习得某一单词且知晓该词完整拼写的成年人并不会改变单词的拼写。因此，以上所有的词形改变极有可能出自儿童，一旦把听到的单词做出错误的分化，那么儿童的一生都会不断重复地使用这些自创词。

## 三 词义变化

词义变化通常是渐进的，人们无法觉察变化过程中的全部阶段，就像音变一样，词义变化不仅是由那些早已熟悉该词义的前人造成的，它同样与新一代群体有关。作为例证，我们可以指出，词义的分散性已经改变了"soon"的含义。在古英语中，"soon"只有"立即"的含义。同理，"presently"与"anon"的古英语词义仅为"现在"；"dinner"源自古法语"disner"，其动词不定式为"desjeun"，随后衍生出现代法语词"déjeune（拉丁语'*desjejunare'）"，意为早餐。而最初意为"绘画"的"picture"，之后用于图纸、照片和其他图像的表述；作为最初修饰坚果、石头等事物的形容词"hard"，现在同样用于修饰其他单词；"fair"除了旧义"美丽"之外，如今也用来指代"金发女郎""公平正义"；早先，"meat"

---

① 参阅本人《基于历史原则的现代英语语法》（*Modern English Grammar on Historical Principles II*，1909）5.6；参阅《威廉·汤姆森纪念文集》（*Festskrift til Vilhelm Thomsen fra Disciple*，1894）第 1 页的本人论文《缩减词形》（"Subtraktionsdannelser"）。

专指一种食物（市贩肉），现用来指代所有食物（包括甜食、肉、饮料）；动词"grow"最早只能与植物搭配，后与"动物、头发、指甲、感情"搭配。除了增长之意，它甚至与"越来越小"这样的表语连用："grow smaller and smaller"；而单词"pretty"原义为"熟练的、机灵的"，如今却成为表示赞许的通用形容词，如在现代美语中，"a cunning child（一个机灵的孩子）"＝"a sweet boy"。除了"好看"，"pretty"还作程度副词，例如："pretty bad（很糟糕）"。总之，上述词义变化以及其他尚未列出的语言实例并不能全部归因于英语初学者，事实上，我们可将该语言现象解释为语言使用者在无数次将词义扩大和缩小之后的产物。

我们还会找到一些词义突变的单词，即词义变化过程中并无中间阶段。例如："bead"原义为"祷告"，后指"玻璃或者琥珀做成的多孔圆珠"。一些词义的改变有时是通过特定搭配产生的，虽然这种搭配在整体上只能有一种理解，但句法结构允许其中某个单词具备多个含义，这就为新词义的产生创造了机会，比如：短语"count your beads"原义为"数祷告"，由于祷告是用念珠计算的，于此"beads"转义为珠子，便失去了原义。① 这种词义误解显然不会发生在早已掌握该词原义的成年人身上，对于那些听到此类短语并对它们进行整体性理解的孩子来说，误解的产生是合理的，因此对该类短语无意识地分化（再分化）自然会与上代人不同。

此外，"boon"的原义同样为"祷告"，不过在如今，原义早已丢失，通过对"ask a boon（求恩）""grant a boon（受人恩赐）"等短语的再分化，"boon"的含义已变为"恩惠"或者"利益"。

在过去，"orient"常用于"东方明珠（orient pearl）"和"东方宝石（orient gem）"等词组。由于明珠和宝石都有光泽，"orient"由此成为一个形容词，即"闪耀的"，并与地理上的东方再无联系。例如，在莎士比亚的《维纳斯和阿多尼斯》（*Venus and Adonis*）第 981 行中，"an orient drop"喻指一滴眼泪；约翰·弥尔顿（John Milton）的《失乐园》（*Paradise Lost*）

---

① 近年来，特别是卡尔·科林（Carl Collin）对由歧义句法引发的语义变化进行了大量研究；参阅他的《语义学研究》（*Semasiologiska Studier*，1906）以及《后缀-ATA 意义的发展》（*Le Développement de Sens du Suffixe -ATA*，1918）第 3 章与第 4 章。科林对抽象名词到具象名词的意义过渡进行了大量探索，但未曾论及年轻一代人类在语义变化中所起到的作用。

第 1 卷，第 546 行："Ten thousand banners rise into the air，With orient（鲜艳的）colours waving"。

原本，"glad（高兴）""obliged（要求）""forced（被迫）"之间并无意义关联，不过，单词"fain"一旦置于句中，如"he was fain to leave the country"，年轻一代则将该句理解为"他必须离开"而非"他乐意离开"。

特定的句法结构也会导致词义的转变。如"I think""I like"替代"me thinks""me likes"，变化的主因是孩子们听到如"Mother thinks""Father likes"中的"mother""father"既可以是主格，也可以是宾格、与格，该句法结构会引发歧义，导致词义与动词结构"分离（shunting）"，而上述语言现象必然是在不熟悉传统句法结构的儿童大脑中产生的。

许多学者认为，遗忘是引发词义变化的另一因素。但这并非是真正意义上的遗忘，而是老一辈人将一个单词的词义与另一个单词的词义绑在一起。不过，新一代个体并非如此，儿童的大脑不会关联词义，对他们来说，每个单词都是封闭的个体，直到他们看到词与词之间的同源关系为止。比如：一名 6 岁的小女孩会问自己什么时候出生的。"你是 10 月 2 号出生的。""天啊，我是在生日那天出生的!"对于这种奇妙的巧合，她的眼睛闪烁着喜悦的光芒。最初，"farewell"一词只对即将离别之人所说。现在，某位要走的客人同样会对这家的主人说"farewell"，因为作为习惯用语的"farewell"不再包含其他关联意义。

如果将"he is bound for America"中的单词"bound"追溯至原始单词"bind"，那么此句话的含义完全不同。我们的祖先所要表达的含义实际是"他准备出发"而非"他必须走"，因为"bind"一词源自古诺尔斯语"búinn"，意为"准备就绪"。当年轻一代熟知某一单词以及相关词形之后，新的词义就会自然产生。当然，这种现象与"流俗词源（popular etymology）"密切相关。（参阅本书第 6 章，第 6 节）

## 四　分裂

语言上的"分裂（splittings）"或者"分化（differentiations）"的现象，即一个词变成两个词，在很大程度上可能是语言向新一代传播所致。

孩子们会从不同的成年人那里听到同一单词的两种发音，之后使用不同的概念对这两种发音进行区别。曾经，帕西从父亲那里学到"meule"一词，意为"磨石（grindstone）"，之后又从母亲那里学到"meule"，意为"圆锥形干草堆（haycock）"。虽然，父亲将上述两种含义"meule"读成［mœl］，母亲读作［mø·l］，孩子却用"［mœl］"指代"grindstone（磨石）"，用"［mø·l］"指代"haycock（干草堆）"。①

或许，孩子们在不同的人生阶段学习了同一单词，将之放入不同的语境，产生不同读音。笔者猜想，这或许是单词"medicine"两种发音产生的缘由：他们吃药［medsin］（二音节），他们学医［medisin］（三音节）。

孩子还会主动拆词。笔者的一位朋友曾经写道："我记得一位男同学说伍德博士成为新校长是件好事，因为他知道男孩子们什么时候是在'装模作样（shamming）'。一位同学却接着：这难道不好笑吗？这位新任校长甚至不清楚'Doctor'与'Docter'的区别。"在丹麦语中，对日本人的称呼可以是"Japanerne，Japaneserne"中的任意一个。有一次，我无意听到自己6岁10个月的儿子在给他的玩伴们讲课："'Japaneserne'是指日本士兵，'Japanerne'指日本学生、儿童，等等"。当然，这可能是他最初听到"Japaneserne"，有人向他展示一些日本士兵照片所致，而"Japanerne"则在其他场合听到。也许，这就是他做此区分的原因。笔者毫不怀疑诸多单词的分化是语言向新一代传递中产生的。而其他单词分化则存在于成年人的话语之内，比如"off"与"of"的区别：同为介词，前者有重音，后者无重音；"thorough"与"through"的差异：前者作为介词，出现在莎士比亚的著作："thorough bush, thorough brier（穿灌木、掠荆棘）。"但是，只有将某一单词的两种拼写视为两个独立词时，彻底分化才会产生。

## 五 小结

一些学者指出，儿童要么没有影响语言，要么对语言的发展起到关键性的推进作用。如上文所述，笔者已经把该问题分为若干层面，并深入至

---

① See Paul Passy, *Les Changements Phonétiques*, Paris: Firmin-Didot, 1890, p. 23.

语言变化的多个领域，以此探求哪些领域真正受到儿童语言的影响。其研究结果表明，试图分清儿童与成年人对语言影响的比例，既不科学也毫无意义，因为二者均推动了语言变化，比如：邻近同化，辅音组丢失，等等。而对于那些历经缓慢改变的单词来说，它们在读音或者词义上的变化自然要经历多个阶段，儿童与成年人须为此现象负责。另外，截短词都会出现在儿童与成年人的话语当中，成年人会保留词首，儿童保留词尾。当然，其中的某些单词读音或者词义上的改变是由儿童所致，比如，一些毫无中间发展阶段的词音或者词义，以及对相似单词的混淆、再分化与分裂。

在这里，笔者要坚持一种观点，这种观点在我们语言研究的过程中变得越来越清晰，那就是我们不应再提出这样的问题：语言变化的原因究竟是孩子还是成年人造成的？重要的区别不在于年龄，年龄差只是一个方面，重要的方面在于语言的初学者与掌握语言的使用者之间的差异。首先，关于后者研究，我们主要探究了使用者语言中的微小变化在历经漫长岁月后所形成的明显差异。但这种研究结果终究只是语言变化的中间阶段而非最终形态。与习得正确语言形式（或者最初形式）之后改变语言的情况不同，前者的改变是在初学词义与词形的过程中共时产生，或者更准确地说，是在语言传递给新一代人类个体的过程中形成的。如果再列举一些分化的例子，我们会发现，语言学习者的年龄并无说服力，比如，儿童会用如"a pea"或者"a cherry"代替"a pease"或者"a cherries"，至于"a Chinee, a Portuguee"的产生未必源自儿童语言。我相信此类错误不会发生在早已掌握"Chinese, Portuguese"为单数名词的语言使用者身上，而作为复数的"the Chinese, the Portuguese"则被语言初学者认为是"Chinee, Portuguee"加上词尾"-s"所构成的。在本书随后的章节，我们会发现，借词的发音与上述音变存在极为有趣的相似，即二者的创新都基于人类个体初学陌生语言。

## 六　间接影响

目前为止，我们已经探讨了哪些语言变化可能与儿童最初习得的语言有关。但我们尚未清楚儿童在语言的发展中扮演怎样的角色。而此处有两点须要与本书第 9 章探讨的语言现象做出明确区分：第一，成年人在一些情况下能够理解孩子特殊单词的意义，这就赋予了这些单词继续生存的机会；第二，成年人会刻意改变自己的语言以便与孩子交流。

至于第一点，我们可以从母亲和保姆将儿童可爱的词语留为己用的行为中找到实例。不过，这些单词通常仅限于家庭，只有在一些特殊的情况下，才能进一步传播。最典型的例子已经在上文涉及"mamma"词类的章节中进行了充分探讨。

至于第二点，成年人通常会调节他们的话语方式来满足孩子或多或少的想象力需求，一种方法是把单词读成孩子喜爱的发音，如用"dood，tum"替代"good，come"，等等。不过。这显然出于成年人的一种误解，也会阻碍儿童习得正确发音。孩子虽然最终学会了"good"与"come"这样的单词，但成年人的行为可能导致儿童误认为上述正确与错误的发音区分并非重要，认为这些单词的首音，既能读 [d] [t]，也能读 [g] [k]，甚至完全混淆。只有所有人一开始尽可能正确、清晰、优雅地发音，孩子的语言才会受益。当然，不是使用生硬的长句和迂腐的书面语，而用简单、自然的语言。当孩子出现语言错误时，最行之有效的纠正方法一定是间接的，即在犯错后，立即让孩子获得正确的词形。如果他说："一只马蜂'蜇（stinged）'了我"。你要回答："它'蜇了（stung）你'，马蜂'蜇（stung）了你'的时候很痛吗？"等等。不用特别强调，孩子下次就能使用正确词形。

不过，一些父母并非睿智。听到孩子讲错，自己也会使用"stinged"。甚至，保姆还创造了一套育儿语，他们认为这种语言可以让孩子们更加轻易地理解事物，但它只是对孩子语言错误的遐想，并非基于事实。另外，育儿语言中的诸多单词又是从保姆之间继承下来的，比如，"totties, totems, tootsies"指代"feet（脚）"。这些单词难道来自"trotters（猪蹄）"吗？另外，如用"toothy-peg"表示"tooth（牙齿）"，"tummy"或"tum-tum"意为"stomach（胃）"；使用"tootleums"替代"babies（婴儿）"，"shooshoo"指代"fly（飞）"。在此，我还可以提供一个育儿语样本："Didsum was denn? Oo did! Was ums de prettiest itta sweetums denn? Oo was. An' did um put' em in a nasty shawl an' joggle' em in an ole puff-puff, um did, was a shame! Hitchy cum, hitchy cum, hitchy cum hi, Chinaman no likey me."① 这不免让人想起洋泾浜英语。在本书之后的章节中，我们将会看到育儿语与洋泾浜语十分相似，二者均基于儿童和其他种族容易理解的基础上形成的，从而导致语言的堕落。

母亲和保姆常用小词（diminutives）与孩子说话，当这些词在日常用语中获得一席之地，便再不作为小词存在，而是替代了适当用语，这便是育儿语带来的另一后果。这种现象在罗曼语族中十分常见，例如："auricula"（法语"oreille"，意大利语"orecchio"）取代"auris"，"avicellus"（法语"oiseau"，意大利语"uccello"）替代"avis"。也许，我们还能忆起古典拉丁语"oculus（眼睛）"一词的存在？② 现代希腊语亦是如此，英语也存在同样的倾向，尽管小词词尾的形式不同。举一个例，原义为幼雏的英语单词"bird"与原义为兔子的"rabbit"取代了"fowl（飞禽）"与"coney（兔子）"。

许多国家都有育儿语影响正常语言的案例，比如替换"右（与'左'相对）"的古老单词。因为，区分左右对于儿童来说并非简单，即便学校里高年级的学生也往往需要看手上的疣子或者之类的事物，并想上一会儿，才能分辨左右。同时，母亲和保姆常常坚持使用右（dextra）手，当儿童无法分清左右时，她们认为自己说"不，右手"更易让孩子掌握。因此，在许多语言中，表示"正确"的单词往往蕴含"右侧"之意，如英语"right"，取代"zeso"的德语词"recht"，替代"destre"的法语词"droit"，以及在西班牙语中，替代"la diestra"的"la derecha"。同理，瑞典语"den vackra handen"取代"högra"。在日德兰半岛的方言中，"den kjön hånd"替代"höjre"。

## 七　新语言

在随后的章节中（参阅本书第 14 章，第 5 节），我们将提到一种假

---

① George Egerton, *Keynotes*, London: Elkin Mathews and John Lane, 1908, p. 85.
② 基于上述实例，笔者非常清楚地了解到，单词的消失有其内因，比如：长度过短，与其他词形相似，等等。此处让笔者感兴趣的是，这些替换词实属于育儿语言。

设，即战争时期的语言发展要比其他时期更为迅速，这是因为纷纷离开家园的男性要么客死他乡，要么定居国外，要么家中的女性承担繁重的农务劳作，无暇顾及家庭。这必然导致儿童拥有更多的独处时间，以至于他们的语言错误无法得到及时纠正。

早在 1886 年，美国种族学家霍雷肖·埃蒙斯·霍尔（Horatio Emmons Hale）提出一种观念，并成为以上论述的基础。① 由于这两篇文章在当时未引起知名学者的关注，笔者在此对他的论文简要概述，并结合近期学术成果，修正该理论中的错误。在文章中，霍尔解释了语言发展的三个阶段，即单音节阶段、黏着阶段与屈折阶段。

不过，让霍尔感到震惊的是，在美国俄勒冈州，一个比法国大不了多少的区域竟然存在着至少 30 种不同的语言。而更不可思议的是，这里不同区域的原住民可以使用 30 种不同的语言彼此交流。霍尔得出结论：语言的起源可以在儿童创造语言的本能中寻得踪迹。当两名牙牙学语的儿童凑在一起，他们便有机会创造出一套满足彼此交流目的的完整语言，但是，双方父母无法理解这种语言。在普通家庭中，这种语言的形成最可能发生在双胞胎身上，霍尔列举了几个例子（共计 5 个）并指出："很显然，为了确保新语言的创造，我们需要把 2 名及 2 名以上的孩子安置在一个完全隔离或者很少受到长辈语言影响的环境里。当然，他们必须在此环境中长大成人、组建家庭、养育后代，只有通过这种方式才能把新语言传播下去。"

在美国的狩猎部落中，霍尔发现了上述情况的存在，因为某些家庭会离开主部落，原因在于"近代，美洲大片土地被他国侵占，原住民逃亡到另一部落。在那里，假如受到热情接待，他们会很快成为该部落的族人。但在原始时期，当身处广阔的无人区时，他们可以轻松找到一处隐蔽角落或者丰饶山谷……一旦疾病或者狩猎不幸夺走了父母性命，子女存亡主要取决于气候是否恶劣以及一年四季获取食物的难易度。在古代欧洲大陆，

---

① See Horatio Emmons Hale, "The Origin of Languages", *Proceedings of the American Association for the Advancement of Science*, Vol. 35, 1886; See Horatio Emmons Hale, "The Development of Language", *the Canadian Institute*, Toronto, 1888.

在这种延续至今不变的气候条件下，一群不到 10 岁的孩子能否安然度冬，十分让人怀疑。所以，欧洲仅存 4—5 个语族，我们并不惊讶……在北美，落基山脉以东与热带以北的地区，情况与欧洲如出一辙……不过，有这么一个地方，大自然似乎成为人类热心的保姆与慷慨的后妈，它时刻保护着人类……那就是加利福尼亚。当地气候绝佳（霍尔在此长篇描述）……在这样一个四季如春、物产丰富之地生活着为数众多、彼此独立的部落，经调查发现，他们语言可以归属于 19 个语族。"在俄勒冈州和巴西内陆，霍尔发现类似的气候条件亦会带来相同的结果，即产生大量迥异的语言。如同南美地区一样，澳大利亚虽然存在成百上千、各自独立的部落，但他们却讲着同一种语言，因为"当地的自然条件不可能让一个儿童群体独立生存下来。整个澳大利亚连年干旱，食物少得可怜，以至于当地居民常常陷入析骨而炊的困境。"

以上就是霍尔的理论。在更加仔细的探究后，我们发现霍尔基于上述事实提出了两个基本观点：第一个观点，儿童创造了语言；第二个观点，语种地理分布。

关于霍尔的第一个观点，学者冯特予以否定。[①] 但这不能证明这一结论是否正确。首先，笔者须向读者介绍霍尔的 5 个案例报告。遗憾的是，他所收集的语料少之又少，以至于对他提及的孩子所创造的语言以及该语言与父母语言之间的关系，只能形成一种极不完善的概念。但无论怎样，他的研究终究还是有启发性的。在这些案例中，孩子似乎被他们的父母"宠坏了"。[②]

该案例中所记载的唯一单词是"nī-si-boo-a"意为"马车"。笔者不敢对该单词的来源妄加揣测，有人指出该词的音节有时会多次重复，从而构成一个较长的单词，这与我本人观察到的关于儿童造词游戏极为吻合。下一个案例的提供者是奥尔巴尼大学的医学博士洪（E. R. Hun）。在该案例中，儿童发明了更多类似法语的单词，尽管儿童的父母和仆人都不讲法

---

① 在过去，儿童在孤立的语言环境中创作的文学作品往往认为是寓言故事。参阅《语言学》（*Die Sprache I*，1900）第 286 页。

② See George Watson, *Universe of Language*, *Uniform Notation and Classification of Vowels*：*Adapted to all Languages*, New York：The Authors' Publishing Company, 1878.

语。霍尔认为，有些人可能"单纯出于好玩，教给孩子几个法语词。"但这样的解释无法自圆其说。首先，据我们所知，英语单词"feu"的发音与法语一样，且二者均意为"火、光、雪茄、太阳"；其次，它可能是英语"fire"的发音，也可能是对无元音的"fff"的模仿，又或者是吹蜡烛、吹火柴以及抽烟时发出的［fə·］，就像我认识的一名丹麦小孩，他先用"fff"指代"烟、蒸汽"，后用"fff"代表"漏斗、烟囱"，最终使用"fff"意指"任何高耸入云的事物"，如旗杆等；美国一名奥尔巴尼女孩为她的哥哥起名为"Petee-petee"，洪博士认为这个单词源自法语"petit（小）"，不过该词也可能源自英语"pet（宠物）"或"petty（小的）"。为了解释她所说的"ma（我）"，我们不必假定该单词是否源自法语"moi"，因为很明显，任何儿童都会误读英语中的"me"或者"my"。此外，根据洪博士的记录，女孩用于表示"不"的单词为"ne-pas"，该词同样不可能出自法语，至少不是从真正的法语中提炼出来的，原因在于"ne"和"pas"在她的话语中是分开的，且"ne"中的元音为清音，抑或该词完全不发音。假如女孩的发音近似［'nepa·］，这很可能只是一个不太完美且幼稚的"never"发音，如黑人的"nebber"；案例中的"too（所有，一切）"与法语"tout"一词十分相似，但是，谁会教给这名尚未正确说英语的女孩如此抽象的法语单词呢？另外，她所说的其他单词可从英语中得到解释："go-go"指代"美味，如砂糖、糖果或甜点"，很可能源自"goody-goody"或者"good-good"；"deer"指代"钱"，可能源自"dear（昂贵的）"一词；意为"发送、出去、带走"的"odo"明显含有"out（离开）"之意，例如："ma odo" = "我要出去"；"gaän" = "上帝"，尽管二者发音不同，但"gaän"必定为英语词，因为孩子绝不会自创这种古怪的词形；"pa-ma"意为"睡觉、枕头、床"，源自"by-bye"又或者涉及本书上文相关章节"mamma"的系列词汇；"mea"为"猫、绒毛"，这显然模仿了猫的叫声。至于其他单词，我无法推测。尽管一些词的引申义十分古怪，但并不比儿童话语中的普通单词令人吃惊，例如："papa, mamma"表示"爸爸""妈妈"，"papa-mamma"意为"教堂、祈祷书、十字架、牧师"，因为父母会准时参加教堂仪式；"gar odo"指代"骑马出去，去牵马"，又意为"纸、笔"，因为需要马车的神父通常用笔把请求写在纸上，送到马厩里。而在剩下的三个语言案例中，除了"shindikik（猫）"外，霍尔并未给出其他具体实例。不过，在这5个案例中，孩子们似乎都能胡言乱语、畅快交谈。

记录表明，有一个案例比霍尔的5个案例更为详细，那就是冰岛女孩塞恩（Sæunn）。① 塞恩出生于18世纪初，她生活在冰岛北部哈纳瓦坦斯镇（Húnavatns-syssel）的一个农场，自小便用周围人难以理解的语言与双胞胎弟弟交流。她的父母为此深感不安，决定把弟弟送走，不久，弟弟去世。父母随后尝试教她冰岛语，但很快（显然太快了）得出结论，女孩学不会这门语言。父母于是做出一个极为愚蠢的决定，二人学习女孩的语言，女孩的兄弟姐妹以及她的一些朋友同样如此。为了确保女孩得到教会的认可，她的哥哥还翻译了教义问答书（the catechism）并充当翻译。大家认为她是一个聪明、羞涩且疑心颇重的女孩，她甚至用自己的语言写诗。乔纳森提供了该女孩的语料，其中部分单词虽然难以辨认，但丹尼尔·弗雷德里克·埃施里希特（Daniel Frederik Eschricht）最终以冰岛语为基础，成功破译了她的语言。听过该语言的乔纳森认为，它在发音和结构上与冰岛语完全不同：该语言既无屈折，也缺乏代词，词汇量同样有限，因此她需要通过点头或者手势来弥补自己的语言欠缺，可想而知，与她交谈是件极为困难的事情。不过，乔纳森十分欣赏其中的一些复合词与独创性隐喻，尽管在冷静的埃施里希特看来，这些单词多少有些原始、幼稚，比如，"wether（阉羊）"说成"mepok-ill"，即"me（对"咩咩叫"的模仿）" + "pok（小袋子，冰岛语'poki'）" + "ill（切除）"。而记录中唯一完整的句子是"Dirfa offo nonona uhuh"，大意为"西格德起得太晚了"。埃施里希特在对整个案例的分析中，成功地剥去了该语言的神秘外壳。他认为，只要她的父母坚持对她讲冰岛语，女孩会很快忘记自己的语言，这无疑是正确的。埃施里希特还把女孩的话语与自己从家人与熟人孩子身上发现的丹麦语中的一些古怪缺陷进行了比较。

我在多年前阅读过此篇报告，自己也曾两次遇到类似案例，一次是在哈兰（瑞典），一次是在芬兰，但都无实质性进展。不过到了1903年，当我在哥本哈根大学讲授儿童语言时，自己有幸听说距离哥本哈根不远处有两名小

① See Jonasson & Eschricht, *Dansk Maanedsskrift*, 1858.

孩正使用自创语言。笔者当时竭尽所能对此案例进行多次实地考察，并核验他们的老师记录下的单词和句子。遗憾的是，在 1904 年，该调查被一次长途旅行打断。尽管如此，我依然对他们的自创语言有着相当充分的了解。

这两名男孩是对双胞胎，初次见面时，大约 5 岁半，彼此样貌相仿，连每天陪伴的家人都无法分辨。幼年时，母亲（单身女性）对他们疏于照料，他们不得不自己照顾自己。在很长的一段时间，母亲住在医院，二人和一位老妇人生活在一处偏僻之地，据说这位老妇人失聪，很少为二人操心。在这对双胞胎兄弟 4 岁的时候，教区发现二人疏于照料，说话晦涩难懂，便把他们送到西兰岛上一所"儿童之家"，在那里，二人得到了妥善的照顾。起初，二人非常害羞，沉默寡言，过了很长一段时间，他们才与其他孩子玩耍。我第一次见到他们的时候，这对兄弟已经学会了一些日常用语，能够听懂许多日常对话以及遵从一些吩咐（比如，"把脚凳放在我房间的壁炉边上"）。但他们不会讲丹麦语，也很少在别人面前说。独处时，二人可以自由交谈，说的却是一种让人无法理解的语言，因为有一天，我趁他们不注意躲在门后，有幸证实了这一点。到了后来，我成为了兄弟二人的好朋友。他们称呼我为"py-ma"，"py"在他们口中是"抽烟、烟、烟管、雪茄"之意，因为笔者总抽巧克力雪茄。随后，我请求兄弟二人重复一些他们的老师帮我记录下来的单词和短语，通过这种方式，我得以用音标记录一切。

在对这些发音分析后，笔者发现他们的语音器官完全正常。所使用的绝大多数单词明显来自丹麦语，尽管他们对这些单词进行了深度扭曲和截短，比如，丹麦语中并无清音"l"，但"lh"是非常常见的音节。当"lh"与其他以"-p"结尾的单词组合，就足以把原单词伪装成新词：丹麦语"sort（黑色）"变为"lhop"。接下来，我给出兄弟二人为新玩伴所起的名字，括号里是丹麦语："lhep（Svend），lhip（Vilhelm），lip（Elisabeth），lop（Charlotte），bap（Mandse）"。同理，"医生"被称作"dop"。在很多情况下，语音同化现象往往在非邻近音素间产生，例如丹麦语"mælk（牛奶）"被叫作"bep"，"blomst（花朵）"称为"bop"，"lys（光）"="lhylh"，"sukker（白糖）"="lholh"，"kulde（寒冷）"="lhulh"或者"ulh"，"seng（床）"="sæjs"，"fisk（鱼）"="se-is"。

在此，笔者附上一些完整句子："nina enaj una enaj hæna mad enaj（我们不会给小兔子喂食）"。其中，"nina"是"兔子（丹麦语'kanin'）"，"enaj"是"不（丹麦语'nej'）"。该词会在否定句中重复多次，这恰如古英语和班图语中的否定用法，而此句中的"una"表示"年轻的（丹麦语，'unge'）"。"Bap ep dop"意为"曼德斯把木马弄坏了"，字面义却是"曼德斯、马、碎片"。"Hos ia bov lhalh"为"哥哥的裤子湿了，玛利亚"，字面义是"裤子、玛利亚、哥哥、水"。可见，这些毫无屈折的单词放在一起，词序也与丹麦语词序完全不同。

只有一次，我无法辨别一些单词，因为我不仅可以将其理解为丹麦语的"小语言"，也可视为拟声词。但须谨记，兄弟二人讲了许多我们所有人都无法理解的单词。可惜的是，当笔者开始学习这种语言的时候，却发现与他们刚到儿童之家相比，这种语言已经很大程度上成为"社会化的语言"了。我注意到在对孩子观察的短暂时间里，他们不断进步，在记录的最后几句话中，二人甚至使用了属格。

当然，这对双胞胎的语言不能称为一种完整或者完善的语言。如果在20世纪初的一个文明国度，他们能够创造出与众不同的语言，那么在我看来，这无疑证实了霍尔第一个观点的正确性，即在一个人迹罕至且不易冻饿而死的区域，儿童会有更多的时间与同龄人相处，这为儿童内部创立相互理解的语言制造了条件，而这种语言与他们父母的语言截然不同，能够在真正意义上视为新语言。至此，我们可以转向霍尔理论中的第二个观点：地理因素。

据我所知，一些事实与该理论十分相符。从格陵兰岛东海岸到阿拉斯加，以因纽特人的语言为例，他们的语言差异小得惊人，在这片广袤的大地上，假如让孩子独自生活，那么他必定活不长久。或者我们以南半球的芬兰—乌戈尔语族为例，尽管该语族传播广泛，但彼此之间关联紧密。霍尔也探讨了美洲诸多语言。虽然，笔者从未对美洲语言拥有深刻的了解，但在一些才华横溢学者的最新著作中，我获得一种印象，那就是美洲语言不论在语音、语法结构还是在词汇方面都极为丰富。[①] 即使最新的研究认

---

① See Roland Burrage Dixon & Alfred Louis Kroeber, "The Native Languages of California", *American Anthropologist New Series*, Vol. 5, No. 1, 1903.

为不同的语族之间依然存在着某种亲缘关系，① 但这些语言的相似既非完整，也反复无常，甚至相差甚远，这似乎进一步支持了霍尔的理论。

至于巴西语言，我将引用卡尔·弗里德里希·菲利普·冯·马齐乌斯（Carl Friedrich Philipp von Martius）于 1867 年出版《美洲巴西种族志与语言研究》（*Beiträge zur Ethnographie und Sprachenkunde Amerikas zumal Brasiliens*）第 46 页的有趣论述："在巴西，人口稀少且分布不均，他们的躯体虽然在结构、性情、风俗、习惯上大体一致，但语言上却呈现惊人的多样性。一种语言通常只被少数几名亲戚内部使用。实际上，这种语言可视为'传家宝（a family heirloom）'，它将该语言的使用者和其他人隔离开，迫使二者之间的任何交流成为无稽之谈。这种情况亦如我们曾经乘坐的一艘航行在巴西内陆河的小船上，20 名桨手中只有 3，4 个人能够聚在一起聊天……至于其他人，他们肩并肩坐在一旁，一声不吭。"

所以，霍尔理论的确值得我们深入思考。在本书关于全球儿童语言探索之旅即将结束之际，我们占据了有利的理论位置，在此高地可以俯瞰全球，足以意识到儿童"小语言"中的新奇词汇可以揭示全球各大洲语系与语族的分布情况。是的，切莫轻视儿童！你会发现当伟大的语言正在衰落，稚嫩的孩童却在推动语言的发展。

---

① See Roland Burrage Dixon, "Linguistic Relationships within the Shasta-Achomawi Stock", *15ᵗʰ Le Congrès International des Américanistes*, Vol. 2, 1906, pp. 255–263.

# 第三卷

## 个人与世界

# 第十一章 外国人

## 一 底层语言论

显而易见，假如试图找出语言变化的原因，我们就须要把语言变化分为：

第一类：语言向新一代人类群体转移过程中所产生的变化；

第二类：与语言转换并无关联的变化。

但在现实中，试图区分这两种变化绝非易事，因为每个人的语言是与周围群体之间不断磨合中产生的。不过，这种划分依旧大体清晰，在随后的研究中应予以遵循。

在第一类中，语言变化的对象又可分为两类。第一类，"学习母语（mother-tongue）"的儿童，在本书第 2 卷，我们已经详细阐述。第二类，另一种语言传递至已掌握母语的个体上，并对母语施加影响。为了简洁起见，我们把已经掌握另外一种语言的人类称之为外国人。

早期的语言学家否定混合语言（mixed languages）的存在，但是，近期的研究却十分重视语言的混合，且以一种前所未有的审慎态度探究现存不同程度与特点的混合语言。在这里，笔者只提及一位学者的姓名：雨果·恩斯特·马里奥·舒哈特，可以说，他将语言学知识的深度与广度在真正意义上与哲学结合，尽管他众多零散的著述很难让人提炼出他对诸多语言问题的真实看法。

近年来，学者极为重视一种语言对另一种语言施加微妙且隐蔽的影响。在一般情况下，一个种族放弃旧语言而采用新语言的行为通常是军事征服的结果。根据这些案例，我们发现，即便使用新语言，人们同样保留诸多旧有语言习惯，特别是发音和重读，这导致了新语言在很大程度上受到旧语言的影响，形成我们通常所说的底层（sub-stratum）语言。由于最初的底层语言大范围传播，且受到不同区域被征服部落的语言影响而发生变化，这也就回答了语言分裂（splittings-up）现象产生的原因。

赫特甚至认为，凭借当前方言界线理论，我们可以轻易地判断出当地语言的使用范围。[①]

以这样的方式观察语言变化确实有合理之处，因为在日常生活中，普通外国人只要一张嘴就能暴露自己的国籍：意大利人或者德国人的英语与地道的英语不尽相同，同样，英式意大利语或者英式德语也与意大利语、德语迥异。特别是"p，t，k"是否送气，"b，d，g"是否发音，长元音的二合元音化（diphthongization）或者单元音化（monophthongization），音节的划分，语调中的各种特例等等。这一切都会影响外国人输出其他语言的语音效果。当然，有一种猜测，那就是欧洲与亚洲的原住民与其后代一样，他们都会把自己的语言习惯迁移至新语言当中。这极有可能是底层语言对征服性语言的发展施加了影响。不过，将底层语言论引入语言史并对某个案例具体分析，我们就会发现该理论的不足之处，它并不足以解释一切，所遇到的困难是无法使用该理论进行评判的。因此，出于具体案例的考虑，我们需要对语言底层论的一般性原则进行深入探讨。

## 二 法语"u"与西班牙语"h"

首先，笔者要提到格拉齐亚迪奥·以赛亚·阿斯科利（Graziadio Isaia Ascoli）的著名理论：法语中的 [y·] 指代拉丁语字母"u"，比如"dur"等单词是受高卢语的影响。[②] 事实上，阿斯科利是在探查曾经生活在贝尔格的古凯尔特人领地后，发现荷兰语 [y] 的存在，比如"duur"等单词，

---

① See Herman Alfred Hirt, *Die Indogermanen：Ihre Verbreitung，Ihre Urheimat und Ihre Kultur*, Strassburg：K. J. Trübner, 1905, p. 19.

② 威尔士语"din"（源自拉丁语"dun"）中的"i"是"u"转换至 [y] 的前提。

并由此构建了自己的理论。由于德国南部（高地德语使用地区）曾经受到凯尔特语言的影响，舒哈特在对德国南部地区（弗莱堡①）方言的研究中，对阿斯科利的［y］理论进行了补充。② 初识该理论，的确有说服力。但深究后，我们发现该论断存在诸多疑点。首先，在时间上，法语由"u"到"y"的转换并非在人类早期的历史阶段发生，原因在于"cure"中的"c"在当时已经先于"i"腭音化。③ 其次，法语单词中的元音音变引入英语，其元音并非等同于英语［y］，而是成为［iu］。对这一现象最好的解释是大约公元1200年，发音位置并未前移，并未形成如瑞典语"hus"中的"混合圆唇（mixed-round）"元音。所以，"u"发成［y］的地区与凯尔特语的发音地区并不一致。而且，如今的荷兰几乎未留下凯尔特人的任何足迹，即使在古凯尔特人曾经聚集的德国南部，［y］替代"u"的语音现象也未完全覆盖。而在法国领土之外的法兰克—普罗旺斯语（其底层语言为利古里亚语"Ligurian"）区域以及普罗旺斯地区④，我们却发现了［y］的存在。总之，不同区域［y］的非均衡性发展无法作为阿斯科利理论的有力证据。该理论另外一个致命缺点在于，从"u"到"y"的高卢语转换极不确定。⑤ 目前，只有一点能够明确，前元音"u"并不是常见的凯尔特语音转换，它并未出现在任何盖尔语（戈伊德尔语）的分支当中。⑥ 因此，从［u］到［y］转换可以发生在任何区域，且不受凯尔特语言影响，而是

---

① 弗莱堡位于德国西南边陲，靠近法国与瑞士。——译者注

② See Hugo Ernst Mario Schuchardt, *Slawo-Deutsches und Slawo-Italienisches*, Graz：Leuschner & Lubensky, 1884, p. 126.

③ See Rudolf Lenz, "Zur Physiologie und Geschichte der Palatalen", *Zeitschrift für Vergleichende Sprachforschung*, Vol. 29, 1888, pp. 1 – 59.

④ 普罗旺斯居住着极少数的高卢人。参阅韦克斯勒（Eduard Wechssler）《语音有规则吗?》（*Giebt es Lautgesetze?* 1900）第113页。

⑤ See Holger Pedersen, *Vergleichende Grammatik der Keltischen Sprachen I*, Göttingen：Vandenhoeck und Ruprecht, 1908, p. 353.

⑥ 笔者反对凯尔特语影响假说。参阅威廉·迈耶尔—吕布克（Wilhelm Meyer-Lübke）的《罗曼语言与现代文化》（*Die Romanischen Sprachen*, Kultur der Gegenwart, 1905）第457页；参阅卡尔·冯·爱特梅尔在威廉·奥古斯特·斯特雷特伯格（Streit Wilhelm August Streitberg）《印欧语言学史》（*Geschichte der Indogermanischen Sprachwissenschaft*, 1917）卷2，第265页；在《苏格兰东北部方言语音学研究》（*Phonology of the North-Eastern Scotch Dialect*, 1909）第53页，海因里希·穆奇曼（Heinrich Mutschmann）认为，由于凯尔特人的影响，苏格兰语中的"u"与高卢地区 （转下页）

受古希腊语的影响，另参阅瑞典语"hus"。

阿斯科利引证的另一个案例，即在古伊比利亚人很久之前占领的国家中，民众使用首字母"h"代替拉丁字母"f"。这导致了今天巴斯克语中的辅音以及辅音组并无"f"音的现象。假如与西班牙人相仿，巴斯克人因厌恶"f"而用"h"替代"f"的话，那么我们会认为，这种替换早在拉丁语第一次出现在西班牙伊伯利亚半岛时就已存在，并且拉丁语中带有"h"的辅音与辅音组均被"f"替代。可是，我们最终发现了什么？古西班牙语中的"f"就是现代西班牙语中的"h"（"h"完全不发音），这种现象无法完全归因于"拉丁语书写"。恰恰相反，"f"转换为"h"似乎是在罗马入侵后的几个世纪中产生的：在大约1500年，由于古罗马入侵，从西班牙迁徙至萨洛尼卡讲西班牙语的犹太人至今保留着"f"的发音习惯。①另外，"f"在特殊的辅音组中得以保留，如［w］之前的"f"："fuí, fuiste, fué"等；在"r"和"l"之前的"f"，如"fruto, flor"等词。如果说"f"转换为"h"是西班牙原住民缺少发"f"的语言能力的话，这同样让人费解。事实上，由"f"到"h"的转换首先出现在两个元音之间，随后以"f"为首字母的单词逐渐减少。可以说，迪兹的这一推断比后来的相关研究更为合理。②

## 三　日耳曼语族与凯尔特语族

西格蒙德·费斯特（Sigmund Feist）将底层语言论应用在日耳曼语族研究当中。③他认为，日耳曼人是北欧的原住民，他们与其他种族接触极

（接上页）拉丁语"ū"相似。不过他忘记了苏格兰的凯尔特语从未发现相应的元音前移。此外，复杂的苏格兰语语音现象无法与法语音变相提并论，苏格兰语［u］在许多单词中依然存在，且［i］通常等同于早期苏格兰语［o］。

①　See Friedrich Hanssen, *Spanische Grammatik auf Historischer Grundlage*, Halle：a. S., M. Niemeyer, 1910, p. 45；See Leo Wiener, "Songs of the Spanish Jews in the Balkan Peninsula II", *Modern Philology*, Vol. 1, No. 2, 1903, p. 205.

②　See Friedrich Christian Diez, *Grammatik der Romanischen Sprachen I*, Bonn：E. Weber, 1836, pp. 283, 373.

③　See Sigmund Feist, *Kultur, Ausbreitung und Herkunft der Indogermanen*, Berlin：Weidmann, 1913, p. 480；Theodor Wilhelm Braune, *Beiträge zur Geschichte der Deutschen Sprache und Literatur*, Vol. 36, 1910, Vol. 37, 1911.

少，冰河时期结束后便开始移民。但是雅利安（印度日耳曼语）部落的出现不会早于公元前 2000 年。他们迫使当地的原住民放弃自己的语言。而将日耳曼人"雅利安化"的种族必然是凯尔特人。在当时，他们对日耳曼人拥有绝对统治权，这一点可以在各种文化概念以及国家机构的借词中体现，例如：哥特语"reiks"意为"国王"，"andbahts"指代"仆人"。但凯尔特人教给日耳曼人的雅利安语历经了巨变，因为凯尔特人是按照自身的语言习惯发音的，并未习得雅利安语中自由的重音，这就导致了他们经常加重单词的首音节，从而破坏雅利安语的屈折形式。

但是，费斯特的理论经不起推敲。首先，凯尔特借词数量不大，我们无法推断凯尔特人是否具有足够压倒性的优势，强迫另一个种族彻底放弃自身的语言。无论是在数量上还是在重要性上，这些借词都难以与英语中的法语借词匹敌，即便如此，诺曼人也未曾成功地使用法语替代英语。如果费斯特的理论正确，那么在日耳曼语族中，我们不仅会看到一定数量的凯尔特借词，还会发现完整的凯尔特语言系统，包括单词与语法。可事实上，凯尔特语族和日耳曼语族之间存在着巨大的差异，后者在单词与语法的诸多细节实与雅利安语更为相似。据说，日耳曼语族中首音节重音是受原住民语言的影响。如果真是如此，这就意味着当地的原住种族为了适应新语言，将自己首音节重音的习惯很快运用到所有新词当中，就像现在的冰岛人一样。但这并不符合日耳曼语族的既定事实：正是词中音节重音或者词尾音节重音的出现导致了许多清辅音变为浊辅音（维尔纳定律）。[①] 这一事实本身足以证明辅音音变与重音转换无法同时发生，因此不可能像费斯特设想的那样，二者是出于同一原因造成的。而该种族也不会因为另一种语言的细微差别或者复杂的语言系统，就去破坏母语的屈折形式。如果真是如此的话，我们定会发现"洋泾浜英语（Pidgin English）"的存在，但是，最古老的日耳曼语族依然保留着大量古老的屈折词以及微妙的句法规则。甚至与凯尔特语族相比，日耳曼语族保留雅利安语的屈折词汇更加完整。

---

① 奇怪的是，费斯特在他早期的论文中使用该论点反驳赫特。参阅赫尔曼·奥托·保罗（Hermann Otto Theodor Paul）与西奥多·威廉·布劳恩（Theodor Wilhelm Braune）主编《德国语言与文学史研究》（*Beiträge zur Geschichte der Deutschen Sprache und Literatur*）第 37 期。

## 四 伊特鲁里亚语辅音与印度语辅音

在《印欧语系的文化、传播与起源》(*Kultur*, *Ausbreitung und Herkunft der Indogermanen*, 1913) 第 373 页,费斯特还谈到伊特鲁里亚语 (Etruscan),并表示该语言除了包含与拉丁语、希腊语相似的 "kh, th, ph",还包含了 "k (c), t, p" 等送气塞音。[1] 费斯特认为,这些送气塞音能够让学者轻易地联想到高地德语 (德国南部区域) 的语音系统,特别是阿尔卑斯山区方言,所以,这些辅音可以追溯到阿尔卑斯的远古原住民,而这正是他所认为的拉埃提亚人 (Rhætians),并以此发现拉埃提亚语与伊特鲁里亚语之间的关联。[2] 此外,他进一步发现日耳曼语与亚美尼亚语之间存在惊人的语音相似。在他看来,伊特鲁里亚人与古拉埃提亚人领地以及小亚细亚半岛对清塞音与送气音的偏爱都归因于同一原住种族的语言习惯。

对于上述论点,笔者十分疑惑。首先,伊特鲁里亚语言中字母的转译是否准确,尚待考证。许多论述均基于费斯特理论的假设,即伊特鲁里亚语转录的字母 "p, t, k" 实际是 "b, d, g" 的发音,而转录的 "th, kh (或希腊字母 φ, θ, χ)" 则是 "p, t, k"。不论如何,费斯特在此提出的假设实际与第一次 (日耳曼语音) 音变与第二次 (特别是高地德语) 音变毫无二致,虽然彼此的研究对象相隔数个世纪,且双方既不在相同的地理区域,也没有相似的语音系统。事实上,美洲语和古日耳曼语都不反对浊塞音,从中,我们找到了替换古代 "浊送气塞音 (mediæ aspiratæ)" 的 "b, d, g"。而这两种语言中曾经的清塞音最初可能并不送气 (aspirates),只是简单的 "清塞擦音 (voiceless spirants)",正如英语 "*father, th*ing",苏格兰语 "lo*ch*"。另外,需要注意,我们并未在拉埃提亚—罗曼语 (拉登语 "ladin") 或者托斯卡纳—意大利语 (Tuscan Italian) 中找到清塞音和塞擦音,这两种语言只包含了非送气音 "p, t, k" 以及浊音

---

[1] See Sigmund Feist, *Kultur, Ausbreitung und Herkunft der Indogermanen*, p. 373.

[2] See Hermann Paul& Wilhelm Braune, *Beitrage zur Geschichte der Deutschen Sprache*, Vol. 36, 1910.

"b，d，g"。并且在托斯卡纳语中，只有介于两个元音之间的"c"发[x]，就像"la casa［la xa·sa］"而非"a casa =［akka·sa］"才能被语音学家定义为"送气音（aspiration）"。可以说，这种发音方式与古老的伊特鲁里亚语几乎不存在任何关联。

　　依据学界广为接受的理论，雅利安人首次踏足印度，德拉威语族（Dravidian languages）对雅利安语产生了与众不同的影响：雅利安人逐渐适应"翘舌音（cacuminal）"，即"ḍh，ṭh"中带有"ḍ，ṭ，ṇ"，这种语音在以往的雅利安语中并不存在。不过，这一理论也没法驳斥反对者的意见。我们必须承认，一旦当地原住民习惯了"d，t，n"的发音方式，那么他们会无意识地使用传统发音方式处理新语言中的"d，t，n"。然而，德拉威语族和梵语都拥有纯正的齿音"d，t，n"，即舌尖触碰上齿发音，而翘舌音"ḍ，ṭ，ṇ"则是舌尖触碰牙龈或者硬腭的前部发音。只有在特定条件下，主要受到"r"影响时，梵语才会发翘舌音。但是，纯粹出于口腔生理上的因素，如今大多数语言中的舌颤音"r"比一般齿音的位置靠后。因此，人们在发齿音时，会将舌头自然拉至舌颤音的位置。印度语极易发生这种现象，事实上，它与其他方言中的同一发音并无关联，就像我们武断地认为瑞典语和东挪威语受到同样的影响，如在"bord，kort，barn，först"等单词中的"d，t，n，s"发翘舌音。此外，根据查尔斯·霍尔·格兰特（Charles Hall Grandgent）的说法，当他说美式英语时，在有"r"音的情况下，"dry，hard"中的"d"的发音才更为靠后。[①] 因此，上述例子并未让我们联想到语言的自然发展源于早已消失的原住种族。

## 五　日耳曼语族音变

　　自格林时代以来，日耳曼语族的辅音音变就困扰着语言学家。该语族的辅音音变已经成为一种独特（sui generis）现象，需要使用不同于其他语音的理论进行阐释。如今，学者已经给出了多种解释，一些解释我们稍后

---

　　① See Charles Hall Grandgent，"English in America"，*Die Neueren Sprachen*，Vol. 2，1895，p. 447.

探讨。其中最受欢迎的理论是将这种音变现象归因于种族底层语言。赫特、费斯特、梅耶等学者均认同此观点，尽管疑问一旦出现，他们的共识便不复存在。究竟是哪个种族，哪种语言导致了这场变化？在当时，一些学者谨慎地提出这必定是某个原始种族。有些人猜测是凯尔特人、芬兰人、拉埃提亚人或者伊特鲁里亚人——这些种族的提出明显带有投机主义倾向。

而笔者阅读过的有关音变问题的最新研究来自卡尔·韦斯理（Karl Wessely）。① 在文章中，他假设了一系列由近及远的底层语言：拉埃提亚——罗曼语导致了上部德语（Upper-German）② 的语音音变；凯尔特语导致了普通高地德语的语音音变；芬兰语首次导致了日耳曼语族的语音音变（根据维尔纳定律）。这种论断的优点在于按照年代顺序将语音音变整齐划分，除了最后阶段的音变，因为芬兰语被认为是对日耳曼语族产生了两次音变。不过，这两次音变相隔数世纪且无共同点。奇怪的是，在芬兰语影响下，从"p"到"f"与从"t"到"þ"的音变非比寻常。"f"和"þ"并未存在于现代芬兰语中，也未在古老的乌戈尔—芬兰语族（Ugro-Finnic）中出现。③

韦斯理认为，维尔纳发现的语音音变规律亦受芬兰语的影响。他给出以下两个理由：一、由于日耳曼语族与芬兰语辅音音变存在相似，他将这种情况称之为"塞塔拉定律（Setälä's law）"；二、雅利安人并不熟悉这种由发音位置不同而导致的音变。④ 但是，我们在400年前的英语中找到了由于发音位置不同而导致音变的实例，即重音导致了若干辅音变为浊音。⑤

---

① See Karl Wessely, *Anthropos*, Vol. 12 – 13, 1917, p. 540.

② 上部德语，又称南部德语，是德国最南部的高地德语。——译者注

③ 另外，西格蒙德·费斯特（Sigmund Feist）指出，"p"音变至"f"应归因于凯尔特人，因为首字母"p"在凯尔特语中并不存在。参阅《德国语言与文学史研究》（*Beiträge zur Geschichte der Deutschen Sprache und Literatur*）卷36，第329页；但是，读音消失与变为擦音是两码事，此处也无需断言"p"在消失之前已经转换为"f"。此外，在不考虑发音位置的情况下，正是日耳曼语的语音音变影响了全部塞音，而凯尔特语只影响到"p"的读音。

④ See Karl Wessely, *Anthropos*, Vol. 12 – 13, 1917, p. 543.

⑤ 比如，中世纪英语"knowleche, stonës［stɔ·nes］, off, with［wiþ］"变为现代英语"knowledge, stones［stounz］, of［ɔv, əv］, with［wið］"，等等；此外，试比较"possess, discern"与［z］，"exert"与［gz］，"exercise"与［ks］。参阅本人的《英语案例研究》（*Studier over Engelske Kasus*, 1891）第178页；参阅《基于历史原则的现代英语语法》（*Modern English Grammar on Historical Principles*, 1914）卷1, 6.5；参阅《语音学教科书》（*Lehrbuch der Phonetik*, 1904）第121页。

面对此现象，我们难道还会说，由于该音变与盎格鲁—撒克逊种族语言无关，因此想象一些非雅利安底层语言的存在？事实上，古日耳曼语族与英语的关系与古日耳曼语族与芬兰语的关系相比，前者更为紧密，因为在英语和古日耳曼语族当中，重音的位置是确定的，但芬兰语音变中的重音位置随意改变，例如：英语与古日耳曼语族中的相同辅音皆会音变（如塞擦音，也包括英语辅音组［tʃ，ks］，但无塞音）。在芬兰语中，主要是塞音产生变化。此外，英语与古日耳曼语族的变音只存在于浊音，与芬兰语中的双辅音与辅音组如 "pappi/papin，otta/otat，kukka/kukan，parempi/paremman，jalka/jalan" 等无关。总之，韦斯理的论文证实了一个道理：提出假设总是比寻找真相更加简单。

## 六　自然与特殊音变

梅耶指出，我们要对音变分为自然音变与特殊音变。[①] 首先，梅耶将前一类归纳为两个元音之间的辅音音变以及由于缩短长词而导致的词尾模糊发音。后一类（特定语言中的特殊音变），他认为，应包括日耳曼语族和亚美尼亚语辅音音变，希腊语和伊朗语辅音弱化，以及英语和斯拉夫语非圆唇后元音。不过，这些音变只能解释特定语言中的一种音变假设，并且这些音变属于与雅利安语语言习惯不同的种族。可惜的是，梅耶没有告诉我们如何衡量自然音变与特殊音变的区别。他承认，除了一些极端案例（已在本书相关章节提及），二者无法明显区分。笔者也承认，自己从未看出清塞音音变的 "非自然性"，如在与英语相似的法语中，清塞音 "p，t，k" 变为弱送气音（slightly aspirated sound），[②] 以及闭嘴放松状态下发出的［f，þ，x］等，[③] 这些现象与其他音变相比，为

---

① See *Mémoires de la Société de Linguistique de Paris*，Vol. 19，1916，pp. 164，172；*Bulletin de la Société de Linguistique de Paris*，Vol. 19，1916，p. 50；*Germanisch-Romanische Monatsschrift*，Vol. 18.

② See *Bulletin de la Société de Linguistique de Paris*，Vol. 19，1916，p. 50.

③ 在日常用语中，清塞音和送气清塞音可能会交替使用。笔者曾经观察到自己 1 岁 9 个月大的儿子清晰地使用法式清塞音。但在 5 个月后，他的 "p，t，k" 送气清塞音要比丹麦语发音强烈，这又让他花费 10 到 11 个月的时间纠正。

何"不自然"？需要怎样一种"机械降神（Deus Ex Machina）"的方式才能证明？另外，梅耶认为，英语"hut"等单词中的非圆唇音"u"大约始于 1600 年，那么当时的底层语言是什么？或者说，长元音"a"和"o"如何成为双元音的？

梅耶还提到，一些读音几乎存在于所有的语言之中。[①] 比如元音"a, i, u"之间均有辅音"p, t, k, n, m"的存在，而其他读音只能存在于特定的语言当中，例如：英语元音之间的"th"的两种发音，[②] 以及法语"u"与俄语"y"。不过，梅耶推断前一类的辅音具有稳定的发音，几个世纪以来都未曾改变，而后一类语音则更易改变，甚至消失。可事实无法证实梅耶的这一结论。据说，从古至今，雅利安语中的辅音"p, t, k, n, m"一直未变，辅音"p, t, k, n, m"最初只位于元音之前。这实际等于承认，在绝大多数情况下，语音与世界上很多事物一样，都是不稳定的。正如意大利语 [tʃ]，西班牙语"cielo"中的 [þ]，法语"ciel"中的 [s] 与"chien"中的 [ʃ]，英语"chin"中的 [tʃ]，瑞典语"kind" [tʃ]；挪威语"kind"中的 [c] 以及俄语"četyre, sto"中的 [tʃ, s]，等等，这些让我们联想到再无其他的辅音能够比词首元音之前的"k"更为不稳定的事实。至于梅耶给出的另一个案例：双唇音"f"。我们确实认为双唇音"f"极为罕见，很难在任何一种语言中找到它的身影。原因很简单，人类的上牙通常凸出于下颌，只有这样，下唇才能与上牙咬合。这自然会导致我们用唇齿音"f"替代双唇音"f"。另外，根据梅耶的理论，几乎所有的语言中都存在"s"，"s"的读音理应非常稳定。可实际上，在某些语言，它通常音变为"h"或者 [x] 甚至完全不发音。总之，发音"变与不变"的问题并非取决于辅音的"自然性"或者"普遍性"，而是取决于辅音在音节与单词中的位置。现在，我们也许能够发现稳定和自然之间的一些关联，例如：从最古老的雅利安语到现在的英语，长元音 [a·] 一直存在。可它从未稳定过，并且只要 [a·] 发生改变，就会产生另外一个单词，例如：（1）雅利安语"māter（母亲）"；（2）拉长"n"之前

---

① See *Mémoires de la Société de Linguistique de Paris*, Vol. 19, p. 172.
② [þ, ð]。——译者注

的短元音"a"：雅利安语"gās（鹅）""brāhta（过去时，带来）"；（3）拉平［ai］："stān（石头）"；（4）拉长短元音"a"："cāld（冷）"；（5）拉长开音节中的"a"："nāme（名字）"；（6）借用其他语言产生的现代英语单词："carve, calm, path"；（7）俗语中的［a·］变为双元音："mile, power"［ma·l］［pa·（ə）］。

## 七　底层语言的力量

在《罗曼语族与日耳曼语族的底层语言与借词：基于音频与文字的历史研究》（*Substrater og Laan i Romansk og Germansk：Studier i Lyd-og Ordhistorie*，1917）一书中，拉斯穆斯·维果·布龙达尔（Rasmus Viggo Bröndal）尝试为底层语言论注入新鲜血液。在他看来，底层语言的作用在于建立一种"不变的习语（constant idiom）"，这种习语"不会考虑时间、地点（without regard to place and time）"的变迁，[1] 比如，从拉丁语衍化至古法语，再由古法语衍化至中世纪法语，最后由中世纪法语衍化至现代法语的过程中，布龙达尔的任务是找出不同时期某些具体语言变化的倾向。而这些倾向都归因于作为底层语言的凯尔特语。随后，布龙达尔回顾了已知凯尔特人生活过地区的诸多语言，并寻找这些语言中的相同倾向。即便他成功地做到了这一点，达到了预期，也不过是他寻找的"倾向"十分笼统，且适用于任何语言罢了。另外，"倾向"中有关语音定义极不明确，又会导致在不同的语言案例中将不同类别甚至是相反类别的语音归为一类。出于本书篇幅的考虑，笔者无法在此详述，总之，我不赞成该理论，因为语音替换现象只能出现在数代人之后的语言中，其底层语言的作用才会凸显。如果凯尔特语的确"参与其中"的话，那么它早就影响了该语言。因为与历史上的其他事物一样，语言替换在语言衍变时期可能会对语言产生深远影响，但是，将数个世纪之后的语言变化与语言衍变时期的语言变化的相似性归因于底层语言，这是两码事。假设我们有一系列手稿，A，B，

---

① See Rasmus Viggo Bröndal, *Substrater og Laan i Romansk og Germansk：Studier i Lyd-og Ordhistorie*, Copenhagen：G. E. C. Gad, 1917, p.76.

C，D 等，其中 B 是 A 的副本，C 是 B 的副本，以此类推。如果副本 B 中出现了一处错误，那么该错误在后续的所有副本中均有出现。现在，假设手稿 M 与手稿 A（抄写员未见过手稿 A）一致，那么我们就会错误地认为手稿 M 与手稿 A 无关。这样的假设同样适用于语言学：每个人都从同代人身上学习语言，却没有机会从祖辈那里学习语音。因此，受凯尔特语的影响，古英语单词 "fæder" 中的 "æ" 变为 "a" 是可能的。但在数世纪之后，我们发现古英语中一些不曾具备 "æ" 发音的单词，如 "crab，hallow，act"，其中的 "a" 又变成了 [æ]（现代读音）。所以，我们不可能像布龙达尔，将这种变化全部归因于流传数代且从未说过也从未听过的 "凯尔特不变习语（constant Keltic idiom）"。即使跨越一代或几代产生 "返祖现象（Atavism）" 也毫无道理，因为词汇和语音仅仅是通过模仿而形成的习惯。

截至目前，底层语言论的探讨并未给我们带来任何积极成果。近年来，语言学家提出的理论总体上不尽如人意，其中一个原因是，他们研究的语音替换距离今天过于久远，研究对象虽然产生了丰富的衍生语言，但也无太大研究价值。除了利古里亚人（Ligurians）、维尼蒂人（Veneti）或伊比利亚人（Iberians）的名字外，我们还知道些什么？我们甚至都不知道古日耳曼和前凯尔特种族的名称！

至于在所有理论推演中扮演重要角色的凯尔特人，我们对他们的语言知之甚少，正如拿破仑的军队进攻俄国或者辛布里人（Cimbri）与条顿人（Teutoni）在意大利与罗马共和国进行的战争，凯尔特人一支小规模的军队仅在较短的时间内征服了某个国家，这对当地语言的影响微乎其微。现在，语言学家已经从博普及其拥趸力推的 "语源论（glottogonic）" 转向了 "方言论（dialectogonic）"，但研究视野毫无二致。

## 八 种族混合下的语言类型

当两个种族相遇，假如二者语言发生同化的条件相同，那么二者同化后的语言形态必定相同。这样的结论大错特错。乔治·亨普尔（George Hempl）在一篇极具学术价值的文章中，提出了种族混合后的语言主要类型。[1]

类型 I：征服者人数较少，他们虽贵为统治阶级，却因人数不足，无法将自己的母语强加于被征服的国家。于是，他们不得不学习当地语言。随着时间的流逝，相较于母语，他们的子孙可能更加了解被征服国家的语言，即使征服者的母语最终消失，征服者母语中的一些术语依然保留在政府、军事以及由他们掌控的领域内。纵观世界史，类型 I 的实例包括哥特人对意大利与西班牙的入侵，法兰克人征服高卢，诺曼人统治英格兰。当然，征服者的人数越多，与被征服者相处的时间越长，被征服者与征服者的国家关系越紧密，那么征服者对当地语言的影响就越大。所以，法兰克人对法语的影响要强于哥特人对西班牙语的影响，而诺曼人对英语的影响更甚。但是在上述例证中，人口较少的族群语言最终都将被同化，无一例外。

类型 II（a）：入侵者人数庞大，他们举家搬迁，在很长一段时间内，亲眷蜂拥而至。他们构成了当地社会的中、上层阶级以及部分下层阶级。在这种状况下，原住民或被迫离开，或沦为奴隶，除了一些卑微的职业、本国特色的物品名称以及地名之外，原住民的语言再无留存，被认为是奴隶语，弃之不用。例如：占领不列颠的盎格鲁人与撒克逊人，占领美洲与澳洲的欧洲人。尽管在后一个例子中，我们很难用种族混合来描述占领美洲、澳洲的欧洲人与当地原住民的关系。

类型 II（b）：一个强大的国家征服一个种族并吞并其领土，使之成为附属省份，除了派去总督和士兵，还包括商人与殖民者。这些人随后成为该地区上层阶级以及有影响力的中产阶级。数世纪后，假如该省依然接受殖民者的直接统治，那么越来越多的原住民将模仿殖民者的语言与习俗，比如：罗马帝国时期统治下的意大利人、西班牙人、高卢人，东德的斯拉夫人以及纽约州的荷兰人。如今，在美国路易斯安那州与宾夕法尼亚州殖民时期的法、德殖民定居点，这一过程依然进行。

类型 III：移民在不同时期分散进入，在当地沦为仆人或者卑微群体。通常，他们与同胞社交并无益处，而与当地人交往却获益良多。他们的发

---

[1]　See George Hempl, *Transactions of the American Philological Association*, Vol. 29, 1898, p. 31.

音越像本地人，就越能够快速地融入当地的生活。如果他们的孩子在衣着或者语言上暴露自己的外来血统，会被嘲笑为"荷兰人""爱尔兰人"或者其他外族人称谓。所以，他们必定煞费苦心，尽力摆脱所有关于他们异族起源的痕迹，尤其避免自身母语的使用。通过这种方式，大批的移民可能年复一年地被同化，直到他们成为当地种族的一部分，而他们的母语对这个国家的语言几乎没有任何影响。这就是当今美国各地发生的事情。

在类型 I 和类型 III 中，我们可以看到，原住民的语言占据优势，而在类型 II 的（a）与（b）中，最终获胜的是征服者的语言。除了类型 II（b）之外，其他类型的官方语是以多数人的语言为主。

语音替换现象发生在类型 III 的外来族群当中，其中部分人先学会英语后进入美国，而他们的孩子们则在家中讲母语。如果这些的孩子在幼年时期主要接触的是英语语言者，那么他们日后会精通英语。因此，大多数移民的孩子以及几乎所有后代成年后，他们的英语并无异域发音。出身并不会永久地影响他们的语言。同样，少数执政群体也会摒弃母语，学习原住民的语言，类型 I 便是佐证。而当原住民人数较少时，一如类型 II（a），原住民会逐渐摒弃自己的语言，学习大多数人使用的外来语，最终让该地区受到原住民母语的影响微乎其微。

与类型 II（b）不同：一个种族如果历经数个世纪都不说母语，而使用较少人数的统治阶级语言，那么在这种情形下，语音替换发挥了重要作用，并在很大程度上决定了该语言特征以及未来发展趋势。在此，亨普尔同意赫特的论断。赫特认为，语音替换现象基本（注意，并非完全!）可以解释罗曼语族内部以及高地德语与低地德语之间的差异。当莫里兹·莫姆·尼森（Moritz Momme Nissen）告诉亨普尔：从地理学上看，现代意大利方言地区与意大利半岛上曾经使用的非拉丁语地理位置非常接近时，他并不惊讶。不过，亨普尔严厉地批评赫特使用语音替换论解释雅利安语的语音分化现象。赫特认为产生雅利安语语音分化的条件与类型 I 相同，而结果却与类型 II（a）类似。亨普尔表示："赫特理论至关重要的一点，即与印欧原住民数量相比，征服者的数量相对较少……假如我们要证明印欧语系中各个语言的分化过程与罗曼语族的分化过程类似，那么就须证明这些语言分化发生的条件是相同的或者近似的。但是，即便粗略地考察罗曼语（拉丁语）国家罗曼语化（Romanized）的方式……我们也会清楚地看到，罗曼语族产生的条件与印欧语系形成的条件之间不可能存在相似。因为，罗曼语族在印欧语系形成之前就已存在。"亨普尔还批评赫特认为日耳曼语族的辅音音变是由语音替换引发的，例如，原始发音"t，th，d，dh"被日耳曼语族替换为"þ，þ，t，ð"。按照赫特的理论，这是由于被征服者用日耳曼语替代其母语发音所致，或者由原住民的发音发展而来。如果第一种假设正确的话，那么我们可以自问，作为征服者的日耳曼人为何不用自身母语中的"þ"替代印欧语系中的"t"，而是用"t"替代印欧语系的"d"，之后又用"t"替代印欧语系的"t"？如果第二种假设正确，那就说明原住民引入了与自身母语"t，th，d，dh"极为相似的读音。总之，从这种略有不同的音变到我们在日耳曼语中发现的音变都是后来衍化的结果，须用广为接受的理论加以阐释。

笔者之所以花这长篇幅探讨亨普尔的论文，是因为尽管该理论（在我看来）至关重要，但它经常被底层理论的支持者忽视。为了建立一个准确的理论，我们有必要采用科学的方法，尽可能多地检验种族混合的语言实例。在此方面，南美学者鲁道夫·伦茨（Rudolf Lenz Danziger）与罗马尼亚学者塞克斯蒂尔·约瑟夫·普斯卡鲁（Sextil Iosif Puşcariu）的发现极有学术价值。首先，伦茨发现智利的西班牙语在发音上曾经极大地受到当地阿劳坎人（Araucanian）的语言影响。[1] 那么使用该语言的人类群体，他们的现状如何呢？据统计，智利的西班牙移民主要以男性为主。绝大多数与当地女性结婚，并将子女交给印度仆人照料。这是由于相比南美洲其他地区，智利原住民族更为好战，在很长的一段时间，为了维护殖民地的稳定，西班牙士兵不断涌入，其中大部分最终选择在智利生活。

在16—17世纪，进入智利的西班牙士兵比其他南美地区的总人口还要多。在18世纪初，智利的印第安人不是被驱逐，就是被同化。19世纪南美解放战争初期，智利是唯一一个讲西班牙语的国家。智利大部分地区

---

① See Rudolf Lenz Danziger, *Beihefte zur Zeitschrift für Romanische Philologie*, Vol. 17, 1893, p. 188.

的人口密度高于其他南美地区，并且，智利人只会讲西班牙语。而在秘鲁和玻利维亚，几乎所有的村民只讲克丘亚语（Keshua）或者艾玛拉语（Aimará）。白人能够听懂这两种语言，偶尔也会使用。智利是唯一一个真正推动西班牙语发展的国家。[①] 而其他拉美国家只有上层统治阶级才会讲西班牙语，除了几座大型城市，其他区域几乎不存在以西班牙语为母语的下层阶级。这样我们就能了解到，学习西班牙语的秘鲁人，他们的发音要比普通智利人的发音更加纯正的原因。除发音外，受过教育的智利人，他们所说的西班牙语也比南美其他地区更标准、更流利，而后者的西班牙语发音生硬、单词匮乏，主要原因在于他们在童年时期首先学习的语言是印第安语。不过，伦茨的智利人语言研究常常被底层语言论的拥护者们过度引用，这一案例证实了语音替换现象只有在特定的条件下才能发生。

普斯卡鲁提到自己在一个被罗马尼亚语完全同化的撒克逊人村庄中，与一位农夫交谈数小时却未发觉这位农夫并不是罗马尼亚人的怪事。原来，这位撒克逊农夫同妻子讲撒克逊语，与儿子讲罗马尼亚语。农夫甚至发现自从掌握了罗马尼亚语的基本发音后，该语言的使用对他来说比母语更简单。在他身上并未发生语音替换现象。通常，我们会认为，假如两种语言之间的联系越少，那么二者在种族混合后的新语言中的痕迹就越少。[②] 原因在于语言相近的种族，彼此更易理解，这也是他们没有放弃母语发音的诱因。普斯卡鲁还发现，自己要摆脱罗马尼亚语音，要比掌握德语或者法语正确的发音还要困难。因此，他不相信原住民的语言对罗曼语族的形成产生了直接影响（与亨普尔相比，普斯卡鲁的观点更加绝对）。所有上述语言，特别是罗马尼亚语，经历了中世纪前期的彻底改变，这是随后几千年的语言发展无法比拟的，可能是当时的种族混合影响了一个年轻国家的整体特征，并通过这种方式影响了该国语言。当然，其他因素也发挥了重要作用，比如，有着全新发展目标的种族，由于与古罗马的政治重心不

---

① 在亨普尔的分类中，智利属于类型 II（a）的典型案例。

② See Wilhelm Meyer-Lübke, "Prinzipienfragen der Romanischen Sprachwissenschaft", *Beihefte zur Zeitschrift für Romanische Philologie*, Vol. 16, 1910, p. 49.

同，他们主动断绝与其他拉丁语国家的交往。除此之外，将日常用语从拉丁语的束缚中解脱出来也尤为重要。在公元 1 世纪，拉丁语对南美地区政治、教育有着重要影响，阻碍了当地语言的自然发展。随着公元 3 世纪教育水平的急剧下滑、政治事件频发，这些都阻碍了拉丁语的发展。过去，民众的语言长期受到束缚，如今通过合理的抗争获得了自由，其深远结果是诸多语言从拉丁语中分离出来。因此，我们不能混淆语言、国家或者种族的概念：以罗马尼亚为例，尽管该国不同地区的种族分布不同，但罗马尼亚语很少体现方言上的差异。①

## 九　小结

基于上述论证，我们获得这样一种印象：将语言的所有变化以及方言分化（dialectal differentiations）都归因于种族底层语言，这是极为片面的，一定还有其他因素在起作用。其中至关重要的因素便是地理阻隔或者其他社会因素造成了交流中断。如果把种族底层语言视为方言分化的主要或者唯一来源，那么我们很难解释冰岛语与挪威语之间的差异，因为"土地征用（land-taking）"②运动爆发时，冰岛人烟稀少。我们也难以解释法罗群岛方言之间的巨大区别。只要翻开本尼克（Bennike）和克里斯滕森（Kristensen）的丹麦方言图（或者法国方言图），我们会发现自己无法将各种语音交叉的现象完全归因于原住民的差异。另外，据说俄罗斯农民的发音毫无方言分歧，而在芬兰语、土耳其语、鞑靼语的居住区却存在方言分歧。因此，我认为语音替换不会为语言带来根本性的改变，在语言的发展过程中，它只起到很小的作用。或许，我们还可以从芬兰语的发展史找到一些有趣的事实：瑞典语一直是芬兰少数统治阶级使用的语言。直到 19

---

① See Wilhelm Meyer-Lübke, "Prinzipienfragen der Romanischen Sprachwissenschaft", *Beihefte zur Zeitschrift für Romanische Philologie*, Vol. 16, 1910, p. 51.

② 在斯堪的纳维亚人和凯尔特人于 9—10 世纪移民到冰岛之前，冰岛是世界上最后一个无人居住的大岛。冰岛在公元 930 年建立了世界上最早的议会（冰岛语：Altingi），此后冰岛保持了 300 年的独立。随后被挪威和丹麦统治，这里的"土地征用"指的是冰岛成为挪威王国的殖民地。——译者注

世纪，芬兰语才成为标准语言。不过，瑞典语和芬兰语的发音截然不同。芬兰语缺少很多瑞典语发音，例如"b, d（d 要么不发音，要么弱化为 r），g, f"。芬兰语中所有单词的词首只能有一个辅音字母。这导致了瑞典语"strand, skräddare（裁缝）"需使用借词"ranta, räätäli"表示。现在，尽管大多数讲瑞典语的芬兰人可能在儿童时期就讲芬兰语，并有芬兰仆人和玩伴教他们这门语言，但这些都没有影响他们瑞典语发音，因为他们并不是通过简化辅音组或是用"p"代替"b"等方式进行区别学习的，而是通过省略"复合声调（compound tone）"，延长如"ns"中的第二辅音，使用后元音"u"替代瑞典语混合元音（mixed vowel）的方式区别双语。

如果种族混合或者征服对方的过程中产生的语音替换不能在语言分化中起到重要作用，那么在所采用的借词形式中，语音替换扮演着重要角色。无论一个单词的最初引入者的发音有多么地道，当该单词被广泛借用时，使用者对它的外来起源一无所知，大多数人只会以母语的发音方式读这一单词。于是，我们就会看到母语中没有 [y] 的英国人和俄罗斯人从法语借来 [ju, iu] 代替 [y]。无浊音 [z] 和 [ʒ] 的斯堪的纳维亚语用清音 [s] 和 [ʃj] 或者 [sj] 替代法语或者英语借词"kusine, budget, jockey"中的相应发音。英语会将"bouquet, beau [bu·kei, bou]"等单词的最后一个元音改为双元音，并对"boulevard"等法语借词中的"r"模糊化。同样，母语养成的说话习惯也会影响借词的重音、语调：英语并没有如法语单词"bouquet, beau"中的短重元音（short stressed vowels）。因此，英国人倾向于把这些读音拉长，变为双元音，而法国人则强调借词中的词尾音节，比如"jury, reporter"。这些非常普遍的现象众所周知，无需深入说明。

对借词越熟悉，人们就越难以借词原本的方式发音或按照原语言的规则发音。因为，遵守借词的发音意味着整个发音器官都要满足借词中的一个或者多个发音要求，之后还要立即切换到母语的"基本发音（basis of articulation）"，对于这种情况，多数人无能为力，因为这会阻碍交流的流畅。

## 十　借词通论

在上一节，我们已经提到一个非常重要的概念，借词。[①] 没有一种语言是完全没有借词的，因为没有一个国家是完全孤立的。与其他国家的接触不可避免地导致对借词的借用，尽管借词的数量可能存在较大差异。关于借词，我们拥有一个基本原则，它是由恩斯特·威廉·奥斯卡·温迪思（Ernst Wilhelm Oskar Windisch）率先提出："并非某个国家学习了外语便会导致自身语言的混合，而是该语言在外语的影响下变成了混合语。"[②] 当我们试图学习并使用一种外语时，我们不会把母语的词汇引入外语，而是尽可能将外语说得地道。久而久之，我们会痛苦地意识到每一个母语单词的读音都掺杂了外语的读音方式。曾经，腓特烈大帝以他出色的法语自豪，在他的法语作品中，我们找不到任何一个德语单词，但当他写德语时，句句都是法语。在这种普遍的现象背后，我们会明白为何有那么少的凯尔特语单词被法语、英语借用。因为，统治阶级是不可能学习原住民的语言。对他们来讲，偶尔使用凯尔特语暴露了自己对一种遭人鄙视语言的熟知，这永远不是时尚。另外，凯尔特人必须学习自己主人（侵略者）的语言，而且要学得很好，甚至在日后与同伴的交谈中，也要掺杂着统治者的语言以示炫耀。因此，借词总是表现出该语言国家的优越性，尽管这种优越性可能以多种形式展现。

首先，借词不必具有广泛含义，在最具典型的例子中，借词的意义极为片面，只涉及一点。在此，我指的是某一地区或者某一种族拥有其他国家需要却无法生产的特殊物品或者产品。于是，当地人对该物品所赋予的名称自然与该物品一同被其它国家接受。最明显的例子便是饮品，如拉丁

---

① 笔者之所以使用"loan-words"与"borrowed words"这两个术语指代借词，是因为它们方便、稳妥，但非准确。语言借用与借刀、借钱存在两方面的本质区别：首先，借出方并未丧失该词的使用权。其次，借入方没有义务在未来的某一时刻将借词归还给借出方。语言学中所谓的"借用（borrowing）"其实就是模仿（imitation），它与孩子模仿父母讲话的唯一不同之处在于，模仿的只是语言的一部分，而非全部。

② Ernst Wilhelm Oskar Windisch, *Zur Theorie der Mischsprachen und Lehnwörter*, Leipzig, 1897, p. 107.

语"wine（葡萄酒）"，汉语"tea（茶）"，阿拉伯语"coffee（咖啡）"，墨西哥语"chocolate（巧克力）"，印度斯坦语"punch（潘趣酒）"；一种交通工具大约在1500年从匈牙利引入欧洲其他国家，因此欧洲语言多采用匈牙利语直接命名，如英语"coach"，德语"kutsche"，等等；再如"Moccasin"来自阿尔冈昆语（Algonquin），"bamboo"源自马来语，"tulip, turban"来自波斯语。而另一种稍有不同的借词便是一些以前不为人所知的植物或动物的名称，它们通过交流而为人熟悉，比如，我们从波斯语中借来"jasmine（茉莉花）"，从一些非洲语言中获取"chimpanzee（黑猩猩）"，在巴西语言中吸收"tapir（貘）"。虽然每一种外语只提供几个借词，但是，这些单词在所有语言中都曾出现。

此外，一部分借词构成了更加庞大的词群，反映出某一国家在某一领域上的巨大优势，比如，与数学和天文学有关的阿拉伯语借词，它们包括"algebra（代数），zero（零），cipher（密码），azimuth（方位），zenith（顶点），tariff（关税），alkali（碱），alcohol（酒精）"，与音乐和商业有关的意大利语借词："piano（钢琴），allegro（快板），andante（行板），solo（独奏），soprano（女高音）等"以及"bank（银行），bankrupt（破产），balance（余额），traffic（买卖），ducat（硬币），florin（弗罗林①）"。至于其他类别借词，笔者无需再多举例，因为每位对本书感兴趣的读者都能从自己过往的阅读中找到大量实例。而影响最为深远的借词大多源自法语、拉丁语和希腊语。自中世纪和文艺复兴以来，这3种语言的借词充斥着整个西方世界，占据了他国最高智力与高端技术活动的单词表。对于这些借词的详述，请参阅本人《英语的成长和结构》（*Growth and Structure of the English Language*，1905）第5章与第6章。

几个世纪以来，当一个国家接受了另一国家的文化时，它的语言可能受到该国语言的影响，于是，不仅仅是该国生活必需品的名称拥有借词的痕迹，甚至每句话中都有借词的身影。最典型的例子便是大量借用法语的

---

① 1252年热那亚和佛罗伦萨开始铸造名为热弗罗林（florin）的金币，这种金币重3.5克左右，足金。弗罗林币通过南欧日益重要的贸易线路进入西欧和北欧，成为后来大多数欧洲金币的原型。——译者注

英语，以及引入阿拉伯语的土耳其语。另一个例子是巴斯克语，在该语言中，与宗教、精神概念相关的词汇几乎全部来自拉丁语。因为，巴斯克人天生不善于用语言表达普遍、抽象的概念。虽然，巴斯克语含有特殊种类树的名称，但"树"一词所用的"arbolia"源自西班牙语"árbol"，"动物"是"animale"，"颜色""colore"，"植物""planta"或者"landare"，"花"为"lore"或"lili"，"东西""gauza"，"时间""dembora"。同样，炊具、服装、计量、纹章等诸多名称也都是借词，另外，"国王"是"errege"，"法律"为"lege, lage"，"主人"是"maisu"，等等。①

　　一般来讲，语言借用被认为是有必要的，但事实远非如此。当一个国家一旦养成了频繁使用借词的习惯，那么该国人原本可以用母语表达的概念将被替换为借词，这种母语与外来语混合的表达方式又被视为时尚或者高雅。而导致借词横行的另外一个原因便是懒惰，就像人们直接用外语原封不动地表达自己听到或者读到的想法一样，绝大多数借词的产生都是由译者造成的，因为他们大可通过母语的构词与派生避免借词的使用。因此，最彻底的话语混合与其说是由于种族混合，倒不如认为在持续不断的文化接触中，特别是在文学交流中产生的。这一点在英语中体现非常明显：英语中的罗曼语族成分只在很小程度上与诺曼王朝相关，而与随后几个世纪英、法两国和平共处有关。希腊语与拉丁语通过文学媒介传入英语，这一点无需多言。但这些借词中有许多极为多余，比如"英语本地词汇'cold，cool，chilly，icy，frosty'，它们早已满足了所有表达目的，没有必要再引入'Frigid，Gelid，Algid'等借词。并且，这些借词既没有出现在莎士比亚的作品以及《圣经》钦定本中，也没有出现在弥尔顿、亚历山大·蒲柏（Alexander Pope）、威廉·柯珀（William Cowper）与珀西·比希·雪莱（Percy Bysshe Shelley）等人的文学作品内。"② 不过，反过来讲，借词的输入又丰富了母语，让使用者获得更多语言形式，对思想具备更加微妙的表达。所以，借词的价值不能全盘否定，不能如某些"国粹主义

---

① See Rudolf Lenz Danziger, *Beihefte zur Zeitschrift für Romanische Philologie*, Vol. 17, 1893, p. 140.

② Otto Jespersen, *Growth and Structure of the English Language*, Leipzig: B. G. Teubner, 1905, p. 136.

者"所说，借词如瘟疫，都需摒弃。为了解决这一问题，我们需要将借词与表达同一概念的母语单词关联、比较，挖掘每一个借词的优缺点。

## 十一 借词种类

使用实词性借词（包括实质名词、形容词、实义动词），而非"虚"词（如：代词、介词、连词、助动词），这是极为自然的。但是，"实""虚"两类借词之间并无严格区别。一种语言虽然很少从另一种语言中借用数词，但在特殊的游戏内，这样的例子随处可见，比如，英格兰骰子与双陆棋（backgammon）的玩家多用法语词计数："ace，deuce，tray，cater，cinque，size"。英国网球比赛的分数计算："fifteen love（1 比 0）"等也在俄罗斯与丹麦沿用。在英格兰某些地区，威尔士数字直到最近才被发现，这类数字用以计算羊的数量。日德兰半岛的赶牛人过去常用低地德语 20 到 90 的数字，因为他们在汉堡和荷尔斯泰因习得了这种表达方式，目的是在两地贩牛。而丹麦语的笨拙与表达不清[①]可能是牧牛者偏爱使用德语词的原因。同样，因纽特人拙劣的计数方式（如"第 4 个人第 2 只脚上的第 3 个脚趾"，等）也有利于将丹麦语中的"100"和"1000"单词引入爱斯基摩语并添加相应词尾："untritigdlit，tusintigdlit"。日语中的绝大多数数字源自中国。当然，"million，milliard"这样的数词在大多数西方国家沿用至今。

此外，一种语言很少借用另一种语言介词，但拉丁语介词"per"却出现在英语、德语与丹麦语中，法语"à"也在德语与丹麦语中使用。二者均跨越了原有商业用语的使用范畴。另外，希腊语"kata"最初只用于商业，西班牙语则视其为日常单词，并衍化出代词"cada（每个）"。

借词、人称代词、指示代词、冠词等很少借用。不论人们多么想用这些借词装饰自己的语言，但是这些借词稳固交织在外来语言结构的最深处，因此无法借用。假如我们在一些例子中发现某种语言借用了这类借词，那么我们就有理由相信，这必定出于特殊原因。英语正是如此，它采

---

① 如丹麦语"halvtredsindstyve（50）"，意为低地德语"föfdix"，等等。

用了斯堪的纳维亚语的人称代词："they，them，their"。人们常说，英语是古英语（盎格鲁—撒克逊语）和法语的混合体，即便法语在词汇等方面对英语有着深远的影响，但与英格兰北部斯堪的纳维亚移居者更加微妙的作用相比，大众的结论往往是肤浅的。与法语对德语或者古日耳曼语族对芬兰语的影响程度相比，法语对英语的影响程度更深，但斯堪的纳维亚语对英语的影响性质是不同的，也许，与中世纪德语对丹麦语的影响作比较是最好的选择，因为英格兰本土拥有许多斯堪的纳维亚语地名，当时在英格兰定居的丹麦人与挪威人的数量必然庞大。而这又不能说明一切。一个最重要的因素是斯堪的纳维亚语与英语极为相似，当二者的战争结束后，入侵者和原住民在某种程度上能够相互理解对方的语言，就像说一种语言的两种方言一样。由于诸多常见的单词极为近似，其他单词只是略有不同，因此在中古英语文本中，我们发现同一概念拥有双种写法，一种是英语，一种是斯堪的纳维亚语，它们同时使用。其中的一些单词甚至沿用至今，尽管在意义上有所区别（比如："whole，hale；no，nay；from，fro；shirt，skirt"）。至于其他单词，无论是英语还是斯堪的纳维亚语，只有一种词形被保留了下来，如：斯堪的纳维亚语"sister，egg"最终取代了英语的"sweostor，ey"。所以，我们发现英语中存在着大量与众不同的借词，比如常用的动词与形容词："take，call，hit，die，ill，ugly，wrong"；非技术性名词："fellow，sky，skin，wing"等。这些表明两个种族与两种语言的深入融合，其产生的条件并不符合亨普尔（参阅本章第 8 节）提供的类型。事实上，在大多数混合语言中，二者保留着彼此大量不同的成分，就像洗完扑克牌的我们依旧可以挑出红心、黑桃一样。但是，对于英语与斯堪的纳维亚语来说，我们看到的是一种更加微妙、更为紧密的语言融入，恰如一块方糖放入茶中，几分钟后，我们早已分不清哪里是茶，哪里是糖。

## 十二 借词对语法的影响

人们通常会提出这样一个疑问：假如一种语言主要借用其他语言的单词，那么语言混合现象是否会影响该语言的语法。惠特尼明确提出了一种较为古老的学术观点："拥有混合语法的语言从未被语言学家接受：对他们来说，这是怪物。"① 这自然是一种夸张、不合理的说法，原因很简单，一种语言的词汇与其"语法属性"无法分开。事实上，我们在上一节提到了诸多包含自身属性的借词。当然，惠特尼的说法也有一定道理。当一个单词被借用时，它通常不会与其所有复杂屈折形式一同借用到另外一种语言当中，而被借用的语法形式往往只有一种，如主格形式、名词形式、动词不定式、现在时或者动词原形。随后，这种形式可以直接使用，也可与借用语言"语法规则"下的变格或者变位搭配。不过，当借用某个借词一种以上的屈折形式时，便是例外情况，当然，这种情况非常罕见，例如，古丹麦语中存在着借词的多种屈折形态：主格 "Christus"、属格 "Christi"、与格 "Christo"、"i theatro" 的诸多屈折形式以及德语借词 "mit den pronominibus" 的诸多形式。而在更多的例子中，借词的单、复数会同时借用，如英语 "fungi, formulæ, phenomena, seraphim"，等等。不过，借词总是被自然地添加英语复数的词尾，如 "funguses, formulas" 等，这种做法经常出现在日常单词中，如 "ideas, circuses, museums"。由于格、时态等在不同语言中往往是不规则的，且词汇的语法属性往往与词基紧密相连，极难区分，因此，无人将借词的词尾应用于母语之中。舒哈特曾经误认为，英语属格结尾 "-s" 被印度—葡萄牙语（东印度群岛）采用，在当地使用 "gobernadors casa" 指代 "总督府"，不过现在使用了正确的属格代词 "su"，即 "gobernador su casa"②。

　　人们一度认为，英语复数词尾 "-s" 在古英语中的应用受到限制，应该将其使用范围的扩大归功于法语的影响。笔者坚信，该观点最终在 1891 年我对它提出的 6 个反对意见中被推翻了。③ 在上文谈及斯堪的纳维亚语对英语的影响力之后，笔者认为欧内斯特·克拉森（Ernest Classen）的观点是正确的，他指出，在英语 "-s" 词尾最终战胜 "-n" 词尾的过程中，丹麦人起到了关键性的作用，因为丹麦语中没有以 "-n" 结尾的复数形式，

---

① William Dwight Whitney, *Language and the Study of Language: Twelve Lectures on the Principles of Linguistic Science*, p. 199.

② Deutsche Akademie der Wissenschaften zu Berlin, *Sitzungsberichte der Preussischen Akademie der Wissenschaften*, 1917, p. 524.

③ See Otto Jespersen, *Chapters on English*, London: Allen and Unwin, Ltd., 1918.

"-s"词尾又让丹麦人想起了"-r"结尾的母语。除了这一点，斯堪的纳维亚语对英语的影响总体上是均衡、自然的，因为二者共通的词汇在很大程度上带来了相互理解，而语法上的许多细微差别又被忽略。因此，在丹麦移民点最为密集的地区，语法形式的丢失比英国南部早几个世纪。

虽然，派生词尾属于语言的"语法属性"，但许多派生词尾已经作为借词的一部分被其他语言借用，并与其他语言自由地组合在一起。这种现象在英语中极为常见，例如，罗曼语族词尾"-ess（shepherdess，seeress）""-ment（endearment，bewilderment）""-age（mileage，cleavage，shortage）""-ance（hindrance，forbearance）"，等等。在丹麦语与德语中，上述类似的单词数量要少得多，不过，我们依旧发现以"-isme，-ismus，-ianer"结尾并于近期出现的单词，以及一些更加古老的单词，如"bageri，bäckerei"，等等。前缀亦是如此，英语已经产生了许多带有"de-，co-，inter-，pre-，anti-"以及一些传统前缀的单词，如"de-anglicize，co-godfather，inter-marriage，at pre-war prices，anti-slavery"等。① "ex-"也已出现在多种语言当中，如"ex-king，ex-roi，ex-konge，ex-könig"，等等。而在丹麦语，前缀"be-"是从德语借用而来，并广泛地与丹麦语结合："bebrejde，bebo，bebygge"。这也只是斯堪的纳维亚语广泛使用的德语前缀之一。

至于句法，仅存在一种普遍共识：语言之间确实存在句法上的相互影响。外语初学者往往在外语使用过程中带入母语的句法结构。这一方面的实例大多收录于舒哈特的《斯拉夫—德语与斯拉夫—意大利语》（*Slawo-Deutsches u. Slawo-Italienisches*，1885）。不过，令人怀疑的是，这些句法对任何一种语言所产生的作用，与外国作品译介对母语的影响，其二者是否存在相同的"持续效果"。在纯文学的译介之内，大量法语、拉丁语习语与短语引入至英语、德语与斯堪的纳维亚语，而德语习语、短语又进入丹麦语与瑞典语。在古英语中，宾格结构和不定式的使用非常有限，但在拉丁语的影响下，英语宾格结构使用范围却大大扩展，随即产生所谓的"绝

---

① See Otto Jespersen, *Growth and Structure of the English Language*; See Otto Jespersen, *Modern English Grammar on Historical Principles II*, 14.66.

对结构（absolute construction）"①，这似乎是对拉丁语句法的完全模仿。而在巴尔干半岛语言中，一些有趣的例子表明，语言之间的句法必然受到口语的影响，因为居住在国界的民族须不断地从一种语言切换到另一种语言。另外，不定式已经从希腊语、罗马尼亚语和阿尔巴尼亚语中消失，在罗马尼亚语、阿尔巴尼亚语和保加利亚语中，定冠词也置于实质名词之后。

## 十三　译借词

除了直接使用借词，还有间接使用借词即"译借词（translation loan-words）"的习惯。这些译借词不仅模仿外语的相关词汇，同时也包含了母语特点。笔者从桑德菲尔德的优秀论文中摘取一些实例，如"ædificatio"译为德语"erbauung"，丹麦语"opbyggelse"；"æquilibrium"译为德语"gleich-gewicht"，丹麦语"ligevægt"；"beneficium"译为德语"wohltat"，丹麦语"velgerning"；"conscientia"译为哥特语"miþwissi"，德语"gewissen"，丹麦语"samvittighed"，瑞典语"samvete"，俄语"soznanie"；"omnipotens"译为英语"almighty"，德语"allmächtig"，丹麦语"almægtig"；"arrière-pensée"译为德语"hintergedanke"，丹麦语"bagtanke"；"bien-être"译为德语"wohlsein"，丹麦语"velvære"；"exposition"译为德语"austellung"，丹麦语"udstilling"，等等。② 桑德菲尔德给出了更多例子，正如他在大多数情况下能够给出源自斯拉夫语系以及匈牙利语、芬兰语的对应词一样，他恰好通过整理此类单词，有助于理解不同民族的思维与表达方式。对于这一观点，巴利称之为"欧洲精神（la mentalité européenne）"。但是，英语不同于绝大多数欧洲语言，它更倾于使用借词，而非翻译。

---

① 在我本人的语法术语中，被称为"二次修饰语结构（duplex subjunct）"。
② See Kristian Sandfeld, *Festschrift*：*Vilhelm Thomsen zur Vollendung des Siebzigsten Lebensjahres*，1912.

# 第十二章　皮钦语

## 一　比斯拉马语

在当今世界的许多地区，我们都能找到欧洲文明与其他种族交流所使用的语言，作为此类之中的典型，我们称其为"比斯拉马语（Beach-la-mar）"（或"Beche-le-mar"或"Beche de mer English"）①，有时也称它为"檀香英语（Sandalwood English）"。整个西太平洋都使用该语言。事实上，这种语言的传播很大程度依靠"黑奴贩卖（blackbirding）"。在过去，白人把许多来自不同岛屿的岛民聚集在同一座种植园中，由于他们不懂对方的语言，唯一交流方式便是使用从白人那里习得的蹩脚英语。现在，岛民不仅互相学习这种语言，甚至在多地，欧洲人不得不向这些岛民学习比斯拉马语。"于是，原住民为欧洲人学习该语言制定了规则。即便是英国人也

---

① 该词源极为奇特，葡萄牙语为"bicho de mar"，源自"bicho（蠕虫）"，即海蛞蝓或海参，中国人视为海鲜，法语为"bêche de mer"；该词的第二词源是英语"beach-la-mar"，疑为"beach"的复合词。本章选用的语料包括雨果·恩斯特·马里奥·舒哈特（Hugo Ernst Mario Schuchardt）《克里奥尔语研究（五）：美拉尼西亚—英语》（*Kreolische Studien V. ueber das Melaneso-Englische*，1883）；《英语研究》（*Englische Studien*）卷13，第158页；丘吉尔（Winston Leonard Spencer Churchill）《比斯拉马语：西太平洋土语或贸易用语》（*Beach-la-Mar, the Jargon or Trade Speech of the Western Pacific*，1911）；杰克·伦敦（Jack London）《斯纳克之旅》（*The Cruise of the Snark*，1911），古恩纳尔·兰特曼（Gunnar Landtman）《新语言交流》（*Neuphilologische Mitteilungen*，1918）第62页起，兰特曼称之为"英属新几内亚洋泾浜英语"，尽管他所研究的洋泾浜英语与普通洋泾浜英语有所差异；兰特曼《托雷斯海峡英语土语研究》（"The Jargon English of Torres Straits"）《剑桥大学托雷斯海峡人类学考察报告》（*Reports of the Cambridge Anthropological Expedition to Torres Straits*）卷3，第251页起。

很难理解这种语言，在他们能够正确说出之前，也要好好学习一番。"

现在，关于该方言的语言结构，笔者大致描述如下。

比斯拉马语的词汇大多源自英语，即便其中的部分单词可追溯到其他语言，但依旧可以视为英语，因为岛民使用此语的目的是为了英语交流，并且该语言一直存在于他们的英语对话当中。事实上，比斯拉马语包含了西班牙语或者葡萄牙语的"savvy（理解）""pickaninny（小孩）"等单词（许多语言偏爱使用此类象征性语音，参阅本书第 20 章，第 8 节）以及美洲印第安语"tomahawk（战斧）"。而在整个澳大利亚，人们通常用它指代"小斧头"。假如在比斯拉马语中，我们找到了两个毛利语（Maori）单词，如"tapu（禁忌）""kai"或者"kaikai"（意为"吃"或者"食物"）的话，它们极有可能源自英语。众所周知，毛利语与英语在澳洲广泛使用，英语更是在整个西方世界通行。比斯拉马语"Likkilik"或"liklik"意为"小的，几乎"，据说该词源自波利尼西亚语（Polynesian）中的"liki"，不过它更可能是对英语"little"一词的误用。此外，古恩纳尔·兰特曼（Gunnar Landtman）还提到了奇瓦伊语（Kiwais）。在笔者掌握的语料中，比斯拉马语中的词汇虽非纯正的英语且词义常常被曲解，但大都的确源自英语。

"Nusipepa"一词指"信，任何写下的或打印的文件"，"mary"是对"女人"的总称（参阅本书第 6 章，第 7 节），"pisupo（豌豆汤）"指代所有存储在罐头中的国外食品；"squareface"原本是海员对一种杜松子方酒瓶的名称，后来指代各种形状的玻璃器皿。据说，最早的一批海员把一头公牛与一头奶牛留在岛屿，并提到了"bull, cow"两个单词。而当地的原住民将二者融合，产生比斯拉马语"bullamacow"或"pulumakau"，意为"牛、牛肉、罐头牛肉"；如今，"pulomokau"早已成功收录于斐济语辞典。① 另外，"Bolupenn"意为"装饰物"，据说，该词在英语中原义为"蓝色油漆（blue paint）"。上述实例表明波利尼西亚人的语言习得具有纯粹的偶然性。

---

① 英国卫理公会传教士乔治·布朗（George Brown）曾认为"tobi"是约克公爵群岛（the Duke of York Islands）的原住民单词，意为"洗"，直到有一天，他偶然发现"tobi"是英语"soap"的原住民发音。

由于词汇量极为有限，原住民有时只能使用简单的词语表达复杂的思想，而这种表达方式在我们看来往往是笨拙甚至滑稽的。比如，钢琴是"big fellow bokus（box）you fight him he cry（你打它就会叫的大盒子）"，六角手风琴是"little fellow bokus you shove him he cry，you pull him he cry（一挤一拉就会叫的小盒子）"。"Woman he got faminil（'family'）inside"指"她怀孕了"。此句当中的"inside"一词又广泛用于精神状态的描述，比如"jump inside"="吓一跳""inside tell himself"="考虑""inside bad"="悲伤或者抱歉""feel inside"="知道""feel another kind inside"="改变他人想法""My throat he fast"="我闭口不言""He took daylight a long time"="他失眠了""Bring fellow belong make open bottle"="给我开瓶器""Water belong stink"="香水"。至于"秃头"的表述如下："grass belong head belong him all he die finish（他头上的草都死光啦）"，或者"coconut belong him grass no stop（他的椰子上寸草不生）"，句中的"coconut"源自英语俚语，意为"头"。舒哈特曾举例："You no savvy that fellow white man coconut belong him no grass（你不知道那个白人的椰子上没有草）？""grass belong pigeon（鸽子的草）"意为"羽毛"，其中的"pigeon"是鸟类的统称。

假如某人想要借锯子，但是忘记了单词，他会说："You give me brother belong tomahawk，he come he go（兄弟，给我一个能够拉来拉去的战斧）。"曾经，当地一名仆人来到昆士兰，人生头一回看见了火车，回程时，他称火车为"steamer he walk about along bush（沿着灌木丛奔跑的蒸汽机）。"土著看到兰特曼把信件装进信封，便把信封说成"house belong letter（信件的房子）"。可见，上述表述都是在无法选取适当单词的情况下，由于一时冲动所产生的生动描述。

## 二 比斯拉马语语法

上一节提及的短语已经反映比斯拉马语的语法极为简单。该语言单词只有一种形式，与我们富含屈折的语言相比，要么产生并不充分的表达，要么需要与助动词搭配。而比斯拉马语名词的单、复数又极为相似，如

"man"与"men"可互相指代。必要时，在相应单数前添加"all"可表复数，比如："all he talk"="they say""him fellow"="all they""all man"意为"everybody"；更加笼统的复数："plenty man"或"full up man"。要表示"我们"，原住民会使用"me two fella"或"me three fellow"，但这需视情况而定："me two fellow Lagia"，其含义为"I and Lagia（我和拉吉阿）"。要表示更多人，会用"me altogether man""me plenty man"甚至是"we"。不过，"fellow（fella）"一词的使用极为棘手，它常置于代词之后，如"that fellow hat, this fellow knife, me fellow, you fellow, him fellow"[①]。此外，"fellow"常位于形容词之后，目的是修饰实质名词之前的形容词，比如："big fellow name, big fellow tobacco, another fellow man"。在其他案例中，我们很难给出"fellow"极为明晰的使用规则。它经常出现在数字之后："two fellow men（man?），three fellow bottle"等。此外，"ten fellow ten one fellow"意为101。在"that man he cry big fellow（他放声大哭）"中，"fellow"又被用作副词。

该语属格使用"belong"（或者"belong-a, long, along"）表示，"belong"也用于表示其他介词关系："tail belong him（他的燕尾服）""pappa belong me（我的爸爸）""wife belong you（你的老婆）""belly belong me walk about too much（我晕船）""me savvee talk along white man（我和白人谈话）""rope along bush（藤本植物）！""Missis! man belong bullamacow him stop（太太，屠夫来啦）""What for you wipe hands belong-a you on clothes belong esseppoon（喝汤前你要用餐巾擦手）？""Piccaninny belong banana（香蕉树苗）""he puss-puss belong this fellow（我拥抱他）"，其中"puss-puss"本义为猫，这里作动词，意为"拥抱、做爱"。同时，"belong"也有"生活、归属"的本义，例如："boy belong island（男孩住在岛上），he belong Burri-burrigan（他住在布瑞甘）"。而介词"along"则多用于表方位（in, at, on, into, on board）："laugh along"="laugh at（嘲笑）""he speak along this fella（他与这名小伙子讲话）"。在很多例子中，我们发现"along"引导间接宾语："he give'm this fella Eve along Adam

---

① 不使用"he fellow"。

（上帝将夏娃赐给亚当）"。同时"along"也可以引导直宾："fight alonga him（跟他打架）""you gammon along me（你欺骗我）"。

比斯拉马语并无性别之分，如在"that woman he brother belong me（她是我的姐姐）"中，位于动词前的"he"与位于任何位置的"him"，二者都可指代"他、她、它"。"'m""um"或"em"的用法也极为奇特（本书均用"him"替代），它们往往置于动词后，作为一种"符号，提示宾语要紧随动词"。

威廉·丘吉尔（William Churchill）曾表示："形容词比较级对于当地岛民来讲是极为陌生的，他们不知道如何'比较'，至少，他们缺乏比较的形容词；'这个大，那个小'就是他们认为的一物大于另一物的最为贴切的表达。"不过，兰特曼在比斯拉马语中找到了"more big"和"more better"，如"no good make him that fashion，more better make him all same"。而笔者在另一处找到了类似的双重比较句："more better you come out"，但句中的"more better"被用作动词，其含义为"应该、最好"。此外，"too"意为"太多"："he savvy too much"意为"他懂的太多"（此句为褒义）"he too much talk（他说的太多）"。而"much"的同义词为"plenty too much"。舒哈特就此做出解释："在过去，白人是黑人的老师，黑人会模仿白人的说话方式。白人不断使用强烈措辞，在对自己同胞讲话时偶尔还会用到夸张语气。因此，他不说'You are very lazy（你很懒）'而是'You are too lazy（你太懒啦）'。与苏里南黑人英语中的'tumussi'一词相仿，这就是比斯拉马语为何使用'too much'替代'very'的原因。"①

动词无时态，如有需要，"by and by"表将来："brother belong-a-me by and by he dead（我兄弟快死了）""bymby all men laugh along that boy（不久，所有人都会嘲笑那个男孩）""he small now，bymbye he big（他现在个子小，将来个子大）"。该语言也可以通过加词的方式限定时间："bymby one time，bymby little bit，bymby big bit"，该方式也可表示"过去将来时（postpreterit）"，例如"by and by boy belong island he speak（不久，男孩来

① Hugo Schuchardt, *Die Sprache der Saramakkaneger in Surinam*, Amsterdam：Johannes Müller, 1914, p. 4.

到了他所说的小岛）"。而另一种表将来的方式可在语调中体现："that woman he close up born（！）him piccaninny（那个女人马上生产啦）"。通常，表完成时的标记词是"been"，它是该语言中动词"be"的唯一变化词形："you been take me along three year（你我一起三年了）""I been look round before（我看过了）"，该语也用"finish"表过去，如"me look him finish（我以前见过他）""he kaikai all finish（他都吃光了）"。

在比斯拉马语中，动词不定式只有"stop"一词，如"no water stop（没有水）""rain he stop（下雨）""two white men stop Matupi（两白人住在巴杜比）""other day plenty money he stop（几天前，我有很多钱）"。在表"拥有"时，他们用"got"替代，如"My belly no got kaikai（我饿了）""he got good hand（他很熟练）"。

## 三 比斯拉马语语音

关于比斯拉马语语音结构，笔者知之甚少，因为本人掌握的语料大都使用常规英语拼写。丘吉尔曾用相当模糊的笔触探讨了岛民在模仿英语发音时所遇到的困难，特别是辅音组："实验证明，面对任何无法正确发音的英语单词，岛民都会改变发音或者使用发音简单的同义词替代，目的是让英语单词迅速进入他们熟悉的发音范畴。"因此，根据他的研究，由于岛民无法发出"f"音，英语连词"if"被替换为"suppose"（或者"s'pose, pose, posum = s'pose him"）。我对该论断表示怀疑，因为"f"经常出现在该语言之中，例如：日常单词"fellow, finish"。实际上，岛民偏爱"suppose"一词的原因在于它的发音更为饱满，含义也非抽象且易于掌握。甚至，"suppose"的出现在其他词组当中比它仅作为连词的机会要多得多。

基于此事实，兰特曼指出，除了少数几个发音"j, ch, th"外，奇瓦伊巴布亚人（Kiwai Papuans）在英语单词的发音上并无太大问题。

舒哈特列举了该语言中更多实例："esterrong = strong（强壮），essep-poon = spoon（勺子），essaucepen = saucepan（炖锅），pellate = plate（盘子），coverra = cover（封面），millit = milk（牛奶），bock-kiss = box（盒子）（丘吉尔著作中是'bokus, bokkis'）"。这些例子表明，岛民的话

语习惯改变了英语单词的拼写与发音方式。舒哈特还提供了一封来自新赫布
里底群岛当地人所写的信，该信件是由罗伯特·亨利·科德林顿（Robert
Henry Codrington）转交给舒哈特的。信中出现了诸多语音替换现象：

Misi Kamesi Arelu Jou no kamu ruki mi Mi no ruki iou Jou ruku Mai Poti i
ko Mae tete Vakaromala mi raiki i tiripi Ausi parogi iou i rukauti Mai Poti mi no-
moa kaikai mi angikele nau Poti mani Mae i kivi iou Jamu Vari koti iou kivi tamu
te pako paraogi mi i penesi nomoa te Pako.

*Oloraiti Ta*，Mataso.

此封信的大意为：

亲爱的康明斯先生，您近来好吗？我们有一段时间没有见面了。
请您注意，我的船今天会到美索小镇。我希望您能够让替我打理小
船的瓦卡罗马拉今晚住在您家里。食物已经所剩无几，现在的我饥
肠辘辘。船上的伙计会给您带来一些极好的甘薯。您给我的烟叶我
已用完，我再无烟叶可抽了。

谨启

显而易见，信中的比斯拉马语与真正的英语发音存在许多相似。

这封信还体现一种特殊的倾向，即在辅音词尾增加元音，通常是一个
短元音"i"。这是一种古老的英语用法，笔者发现在丹尼尔·笛福（Dan-
iel Defoe）的《鲁滨孙漂流记》（*The Farther Adventures of Robinson Crusoe*，
1722）中，笛福这样写道："所有的岛民，还有那些非洲人，他们在学习
英语时，总是在我们使用的单词后加上两个'e'，以此作为重音，比如
'makee''takee'，等等。"① 除了"belong"词尾添加"ey"之外，兰特
曼还提到该语中更为奇特的语音现象：在词尾追加元音"lo"，如"clylo
（哭泣）"（参阅下一节"洋泾浜英语"）。

---

① Daniel Defoe，*The Farther Adventures of Robinson Crusoe*，London，1722，p. 211.

## 四　洋泾浜英语

现在，我们来谈谈洋泾浜英语。众所周知，作为白人与黄种人之间的主要交流工具，该语言在中国、日本、加利福尼亚州得到了广泛使用。而该语言的名称源于汉语中对英语单词"生意（business）"的蹩脚发音变形而来。遗憾的是，与比斯拉马语相比，如今关于洋泾浜英语的语料既非全面，也不准确，故此，以下概述无法令人满意。①

洋泾浜英语是在中、英两国开启商业活动后不久发展起来的。参阅《英语研究》（*Englische Studien*）第 44 卷，第 298 页；皮克·范·威（Prick van Wely）摘录查尔斯·弗雷德里克·诺尔（Charles Frederick Noble）《1747 年和 1748 年东印度群岛航海记》（*A Voyage to the East Indies in* 1747 *and* 1748）中的短文。在当时，中国人与诺布尔交谈，使用的是一种"蹩脚的混杂着英语和葡萄牙语的方言"，该方言与我们今天熟知的洋泾浜英语颇为相似，例如："he no cari Chinaman's Joss, hap oter Joss"，其含义为"那个人不信仰我们的神，而信奉另一位神明"。据说，中国人不会发"r"音，因此用"chin-chin"表道贺，用"pickenini"意为"小"。

"pickenini"虽存在于比斯拉马语中，但现在，该词在洋泾浜英语中早已绝迹。不过，"Joss（神）"在洋泾浜英语中依旧常见，该词源自葡萄牙语"Deus, Deos"或者"Dios"，如"Joss-house"指寺庙或教堂，"Joss-pidgin"指宗教，"Joss-pidgin man"为牧师，"Joss-pidgin man"指主教。根据同一语料，"Chin-chin（你好，干杯）"来自汉语"ts'ing-ts'ing"或者

---

① 相关实例选自利兰德（Charles Godfrey Leland）的《洋泾浜英语歌谣集》（*Pidgin-English Sing-Song, or Songs and Stories in the China-English Dialect, with a Vocabulary*, 1900）第 5 版，不过，在笔者看来，此书中的某些例子实则为了取悦读者而故意编造，因为，该书收录的汉字数量比我所收集到的所有资料加起来还要多。除杂志、报刊上的相关文章外，我摘引了威廉·辛普森（William Simpson）的《中国在语言学中的未来地位》（"China's Future Place in Philology"），《麦克米伦杂志》（*Macmillan's Magazine*），1873 年 11 月；莱格博士（Dr. Legge）《钱伯斯百科全书》（*Chambers's Encyclopædia*, 1901）中的《洋泾浜英语》（"Pigeon English"）；卡尔·伦茨纳（Karl Lentzner）《澳大利亚英语俚语与混合语言词典》（*Dictionary of the Slang-English of Australia and of some Mixed Languages*, 1892）。不过，该词典除了大量摘引上述论著，并无新意。

北京话 "ch'ing-ch'ing（请请）"，是回应 "谢谢，再见" 的寒暄用语。英语扩展了该词的使用范围，作为名词，其意为 "问候、恭维"，作为动词，含义是 "礼拜（鞠躬和低头）、敬礼、崇拜、恳求、息怒、希望别人做某事，邀请、询问"①。而括号内的解释说明了该汉字是如何被流俗词源学阐释的，同时，该词被广泛使用的原因在于它的发音引发了大众兴趣。"Chin-chin joss" 意为 "任何形式的宗教崇拜"。

威廉·辛普森（William Simpson）指出："洋泾浜英语中的诸多单词起源不明。英语把它们视为汉语，而汉语又认为这些单词源自英语。" 不过现在，一些词的起源探究已获得普遍认可，其中不少来自印度：英国人学会了一些印度单词，随后将它们带到远东。例如："chit, chitty" 意为 "字母、账户"，该词源于印度斯坦语 "chiṭṭhī"；"godown（仓库）" 是英语对马来语 "gadong" 的流俗解释，而马来语的 "gadong" 又源自泰米尔语 "giḍangi"。只有 "Chowchow" 一词似乎源自汉语，其含义为 "什锦蜜饯（mixed preserves）"，但在洋泾浜英语当中，该词使用广泛，除指代 "食物、膳食、食用" 之外，还用在 "a chowchow cargo（杂货）" "a chowchow shop（杂货铺）" 等词组。"Cumshaw（礼物）" 一词同样来自汉语。但在东方，广泛使用的 "tiffin（午餐）" 源于英语，它的正确拼法为 "tiffing"，出自英语俚语动词 "to tiff"，指饮酒，尤指饭后饮酒。但在印度，该词指代用餐，其后回传至英国，被误认为是印度单词。

## 五 洋泾浜英语语法等

在探讨比斯拉马语的章节中，笔者并未提到 "piecee" 的其他用法，但根据汉语语法，该词须在数词与名词之间使用。例如，当中国人描述三桅双烟囱蒸汽轮船时，他会说："Thlee piecee bamboo, two piecee puff-puff, walk-along inside, no can see（三根竹竿，两根烟囱，引擎在里面，看不见）。" 此句中的 "walk-along" 意为 "引擎"，"side" 指位置，比如："he

---

① Charles Godfrey Leland, *Pidgin-English Sing-Song*, *or Songs and Stories in the China-English Dialect*, *with a Vocabulary*, London：Trübner and Co., 1876.

belongey China-side now（他在中国）""topside（上面、高处）""bottom-side（下方）""farside（远方）""this-side（这里）""allo-side（周围）"。同样的用法还有"time（发音为'tim'或'teem'）"："that-tim"是"当时"，"what-tim"是"何时"，"one-tim""曾经、一次"，"two-tim""两次、再次"，"nother-tim"是"再次"。

一方面，汉语的语音系统是造成偏离比斯拉马语语音的本因，即用"l"替换"r"，如"loom, all light"指代"room, all right"，等等。而西南太平洋岛民却常常将"l"读成"r"。不过中国的洋泾浜英语和比斯拉马语都会在词尾的辅音后追加一个元音，如"makee, too muchee"，等等。在新几内亚，兰特曼发现当地皮钦语中的一些单词存在奇异词尾"lo"。利兰德同样在中国的洋泾浜英语中发现了相似的元音尾音，如"die-lo（死了）"。在他的专著中，笔者发现了更多实例："buy-lo, say-lo, pay-lo, hear-lo"以及可能源自英语"away"一词的"wailo"或"wylo"，这些单词的含义均为"走开、你走开！去、离开、消失"。因此，"la, lao"是否可能是汉语表过去时的统一标志？

一些常用表达非常值得关注。"number one"或"numpa one"其含义是"一流的、优秀的"；"catchee"意为"得到、拥有、保持、带来"，等等；"ploper"或者"plopa"意为"适当的、好的、棒的、正确的"，比如："you belong ploper（你还好吗）?"

另外，"have"虽然不是南太平洋岛民常用的英语单词，但"hab""hap"的使用极为频繁，二者甚至用来构成完成时。至于"belong（be-longy）"，它虽常见于比斯拉马语，但在洋泾浜英语中，其用法完全不同，比如："My belongy Consoo boy（我是领事的仆人）""you belong clever inside（你很聪明）"，而询问价钱的通常问法是"how much belong（多少钱）?"

## 六　概论

与比斯拉马语、洋泾浜英语同属一类的皮钦语也存在于世界上的其他地方，在那里，白人与当地人找到某种交流媒介。曾经，住在比属刚果（Belgian Congo）的一位丹麦医生寄给笔者一些当地人的"皮钦语"范例，例如：为了表示主人已经收到来自家乡的许多信件，当地的"男孩"会说："Massa catch plenty mammy-book"（"mammy"意为"女人、妻子"）。在该语中，"breeze"一词指代空气。假如一名男孩想表达自己已经为自行车轮胎打好气了，他会说："Plenty breeze live for inside"。句中的"live"意为"存在（to be）"（比斯拉马语用"stop"）。因此，"Is your master in（你主人在吗）？"换成比斯拉马语是"Massa live？"对应的回答是"he no live（他不在）"或者"He live for hup（他在楼上）"。假如一个人肚子疼，他会说："He hurt me for belly plenty too much"。句中的"much"用法与比斯拉马语与洋泾浜英语的用法完全相同。尽管皮钦语、比斯拉马语、洋泾浜英语之间存在差别，但事实上，三者之间有着惊人的相似。

现在，我们来总结一下。首先，笔者需要指出，这些语言并非真正意义上的"混合语言（mixed languages）"。丘吉尔曾经认为比斯拉马语是"从各处收集的语料，并将它们混合在一起"，这种说法并非准确。事实上，比斯拉马语无疑是英语，它是外来水手等社会底层与当地原住民频繁接触中所用的英语，其中又少量添加其他语言单词。因此，当地人有理由相信这些单词构成了英语词汇的一部分，认为自己所学是真正的英语，他们的语言也符合温迪思提出的借词使用规则（参阅本书第 11 章，第 10 节）。如果说洋泾浜英语中的汉字数量比比斯拉马语中的波利尼西亚语单词多的话，那么这是必然的结果，这也就意味着中华文明的地位要远远高于波利尼西亚文明，住在中国的英国人自会将这些汉字加入自己的母语当中，即便这类汉字的数量并非庞大。并且，我们会发现，有些单词东方人认为源自英语，而英国人却认为它们源自东方，因此在使用此类单词的时候，双方都有一种错觉，都认为自己在为对方服务。

笔者的第二个观点：与标准英语相比，这些错误的发音与简化的语法实则是英国人与东方人共同影响洋泾浜英语的缩影。当然，前者的作用更加明显。[①]

---

① See Hugo Schuchardt, *Auf Anlass des Volapüks*, Berlin：R. Oppenheim, 1888, p. 8；See Hugo Schuchardt, *Kreolische Studien*, Wien：In commission bei C. Gerold's sohn, 1882, 4.35；See Hugo Schuchardt, *Slawo-Deutsches u. Slawo-Italienisches*, Graz, 1885, p. 36；See Hugo Schuchardt, *Englische Studien*, Vol. 15, p. 292.

在此，我引用舒哈特的一段话："走到印度平房的门廊前，欧洲人总会说：'Can missus see?'可见，欧洲人普遍带有错误的观念：为了让本地人能够听懂英语，他们必须把自己当作聋子，并用最幼稚的语言进行交流。"这种为了迎合"劣等种族（inferior races）"所采用的妥协性语言方式，被丘吉尔称为"国际语言学的至高公理（the one supreme axiom of international philology），即使用蹩脚英语迎合当地人。换句话说，只有给予对方能够理解的语言，他们才会与你交谈。"对此怪象，我们会回想起本书上文论述的育儿语言。母亲和其他人会讲一种奇怪、混杂的英语，虽然这种语言包含了诸多常规的英语特征，但它却被认为是真正的儿童语言。尽管此类人为曲解的语言最终不过是语言学习过程中的障碍，但它们却被视为那些并未真正掌握外语之人的辅助工具。

因此，我认为，比斯拉马语与洋泾浜英语均为英语，只是二者并非完美，导致这一现象的部分原因是学习外语的困难所致，而另一部分原因是英语母语者的言行阻碍了外国人对英语的学习。所以，这种不完善的语言与婴儿第一阶段话语学习极为相似，彼此都包含了错误发音、语法简化、词汇缺失，甚至是某些词义误解，比如，单词"too"被理解为"非常（very much）"以及使用"you better go"等短语。

## 七 毛里求斯克里奥尔语

当涉及其他语言时，我们会发现，其他语言同样具有"皮钦语"的语言特征。首先，关于毛里求斯岛岛民（前法兰西岛）的法语，我们有幸得到查尔斯·贝萨克（Charles Baissac）先生对这一问题的出色描述：1715年，法国人占领该岛时，岛上荒无人烟。之后，法国人从马达加斯加运送大量奴隶至此。作为奴隶与奴隶主之间的主要交流手段，法语—克里奥尔语就此诞生。1810年，英军占领该岛，随后从印度和其他地方再次引入大量苦力。不过，法语—克里奥尔语得以保留。该语中的单词大多是法语。[①]

---

① See Charles Baissac, *Etude sur le Patois Créole Mauricien*, Nancy: Imprimerie Berger-Levrault et Cie, 1880; See Charles Baissac, *Le Folk-lore de l'Ile-Maurice*, Paris: Maisonneuve et Ch. Leclerc, 1888; See Charles Baissac, *Les Littératures Populaires de Toutes les Nations*, Vol. 27.

贝萨克在文章中指出，除了当地一些动植物名称外，在此定居之人不会使用任何借词。克里奥尔语的语音结构具有语言的普遍特征：前圆唇元音被相应的非圆唇元音取代，偶尔也被［u］取代。［s，z］替代［ʃ，ʒ］，例如，克里奥尔语中的"éré"指代法语"heureux"，"éne plime"指代"une plume"，"sakéne"指代"chacun（e）"，"zize"为"juge"，"zunu"为"genou"，"suval"为"cheval"。在上述例子中，笔者将贝萨克使用的法语音标替换为更适合该语言的音标，并且保留了词尾哑音"e"的音标。

克里奥尔语的语法极为简单。实质性名词的单复数形式相同："dé suval"（法语为"deux chevaux"）。此外，该语言无定冠词，且形容词无变化，代词"sa"可指代法语"ce，cet，cette，ces，ceci，cela，celui，celle，ceux，celles"。动词前的"Mo"为主格"我"，而在实质名词前，"Mo"又可指代属格"我的"，例如"mo koné"意为"我知道""mo lakaze"即"我的房子"。同理，"to"表示"你、你的"。但第三人称的表达有所区别，"li"代表主格的"他"或"她"，"so"是属格"他的"或"她的"。该语言还有源自"les autres（其他）"的复数词形"zaute"。该词也可用作第二人称的复数形式，比如"mo va alle av zaut"，即"我应当和你们走"。

而克里奥尔语的属格是由不含介词的词序表示的："lakase so papa"意为"他父亲的房子"，也可以在主格之前加"so"表示，如"so piti ppa Azor"＝"老阿佐尔的孩子"。

需要注意，该语言当中的部分单词呈现出某些奇怪特征，这表明黑人在听法语的时候，就像在听一段持续的语音流，无法对其中的单词准确划分。显然，他们不喜用元音作为首音，有时甚至会省略词首元音，比如"bitation（住所）""tranzé（陌生人）"。不过，源自法语的复数冠词"z"却出现在克里奥尔语中，比如，"zozo（鸟），zistoire（历史），zenfan（孩子），zimaze（画像），zalfan（大象），zanimo（动物）"。"n"源于法语不定冠词，如"name（鬼）""nabiorzabi（习惯）"。在多数情况下，法语冠词在克里奥尔语中可作为单词的重要组成部分，如"lérat（老鼠）""léroi，licien（狗）""latabe（桌子）""lére（小时，通常用作连词'当……时候'）"。而无复数含义的单词"lizié"可指代法语复数"les yeux（双眼）"，"éne lizie"为"一只眼"。同理，"éne lazoie"意为一只鹅。克里奥尔语还保留了法语部分冠词的用法，比如："disel（盐）""divin（酒）"
"duri（米）""éne dipin（一根法棍面包）"。在该语中，我们还会找到源
自法语复数名词的单数名词，如源自"des œufs"的"éne dizéf（一枚鸡
蛋）"，以及源自法语"du monde（民众）"的集合名词"dimunde"或
"dumune"。该集合名词并无单复数之分，因此也可用来指"单个人"，如
"éne vié dimunde（一位老人）"。

克里奥尔语的动词只有一种词形，通常源自法语不定式或者过去分词，
并在大多数句子中，将二者合二为一："manzé（吃）= manger, mangé,
kuri（跑）= courir, couru"，且适用于所有人称在数和语态上的变化。不
过，该语中的时态是由助动词实现的，比如："va"表将来，"té（源自
'été'）"表一般过去时，"fine"表完成时，如"mo manzé（我吃）""mo
va manzé（我要吃）""mo té manzé（我吃过了）""mo fine manzé（我已经
吃了）""mo fine fini（我已经做完了）"。该语言还存在着一种古怪的语
法，即用"aprè"表示进行或者持续时态："mo aprè manzé（我正在吃）"
"mo té aprè manzé（我当时一直在吃）"。"pour"表最近将来时："mo pour
manzé（我要吃东西了）"。最近过去时则用"fék"表示："mo fék manzé
（我刚吃过东西）"。此外，以上表时态的单词可能会以多种方式组合在一
起，如"mo va fine manzé（我快要吃完了）"，或者"mo té va fék manzé
（刚才我就该吃完饭了）"，等等。可以说，克里奥尔语以最简单的方法和
最完美的规则成功建立了一套精细、丰富的语言系统。

而法语中的否定词在该语中往往融合为一个单词，如"napa（没有）"
源自法语"na…pas"，"narien（什么都没有）"源自法语"na…rien"，
"nék（仅仅）""ne…que"。

在许多句子中，名词、形容词、动词的词形不变，例如，"mo soif,
mo faim（我又渴又饿）""li content so madame"意为"他爱自己的妻子"。

在克里奥尔语中，作为介词的"côte（或 à côte）"意为"在……旁边，
在……附近"，也可指"位置"，如"la case àcote li resté"指代"他所住的
房子"。另外，可参阅本章第 5 节洋泾浜英语中"side"一词的用法。

综上，我们不难看出，毛里求斯克里奥尔语中并无太多错综复杂的
语法。与克里奥尔语中不变的词根与助动词音节相比，法语中的词尾会

跟随人称、数量、时态、语气的不同而变化，词根元音与重音位置也会发生相应的改变。不过，根据乔治·威廉斯·帕克（George Williams Parker）《马达加斯加语简明语法》（*A Concise Grammar of the Malagasy Language*，1883），克里奥尔语与马达加斯加语似乎都放弃了原有语法。不管是讲克里奥语还是讲马达加斯加语，二者如同孩子一般，对语法一无所知。也只有如此才能解释克里奥语的语法与比斯拉马语以及洋泾浜英语的语法存在相似的原因。

读到贝萨克的毛里求斯民间故事集时，尽管行文稚嫩、结构简单，我们却无不被欢快、有力的语言震撼。倘若让这种语言自由发展，那么它终将成为一种具备自身语言特征的土语。但就现状而言，它似乎受到法语的影响并不断改变自身，且越来越多的岛民开始学习，模仿法语。也许有一天，本节探讨的语言特征将会被非原始的语言成分替代。届时，对于那些来自巴黎碰巧造访这座遥远岛屿的旅行者来说，该语言将会更易理解。

## 八　奇努克土语

现在，我们考察世界另一地区——美国俄勒冈州，此地衍化出一种完全不同的语言。基于霍尔的研究，[①] 笔者将简略介绍该语言的发展史：18世纪末，当英、美两国的第一艘商船出现在美洲西北海岸，英美商人发现了当地诸多与众不同的语言，如努特卡语（Nootka）、尼斯阔利语（Nisqually）、奇努克语（Chinook），奇亥利士语（Chihailish）以及其他诸多语言。这些语言大多发音简单、结构复杂，但每种语言的使用范围极为有限。英

---

① 参阅霍雷肖·埃蒙斯·霍尔（Horatio Emmons Hale）《国际土语：俄勒冈州贸易语言或奇努克土语手册》（*An International Idiom：A Manual of the Oregon Trade Language，or Chinook Jargon*，1890）。此外，笔者还参阅了史密森学会（Smithsonian Institution）于 1853 年出版并由皮埃尔·利奥内（Père Lionnet）撰写的《俄勒冈州土语或贸易用语单词表》（*Vocabulary of the Jargon or Trade Language of Oregon*，1853）以及乔治·吉布斯（George Gibbs）《奇努克土语词典》（*Dictionary of the Chinook Jargon，or，Trade Language of Oregon*，1863）。在这几部著作中，利奥内以法语为据，拼写土语单词，吉布斯、霍尔却用英语拼写土语。笔者根据霍尔单词表，为土语添加元音音值（values of the vowels）。

美商人在此学会了努特卡语中的部分词汇，当地的印第安人也学会了一些英语单词。随后，商人们频繁地往返于哥伦比亚河域。他们自然试图使用努特卡语言中简单易懂的单词与当地的原住民交流。而印第安奇努克人很快学会了努特卡语与英语中的部分单词。由于要在俄勒冈州建立长期驻地，白人需要一种语言。这种语言便是以奇努克语为基础，且包含了奇努克语中的数词、代词、部分副词以及其他类别词汇。可以说，这些单词逐渐丰富了这一"土语（the Jargon）"，使之成为广泛的交流手段。同时，工作在皮草公司的法裔加拿大人与印第安人拥有更加密切的接触：彼此一起狩猎、一起生活，这种语境也让原本词汇不多的土语吸收了食品、服饰、工具、人体部位的法语名词以及跑动、唱歌、跳舞等少量的法语动词，同时也增添了由"puis"简化为"pi"的连词。

"奇努克土语中的某些单词来源极为古怪。该语言使用'Boston, Kinchotsh, pasaiuks'分别指代美国人、英国人与法国人。其中，'pasaiuks'源自法语'Français（法国）'（'f, r, n'无法被印第安人读出），并于词尾添加奇努克土语复数形式'uks'。而'pelton'或'pilton'意为'foolish（愚蠢的）'，该词源自一位名叫阿奇柏德·佩尔顿（Archibald Pelton）的疯子，印第安人曾经在阿斯托里亚见过他。因他外表古怪、举止诡异留下了深刻印象。自此，任何举止荒唐或不理智之人"都被称为"pelton"。

奇努克土语的语音结构非常简单，但是英国人、法国人以及至少十几个部落的印第安人依旧无法理解该语中的部分发音以及部分音节组合，因为，印第安语中的软腭音要么完全不发音，要么软化为"h"和"k"。另一方面，英语、法语中的"d, f, r, v, z"在印第安奇努克人的口中替换为"t, p, l, w, s"，具体如下：

表 12 -1                      奇努克土语

| 奇努克语 | thliakso | yakso | 头发 |
|---|---|---|---|
| | etsghot | itshut | 黑熊 |
| | tkalaitanam | kalaitan | 箭头、射击、子弹 |
| | ntshaika | nesaika | 我们 |
| | mshaika | mesaika | 我们 |
| | thlaitshka | klaska（tlaska） | 他们 |

续表

|  |  |  |  |
|---|---|---|---|
|  | tkhlon | klon（tlun） | 三个 |
| 英语 | handkerchief | hakatshum（kenkeshim） | 手帕 |
|  | cry | klai, kalai（kai） | 哭、哀悼 |
|  | fire | paia | 火、煮、熟 |
|  | dry | tlai, delai | 干燥 |
| 法语 | courir | kuli | 跑 |
|  | la bouche | labus（labush） | 嘴 |
|  | le mouton | lemuto | 羊 |

括号中的词形源自法语（1853 年）。

我们注意到，在该图表中，奇努克土语的单词包含了法语定冠词（毛里求斯克里奥尔语具有相似特征）。而在霍尔给出的奇努克土语单词表中，超过一半的单词是以字母"l"为首，比如："labutai"源自法语"la bouteille（瓶子）"，"lakloa"源自法语"la croix（十字架）"，"lamie"源自"la vieille（老妇人）"，"lapushet"源自"la fourchette（叉子）"，"latlá" = "faire du train（噪音，如火车般的声音）"，"lidú" = "le doigt（手指）"，"lejaub（或 diaub，yaub）" = "le diable（恶魔）"，"léma" = "le main（手）"，"liplét" = "le prêtre（传教士）"，"litá" = "les dents（牙齿）"。在源自法语单词"les œufs"的"lisáp（鸡蛋）"中，我们发现了复数冠词，毛里求斯克里奥尔语同样如此。

别外，该语中的部分英语单词词义极为古怪，比如，"kol"除了寒冷之意，又可表冬天。古老的斯堪的纳维亚人同样以该词表示"冬天""年"。"Sun（son）"除指代太阳外，还意为"一天（day）"。该语中的"spos（常读作 pos）"在比斯拉马语中又是一个常见连词，意为"如果……；当……"。

奇努克土语的语法极为简单：名词不变，单复数并无区分，有时添加"haiu"或者"ayo"，意为"许多"，以示强调。属格依靠词序显示，如："kahta nem maika papa（你的父亲叫什么名字）?"此外，形容词位于名词前，比较级用迂回语（periphrasis）表示，如"我比你强大" = "weke maika skukum kahkwa naika（你没我强大）"。最高级副词为"haiás（非常、很）"，比如，"haiás oliman okuk kanim"意为"那艘独木舟十分破旧"。根据乔治·吉布斯（George Gibbs）的研究，奇努克土语中表最高级的单词是"elip（第一、之前）"："elip klosh"意为最好。

该土语中的数词、代词均来自奇努克语，但代词大幅简化。如代词"我们"在该语中是"nesaika"，源自奇努克语"ntshaika"，原义为"我们这儿"，该词并非指代人称单复数。

与名词的用法相仿，该语中的动词也只有一种形式。时态可从语境推断，如有必要，可用副词表示。"将来时"是以"tike（希望）"体现，如"naika papa tike mimalus（mimelust），其意为"我父亲快要死了"。另外，该语中无动词不定式，比如"maika pelton（你真蠢）"。

常用动词"mámuk"，意为"制造、做、工作"，其构成使役动词（causatives），如"mamuk chako（实现、带来）""mamuk mimalus（杀）"。"Mamuk"可与名词搭配，如"mamuk lalam（法语'la rame'）"指划桨，"mamuk pepe（英语'make paper'）"意为写，"mamuk po（英语'make blow'）"指开枪。

该语言中只有一个真正的介词"kopa"，它包含了"to，for，at，in，among，about"等含义，即便省略"kopa"，句意依旧可以理解。至于连词"spos，pi"，上文已经提及。

## 九　奇努克土语续

以上逐渐形成了一种词汇量有限但可使用的土语。不过，该语言依然需要语气、表情与手势的辅助。霍尔指出："一般来说，印第安人很少使用手势交流。我们常常发现，一群正用母语交流的当地印第安人，随着一名外国人的加入而产生巨大变化。原本严肃、冷漠、呆板的脸顿时生动起来。低沉、单调的语气也变得活跃且富有节奏。每个人的头、手臂、身体都动起来了，一个眼神，一个姿势都充满了意义。"[1]

---

[1]　Horatio Emmons Hale，"The Origin of Languages"，*Proceedings of the American Association for the Advancement of Science*，Vol. 35，1886，p. 18.

而在不列颠哥伦比亚省和阿拉斯加的部分地区，奇努克土语已经成为白人和原住民的主要交流媒介。霍尔认为，这种语言会"存在数百年，甚至数千年"。它已经产生了一种文艺形式：歌曲。这些歌曲大多由女性创作，并用忧伤的曲调哼唱。霍尔在专著中提供了当地流传的歌曲、歌词以及一篇厄尔斯先生的奇努克土语布道词。厄尔斯先生多年以来用土语向印第安人布道，他甚至说自己时常用土语思考。

在这份布道词中，霍尔发现要表达全部的"历史和描述性细节，论据与呼吁"只需97个毫无屈折变化的单词。其中，65个来自美洲印第安语（46个奇努克语单词，17个努特卡语单词，2个萨利希语单词），23个英语单词以及7个法语单词。

我们仔细阅读霍尔的奇努克土语语料，并与弗朗茨·乌里·博厄斯（Franz Uri Boas）《美洲印第安人语言手册》（*Handbook of American Indian Languages*，1911）中有关奇努克语料的分析[①]比较，颇具启发。其结果是：第一、二者中的部分差异极为简单明了；第二、二者之间的其他差别却复杂无比。但须承认，只有少量单词与简单语法的奇努克土语却能够产生海量的意义，即便是欧洲人也会被奇努克土语迷惑，在使用该土语的过程中，也会漏掉诸多语言细节。于是，彼此的想法都被简化为最简单的惯用语，所有不必要的细节都被排除在彼此交流的语言之外。

## 十 代用语

总体来讲，我们可将俄勒冈州的奇努克土语、比斯拉马语、洋泾浜英语归为一类，但并非称为"杂种语（bastard）"或者"混杂语（mongrel）"。因为，这种源于生物学的术语总给人一种错误的印象，即此类语言是"有机体"，因此，我们应避免使用。不过，即便是代用语（makeshift languages）或者最小语言（minimum languages），二者虽不能如普通语言满足所有的交流目的，但依旧可以在其他语言无法表达的情况下作为一

---

① See Franz Uri Boas, *Handbook of American Indian Languages*, Washington, D.C.: Govt. Printing Office, 1911, p. 666.

种代用语使用。

西方奇努克土语与东方代用语之间的相似会比初识二者的时候要多得多。但我们必须清楚,英语在这两种语言中所处的位置完全相反。洋泾浜英语与比斯拉马语本质上都是当地人使用的非标准英语,而俄勒冈州奇努克土语却是英语人士无法学好奇努克语所致。这就像生活在东方的英国人不仅承受了英语的堕落,而且还要简化英语迎合东方人,从而双向加速英语语言的堕落。如果波利尼西亚和中国的代用语中包含了一些波利尼西亚语单词和汉字的话,那么这些单词与汉字正是英语人士从二者的语言中借用而来的。之后,东方人就会认为这是自己语言在外语当中的合法部分。同理,美国的土语也包含了印第安人早先从欧洲语言中借用的单词。如果奇努克土语包含了表示身体各个部位的法语名称,那么导致该现象产生的原因可能是,原始奇努克语中属格词缀的固定使用陷入了极为特殊的困境,例如:我的脚是"lekxeps",这只脚为"tāmēps",它的脚"lepaps",我们的(双)脚即"tetxaps",你们的(双)脚为"temtaps"。在此,我简化了博厄斯《美洲印第安人语言手册》第 586 页关于原始奇努克语的语言符号。不管单复数形式,不论拥有者是谁,统一替换为法语单词"lepi"是一件极为轻松的事情。当原住民从法国人那里习得这些单词,再与白人交谈的时候,原住民自会使用,这会让他们更易被白人理解。同时,英、美两国商人又误认他们是真正的奇努克人,于是努力使用奇努克语。总之,双方都为对方着想并耗费了大量精力。

在此类语言中,无论英语代用语或者东方人使用的法语代用语,还是美洲西北地区的印第安代用语,其结构简化的程度超过了我们迄今为止发现的任何一种语言,它们仅用几个单词进行表达,而这些单词几乎存在于所有语言当中。代用语的共通语法规则是:实质名词、形容词、动词均无变形。虽然,东方的英、法代用语与美洲的奇努克土语相比,彼此单词之间的差异判若云泥,但这些语言都已步入消失的境地。这表明东方的英、法代用语非如学者通常设想,受到作为底层语言的汉语或者汉语语法的影响,同理,洋泾浜英语也非基于汉语发音与汉语语法的英语。假如洋泾浜英语果真受到汉语影响的话,那么我们更会看到比斯拉马语与洋泾浜英语的差异,因为前者的底层语言是与汉语有着诸多差异的美拉尼西亚语。甚至，我们更期待毛里求斯克里奥尔语是包含马达加斯加语发音与语法的法语，美洲俄勒冈州的奇努克土语也应包含英语发音与英语语法。但是，上述的假设并不符合事实。我们不妨说，一个 2 岁的英格兰孩子讲的是带有汉语语法的英语，一名 2 岁的法国顽童讲的是法语，却使用了汉语语法。但真相却恰恰相反，在所有看似不同的条件之下，同一种因素在起作用，即对语言的非完美掌握，这对学习语言最初阶段的儿童以及学习外语的成年人产生负面影响，导致他们对一些重要单词停留在肤浅的认识且无视语法。通常，这会导致该语言无法承载说话者的思想，需要讨巧的手段表达自己无法表述的内容，比如，采用释译、比喻或者迂回命名（circuitous designations）的方式，这些手段早在本书探讨儿童语言的相关章节中就已出现。

在巴西通用语（lingua geral Brazilica）中，我们发现了同样的特质。该语言在巴西大部分地区使用，它是白人、黑人以及不同部落的印第安人之间的交流手段。该语"既无变格也无变位""单词逐一排列，毫无句法差别，但贵在简洁有力"，这使得该语"发音简单"，因为单词中存在着大量元音且无难读的辅音组，特征与由欧洲人发展而来的图皮语（Tupí）差异巨大。①

最后，笔者指出代用语与俚语的区别：代用语是语言贫乏的结果，它出于人们的需要。它是土语无法表达自己的思想，说话者却又试图让别人理解所产生的语言；而俚语是语言繁荣的产物。创造俚语之人非常了解自己传递思想所需的普通词汇，不过，年轻的性情让创造俚语之人不再满足普通的表达方式，这让他有意识地跳出常规用语，甚至创造出一套能够为听者带来欢乐，让听者钦佩自己的语言形式。由于比斯拉马语中的大胆隐喻包含了一些俚语，因此代用语与俚语之间有时呈现相似性，不过，二者的语言动机完全不同，如在相同的喜剧效果下，前者是无意的，后者则有意为之。

---

① 参阅卡尔·弗里德里希·菲利普·冯·马齐乌斯（Carl Friedrich Philipp von Martius）《美洲巴西种族志和语言研究》（*Beiträge zur Ethnographie und Sprachenkunde Amerikas*，1867）卷 1，第 364 页；卷 2，第 23 页。

## 十一 罗曼语族

在舒哈特开始探究世界各地不同混合语（克里奥尔语）之前，使用罗曼语族的欧洲人已与黑人、波利尼西亚人以及其他种族频繁接触。这种始于拉丁语却与早先遭到罗马殖民的其他语言的互动，真实地揭示了罗曼语族的起源。基于此，我们也许会提出疑问：作为本章的典型案例，比斯拉马语是否可以发展成为一种与英语同样重要的语言？就像法语或葡萄牙语与拉丁语的关系一样。如果我们坚持上文观点，那么答案是肯定的。不过，只有在与英国（与美国）的语言完全隔绝的条件下，发展成为一门独立语言才有可能。以我们今天的交通和通信手段，这又如何实现呢？即使隔离的确形成，也会导致使用比斯拉马语的各岛屿之间的通信中断，迫使岛民重新使用波利尼西亚语，这会加速比斯拉马语的消失。不过，事实也可能朝着反方向发展。随着岛民英语水平的不断提高，他们逐渐接近标准英语，比如：准确的发音，系统的语法，多样的屈折，更少的劣质词。总之，该类语言已经在美国有色人种中继续发展。但这也意味着比斯拉马语作为独立的土语，因其完全融入普通英语而逐渐消失。（参阅本章第 7 节，毛里求斯语言状况）

那么，这些"代用语"对于罗曼语族的发展有何启示？它们可能会被比作野蛮人所说的初级拉丁语，并对拉丁语做破坏性改变，就像太平洋岛民破坏英语一样。但他们也会逐渐学会拉丁语。如果说现代罗曼语族已经简化了拉丁语语法的话，那么这种简化无法与比斯拉马语中的简化相提并论，因为比斯拉马语的语法简化是极致的：岛民从未（尚未）系统地学习英语。而法国、西班牙等地使用罗曼语族的国民，他们学习过类似拉丁语的语法系统以及句法使用。当法语和其他语言开始被记载的时候，我们可以看到，它们仍然保留着许多与拉丁语一致的语言形式与句法应用。因此，最古老的法语书写形式与毫无语法规则的比斯拉马语相差甚远，例如，比斯拉马语中作为属格复数词尾的"-orum"在拉丁语变格规则中存在多种形式。而欧洲语言中的动词又遵循拉丁语屈折变化规则，具备能够表示不同时态、语气、人称的复杂语言系统。诚然，我们语言中的语法在某种程度上被简化了，但这一定是以循序渐进的方式且与随后几个世纪的单词简化同步，这也是公元 1 世纪到 10 世纪语言变化与公元 10 世纪到 20 世纪的语言变化极为相似的原因。所以，我们无论如何都不能让英语经历比斯拉马语这样的灾难，重蹈从拉丁语到古法语，再从古法语到现代法语的历史覆辙。

# 第十三章　女性

## 一　女性语言

在安的列斯群岛加勒比人的部落中，男性和女性使用截然不同的语言，至少可以说，两性的方言彼此不同。我们有必要看一看这方面的经典案例，很多民族志以及语言学的著作对此都有提及。第一个提到该地区两性独特方言的学者是生活在多米尼加的雷蒙德·布雷顿（Raymond Breton），他在《法语—加勒比语词典》（*Dictionnaire Caraïbe-français*，1664）中指出，加勒比首领消灭了当地原住民男性，只留下女人，因此这些女人保留了部分古语。这一观点在后来的著述中多次出现，不过，最为可靠的论述当属查理斯·德·罗什福尔（Charles De Roche-fort），他于17世纪中期久居加勒比地区。在专著中，他表示："安的列斯群岛的男性独有一种语言，女性虽然理解，却从未使用。女性也有区别于男性的词句用法，这些用法对于男性来说，也不使用，如有使用，则会遭到他人的讥笑、嘲弄。似乎，女性比男性多掌握了一门语言……多米尼加岛尚未开化的原住民道出了其中的原委，当加勒比人占领群岛时，加勒比人杀死了当地阿拉瓦克（Arawak）部落中的所有男性，只留下女人，并与之结婚，繁衍后代。如今，这些保留着母语的女人将之传授给她们的女儿……男孩们虽然听得懂母亲和姐妹的话语，但5—6岁的男孩便开始跟随父亲、兄弟，学习男性用语……大陆上的阿拉瓦克人与海岛上的加勒比女性在语言上又存在某些相似。不过，加勒比陆地上的男性与女性使用同一种语言，因为他们的话语从未被通婚的外族女性破坏。"①

这显然是安的列斯群岛加勒比人使用不同语言的研究基础。但是，罗什福尔并未把两性话语视为两种不同的语言或者方言，只是将二者作为同一种语言内部的差异。假如查看他著作中极为细致的单词表的话，我们会发现，罗什福尔用大写字母"H"代表男性用词，用大写字母"F"表示女性用词。两性的差异性词汇只占总词汇量的十分之一，这显然激发了他的兴趣，因此，他竭尽所能筛查这些特殊的单词。而在这份特殊的单词表中，关于亲属关系差异性称谓的词汇最为常见。比如，两性均称父亲为"bába"，但在男性的话语中，"我的父亲"是"youmáan"，女性则用"noukóuchili"；"我的祖父"分别为"itámoulou"与"nárgouti"。舅舅、儿子（长子、次子）、姐夫/妹夫、妻子、母亲、祖母、女儿、堂/表兄弟姐妹，所有这些称谓在两性语言中都有所不同。用语区分同样出现在身体部位名称以及一些零散单词内，如：朋友、敌人、乐趣、工作、战争、房子、花园、床、毒药、树、太阳、月亮、海、地球，等等。总之，该单词表几乎囊括了罗什福尔能够找到的关于该语言的所有单词，其中两性大多只用同一单词指代，而差异性用词并不是由相同词根与不同词缀组合而成的，换言之，两性所用的词根完全不同。更重要的是，从上述特殊单词的复数形式可以判断，两性差异用词的屈折变化完全相似，二者的语法规则一致，仅从这一点便可推断，两性用词并未成为两种不同的语言。

现在，也许从访问过该岛屿旅行者的游记中，我们会对女性语言的问题有侧面了解。罗什福尔本人曾经非常简要地描述："丈夫不吃完，她们不上桌。"② 约瑟夫—富朗索瓦·拉斐陶（Joseph-François Lafitau）表示，当地妻子从不会陪丈夫吃饭，也从不会直呼丈夫姓名，而如仆从一般在旁守候。对于上述习俗，让—巴普蒂斯特·拉巴特（Jean-Baptiste Labat）深

---

① Charles De Rochefort, *Histoire Naturelle et Morale des îles Antilles de l'Amérique LVIII*, A Roterdam: Chez Arnould Leers, M. DC., 1665, p. 449.

② Charles De Rochefort, *Histoire Naturelle et Morale des Iles Antilles de l'Amérique*, p. 497.

表赞同。

## 二 禁忌语

妻子禁止直呼丈夫的姓名，这一事实让我们联想到世界各地都有此习俗，尽管程度不一，形式多样。这种语言现象，我们称之为"禁忌语"，即在特定的时间与特定的地点，禁止使用某个或者多个特定的词语，因为人们迷信这些单词会引发不祥的后果，比如激怒恶灵，因此有必要使用隐喻，或者使用曾经废弃的术语，掩饰真实词义。

如今，我们发现，禁忌语是古加勒比人的惯用做法：他们在战场上使用的暗语不胜枚举，却不允许女性学习，甚至未通过勇敢与爱国考验的年轻男子也对暗语一无所知。这些战争暗语极为晦涩。[1] 不难看出，一旦某个部落在某些状况下频繁使用整套暗语且同时阻止他人使用的话，那么该暗语会逐渐成为一种男性专用语言。而这种特殊的现象自然会让观察者误认为同一部落的两性使用不同的用语。因此，我们没有理由相信某一部落的所有男性被其他部落全部杀死的故事，尽管这一故事解释了男女之间的语言差异。我们应该理解该故事的产生是为了解释男女语言的差异，但当故事越来越受到关注的时候，我们须对其解释清楚。

在世界的许多地方，女性语言与禁忌语之间存在着千丝万缕的联系，这一点毋庸置疑，例如，非洲班图人（Bantu）中的女性不允许直呼岳父和岳父兄弟的姓名，假如日常用语中出现了与他们的名字相仿的单词或者类似的音节，也须用意义相似的其他单词替代。在当地的贵胄中，由于禁止女性提到丈夫、他的父亲、他的祖父与兄弟的名字，这为女性语言增加了不少困扰。比如，一个男人的名字意为"公牛之子"，那么这些词都要避讳。根据沃尔特·克兰兹（Walther Kranz）的说法，禁忌语不仅包括词义，甚至包含词音。如此一来，名字中含有"z"的读音，如"amanzi（水）"就不得不改为"amandabi"。一旦哪个女人违反了这一规定，她就会指控犯有巫术罪而被处死。由此，女性语言才得以

---

① See Charles de Rochefort, *Histoire Naturelle et Morale des Iles Antilles de l'Amérique*, p. 450.

形成。

在玻利维亚的奇基托斯（Chiquitos），两性语言的语法差异极为有趣。[1] 亨利给出的一些语言实例可总结如下：在当地，男性会在词尾添加"-tii"，女性则不使用该后缀，这导致该语言并不会对"他""她""他的""她的"做出明显区分，具体如下：

他去了他家："yebotii ti n-ipoostii."
他去了她家："yebotii ti n-ipoos."
她去了他家："yebo ti n-ipoostii."

女性只有一种形式表达上述不同的语义：

"yebo ti n-ipoos."

在男性看来，这句话仅含有"她回她家"一个意义。

男性还会在很多实质名词前添加元音前缀，而女性不会，比如"o-pe-tas（海龟）""u-tamokos（狗）""i-pis（木头）"。对于一些非常重要的概念，男女依旧使用不同的单词，比如：称呼"我的父亲"分别是"iyai"与"išupu"，"我的母亲"为"ipaki""ipapa"，"我的兄弟""tsaruki""ičibausi"。

罗兰·柏雷奇·迪克逊（Roland Burrage Dixon）与阿尔弗雷德·路易斯·克罗伯（Alfred Louis Kroeber）指出，在加利福尼亚土语当中，除表人与人关系的词汇之外，当地的部落广泛使用的雅纳语（Yana）是唯一能够体现男性与女性话语差异的语言，这是"因为人与人之间的关系对他们来说是不同的，就像不同的性别一样。"[2] 不过，在雅纳语中，这类区别仅属

---

① See Victor Henry, "Sur le Parler des Hommes et le Parler des Femmes dans la Langue Chiquita", *Revue de Linguistique*, Vol. 12, 1880, p. 305.

② Roland Burrage Dixon & Alfred Louis Kroeber, "The Native Languages of California", *American Anthropologist New Series*, Vol. 5, No. 1, 1903.

于语言范畴。说来奇怪，该语中体现性别差异的词汇，其特征同样能够在奇基多语（Chiquito）中找到，也就是说，女性单词要短于男性单词，后者是在前者词形的基础上添加后缀"-（n）a"产生的。

对于原始部落的诸多类似习俗，我们无需赘述。感兴趣的读者可以参阅理查德·拉什（Richard Lasch）《特殊语言及其起源》（*Über Sondersprachen und Ihre Entstehung*，1907）；赫尔曼·海因里希·普洛斯（Hermann Heinrich Ploss）和马克西林连·卡尔·奥古斯特·巴特尔斯（Maximilian Carl August Bartels）的《自然与人种学中的女性》（*Das Weib in der Natur und Völkerkunde*，1908）。后者表示，斯瓦希里语言（Suaheli）系统的建立并不是为了取代普通语言，而是面对大家都不愿提起的事物，该语言系统中能够找到相应的象征性词汇而已。女性颇爱在男女之事上使用象征词汇。这类单词要么取自单纯事物的统称，要么源自古老语言或者班图语支，多为柯兹古哈语（kiziguha），因为瓦兹古哈（Waziguha, Wasseguha）神秘仪式在该语中扮演着重要角色。巴特尔斯最后指出，即使在我们的语言中，女性对任何与性有关的事物都拥有单独的名称，他还认为，这种习俗与禁止说出男性亲属姓名所带来的羞耻感如出一辙。但这并不能解释一切，如上文所示，与其他形式的禁忌语一样，迷信在禁忌语中占据了很大比重，这部分论述可参阅詹姆斯·乔治·弗雷泽（James George Frazer）的《金枝：巫术与宗教研究》（*The Golden Bough：A Study in Magic and Religion*，1890）第 3 卷。

## 三 语言竞争

在很多国家，男性用语与女性语言通过某种和平的方式争夺主权，并不存在一个国家消灭另一个国家的语言或者消灭全部女性语言或者男性用语的现象。在迁入美国的斯堪的纳维亚移民中，男性与讲英语者交往更甚，因此，相较于家中的妻子，他们更有机会学习英语。巴斯克人的语言情况完全相似，学校、兵役、商业活动中偏向法语的使用，这不仅加速了巴斯克语的消失，同时也让男性在学校与公共事务中受到法语的影响远大于女性，甚至导致妻子使用巴斯克语，丈夫完全听不懂的怪象。并且，男人也不允许自己的孩子学习巴斯克语。① 汤姆森告诉过笔者，当下古老的立沃尼亚语（Livonian）几乎绝迹，但当地的女性将该语言保留了下来，男人则学习拉脱维亚语（Lettish）。于此，阿尔巴尼亚的女人大多只懂得阿尔巴尼亚语，而男性通常会说上述两种语言。

## 四 梵语戏剧

雅利安语并没有真正的性别方言。但是，在古老的印度戏剧，女性只能说帕拉克里语（"prākṛta"，即自然语、粗俗语），而男性拥有使用梵语（"saṃskṛta"，即修饰语）的权利。事实上，这两种语言的区别并非建立在性别之上，而是基于社会等级。梵语是神明的语言，国王、王子、婆罗门、阁僚、大臣、舞蹈大师、上层阶级以及个别拥有宗教特殊地位的女子才能使用梵语，而下等人，如店主、检察官、市议员、搓澡工、渔夫、警察与近乎所有女性都使用帕拉克里语。这里所谓的两种"语言"只是同一语言内部两种不同的表达形态而已，换句话说，二者是同一语言的两个层级，处于上层级的语言显得庄重、严谨，也更为古朴，下层级语言则倾向自然、日常甚至随意的形式。对于普通女性，两者唯一的区别在于风格，其差异比不上现代小说中法官与小贩的语体风格，也不会比莎剧中朱丽叶与奶妈之间的话语差距显著。如果所有的女性甚至戏剧中的"女主角"都使用帕拉克里语，那么这种语言现象只能证明女性在印度的社会地位如此之低，以至于与男性贱民一样，无法受到上层文化的熏陶。在印度，只有上等人才有触及上层文化以及使用高雅语言的权力。

## 五 保守性

由于帕拉克里语是一种"更年轻（younger）"且"非完整（worn-out）"的梵语形态，那么问题自然产生：对于语言中不断产生的变化，两性的普遍态度是什么？能否把这些变化主要或者全部归于某一性别？又或

---

① See Henri Bornecque & Mühlen, *Les Provinces françaises*, p. 53.

者认为两性均参与语言改变？对于上述问题，常见解答是，女性无非是将
父母那里学来的语言再次传递给下一代，因此语言的创新主动权在男性手
里。马库斯·图留斯·西塞罗（Marcus Tullius Cicero）在一篇常被引用的
文章中就曾表示，当他听岳母莱利亚（Lælia）讲话的时候，自己就像在倾
听普劳图斯（Plautus）① 或者奈维斯（Nævius）② 的过时话语。当然，对于
女性而言，保持语言的纯正是自然之事，因为她们所接触到的话语方式并
不多。③ 但这样的情况并非适用于每个人，比如，在南美洲与博托库多人
（Botocudos）长期生活的法国工程师维克托·雷诺（Victor Renault），他曾经
为当地的两个部落编纂词典，并表示自己可毫不费力地让这些野蛮人与自己
一起创造词汇。"其中一人仿佛灵光乍现，大声吐出一个新词，其他人则在
雀跃中重复该词，直到它被所有人采纳。有趣的是，造词之人几乎全部是女
性，她们忙着谱曲、作挽歌、写抒情文。这些新词可能由不同的事物名称组
合而成……例如，马儿是'krainejoune'，意为'头和牙'；公牛是'po-
kekri'，即'劈开的脚'，驴是'mgo-jonne-orône'，意为'长耳兽'。不过，
对于那些已有名称且众所周知的事物，他们会为其冠以相似的新名，并很快
得到家族与部落的认可。"④

欧内斯特·理查德·爱德华兹（Ernest Richard Edwards）同样表示：
"在英、法两国，女性会避免使用新词，她们特别注重自己的话语不会过
于偏离书面语，比如，在英格兰南部，除女子学校，几乎无人使用'wh
[ʍ]'。相反，在日本，无论发音还是在词语的选择或者表达上，女性都
没有男性保守，其中主要原因是日本女性受书面语言影响的程度较小。
作为女性解放的一个例子，我们可能会提到，东京地区的女性有着一种

---

① 普劳图斯（公元前254? —公元前184），罗马第一个有完整作品传世的喜剧作家，出身
于意大利中北部平民阶层，早年到罗马，在剧场工作，后来经商失败，在磨坊作工，期间创作剧
本。——译者注

② 奈维斯（公元前270—公元前201），古罗马文学家，他凭借喜剧作品闻名于世。早年参
加过对外战争，后来因为触怒古罗马权贵而多年身处逆境，他的作品取材广泛，独具匠心，针砭
时弊，但罕有传世之作。——译者注

③ See Marcus Tullius Cicero, *De Oratore III*, Leipzig: B. G. Teubner, 1886, p. 45.

④ Carl Friedrich Philipp von Martius, *Beiträge zur Ethnographie und Sprachenkunde Amerikas zumal
Brasiliens I*, Leipzig: F. Fleischer, 1867, p. 330.

强烈摆脱'w'的倾向，尤其是'我'这个单词，男性会读成'watashi'或'watakshi'，而女性读作'atashi'。日本女性语言中的另一趋势在英、法两国的女性中相当普遍，即过度使用语气词，通过加重重音，提升语调用以强调。另外，日本女性使用'o-，go-，mi-'等礼貌前缀更加频繁。"①

## 六　发音与语法

女性发音要比男性更加先进，而这种先进性足以在女性元音发音趋向[i]的现象中得以证明。在 1567 年，托马斯·史密斯爵士（Sir Thomas Smith）曾用"mulierculæ quædam delicatiores，et nonnulli qui volunt isto modo videri loqui urbanius（优雅大方的年轻女性，民众是不愿看到她们粗鲁讲话）"以及"fœminæ quædam delicatiores（女性更应优雅）"表述女性的话语特点。在 1582 年，理查德·马卡斯特（Richard Mulcaster，1582）② 与弥尔顿的老师亚历山大·吉尔（Alexander Gill，1621）不约而同地指出："nostræ Mopsæ，quæ quidem ita omnia attenuant."

在 17 世纪的法国，女性倾向发"e"而非"a"音。因此，路易斯—奥古斯丁·阿勒曼德（Louis-Augustin Alemand）于 1688 年提到"Barnabé"是"男性读法（façon de prononcer male）"，而"Barnabé"才是"礼貌、高尚之人……尤其是女性（les gens polis et délicats…les dames surtout）"的发音方式。在 1712 年，格瑞玛斯特（Jean-Léonor Le Gallois de Grimarest）表示："富商们经常说的'medeme，boulevert'并非标准的'madame，boulevert'发音。"③

事实上，关于语言的变化，女性虽然不是唯一催化剂，但往往扮演着

---

① Ernest Richard Edwards, *Etude Phonétique de la Langue Japonaise*, Leipzig: Impr. B. G. Teubner, 1903, p. 79.

② "'ai'是男性使用的双元音，其发音饱满，'ei'是女性双元音，发音扁平，例如，'finish'的女性发音为'fineish'。此外，女性发音更加考究，且长久说话，就会气喘吁吁，男性从不会这样，因为他们的发音从未优雅过。"因此，与通俗发音相比，高雅的发音是当时女性用语特点。

③ Charles Thurot, *De la Prononciation Française depuis le Commencement du XVIe Siècle I*, Paris: Imprimerie nationale, 1881.

重要角色。在此，笔者指的是对古老大舌颤音（fully trilled tongue）"r"的弱化。在著作《语音学》中，笔者阐释了此音弱化会衍生不同的发音，甚至导致单词某些位置上完全吞音情况的出现。而这种弱化主要源自社会生活的改变。在古代，人类大多野外生存，大舌颤音的存在自然是合理的，不过之后进入室内生活的人类更爱小声说话，因为家庭生活越精致，各种噪音甚至说话的音量也就越低。所导致的结果是，曾经如同鼓噪的古老"r"不再震耳欲聋。同时，大多数城市以及受过良好教育之人同样以不同的方式弱化大舌颤音"r"，但在许多国家的乡村，人们仍然保留着"r"的古老发音方式。① 现在，我们发现女性导致大舌颤音"r"减少的语言现象常被学界提及。在 16 世纪的法国，人们已不再使用颤音，甚至比英语使用"z"代替大舌颤音"r"的发音方式更为激进。但是，一些传统语法学家指出，上述仅为女性发音特征。德西德里乌斯·伊拉斯谟（Erasmus von Rotterdam）曾经认为，该发音方式现于巴黎女性；雅各布斯·埃格拉努斯（Jacobus Sylvius）表示，此语音方式的使用者只是巴黎女性以及一些小男人；让·皮洛特（Jean Pillot）指出，取消大舌颤音是巴黎女性与一些雅致之人所致。因此，在日常用语中，大舌颤音还有一些零星的存在，例如法语的"chaire"一词。提起"chaire"，我们就会想到单词"chaise"，而后一种词形只保留日常意义（即椅子、座位），这自然属于女性话语，至于前者则具有"讲坛、讲座"等特殊意义。现在，我们发现克里斯钦自由城（Christiania）② 中的女性同样使用［z］或者清音［s］代替"r"，她们会把"gruelig"说成"gzuelig"，将"frygtelig"读作"fsygtelig"。③ 甚至

---

① See Otto Jespersen, *Fonetik: En Systematisk Fremstilling af Læren om Sproglyd*, p. 417.

② 克里斯钦自由城（丹麦语：Fristaden Christiania），是一个位于丹麦哥本哈根的一处自我宣称自治的小区域，实行无政府主义的公社，是后嬉皮时代最著名的运动之一，自由城有自治委员会，居民大多为嬉皮士、自由艺术家、草根运动人士、摇滚乐手等自由派风格强烈的居民。与哥本哈根大城市风景不同，自由城内较像是乡村，建筑物也都被艺术家绘画成带有强烈波西米亚风格。拥有自己的货币系统、邮局、卫生所、学校，也不受丹麦禁止室内吸烟与大麻禁令影响。但长期以来与丹麦政府关系紧张，包括土地问题、免税以及毒品充斥，2011 年初自由城与丹麦政府之间的诉讼被法院宣告败诉，但后来经过多次协商，丹麦政府同意自由城买下土地（7620 万丹麦克朗），虽然双方统治权仍有争议，但克里斯钦至少仍保有原来的自治。克里斯钦不承认自身为欧盟领土，因此出口的标语为"你将进入欧盟区"。——译者注。

③ See Knud Olai Brekke, *Bidrag til Dansknorskens Lydlære*, 1881, p. 17.

在遥远的西伯利亚，我们发现楚克其族（Chuckchi）的女性使用"nídzak"或"nízak"区别男性用词"nírak（2）"，并用"zërka"指代男性单词"rërka（海象）"，等等。①

在现代英语中，两性发音差异依然存在。根据丹尼尔·琼斯（Daniel Jones）的研究，"soft（软的）"一词，男性发长元音［sɔ·ft］，女性发短元音［sɔft］；同样，［gɛel］是女性对"girl（女孩）"的特有发音，男性通常发［gə·l］；至于"wh"两性发音的差异，可参阅本章，第5节。到目前为止，笔者能够确定的是，女性较男性更喜用［tʃuldrən］代替［tʃildrən］。此外，女性倾向将"waistcoat（马甲）"一词两个音节中的元音完整发出，而该词使用频率更加频繁的男性却偏爱传统发音［weskət］，与"breakfast（早餐）"中的元音近似。不过，即便这样的语音现象成倍地增加，它们大多是孤立的案例，并无多少深刻的意义与内在关联。总之，从语音学角度来看，男性和女性的话语在宏观上并无太大差别，两性使用的是同一种语言。

## 七　选词

不仅两性发音存在差别，所用词汇差异更加明显，但很少有学者注意到这一语言现象。詹姆斯·布拉德斯特利特·格里诺（James Bradstreet Greenough）和乔治·莱曼·基特里奇（George Lyman Kittredge）表示："用'common（普通）'替代'庸俗（vulgar）'明显具有女性倾向，该词从男性嘴里说出，多少有些娘娘腔。要想没那么女性化，可用'person（某人）'代替'woman（女人）'，与'lady（女士）'区分，'nice（好啊）'替代'fine（好吧）'。"②

过去，有人告诉笔者，男性一般会说"It's very good of you（你真好）"。而女性则用"It's very kind of you（你真是太好啦）"。此类细枝末节

---

① See Otto Jespersen, *Fonetik*: *En Systematisk Fremstilling af Læren om Sproglyd*, p. 431.
② James Bradstreet Greenough & George Lyman Kittredge, *Words and Their Ways in English Speech*, London, 1902, p. 54.

虽无法体现两性用词不同的真正本质，但毫无疑问，所有国家的女性都羞于直接说出人体的某些器官以及生理功能，而聚在一起的男性特别是轻年男子更喜直接表达。女性会发明一些委婉、单纯的词语，久而久之，这些词语又被视为通俗甚至直白，一旦出现更加得体的名词，这些单词又会被立即取代。

在亚瑟·温·皮尼罗（Arthur Wing Pinero）小说中，一位女士在女伴桌子上发现一些法国小说，问道："这是不是有点……额……那个啊？"她甚至不敢说"indecent（下流）"，只能含糊其辞。① 同样，"赤裸（naked）"一词在弹药厂工作的女孩之间是这样改述的："她们首先脱掉所有衣物，然后'清清白白'地跑进另一间乘放工作服的房间。"②

另外，过时的风尚曾经禁止女性使用"腿（legs）""裤子（trousers）"等词语。查尔斯·狄更斯（Charles Dickens）在《董贝父子》（*Dombey and Son*）第335页中写道："女性很少直接提及男性衣物的名字。"这种现象在现在看来，未免有些夸张。③

毫无疑问，本能回避粗俗的女性更倾向文雅、（在某些领域中）含蓄、隐晦的措辞，这对语言的发展带来广泛影响。在大多数情况下，这种影响在私人以及家庭内部发挥着重要作用。不过，西方历史上存在着女性语言进入公共视野的案例。在此，笔者指的是17世纪聚集在法国朗布依埃宾馆（Hôtel de Rambouillet）的"女雅士"（Précieuses），她们在该宾馆探讨单词的拼写、发音、措辞等问题，主张措辞优雅，避免粗俗。从多方面看，此举可视为文学运动。在当时，席卷欧洲的诸多文学运动均借以西班牙的贡戈拉文体（Gongorism）④，意大利的马里诺文体（Marinism）⑤，英格兰

---

① See Arthur Wing Pinero, *The Gay Lord Quex*, Boston: Baker, 1905, p. 116.

② Enoch Arnold Bennett, *The Pretty Lady*, New York: George H. Doran Company, 1918, p. 176.

③ See Otto Jespersen, *Growth and Structure of the English Language*, p. 247.

④ 贡戈拉文体改变传统上形态和内容的平衡，运用华丽的方式和文笔铺陈演绎微不足道的主题。借助大胆的比喻、奇特的形象、夸张的言辞以及颠倒交错的语法结构，造成形态上繁复优美的效果。大量的雕琢、隐喻、拉丁文、回文结构，甚至古希腊语语汇，使作品晦涩难懂。——译者注

⑤ 马里诺文体用比喻、典故和象征手法，追求绮丽、浮华的诗风，雕琢词藻，用以抒发贵族阶级的感伤情调和寻求新奇事物刺激感官的艺术趣味。——译者注

的尤佛里斯文体（Euphuism）① 进行实现。不过，女性比男性更有改变日常用词的迫切意愿，比如，她们用"the door of the brain（大脑的门）"指代"nose（鼻子）"，"the instrument of cleanness（打扫工具）"替代"broom（扫把）"，用"la compagne perpétuelle des morts et des vivants（生死永恒的伴侣）"指代"shirt（衬衫）"，等等。这些矫揉的用词引发了众人的次次哄笑。如果不是莫里哀（Jean-Baptiste Poquelin）《可笑的女才子》（*Les Précieuses Ridicules*）和《女学者》（*Les Femmes savantes*）对其流传千古的讽刺，她们的努力可能早已为世人遗忘。尽管她们的言语未免有些夸张，但我们有理由祝贺包括英格兰在内的一些国家女性，她们足够高的社会地位确保了自身使用更为纯净与更加自由的语言权力，避免了自身受到男性粗劣语言的影响。

而在女性极力避免的语言形式中，我们一定要提到咒骂（swearing）②。例如，男人说："He told an infernal lie（他撒了个恶毒至极的谎）。"女性会说："He told a most dreadful fib（他撒了个可怕的谎言）"。女性多用"其他地方（the other place）""不安之地（a very uncomfortable place）""酷热之地（a very hot）"等等委婉语指代"地狱（hell）"。女性也会使用"-ever"增强疑问代词语气："Whoever told you that（究竟是谁告诉你的）？""Whatever do you mean（你到底是什么意思）？"而不用"who the devil（谁他妈的）"或者"what the dickens（见鬼，到底怎么了）"的句型。令人惊讶的是，与偏男性化的"Good heavens（老天啊）""Great Scott（天哪）"相比，女性感叹多用"Good gracious（天啊）""Gracious me（我的天啊）""Goodness gracious（女神呐）""Dear me（哎呀）"。另外，女性使用"to be sure（那当然）"的口头禅更加频繁。不难看出，上文提及的性禁忌语已经文明化，这些禁忌语多由女性长者制定，但年轻女性未必乐

---

① 尤佛里斯文体，又名绮丽体，指一种矫揉造作、过分文雅的文体，由文艺复兴时期，英国大学才子派剧作家约翰·利利创立，因他的小说《尤弗伊斯》而得名。——译者注

② 不同国家之间的脏话有着巨大的差异。在一些国家与特定的社交圈里，脏话极为普遍，且男性之间说脏话的频率远高于女性，至少丹麦如此。现在的西方国家拥有反对脏话的社会运动，并且许多男人从不讲脏话。曾经，一位朋友写信给我："英国最最优秀的绅士几乎从不骂人……可现在有些时髦的女性与她们交往的男人一样，爱说脏话。"

意遵从。

假如我们欣赏女性语言，那么男人必定反对，并认为女性让语言变得软弱无味，因为保持语言的生动与活力是重要的。女性用词之所以为大多数男性不喜，是因为其部分单词过于平庸。作为男性，他们更希望摆脱陈腔滥调，使用更加新潮，更能表现自我的词语。于此，男性成为了语言的主要革新者，他们从未间断地创造新词。有时，我们会新奇地发现新词代替了旧词，转而又被另一个新词取代，比如，与德语"werfen"对应的英语古老动词"weorpan（扔）"，最初，男性认为该词的表现力太弱，便借用斯堪的纳维亚语"cast"一词代替，几个世纪后，"cast"又被语气更强的"throw（抛）"替代。而现在，男孩子更愿意使用"chuck（抛掷），fling（投射）"等语气更加强烈的单词。至于那些被淘汰的词汇，如"cast"，它只会现身在固定搭配与比喻性表达中，如莎士比亚："They cast their caps up（他们抛起了帽子）"。并且，很多新词一旦出现，便成为从未获得认可的俚语。在此，笔者并不关心俚语、习语的区别。作为"人类第二性别特征（human secondary sexual characters）"之一的俚语，人们是否愿意创造，是否愿意使用，这才是我所关心的。近期，随着女权运动的兴起，年轻女性开始使用男性单词，但这一现象并不能让上述观点无效。

## 八　词汇量

一般来说，女性词汇量远逊于男性。女性只在语言的中心区域活动，这避免了与不同寻常或者怪异语言的接触机会，而男人要么创造新词、新表达，要么在自己的语言能力范围内，灵活使用传统语言从而更加贴切或者更为精准地反映他们的思想。可见，女性通常遵循语言的主流，而男性独辟蹊径。有阅读外文书籍习惯的读者在阅读男性作品时会比阅读女性作品遇到更大的困难，因为男性著作包含了更多的生僻词、方言、术语，等等。对于那些励志学好一门外语之人来说，他们常常在学习外语初期能够很好地欣赏女性创作的外语小说，因为在女性作品中会遇见很多被视为"语言中不可缺少"的日常用词与短语。

女性接受的教育程度或许可以解释上述现象。时至今日，女性所受教育依然不如男性全面、专业。但这并不能说明一切，美国教授约瑟夫·贾斯特罗（Joseph Jastrow）做过实验证明了还有一种特质与教育程度无关：首先，他找到一个班的大学生，男女各 25 名，在接受统一的训练后，贾斯特罗要求他们在一定时间内迅速写下 100 个单词，不允许将这些单词写成句子。最终，贾斯特罗收集到 5000 多个单词，当然，这其中存在大量的重复词汇。结果显示，女性思想趋同性更为明显：25 名男性大学生共写出 1375 个不同的单词，而 25 位女性只有 1123 个。在男、女无重复的 1266 个单词中，29.8% 的词汇属于男性专有单词，20.8% 属于女性专有单词。有关动物的单词，男性所占比重最大，而服饰、布料类词汇在女性的单词中占比最高，男性只有 53 个食品类单词，而女性多达 179 个。"总之，这个实验揭示了女性更加注重周边的环境、制成品、装饰物、私人与具体事物；男性倾向更加宏观、赋有建设性且普遍的抽象事物。"①

贾斯特罗还提到另外一个两性语言特点，即人类更爱使用押尾韵与押头韵的单词。这两种倾向在男性身上更为显著，具体来说，男性对文字本身及其声学特性更感兴趣，而女性对此关注较少，只将其视为单词的部分属性而已。因此，有些男性是坚定的双关语拥趸，而女性很难看出双关语的奥妙，也几乎不使用双关语，或者很难发现其中更大的价值。这种行为差异导致了女性很少崇信语言，尽管外语、音乐、刺绣是女生学得最好的三个科目，被认为是女性的"专长"。

总之，关于语言，女性学得快、听得快、回答得快。男性则犹豫不决、反复咀嚼，最终得以确定文字的意味，目的是发现这些单词在声音和意义两个层面的相似与不同，从而为最恰当的名词或形容词的选取做好准备。

## 九　副词

相比于男性形容词，女性使用"pretty（漂亮的）""nice（美好的）"等词汇更加频繁。至于副词，两性使用差别继续拉大。查斯特菲尔德勋爵

---

① Havelock Ellis, *Man and Woman*, London：Scott, 1904, p. 189.

（Lord Chesterfield）指出："我的美丽女性同胞们不满足于用新词丰富我们的语言，而是走得更远，通过对旧词使用范围的扩展，使其拥有不同的含义。她们随意地选取单词，对它横加改变，就像把基尼换成零钱一样，目的只是为了每天能够偶尔说上几回。比如，形容词 'vast' 与副词 'vastly' 到了时尚女性那里，竟然成为时髦词，你可以说 'vastly obliged（非常感激）' 或 'vastly offended（极为生气）''vastly glad（极其高兴）' 又或者 'vastly sorry（特别遗憾）'……至于用该词形容物体，它可以 'vastly great（宏伟）' 或者 'vastly little（小巧）'。最近，我听到一位漂亮的女士使用愉快的转喻，形容一个非常小巧的金制鼻烟壶，一句话中连用两次 'vastly'：'to be vastly pretty, because it was so vastly little（真是太漂亮啦，太小巧啦）'，这让我忍俊不禁。"① 尽管上述查斯特菲尔德勋爵四世极力反对的副词如今早已过时，但毫无疑问，他发现了女性语言中的特质，即女性喜用夸张，这往往会导致副词的滥用，如：德语 "riesig klein（真小）"，英语 "awfully pretty（太漂亮）" "terribly nice（真好）"，法语 "rudement joli（漂亮极了）" "affreusement délicieux（好吃死啦）"，丹麦语 "rædsom morsom（真有趣）"，俄语 "strast' kakoy lovkiy（贼能干）"，等等。菲茨德沃德·霍尔（Fitzedward Hall）认为，"quite" 的滥用同样出自女性："she was quite charming; it makes me quite angry（她太迷人了，让我妒忌死了）"。这让笔者怀疑 "just sweet"② 也符合女性使用副词的特征。

另外，女性常用副词 "so"。在此，我要感谢科内利斯·斯托费尔（Cornelis Stoffel），我从他的专著《加强与柔和——英语副词研究》（Intensives and Down-Toners: A Study in English Adverbs）引用相关实例③，发表在 1896 年 1 月 4 日的《喷趣杂志》（Punch）上："副词修饰形容词极受女性偏爱。比如，她们常用 'He is so charming（他太有魅力了）!' 'It is so lovely（它太可爱了）!' 等等。"斯托费尔还列举了几个女性使用 "so" 的

---

① Philip Dormer Stanhope, *The World*, December 5, 1754.

② 例如，詹姆斯·马修·巴里爵士（Sir James Matthew Barrie）在书中写道："Grizel thought it was just sweet of him（格丽泽尔觉得他真是太好了）。"

③ See Cornelis Stoffel, *Intensives and Down-Toners: A Study in English Adverbs*, Heidelberg: C. Winter's universitäts buchhandlung, 1901, p. 101.

典例："Thank you so much（太谢谢你了）！""It was so kind of you to think of it（你能想到这一点，真是太好了）！""That's so like you（这太像你的作风啦）！""I'm so glad you've come（您能来，我太高兴啦）！""The bonnet is so lovely（这顶帽子太可爱了）！"

我认为，由于女性开口前并未想好说什么，因此她们的话语更易断裂。例如："I'm so glad you've come（你能来，我真高兴）"。这句话实际需要一个引导从句的连词"that"来补充信息，比如"so glad that I really must kiss you（太高兴了，真想亲你）"或者"so glad that I must treat you to something extra（太高兴了，定要格外招待你）"等。不过，女人在情急之下往往很难找到合适的表达："so glad that I cannot express it（太高兴了，不知道说什么好了）"，结果导致未曾说出包含真正内容的语言。此外，相关的语言学实验证明了女性在说话时惯用"so"加强语气。"such"亦为同样的用法。我们可从现代小说中摘取两句话，一位女士说道："Poor Kitty! she has been in such a state of mind（可怜的凯蒂！她的精神真差）！""Do you know that you look such a duck this afternoon⋯. This hat suits you so—you are such a grande dame in it（知道吗？你下午看起来漂亮极了⋯⋯这顶帽子真配得上你，戴上它真像个贵妇人。"这类例子还包括丹麦语"så""sådan"，德语"so""solch"，法语"tellement"，尽管"tellement"与英语"so"的表达程度存在差异。

"to a degree"也可算作此类副词，不过需补充信息，用以明确程度，如"His second marriage was irregular to a degree（他的再婚太不正常）"。

## 十　断句

女性使用断裂感叹句的频率可以从小说家与剧作家的诸多作品加以证明。第一个选自《名利场》（Vanity Fair）的开篇："吉米玛吓得差点晕倒，说道：'哎哟，我从来没有——好大的胆子——！'她的情绪起伏得太大，因此两句话没有说完。"第二个例子选自圣约翰·埃米尔·克拉弗·汉金（St. John Emile Clavering Hankin）的戏剧，"艾薇利夫人：我必须说！（不过，话并未完全吐出）。"最后一个例子来自康普顿·麦肯齐（Compton

Mackenzie）的《不良关系》（*Poor Relations*）。"希尔达大喊：'这个问题你必须……'"上述例子表明女性频繁使用此类断句，以至于我们似乎很快就会在现代语法书籍中看到独立的章节包括"你有没有？"哎呀，我没有！"等最重要的"顿绝（stop-short, pull-up）"句。

学者认为，这种语言现象实则揭示了女性独有的心理特征。曾经，乔治·梅勒迪斯（George Meredith）谈及自己笔下的一位女主人公时，表示："她像极了纯情的小姑娘与一些傻妇人，脑子空空的。"而托马斯·哈代（Thomas Hardy）则声称自己作品中的女主人公是"最为独特的女性，她在说话之前竟会考虑周全"。

不过，我们无法确定断句是两性之间的绝对差异，只能假设这是某一性别的偏好。如果再对比男性与女性所用长句的话，我们就会发现，前者使用更为复杂的句型结构，例如从句套从句，关系从句包含条件从句，或者条件从句包含关系从句等；女性则尽量使用并列句或者并列从句。这些句子内部关系划分并非出自语法角度，而在于口语中是否以重读、语调区分，书面语则用下划线的方式区别。从学术角度讲，男性喜用从属句型，女性偏爱并列句型。我们可用这样一个比喻，男性使用的句型就像中国套盒，一个套一个；女性造句如用"and"等连词串联起来的珍珠，例如，在一部丹麦喜剧中，一名女孩讲述舞会上发生之事，突然，她被哥哥打断，哥哥俏皮地掏出手表，大声说："我宣布！你在不到2分半钟的时间内使用了15个'然后'。"

## 十一 两性语言共性

在语言层面，女性思维转变迅速的表现之一便是"he（他）"或"she（她）"等人称代词的高频使用。需要注意，女性话语中的人称代词并不是女性最后提起的那个人，而往往是对另一个人的指代。对思维缓慢的男性来说，他甚至还以为女人在说同一人。过去，罗马人通过试验测试人类感知速度的差异：他们首先让受教育程度不同之人以最快的速度阅读同一篇文章，甚至允许10秒读20行。时间一到，文章收回，要求他们立即写下所忆内容。实验结果表明，测试中的女性往往比男性更加出色，她们不仅比男人读得快，而且能够更好地复述整篇文章。试验中，一位女士的阅读速度是她丈夫的 4 倍，而丈夫对部分章节的复述还不如妻子复述整篇文章更为精准。但是，阅读速度快慢并不能代表智力的高低。一些阅读速度缓慢的男性反而是睿智之人。艾利斯曾经指出，对于阅读迅速之人来说，他默认了文章中的每一句话都是正确的，会不假思索把这些话语迅速地填入大脑；而对于那些阅读速度缓慢之人，每句话都经过反复推敲；文章中的每件事物似乎都能唤醒过去的记忆，其思维活动自然缓慢。①

这种现象让笔者回想起乔纳森·斯威夫特（Jonathan Swift）所作《对不同事物思考》（"Thoughts on Various Subjects"）中的一句话："大多数男性与女性之所以语言流利，实则是词汇贫乏所致。他们只有一种想法，一套说辞，语言自然张口即出，而满腹经纶的语言大师会在两个单词的选取上游移不定。如此差异就好比离开空无一人的教堂必定比走出挤满民众的教堂更加迅速。"②

因此，滔滔不绝的女性常常沦为被调侃的对象。许多国家甚至发明了许多谚语。③ 伊丽莎白·巴雷特·勃朗宁（Elizabeth Barrett Browning）在长诗《奥罗拉·李》（Aurora Leigh）中写道："女人的功能就是说话。"奥斯卡·王尔德（Oscar Wilde）不无嘲讽："女人只是装饰的性别。她们从未有过什么真正可说的，但总能说得很好。"此外，女人想到什么就说什么。《皆大欢喜》中的罗莎琳德（Rosalind）表示："你不知道我是女人吗？我想到什么就必须说出来。"④ 在一部现代小说里，一名年轻的女孩说："我得说话，这样我才知道我在想什么。你难道不是吗？有些事情只有听到别人说出来才能判断。"⑤

女性随时准备说话的能力源自一个事实：她们的词汇量比男性少，表

---

① See Havelock Ellis, *Man and Woman*, p. 195.

② Jonathan Swift, *Works I*, Dublin, 1735, p. 305.

③ 法国："哪儿有女人，哪儿就不会沉默。""两个女人一条街，三个女人一台戏，四个女人一场集"；威尼斯："两名女人抵上一只鹅。"中国："舌头是女人的利剑，女人从未让它生锈。"日德兰半岛："即便北海干枯，女人也不会沉默"。

④ William Shakespeare, *As You Like It III*, 2.64.

⑤ Laurence Housman, *King John of Jingalo: The Story of a Monarch in Difficulties*, New York: Holt, 1912, p. 346.

达也更加集中。不过，这与另外一个不争的事实有关：女性很难达到男性语言的最高成就，绝大多数女性更接近平均水平。哈维洛克·艾利斯从多方面证实了这一观点，他客观地指出，"男性出现天才的概率更高"。虽然，这一结论有时会被女性认为是性别歧视，但对于"男性出现天才的概率更高"的说法，女性似乎不急于提出异议。因为，"男性出现天才的概率更高"与"男性出现白痴的概率更高"，这两种说法须放在一起考虑，二者均基于广泛的动物学事实，即雄性的变异机率更大。①

这一结论在语言层面显而易见：女性中少有语言天赋极高或者语言能力极低之人。最伟大的演说家与最著名的文人都是男性。而更多的男人却无法将两个单词合理地组合在一起，他们结巴、吞吐、犹豫，甚至连自己最简单的想法也找不到适当表达。这或许对多数口齿伶俐、话语清晰的女性来说算是一种安慰。

至于两性的语言能力为何能有如此显著的差异，学者们并未找到明确答案。也许，二者的差异源自原始部落的社会分工，甚至在很大程度上依赖于该种族是否文明。数千年以来，男性从事的劳动主要是打仗、狩猎，在较短的时间内需要消耗大量的精力，因此并无多少谈话的机会，甚至在一些环境中，说话会招至危险。当艰苦的工作结束，男性要么闭嘴休息，要么懒洋洋地消磨时光。而从事家务劳动的女性无需在短时间内消耗巨大能量。起初，留给她们的不仅仅是农活，还有其他杂务。到了和平年代，部分杂务由男性承担，但女性依旧承担照看孩子、做饭、酿酒、烘焙、缝纫、洗衣，等等家庭事务，这些杂务多半无需深思熟虑，可与其他女性边做边聊天。总之，我们所处的社会尽管经历巨变，甚至最终改变了两性的语言关系，但过往的家庭分工对于语言的影响依旧挥之不去。

---

① See Havelock Ellis, *Man and Woman*, p. 420.

# 第十四章　语言变化因素（上）

## 一　发音器官

近年来，学者提出诸多理论试图解释不容置疑的事实，那就是语言会随着时间的流逝而变化。有部分学者表示，这种变化只是由一个基本因素导致，其他学者则更加睿智地指出，这是多种因素共同导致的结果。现在，我们很难确定究竟哪些因素发挥了决定性的作用。在阅读语言学家的著作过程中，我们很有可能误认为导致语言改变的唯一因素是语音，或者说音变至少是语言变化必须解释的现象。现在就让我们来回顾下音变理论。

首先，学者断言，音变是基于发音器官结构变化引发的。我们不必在该理论上浪费口舌，即使一些母语已经消失长达数个世纪之久，语音教师依然能够教给学生几乎所有的过去语音，人们无从得知一个小小的发音器官，为何其结构上的变化能够导致音变。[1] 此外，许多音变根本不会引发新语音的产生或者旧语音消失，而是"旧音新用（旧音出现在新的位置）"或者"放弃旧音（原有位置上不再使用旧音）"。当然，一些部落存在故意损毁嘴唇或者牙齿的习俗，这的确会导致发音的变化，但是，这种习俗即便被废除，音变现象同样存在。根据迈因霍夫的研究，约奥族（Yao）女性的上唇嵌入一个木盘，这让她们无法发出［f］，也正是由于女性教孩子说话，［f］便从他们的语言中消失。不过现在，［f］又以借词读音的形式

---

① See Hanns Ortel, *Lectures on the Study of Language*, p. 39.

再次出现。① 总之，这些习俗对语言的影响显然微乎其微。

## 二　地理环境

部分学者认为气候或者地理条件会对人类的发音系统产生影响，例如，高加索地区的居民发出刺耳的辅音与自然条件较好区域的悦耳辅音形成鲜明对比。但是，这种地理因素不能视为一般规律。"一方面，美国西北海岸的原住民生活在海产丰富之地，我们不能说他们遭受了严酷的气候条件，可他们发音的刺耳程度堪比高加索地区。另一方面，因纽特人所处环境的恶劣堪称世界之最。与美国西北海岸相比，他们的语言不仅具备悦耳的语音系统，甚至足以与美洲印第安语媲美。"② 因此，这一理论也很难解释历史上诸多国家的语言巨变，而在当时，这些国家的气候并未明显变化。

海因里希·梅耶—本菲（Heinrich Meyer-Benfey）在《古代德语与德国文学杂志》（*Zeitschrift für Deutsches Altertum und Deutsche Literatur*，1901）第45卷，提出了"音变地理论（A geographical theory of sound-shifting）"。美国学者科利茨在《美国语言学杂志》（*American Journal of Philology*，1938）第39卷，第413页采用了该理论，并认为辅音音变主要发生在山区，这一点在德国南部阿尔卑斯山区的高地德语中表现得尤为明显。离开山区后，地理环境对语音的影响逐渐减弱，虽然影响力稳步削减，但其影响范围依旧涵盖了法兰克部分地区。而当进入德国北部平原，当地的语言便不再受到影响。该理论同样适用于发生过类似音变的语言，如古代亚美尼亚语、现代亚美尼亚语、南非索和语（Soho），等等。科利茨指出："不论某些辅音最初听起来多么古怪，这些辅音音变依旧取决于地理因素，其二者的关联也易于理解。从浊塞音转化为清塞音，从清塞音衍变至塞擦音或者送气音，音变中都有一个共同点，即吐气力度的增强，而吐气力度的增强又意味着肺活量的提升。在这一点上，我们已经明确了地理或者气候条件与发音的关系，因为无

---

① See Carl Friedrich Michael Meinhof, *Die Moderne Sprachforschung in Afrika*, p. 60.

② Edward Sapir, "Language and Environment", *American Anthropologist New Series*, Vol. 14, 1912, p. 234.

人否认居住在山区特别是高山上的人类会增加肺活量。"

最初注意到该理论时，笔者在《语音基本问题》中只做了简短的脚注。[1] 这一举动也许稍显轻漫，但是我想说，我的同胞——生活在平原的丹麦人却拥有与高地德语完全相同的辅音音变（"p，t，k"分别变为强送气音"b"，塞擦音"d"，清音"g"）。在此，我不禁要问，这难道是每逢夏季，越来越多的丹麦人去瑞士、挪威度假造成的？即便这一理论得到科利茨这位杰出语言学家的支持，我依然不敢苟同。因为，该理论存在着两点错误，首先，生活在平原地带的种族也产生了相同音变；其次，并非所有的山地语言都会产生辅音音变，例如，与高地德语相邻的阿尔卑斯区域山民，他们所讲的意大利语和拉登语（ladin）不存在音变现象。另外，解剖学上的解释也非无懈可击，爬山确实会影响我们的呼吸方式，但其主要影响肺部，而辅音音变仅受声门的影响。由于辅音音变与生理学上的口腔结构并无直接关联，因此该理论不能让人信服。无论如何，音变地理论很难适用于日耳曼语第一辅音音变，有谁可以肯定辅音音变始于山区？又有谁了解替代"p，t，k"的"f，þ，h"打一开始就是送气音或者塞擦音？音变似乎更可能是一种通过直接放松，疏通口腔气流阻塞产生的结果，但在这种情况下，辅音音变实与肺部或者呼吸方式无关。

## 三　种族心理

当我们不再关注外部环境，而是探究推动语言变化心理内因的时候，我们对此会更加感兴趣。但这并不意味着笔者赞同过往语言学家的所有理论。事实上，自格林伊始，学者大多将辅音音变归因于德国人的心理特征。格林指出，音变是德国人快速发展和对自由渴望的结果，[2] 应归功于部落大迁移时期德国人的骄傲与勇气[3]："当宁静与道德再次回归，能够代表哥特人出众的绅士风度与温文尔雅的语音依旧存在，撒克逊与斯堪的那

---

[1]　See Otto Jespersen, *Phonetische Grundfragen*, p. 176.

[2]　See Jacob Grimm, *Zur Geschichte der Deutschen Sprache*, p. 292.

[3]　Ibid., p. 306.

维亚部落只满足于第一次辅音音变，而更加强力的高地德国人（包括德国威斯特法伦）推动了第二次辅音音变。库尔蒂乌斯在日耳曼语的语音音变中发现了力量与青春活力。[①] 不过，卡尔·维克多·穆伦霍夫（Karl Viktor Müllenhoff）在 "p，t，k" 到 "f，þ，h" 的音变中看到一种弱化迹象：德国人显然失去了发强塞音的能力。进一步讲，由于人的虚弱或者懒惰，他们放弃了送气音 "ph，th，kh，bh，dh，gh"。但由传统的 "b，d，g" 到 "p，t，k" 的音变表明，德国人再次团结起来，做出新的努力，其音变的规律性又反映了他们巨大、稳健且坚忍不拔的力量。[②] 他的弟子威廉·舍雷尔则从德语史出发，发现了大众语音偏好的兴衰交替，从而以美学视角出发，探究语音变化，认为（第二次）辅音音变后，德语进入了一个柔弱期（feminine period）。在该阶段，德国人偏爱元音音变，忽视辅音。

## 四　语速

冯特对日耳曼语族音变给出了一种与过往理论相关却有所不同的解释，他将音变归结为由于"文化革命，即好战的移民征服了原住民，从而建立了新的国家"[③]，这导致了语速的加快。随后，冯特详细论述语速的加快会导致日耳曼语族的辅音变化。[④] 即便我们承认现在的平均语速可能比过去快，但该理论是建立在语言史和一般语音理论之上的，其中太多细节令人怀疑，甚至存在明显错误，也未论及 "l" 音变的实际原因，所以，我们很难看出音变的发生源于语速。假如音变的确由语速引发的话，那么这种变化应出现在特定历史时期和有限的地理环境之内。事实上，很多人同意这样一种观点：在各个历史阶段，随着生活节奏的普遍加快，西方各个国家的语速亦不断加快。但与过往任何时期相比，20 世纪的西方主要国家并未发生任何明显的辅音音变，因此语速论有待商榷。

---

① See Ernst Wilhelm Adalbert Kuhn, *Zeitschrift für Vergleichende Sprachforschung*, Vol. 2, 1852, p. 331.

② See Karl Viktor Müllenhoff, *Deutsche Altertumsk II*, Berlin, 1887, p. 197.

③ Wilhelm Maximilian Wundt, *Die Sprache I*, Leipzig: W. Englemann, 1900, p. 424.

④ Ibid.

## 五 剧变期

以上理论，虽细节不同，但存在共通之处，即从某一时期普遍存在的心理特征入手，解释一种特定的音变或者一系列的语音变化。但这些理论不成立的根本原因在于，我们无法科学地证明特定的发音与某种心理之间是否真的存在关联，另外，我们对集体性心理变化研究并不完善。有趣的是，将这些理论与本书第 11 章涉及的对同一发音变化的解释进行比较，我们得到的结果依旧差强人意，因为这些理论给出的解释是，辅音音变的根源在于原住民的独特发音。不论是将日耳曼语族视为本土语言还是将其视为混合语，日耳曼语族的辅音音变都会是典型案例，因为自格林时代以来，学者的注意力均集中在该语族的辅音变化，而非其他语言中独特的音变。于是，学者们需要一种特殊说明，指出语言中存在着无数微小的语音变化，即使它们填满了历史语法学中的语音空白，我们也无需全部研究。可事实表明，日耳曼语族音变与其他语言的音变并无实质上的差别，如拉丁语 "sapa, fratrem, canem, kælum, fakere, cambiare"，法语 "sève, frère, chien, ciel, faire, changer" 与英语 "fate, feet, fight, foot, out" 等单词中的元音音变，即使这些单词依旧保持着欧陆（continental）语言的特点。因此，我们的主要任务是找出发音变化的一般成因。不管怎么说，作为一项初步调查，这似乎比不假思索地指出某个世纪某种语音会以某种特定的方式发生变化更为重要。

然而，如果某一时期的语言变化极为丰富（如语音、词形、语义等等），我们自会把注意力转向当时的社会。如有可能，我们甚至会发现一些特别利于语言变化的社会环境。于笔者而言，有两个条件能够促进语言的改变。首先，父母和成年人的影响通常较小，这是由于长期大规模战争、父母背井离乡抑或死于瘟疫所致（参阅本书第 10 章，第 7 节）。其次，在某一历史阶段，日常生活限制了语言变化，人们感到语言变化比平时少，整个社会被一股强烈的独立情绪推动，人们试图从原有的社会关系中挣脱出来，包括稳固的教学体系或者文学传统。18 世纪后半叶的北美就是这样的情况，当时，这个新生国家试图证明自己独立于英国，更愿意放弃对英语权威的尊重，因为这种尊重往往导致保守思想的滋生。假如美式英语与英式英语之间并没有产生实际中巨大的差异的话，那么其中的部分原因是英国移民不断涌入美国所致，而另一部分原因是近代两国交流变得更加便利，这对双方的语言产生不可估量的影响。罗曼语族的发展包含了上述两种情况：在最近几个世纪中，罗曼语族经历了最为强烈的分化，这与"蛮人"入侵以及一系列毁灭性的瘟疫有关，许多成年人或背井离乡，或死于疾病。同时，各个国家又在努力摆脱罗马帝国的集权统治，但在早期的基督教时代，罗马维护整个帝国内部统一、规范发音与措辞等方面发挥了重要作用。[1] 当各种因素均起作用的时候，我们便足以解释从古典拉丁语中分离出来的法语、普罗旺斯语、西班牙语等，其结构存在巨大差异的原因（参阅本书第 11 章，第 8 节）。

在英国历史上，语言变化最为频繁的时期是 14 世纪和 15 世纪，当时的英法战争、黑死病（据说杀死英国三分之一的总人口）、瘟疫、瓦特·泰勒（Wat Tyler）与杰克·凯德（Jack Cade）的农民起义、玫瑰战争，等等，造成了大量人员伤亡，民众生活困苦不堪。假如笔者观点正确，那么在斯堪的纳维亚语中，维京时代可能见证了语言最大变化。这种变化并非由伟大的英雄人物，或者强烈的民族自尊心、自信心推动，而是男人不在家，忙于家务的女性忽略了孩子语言教育所致。笔者认为，在过去的一世纪，语言在飞速发展的同时，英国城市中的世俗英语已经与教育阶层的语言产生分化（几乎所有的长元音都发生了改变）。并于 20 世纪上半叶，笔者在当时英国工人异常凄惨的童年中找到了语言分化的真实写照，而这也是过分赞扬西方文明的同时，所见到的最为可耻的污点之一。

## 六 趋易理论

现在，如果将目光投向决定人类话语习惯可变性的驱动原则（actuating principles），我们就会发现，无处不在的驱动力实则源自个人的动力，

---

① 在早期的基督教时代，由于官员、士兵从一个国家迁移到另一个国家，这导致了整个罗马帝国的语言一致性。后来，官员与士兵不再调动，每个地区的语言逐渐自身衍变。

同时还存在一股阻碍个人与社会改变语言的阻力。简言之，整个语言发展史就是这两种力量的拉锯战，且二者轮流获胜。

首先，我们须对语言变化是否朝着更加简易的方向发展这一有争议的话题给出答案。根据传统语言学派的观点，用惠特尼的话说，语言的发展是"让我们的发音更加容易，在表达中省时省力"①。库尔蒂乌斯特别强调："在任何情况下，舒适始终是导致语音变化的主因。"② 但是，莱斯金、爱德华·西佛士（Eduard Sievers）以及后来的学者持反对观点。③ 在当时，他们的思想占据上风，以至于苏特林认为传统语言学派的观点只是"一纸空谈""错误的假象""毫无价值的托词，为我们现代科学所摒弃"④。

不过，如此强硬的言辞可能是不适宜的，假如人类在所有方面都倾遵循"最小阻力（the line of least resistance）"，那么这样的想法难道不愚蠢吗？因为这一原则在涉及语音变化的语言史中并非得到普遍体现。

苏特林认为只要找到一些难于旧语音的新发音，便足以证明他的观点。只要这一点得到认可，他便可以进一步得出结论（其他学者也得出相似的结论），即相较于旧语音，大部分的新语音更加困难。但是，这一结论显然站不住脚。正确的推断只可能是，趋易原则并不能适用于所有音变，只适用于某些具体案例，因为有时，其他力量会抵消趋易倾向，或者比它更强力。在本书随后的语音象征章节中，我们同样遇到这种非此即彼的谬论。

如今，人们会说，无论自己的母语对外国人来讲有多么困难，本地人并不会觉得自己的母语难学。但事实是，说话者在说话时需要身心的共同参与，在许多场合，他会尽可能不费力气地讲话，其结果通常是声音不够洪亮，或者他的舌头、嘴唇不标准的移动，导致话语不清。你可能会说，

① William Dwight Whitney, *Language and the Study of Language: Twelve Lectures on the Principles of Linguistic Science*, p. 28.

② Georg Curtius, *Grundzüge der Griechischen Etymologie*, Leipzig, 1858, p. 23; See Georg Curtius, *Zur Chronologie der Indogermanischen Sprachforschung*, Leipzig: S. Hirzel, 1885, p. 7.

③ See Hanns Ortel, *Lectures on the Study of Language*, p. 204; See Eduard Wechssler, *Giebt es Lautgesetze?* Halle: a. S., M. Niemeyer, 1900, p. 88.

④ Ludwig Sütterlin, *Werden und Wesen der Sprache*, Leipzig: Quelle & Meyer, 1913, p. 33.

这种情况如同一个人一旦学会了写字，就不再规规矩矩书写。但在字迹潦草的信件里，我们依然能够通过上下文猜测字迹的含义！毫无疑问，书写主要朝着更加简易的形式发展，口语的趋向也是出于类似的情况。

要决定两个发音中哪一个较为容易，绝非易事。环境不同，选择可能完全不同。我们发现，两个相邻国家的语音发展呈相反的发展态势，也许每个国家的种族都认为自身的母语朝着趋易的方向发展。"要想判断发音的难易度，参与发音的口腔肌肉数量不能作为绝对的衡量标准。难道［d］一定比［ð］难读吗？这好比一个人全速奔跑，他撞墙要比他突然停下来更加容易。同理，说话中的舌头更易抵在上腭或者牙齿产生塞音，而不是停留在距离上腭或者牙齿 1 毫米处，形成擦音"。同理，在 1904 年，笔者曾经写道："许多发音明显需要更为强烈的口腔肌肉活动，但与肌肉运动幅度小却要求更加精准的发音相比，它们更加容易，这就好比劈木头要比做白内障手术省力的道理一样。"①

不过，其他实例不会存在这样的质疑，例如，与［h］相比，［s］，［f］或者［x］无疑需要更多的口腔肌肉运动，因此用［h］代替上述三者中的任意一个就意味着省力。现在，我坚信当一位语音学家发现某种语言中的某个擦音有规律地与另一种语言中的［h］对应时，他会将前者视为原始发音，视后者为派生发音，原因在于所有语言学家都会本能支持这样一种观点：发音朝着简易化的方向发展，绝无例外。

因此，当笔者赞同趋易理论的时候，我并不害怕任何反对意见，我将这种语言现象归因于人的懒惰、惰性、逃避、随意、散漫或者其他已被发明的表示"省力"或"遵循最小阻力（following the line of least resistance）"的同义词。事实上，所有人身上都有这样一种"倾向"，即在解释音变的过程中，我们所做的不过是运用同样的原则，将许多简化形态归于"类推（analogy）"。另外，我们还会发现这种心理在语音学和形态学的领域都发挥了作用。

这一观点并未受到太多驳斥：语言一直朝着简化的单一方向发展，那

---

① Otto Jespersen, *Phonetische Grundfragen*, p. 181.

么我们祖先的话语必定困难异常。① 谁说不是呢？"如果某些发音组合的确令人讨厌，我们的祖先为何还要尝试呢？而且还要维持这么长时间？"② 无论在语言，还是在任何其他活动当中，人类并没有立即找到最佳或者最简单的权宜之计。

## 七　连读

在绝大多数语言变化当中，我们考虑的不仅仅是独词发音，而是词与词连读时所形成的语音难易，③ 这也导致了诸多语音同化现象的出现。《语言学会论文集》（*Proceedings of the Philological Society*）（1886 年 12 月 17 日）收录了一篇关于此类问题极为有趣的论文。在文章中，斯威特坚持认为"省力的话语很少或者根本不存在""所有日常语音的难度大抵相似"，语音同化的目的"是在发音时'节省空间（save space）'以确保语音更易转换，因此'pn'变成了'pm'或者'mn'。"但是，二者的音变都是省力的，因为前者所需的舌尖移动发音［n］以及后者在发［p］时所需的软腭运动均被取消。④ 而斯威特所说的"节省空间"除了节约口腔肌肉能量之外别无它意，所谓的"节省时间"也是如此，即通过省略冗余的发音得

① See Berthold Delbrück, *Einleitung in das Sprachstudium*, Leipzig 1880, p. 155.

② Hanns Ortel, *Lectures on the Study of Language*, p. 204.

③ 有时可能具有欺骗性：当［nr, mr］变成［ndr, mbr］，看似添加了辅音，似乎有悖于趋易原则，可实际上，［ndr, mbr］与［nr, mr］需要类似的口腔肌肉运动。如果真的要指出二者区别的话，那就是［ndr, mbr］比［nr, mr］更易读出。另外，可参阅本人《语音学教科书》（*Lehrbuch der Phonetik*, 1904）5.6 中的相关解释与实例，比如源自实质名词"þunor"与动词"þunrian"的英语单词"thunder"；源自哥特语"timrian"与德语"zimmer"的英语单词"timber"。

④ 这一点在我的"非字母"音标中体现得最为明显（其中"α"表嘴唇，"β"表舌尖，"δ"表软腭、腭帆，"ε"表声门；0 表闭合位置，1 表示中间位置，3 表张开位置），以此对这三种读音组合进行分析。参阅本人《语音学教科书》（*Lehrbuch der Phonetik*, 1904）：

| | p | n | p | m | m | n |
|---|---|---|---|---|---|---|
| α | 0 | 3 | 0 | 0 | 0 | 3 |
| β | 3 | 0 | 3 | 3 | 3 | 0 |
| δ | 0 | 3 | 0 | 3 | 3 | 3 |
| ε | 3 | 1 | 3 | 1 | 1 | 1 |

以实现，如在"sing"一词中省略［ŋ］之后的［g］，这样虽然保留了一个发音（软腭音［ŋ］），但不会节省时间，因为其余的读音会被拉长，弥补发音省略。①

那么，如果把所有的语音同化都视为省力的话，我们会发现，这些音变并非全部由语音同化引发，例如，拉丁语"saponem"衍生出法语"savon"一词，那么这是连续性语音同化的结果：［p］首先变为［b］，是由声带振动从辅音前元音持续到辅音后元音，并且开放声门所致。其次，元音之间的［b］过渡到［v］，可视为发元音时双唇张开导致的部分同化。随后，受到［n］的同化，元音［o］被鼻音化（降低软腭），而［n］不再发音，这明显受到另一种语音同化的影响（舌尖不再移动），例如，在人类早期，"saponem"一词中的两个尾音逐渐消失，［m］首先消失，之后是元音"e"发音不再清晰。不过，无论是否将这些读音的消失视为语音同化，至少两个尾音的消失促进了该词读音的省力。也不论是辅音（如"castle, postman"中的"t"）还是元音（如"p'rhaps, bus'ness"等），如此众多的词音消失为趋易理论提供了强有力的证据。

此外，还有一种现象需要考虑在内，而它往往被学者忽略。在语音同化中，如意大利语"octo, septem"变成"otto, sette"，其简洁性的增强并非由于同化所致，同化只会省略或者同化一个辅音，那么该词会变为"occo, seppe"。但事实上，舌尖的运动在两个词的发音中均被保留，因为舌尖比嘴唇或者舌根更加灵活，也更易移动。从整体上看，许多读音的变化反映了人类如何在牺牲其他器官的情况下选择舌尖发音，因此，在古日耳曼语族、中世纪英语、古希腊语、波罗的—斯拉夫语族（Balto-Slavic）、芬兰语和汉语中，经常出现由"-m"向"-n"的语音转变。

基于上述讨论，斯威特的论断得到了詹姆斯·莱基（James Lecky）的赞同，莱基认为："语音同化极大地增加了语言基础发音的数量，因此不能说同化促进了发音。"这种观点未免有些夸张，在绝大多数情况下，同化根本不足以促进新读音的产生。② 也许，莱基认为的同化增加语言基础

---

① 节省时间即为缩短长音，但同样受到受趋易原则的影响。
② See Otto Jespersen, *Lehrbuch der Phonetik*, Leipzig: B. G. Teubner, 1904.

发音数量的例子是前元音之前的［k，g］同化为［tʃ，dʒ］或者其他类似辅音组；由于［i］的存在，导致［u，o］变为［y，ø］，但这种音变并未在古德语中出现。一些人为图方便，创造了新语音，这为后辈的语言学习带来了更多麻烦（尽管不是很确定）。这就好比一个人学到一种新思想，而该思想只能用外语表达，他随即将外语表达带入母语，却未考虑如何使用母语表达这一思想，最终为同胞增添了语言负担。不过，以上两种情况都是以语言的永久劣势为代价，以此获得暂时的交流，而二者无法驳斥一种观点：人类倾向选择最简单与最快捷的语言途径。

## 八　极度弱化

如果放任懒惰发音，结果会导致一个模糊、拖长的弱音出现，且该弱音会被相邻的其他音素（经常是"s"）掩盖，例如，我们常听到的低声祷告或者喃喃之语，说话者大都双唇半闭，发音器官尽可能不动。这样的情况是可以容忍的，因为说话者不与他人交流。否则，听者会要求重复刚才所说之话，可见，社会约束了个人的言语倾向。每种语言都有一定数量的单词只能以这种懒惰的方式发音。在极端情况下，这种懒惰会导致无法理解，例如，俄语中"sudar'（gosudar'，先生）"可能在口语中简化为"s"，并在恭维语中作为无意义的附属成分添加在几乎每一个单词的词尾。有趣的是，这一方式同样出现在西班牙语的日常对话中，如用"buenos"替代"bueno（好）"，此处的词尾"s"是"señor"的极度弱化音。[①] 可以说，两个遥远国度的语言出于完全相同的心理，产生了相似的用词。此外，法语单词"monsieur（先生）"多以［mɔsjø］或者使用极为频繁的［msjø］甚至极短的［psjø］替代标准发音［mɜsjœ·r］，这种语音转换并未出现在其他法语单词中。位于人名之前的"Madame"，常简化为［mam］，因此，"yes，madame"可弱化为一个单词读音"yes'm"。同理，英语"mistress"可弱化为"miss"，"master"弱化为"mas"；意大利语"signore（先生），

---

① See *Friedrico Hanssen*, *Spanische Grammatik auf Historischer Grundlag*, Halle：a. S., M. Niemeyer, 1910, p. 60.

signora（女士）"弱化为"gnor si, gnor no, gnora si, sor Luigi, la sora sposa"；西班牙语"vuestra merced"弱化为"usted（你）"。问候语与礼貌语也极易弱化，如英语"how d（e）do"，丹麦语［gda'］或［da'］替代"goddag（你好）"，德语"guten morgen（早安）"弱化为［gmɔin, gmɔ］，［na·mt］替代"guten abend（晚上好）"，法语"s'il vous plaît（劳驾）"简化至［siuplɛ, splɛ］，丹麦语"vær så god（劳驾）"简化为"værsgo"或只保留［sgo'］。在日常对话中，俄罗斯人经常加入一些小词，暗指这些话语或者想法来自他人，如使用动词"govorit（讲）的多个残词形式"griu, grit, grim, gril""molvit（说话）""mol""dejati""de"。① 废弃的英语单词"quoth（说过）"可简化为"co"或"quo"。在巴尔干半岛，助词"vre"被大量使用，乔治斯·尼科拉乌·哈齐扎基斯（Georgios Nicolaou Hatzidakis）已经运用古希腊语呼格词形"mōrós"对其详解。在现代希腊语中，"thà"是表将来时的助词，"thà"源自"thená"，"thená"源自"thélei（他要）"，"thélei"＋"nà"＝"hína（那个）"。这些例子足以证明所有语言都存在极度弱化的语音现象。

## 九 价值原则

为了解释这种偏离正常的语音现象，一些学者认为，一个常用词可能会产生特殊音变。汤姆森在他一篇精彩的论文（1879年）中解释道，拉丁语动词"andare, andar, anar, aller（均意为走）"无疑来自拉丁语"ambulare"。他指出，该动词"属于所有语言中不受约束一类单词中的一个，也就是说，频繁使用的日常单词比其他词汇更易产生变化，因而在一定程度上讲，它们的变化更应遵从自身规则。"② 舒哈特肯定了"青年语法学家

① See Paul Boyer & Nikolai Speransky, *Manuel pour l'etude de la Langue Russe*, Paris: A. Colin, 1905, p. 293.
② 在第2版的《论文集》（*Samlede Afhandlinger II*, 1920）第417页中，威廉·路德维格·皮特·汤姆森（Vilhelm Ludwig Peter Thomsen）全盘接受了笔者早在1886年的论述，并增添了几行新内容。

（young grammarians）"的上述观点,① 但否认该论断的语法学家保罗指出，一个词（或者一个发音）需要至少 10000 次的重复才能导致词形（或者发音）的变化。如果这个新词仅重复了 8000 次，那么它的语音发展必定滞后。在此，我们且不说单词重复数量明显过少（比如，一名普通女性每年所说的单词如 "he" 的数量足以达到上述要求次数的 6 倍）。并且，这种说法完全经不起推敲，单词的使用频率才是唯一决定性的因素，例如，德语单词 "morgen" 本应与其词组 "guten morgen" 拥有同样的使用频率，但上述论断显然并未将 "guten morgen" 的使用计算在内。同时，频繁重复只会抵抗变化，反而让原有的习惯根深蒂固。我们必须找到一种更具心理学意义的阐释，而非从单词重复的次数机械理解。要想做到这一点，在特定的词组和语境中，理解一个单词的词义自然容易，特别是该单词对于交流并无重要价值的时候。不过，"无价值（worthlessness）" 并非改变单词的力量，而是说话者为了省力，对平常的表达施加更少的限制而已。从另一角度讲，也许会更加清楚地表明笔者的观点，比方说脱帽鞠躬，最初这一举动多少带有对王者或是征服者的卑微顺从之意。之后，这一系列的动作逐渐弱化，微微抬帽便成为了同辈人礼节性问候的标志，而在朋友之间，微微扬手便以足够。但是，在重要场合，人们仍然要做足欢迎仪式（国家不同，礼仪不同），否则这套动作便失去了它原本价值。可以说，面对无需必要的场合，人类的肌肉活动会精简至最小。

上述日常习惯用语的简化事例表明，只有当一个词并无重要价值或者无明显意图时，说话者才会遵循趋易理论对其简化或者发音不清。而在大多数对话当中，假如说话者想让别人理解他的含义，那么发音就不能含糊。他越谨慎、仔细地发音，就越意味着发音总体呈现保守、缓慢的发展趋势。

事实上，有价值和无价值之间存在着许多不同程度的发音，词形也会随之变化。笔者的母语丹麦语中便有这样的例证："rigtig nok" 字面意为 "完全正确"，保持完整意义时，其发音为 ['recti 'nɔk] 或 ['regdi 'nɔk]，但把 "rigtig nok" 简化为一个副词，其含义与英语中词意减弱的 "certainly（当然）" 或者 "(it is) true (that)" 类似，且包含多种缩略发音，由高至

---

① See Hugo Ernst Mario Schuchardt, *Ueber die Lautgesetze*, 1885.

低的使用频率为：［'rectnɔg，'regdnɔg，'regnɔg，'renɔg，'renəg］。可见，无价值才会影响单词、短语甚至某一音节、读音的变化。

## 十　格系统

在语言学历史上的诸多领域中，格系统占具重要位置。如果要问古英语格系统与单词性别为何消失，语言学主流流派普遍认可的答案一如詹姆斯·高古斯都·亨利·默里爵士（Sir James Augustus Henry Murray）所说，是"语音导致了英语单词性别消失以及格系统的大部分消失"。当然，我们可通过类推的方式还原英语单词格，如在古英语中，"stones"的主格复数为"ta-nas"，与格复数是"stanum"。而造成英语格系统消失的解释大至如下：在不考虑词义的情况下，古英语非重音元音"-a，-e，-u"在中古英语时期整合为一个发音模糊的元音尾音"-e"，而"-a，-e，-u"却起到格区分的作用，因此它们的消失必定导致古英语格系统的消失。而另一个语音规则又造成了曾经在古英语格系统中占有重要位置的尾音"-n"的消失。由此一来，语音规则和类推就在古英语内部进行了一次彻底的清洗，我们无需在其他领域探索古老的英语变格，其衰退的原因。

不过，笔者依然留有异议："语音规则"并非是对英语格系统消失的一种成熟解释，而是待解答的问题。语音规则不过是对事实的陈述，一种应对的准则，它尚未讲出消失的本因，因此我们要深入挖掘，直抵人类使用语言的真正心理。现在，我们假设古英语中的词尾"-a，-e，-u"都具有各自明确的语法意义。对于包含此类词尾的句子来说（与伊多语中的尾音类似），理解其真正含义显得极为必要。在这种情况下，试图遗弃"-a，-e，-u"，建立统一的语音规则是否可能？答案是否定的，原因在于，可理解性是语言首要因素，这自然抵消了词尾模糊发音的倾向，另外也不会有类推创造新语音的可能，因为现有的发音数量早已足够。另外，语音规则在古英语中并非普遍，这一点可从笔者《论英语》（*Chapters on Eng-lish*，1918）的单词变格表中探知一二。① 相比罗列其他语法例证，该表清

---

① See Otto Jespersen, *Chapters on English*, London: Allen and Unwin, Ltd., 1918, p.10.

晰地揭示了这一问题的前因后果：古英语格系统的衰落在于其内部的非一致性。换句话说，同一词尾的单词并不能指代同一格，"-u"可能是阳性单数主格的标志，如"sunu"，它也可能是阴性单数主格的标志，如"duru"，它还可以视为宾格或者与格、中性复数主格以及中性复数宾格（如"hofu"）标志；"-a"可能是阳性单数主格标志（如"guma"）、阳性单数与格标志（如"suna"）、阴性单数属格标志（如"dura"）以及阳性复数主格、阴性复数主格、复数属格标志；"-an"可能是宾格、与格、单数属格、主格、复数宾格标志，等等。从构词的角度出发，复数主格包括"-as, -an, -a, -e, -u"，无词尾变化的单词，词基不变的单词；假如表示单数与格，词尾要么是"-e, -an, -re, -um"，要么是无词尾变化的单词或者词基不变。总的来说，无规则词尾变化造成了词形不一致的混乱，在同一类单词中虽可区分，却与其他类别单词的区别极不完善。此外，如上文提及的与格、宾格等，它们在古英语的格系统中并无清晰定义，在口语中的意义差别也非明显。有时，说话者会同时使用2个或多个格，原因在于一些动词可以共属多个格，介词在某种程度上亦是如此。因此，在对话中，不知选择哪一个元音作为尾音的说话者，只好弱化词尾音节，将原本清晰的尾音"-a, -i, -e, -u"弱化为一个中性元音［ə］，甚至将单词尾音完全省略，这样的处理方式并不会妨碍对整句话的理解。① 而在尾音大清洗中唯一幸存下来的词尾便是作为复数的"-s, -as"以及作为单数属格标志的"-es"。与其他辅音词尾（-n, -m）相比，"-s, -as, -es"更具严格的使用规范：它们的语法功能、复数与属格都是人类思想清晰表达不可或缺的元素。我们发现，这些由英语最早时期衍化而来的词尾更多地用于其他类别的名词中，而不局限于初始名词。这最终导致了这些词尾与所有名词连用。

如果说默里爵士对英语格系统简化的解释被广泛接受的话，那么上述观点会让大多数语言学著作的读者感到极为陌生，其部分原因可能归因于久远的历史与其他语法的影响。因此在本书，我们应该首先进入语音学，

---

① 上述评论基于本人《论英语》第38页后的论点。当拉丁语词尾"-s"对整个句子的语法理解不再必要时（参阅本书第19章，第13节），它便从罗曼语族中消失。

将其中的各种实例绘制成表，无论元音在屈折系统中的功能是什么，我们对其逐一分析，之后进入形态学（accidence，formenlehre），在这一领域，我们以语音事实为主，以形态学为辅，不会把精力放在以交流为目的音值上。

但是，日常观察表明，语音并非总是具有相同的价值，日常对话中的人们常常注意到这一点，他们会更加谨慎地首次说出某个专有名词或者某个专业术语，而当该词再次出现时，读音便不再谨慎，比如，减弱重音，模糊非重音元音，丢失某些辅音。该原则也适用于本书相关章节提到的专有名词与长词的缩略（参阅本书第9章，第7节），当读出该词的第一个音节或者前几个音节的时候，说话者确信听者能够理解自己的含义，那么他就没有必要完成该词剩余部分发音。这种语言现象意味着单词的词干或者词根的音节通常比其他部分保存得更加完整。① 原因只有一个，词干或者词根对于整个词义的理解至关重要，② 不过只有研究单词的重音，我们才能接触到真正意义上的单词价值。

## 十一　重音现象

人们普遍认为，重音完全依靠气流从肺部排出产生，故此得名"送气重音（expiratory accent）"。但是，经过各种观察与细致思考后，笔者得出关于重音的一个全新定义，即重音是种能量，它并非由单一器官的密集性肌肉活动产生，而是所有发音器官共时运动（all the speech organs at once）的结果。③ 这就意味着，人类要想发出重音，所有器官都要发挥到最大程

---

① See Georg Curtius, *Zur Kritik der Neuesten Sprachforschung*, p. 72.
② 针对这一点，有学者表示，法语"oncle"没有很好地保留拉丁语"avunculus"的词干读音。但这种论断会让人产生误解。的确，拉丁语"avunculus"的首音节"av-"包含了该词的主要意义，"-unculus"只是对该含义添加讨人喜爱的修饰而已（意为"亲爱的小叔叔"）；但经过一段时间，语义关系已经发生改变："avus"不再使用，"avunculus"作为一个完整单词代代相传，普通的说话者完全不会想到"av-"是承载意义的词干。他会把"av-"与其他同结构的多音节词归为一类，即"avun-（发音为 [awuŋ，auuŋ]）"成为一个音节。当然，有一点无需再提：除非被人类视为重要，否则任何单词都将面临改变的命运。
③ See Otto Jespersen, *Lehrbuch der Phonetik*, 1904, 7. 32.

度：肺部受神经的强烈支配，声带振幅加大，一方面导致浊音更加靠近声带，少有气体溢出，声带震动明显，语调起伏大；另一方面，发清音时，（与非重音音节相比）声带张开，导致更多气体呼出。因此，重音主要通过腭帆（velum palati）、舌、嘴唇显著发音，能够在较远距离清晰听见。相反，非重音音节发音并不强烈：浊音气流与声带距离更远，形成特殊的"低语音（voice of murmur）"；在发清音时，声门尚未全部张开，口腔上部肌肉松弛，软腭并未紧闭鼻腔，舌头位于口腔中部，移动范围小，双唇以较少的能量运动，其结果产生一系列沉闷、模糊的发音。不过，该发音在语言史上有着同样重要的意义。

心理是决定重音产生的主要但非唯一因素。① 如今，众所周知，重音在任何语言的发展历史中都占有重要位置，它不仅决定了［wɔz］与［wəz］中的元音区别，指示代词"that"［ðæt］与关系代词［ðət］的元音差异，同一单词与"one""an 或 a"搭配的发音不同，甚至也决定了法语单词"moi"与"me"，"toi"与"te"的区分，等等。在长词中，判断哪个音节需要重读，价值原则起到十分重要的作用。甚至在某些语言中，价值原则革新了整个重音系统。这种现象曾经出现在日耳曼语族，而在现代德语、斯堪的纳维亚语和英语当中，我们普遍拥有词根重读的习惯，即重读那些承载了极大心理价值的音节，例如"'wishes, be'speak"，等等。

现在，一般来说，"one"与"an"，"moi"与"me"等同一单词的双重词形是在"不同语音条件（different phonetic conditions）"下产生的，彼此有着不同的发展方向，正如"an"与"a"的差别，法语中的"fol"和"fou"源自置于元音为首的单词前与置于辅音为首的单词前所产生的不同形态。也就是说，不同的外部条件导致了同一单词双重词形的产生。但是，同一单词双重形式并不会区分以下两种情况：至于"fol"和"fou"，我们可以通过外部"语音条件（phonetic condition）"对其机械划分，但是对同一单词的重音与弱音的区分取决于单词内部。另外，重音不仅仅是书写与印刷中的一种标记形式，它也可能引发我们更为深入的思考：

---

① See Otto Jespersen, *Lehrbuch der Phonetik XIV*；See Otto Jespersen, *Modern English Grammar on Historical Principles V.*

那些悬挂在单词之外或者单词之上的标记，至少与单词的"语音（speech sounds）"同等重要。句子中某个单词的重音变化不能认为是与其他单词产生重音的条件。如果说，"one"和"an"或者"moi"和"me"中的元音音变是由不同程度的重音引发的话，那么我们只是"解释"了次要语音变化，而未"解释"语音变化的主因，即对重音变化的诠释。该变化是由于不同句子中同一单词词义的不同所致，换言之，出于思想交流的目的而改变自身的价值。由此在现实中，无人忽视重音产生的机械与心理原因。

## 十二　非语音变化

趋易原则在语言各方面的发展中都扮演着重要角色。想要在语音与语法之间对它做出清晰地划分绝无可能。当说话者开始讲话或者准备讲话时，首个单词的第一个或者前两个音节无法说清的现象，我们称之为"词首省略（prosiopesis）"。这种现象在语音学上又称为"首音脱落（aphesis）"，甚至在很多时候，句首的整个单词都会被省略，这可能是常见的话语习惯所致，在固定短语中尤为明显，如："（Good）morning /（Do you）see? /（Will）that do? /（I shall）see you again this afternoon"以及法语"（na）turellement/（Je ne me）rappelle plus"，等等。

同时，如果说话者并未结束讲话，我们称之为"话语中断（aposiopesis）"。这种现象产生的原因，要么是说话者犹豫选择哪个单词，要么是因为他注意到听者已经领会了他的含义。因此，这种句法上的缩略如"at Brown's（house，shop，等等）"可以活用在其他相似句型中，例如"the grocer's was closed / St. Paul's is very grand（杂货店关门了/圣保罗大教堂真壮观）"，等等。此类缩略是由于说话者不愿意对核心概念之外做出详尽陈述而产生，假如听者能够清楚说话者在说帽子，那么说话者只用"my straw"代替"my straw hat（我的草帽）"，同理，"clay"可指代"clay pipe（陶土烟斗）"，"return"意为"return ticket（返程票，我们最好使用'returns'）"，"the Haymarket"指代"the Haymarket Theatre（赫马基特皇家剧院）"，等等。有时，有些缩略词极为常见，以至于误认为就是原词，如

"rifle gun，landau carriage，bugle horn" 的缩略词 "rifle，landau，bugle"。①
在居伊·德·莫泊桑（Henri René Albert Guy de Maupassant）的作品《漂
亮朋友》（*Bel Ami*）第 81 页，笔者找到以下对话片段，这在文学领域证实
了缩略词的存在："Voilà six mois que je suis employé ' aux bureaux du chemin
de fer du Nord'（我在'北方铁路局'工作已经 6 个月了）。""Mais com-
ment diable n'as-tu pas trouvé mieux qu'une place d'employé au ' Nord'（但是，
你怎么就没有找到比'北铁'更好的工作呢）?"②

　　为了省力，人们一般会把词尾统一变为 "-er" 用来指代更加具体的事
物，例如："sleeper" 指代 "sleeping-car（卧铺车厢）"，"bedder" 意为
"bedmaker（宿管）"，"speecher，footer，brekker" 分别代替 "speech-day
（演讲日），football（足球），breakfast（早饭）"，等等。诸如此类意义宽
泛的名词或者动词被频繁使用，因为人们不愿费心回忆确切的表达。出于
同样的原因，英语常用 "thing（东西）""thingumbob（某人某物）"，丹麦
语 "tingest（东西）"，德语 "dingsda（某物）"，法语 "chose/machin（东
西，甚至可替代人名）" 以及动词 "do" 或者 "fix"（"fix" 常用于美语）。
这种缩略会对普通名词产生永久影响，原因在于该用法须经常服务于某一
类特定名称，由此获得特殊意义，比如："corn（谷物）" 可指代英格兰
"wheat（小麦）"，爱尔兰 "oats（燕麦）" 与美国 "maize（玉米）"。英语
单词 "deer（鹿）" 最初指代 "animal（动物）"，法语中的 "herbe" 现在
意为 "grass（草）"，等等。很多人，或是无知，或是粗心，在思想和表达
上远不够精确，于是乎，一些单词被赋予了祖先不曾赋予的意义，而随着
时间的推移，某些意义可能被保留下来，得到大众的认可。但在一些特定
的情况下，缺乏精确表达甚至是有益的，比如，英语最初就没有表示未来
时态的动词，这一缺陷逐渐发展成为以下惯用表达，比如："he will come
（他会来）" 的初始含义是 "he has the will to come（他想来）"，即表示将
来脱离了他的意愿。相似的情况还出现在 "it will rain" 等句子当中。而

---

①　See Otto Jespersen, *Modern English Grammar on Historical Principles II*, 8. 9.
②　受趋易原则影响，信中的正式名称或专业术语在首次被引用时，它可能写得工整、清晰，
但在随后的章节，它要么写得潦草，要么使用首字母替代。任何一位速记员都知道该如何使用趋
易原则。

"I shall go（我该走了）"的原始含义是"I am obliged to go（我必须走）"。如果该句使用并不精确的话，那么就可忽略句中的"obliged"一词，于是，英语获得了用动词表示将来时的权宜之计。由于篇幅有限，笔者在此就不再对语义变化进行深入探讨了。

# 第十五章　语言变化因素（下）

## 一　情绪

在上一章中，我们已详细探讨了趋易理论下的语音音变。即使这些音变十分重要，但它们并非语音发展中唯一的变化。与日常对话相比，情绪更能造成音变，并且由情绪导致的音变与前文提及的诸多音变现象并非相同，甚至完全相反。人类生气时会加强语气，塞音会比平常的吐气更强烈。在法语中，非吐气音［t］和［k］会随着话语人的情绪加强送气，如"mais taisez-vous donc（快闭嘴）！"此外，以强调话语为主要特点的军令甚至会扭曲原有单词及其发音。可以说，浮夸与装腔作势同时出现在音变以及相应手势中。讽刺、嘲笑、戏谑、友好的玩笑——每种不同的情绪或者心境都会在谈吐中留下痕迹。演员和演说家会使用比实际更为强烈的发音，目的是避免不严谨或者不清晰发音而产生的误解。[①] 总之，任何一位观测话语方式的学者都会发现，在绝大多数日常用语以及严肃场合中，人们的发音与所谓的发音"标准"大有不同。不过，当注意力集中在对方话语内容的时候，人们并不在意下列音变：元音、辅音比平时短一点或者长一点，嘴唇张得开一点，导致［e］更接近［æ］或者［i］，尾音［t］之后的后流音（off-glide）更似［s］，［d］发音松弛导致少量气流逸出，使得读音接近［ð］或者弱擦音［r］，等等。不过，上述音变大多微弱，无

---

① "他有些词的发音非常独特，我突然想到，他可能是位演员。"引自萧伯纳（George Bernard Shaw）《卡希尔·拜伦的职业》（*Cashel Byron's Profession*）第 66 页。

法使用音标标记，对于那些想要理解话语真实组成并立志探究语言学发展的学者来说，这些绝非毫无意义，因为生活就是由这些细节组成的。当然，此类音变都是在无意识中产生的。我们必须意识到，有些人或多或少使用某一特定风格的发音。这要么是出于艺术的动机，觉得这样读起来更美，要么只是为了单纯的"炫耀"，从而引领潮流，受到众人的效仿。（参阅本章第 11 节）

当然，即便平和的情绪也会导致发音的拉长。约翰·弥尔顿的老师亚历山大·吉尔曾经注意到延长发音的强化效果。在 1621 年，他指出，在希伯来语中，增强语气意味着音节的拉长（参阅本书第 20 章，第 9 节），比如"grët（分音符表长元音，该词义为伟大）""grëet（真伟大）"；"monstrus（奇怪）""mönstrus（真奇怪）""möönstrus（太奇怪）"。[1] 而小说家们有时候为了延长感叹词"God"，将其改写成"Gawd"或"Gord"。有趣的是，由情绪造成的发音延长还会影响单词其他位置的辅音（或者双元音前一部分）发音。比如在涂油礼中，丹麦牧师延长"glæde（欢乐）"中的 [l]，漫画家笔下"ge-læde"中的 [l] 以示讽刺。另外，笔者在约瑟夫·鲁德亚德·吉卜林（Joseph Rudyard Kipling）的《斯托基公司》（*Stalky & Co.*）第 119 页，发现了同样的用法："We'll make it a 'be-autiful' house"。欧·亨利（O. Henry）短篇小说集《命运之路》（*Roads of Destiny*）第 133 页中的"A regular Paradise Lost for elegence of scenery and 'be-yooty' of geography"。而在其他小说中，笔者同样发现了类似词形："ber-luddy"和"bee-luddy"，其发音 [bl·ʌdi] 与上述丹麦语"gl-æde（欢乐）"的用法完全相同。另外，重音之前的非重音元音同样会被拉长，如"Dee-lightful couple"[2]；而现实中的美国女学生常把"delicious"读成 ['di·liʃ]。

## 二 谐音

在 17—18 世纪，人们把音变归结为对谐音的喜爱，这一说法并不少

---

① See Otto Luitpold Jiriczek, *Die Deutsche Heldensage*, Stuttgart: G. J. Göschen, 1894, p. 48.

② George Bernard Shaw, *The Doctor's Dilemma*, *Getting Married*, *and The Shewing-up of Blanco Posnet*, New York: Brentano's, 1911, p. 41.

见，博普最早的著作中对此有所记载。不过，早在 1821 年，雅各布·霍恩曼·布雷兹多夫（Jakob Hornemann Bredsdorff）指出："由于人们早已习惯了谐音，因此谐音并不会导致语言的变化，反而会对语言保持原貌有利。那些通常被认为由于谐音而产生的语言变化，其主要原因是为了图方便，并不具有普遍性。"这种说法虽然正确，但非涵盖全部事实。谐音不仅有赖于习惯，更取决于发音与感知的难易程度。任何需要器官复杂或者困难运动产生的语音都会被认为是不和谐的，模糊的语音同样如此。但是，不同国家与个人对发音却有着不同的审美感知，这种感知甚至会影响到整个语音系统，我们很难在语音学历史中找到极为确切的实据证明以上观点。不过，毫无疑问，法国人要比英国人更具艺术感，法语中晦涩的元音要比英语少，而发音清晰的辅音又比英语多。①

## 三　器官影响

一些音变源自这样一个事实：人类的语言器官被用于其他目的而非说话。众所周知，假如一个人嘴里塞满食物，或叼着雪茄、烟斗，那么这些事物会在一定程度上阻碍发音器官的正常发音。另外，诸多表情也有赖于脸部肌肉运动，同样会干扰正常发音。哭泣中的孩子与微笑或者大笑的孩子，他们的说话方式依旧不同。微笑时，孩子的嘴角后缩，双唇微开，阻碍了嘴唇闭合，而双唇闭合又是发 [m] 的基本要素，因此微笑时，人们会用唇齿音 [m] 替代双唇音 [m]。同时，一个小小的微笑又会改变前圆唇元音 [y]，使它更为接近 [i]。斯维特也许是对的，他认为，"说话时带着微笑或露齿笑的习惯"是导致伦敦腔"no"[nau]双唇无法呈圆形的原因。舒哈特又以安达卢西亚语（Andalusian）为例，指出"quia!"替代"ca!"是受说话者轻蔑情绪的影响，即冷笑时，嘴唇拉至一边。② 相反，"Josu"替代"Jesu"，其圆唇音的产生是受惊异影响。③ 这与丹麦语中由惊

---

① See Otto Jespersen, *Growth and Structure of the English Language*, p. 28.
② See *Zeitschrift für Romanische Philologie*, Vol. 5, 1881, p. 314.
③ Ibid.

讶或怜悯导致"jøses"替代"Jesus"的音变如出一辙。类似的例子还包括丹麦语与德语使用圆唇元音［nø·］（不）替代［ne·，nɛ·］（"nej，nein"）。另外，约翰·奥古斯特·伦德尔（Johan August Lundell）表示，瑞典语"lilla vän（小朋友）"的爱称常变为"lylla vön"。笔者也发现丹麦语"min lille ven（我的小朋友）"拥有类似圆唇音的读法。舒哈特也曾提到，在痛苦与愤怒的情绪中，意大利语［s］被［ʃ］替代："mi duole la teʃta（我的头好痛）""ti do uno ʃchiaffo（我抽你一耳光）"，丹麦人也常将"sludder（胡扯）"读作［ʃluð'ər］。在此，我们快要涉及语言象征问题了，相关内容将在本书第 20 章详加讨论。

我们还要考察酒后的发音问题：由于舌头不受控制，醉酒之人无法准确发出闭合音［t］，只能发成［r］；而发［s］时，舌头又无法与齿龈形成窄缝，由此造成［ʃ］的产生。另外还有一种普遍倾向，即人们打破原有单词音节，中间加入其他读音。①

## 四　口误与混合

上述的偏差都是由语言之外的因素造成的。不过，偏离常规或者标准发音往往是由语言内在因素所致，它要么是对话语的回忆造成，要么是在说话者即将说出的话语期待中产生。事实上，话语过程极为复杂，每当一句话被说出来的时候，处于活跃状态的大脑还要为下句话做准备，它要整

---

① 查理斯·狄更斯（Charles Dickens）《大卫·科波菲尔》（*David Copperfield*）第 149 页中的"neverberrer"，第 150 页中的"I'm afraid you'renorwell"（同上，"r"指代"n"，如"Amigoaraway-soo""Goori = Good night"）。《我们共同的朋友》（*Our Mutual Friend*）第 602 页的"lerrers"。萨克雷（William Makepeace Thackery）《纽可谟一家》（*The Newcomes*）第 163 页的"*Whas that?*"托马斯·安蒂斯·格思里（Thomas Anstey Guthrie）《反之亦然：父亲的教训》（*Vice Versa：A Lesson to Fathers*）第 328 页"*shupper, I shpose, wharriplease, say tharragain*"。乔治·梅雷迪斯（George Meredith）《理查德·弗维莱尔的磨难》（*The Ordeal of Richard Feverel*）第 272 页的"Nor a bir of it"。休·西摩尔·沃波尔爵士（Sir Hugh Seymour Walpole）《莱克塞公爵夫人的衰落与死亡》（*The Duchess of Wrexe, Her Decline and Death：A Romantic Commentary*）第 323 页至第 324 页中的"nonshensh, Wash the matter?"约翰·高尔斯华绥（John Galsworthy）《福赛特世家》（*In Chancery*）第 17 页出现的"cursh, unshtood'm"。参阅菲金·万·德拉（Fijn van Draat）的文章，《英语研究》（*Englische Studien*）第 34 期，第 363 页起。

理好思路，形成表达中的所有细节，而每一个单词都是一连串发音，每一串发音又都是大脑向各个语言器官发出的一组复杂指令。有时，大脑混乱会导致下达指令的时间过早或者过迟，且随着相同或者相似读音的出现，人们犯错误的概率成倍增加。关于这一点，我们可以从各国的"绕口令（jaw-breaking）"中窥知一二。在此，笔者仅举一例：

She sells seashells on the seashore,

The shells she sells are seashells, I'm sure,

For if she sells seashells on the seashore,

Then I'm sure she sells seashore shells.

当口腔器官发出单词中某个音的同时，人类的大脑却在思考另外一个读音，这会导致二者以不同的顺序读出，产生不尽相同的效果。最简单的影响便是导致邻近音同化现象，对此，我们已在上文的相关章节中从多个角度论述该语音现象。接下来我们要面对的是非邻近音同化现象，比如，由于口误，我们把"sea shells"或者"she sells"读成"she shells"。同样，古法语"sercher"（英语"search"）是由拉丁语"circare"衍变而来，现在，由于非邻近音同化，变为"chercher"；丹麦语与德语俗语"ʃerʃant"是从英语"sergeant（中士）"同化产生；有趣的是，"transition"被读作 [træn'siʃən]，而按正常发音，该词应读作 [træn'ziʃən]，人们颠倒了"s"与"z"的位置（这或许受到含有尾音 [s] 的 [træns] 类大量单词以及词尾为 [iʒən] 的单词如"vision，division"等影响）。关于其他非邻近音同化单词以及辅音谐音词（"malmsey"由"malvesie"语音同化而来），可参阅笔者《语音学教程》（*Lehrbuch der Phonetik*，1904）第 11 章，第 7 节的内容。另外，《语音学教程》还涉及了元音谐音实例，比如：从"camerade"衍化为法语单词"camarade"，由意大利语"eguale，Brigantia"衍生出谐音词"uguale，Braganza"，等等。而在芬兰—乌戈尔语以及土耳其语中，这种元音谐音已遍及整个语音系统，雅库特语（Yakut）中不同的复数结尾尤为明显："agalar（父亲们），äsälär（熊群），ogolor（孩子们），dörölör（枪口）"。

单词中字母错位又会对该词甚至随后单词的词义产生误解。作为后一种情况，我们可以摘取梅林格、梅耶《承诺与阅读：心理语言学研究》（*Versprechen und Verlesen：Eine Psychologisch-Linguistische Studie*，1895）中的笔误。在书中，梅林格把"Lateinisches lehnwort（拉丁语借词）"写成"Latenisches"，在随后的章节，他又纠正了该拼写错误；"pater noster（我们的父亲）"误写成"paster noster"，将"wetter wieder besser ist（天气好转）"误拼为"wenn das wesser"。这种行为在丹麦语中称作"at bakke snagvendt（'snakke bagvendt'）"，英语称之为"首音互换（Spoonerism）"。该术语源自牛津大学的一位名为威廉·阿奇博尔德·斯普纳（William Archibald Spooner）的教师，他的一生产生了很多滑稽的口误（如，"Don't you ever feel a half-warmed fish?"）。

当某个音素过早或者过晚发出是导致音素互换最为常见的原因，语言学家称之为"音位转换（metatheses）"，而音位转换经常出现在"s"与塞音（"wasp，waps，ask，ax"），颤音"r"与元音（如"third"，即古英语"þridda"）搭配的单词中。更为复杂实例便是将法语"trésor（珍惜）"说成"tésor，thesaurum"。此外，假如大脑没有跟上发音器官的节奏，就会导致音节略读现象的产生，又称为"重复音略读（haplology）"。这种情况极易发生在读音相似且出现频率极高的词组当中，例如"eighteen（18）"是古英语"eahtatiene"的重复音略读，"probly"是"probably"的重复音略读。法语"contrôle（控制）""idolatrie（盲目崇拜）"替代"contrerôle，idololatrie"，拉丁语"stipendium"替代"stipipendium"，等等。实际上，每种语言都包含此类例子。① 而当一个读音需要短时间内再次发出，这种读音会让大脑十分困惑，以此产生忽略另一位置相似读音的现象。例如，古日耳曼语族单词"鸟"（德语"vogel"，古英语"fugol"，英语"fowl"）可追溯到英语动词"fly（飞）"，而"fly"又源自古英语"fleogan"。起初，该词还有一些不同的拼写，如"*fluglo"（古英语包含其形容词"flugol"）。近年来，英语"flugelman（向导，德语'flügelmann'）"已成为"fugleman"，意大利语"Frederigo"又被"Federigo"替代。不过，出于同

---

① See Otto Jespersen，*Lehrbuch der Phonetik*，11.9.

样的大脑混乱,"tésor" 变为 "trésor",恰好与上述例子相反。

当某一类单词高频率复读,会导致该类单词的部分发音进入到另一个单词内部。这种现象在数词发音中屡见不鲜,如英语 "seven,nine,ten" 中的鼻音在 "eight" 中并非存在。同样,在古诺尔斯语序数词 "sjaundi(第7),átti(第8),níundi(第9),tíundi(第10)" 中,我们发现 "áttandi" 丢失鼻音,成为 "átti"。丹麦语序数词 "syvende(第7),ottende(第8),niende(第9),tiende(第10)" 以及古法语序数词 "sedme,uidme,noefme,disme" 中的部分发音均进入到另一个单词内部。古法语序数词除了作为实质名词的 "dîme(什一税)"[①] 依然存在之外,其余三个单词全部消失。在月份的名称中,我们发现了同样的语音现象:古法语 "septembre(9月),octembre(10月),novembre(11月),decembre(12月)",后来,"octembre" 恢复为 "octobre"。在德语中,源自古老 "eilf" 一词的 "elf" 省略元音 [i] 变为 "zwelf(12)",而后者如今又被 "zwölf"(受 "w" 的影响,导致圆唇元音的产生)替代。德国各地方言又将其读作 "zehn,ölf,zwölf(10,11,12)"。同时,人们似乎习惯了口语尾缀 "-no" 的使用,如意大利语复数代词 "egli(他们)" 和 "elle(她们)" 后也增加了 "-no" 的后缀:"eglino amano,elleno dicono"。迪兹将这种语言现象与巴伐利亚语奇怪的 "wo-st bist,demo -st gehörs" 比较,随后发现,巴伐利亚语中的动词人称词尾被移入其他无关单词。[②]

在说话的过程中,头脑不仅要被我们在说或者将要说出的单词占据,还要被那些尚未形成语言的想法占领。因此在许多情况下,两个同义词

---

① 什一税是欧洲基督教会向居民征收的宗教捐税。公元6世纪,教会利用《圣经》中农牧产品的1/10 "属于上帝" 的说法,开始向基督教信徒征收此税。公元779年法兰克国王查理大帝规定:缴纳什一税是每个法兰克王国居民的义务。10世纪中叶,西欧各国相继仿行。所征实物按产品性质分为大什一税(粮食)、小什一税(蔬菜、水果)、血什一税(牲畜)等。税额往往超过纳税人收入的1/10,负担主要落在农民身上。宗教改革和德国农民战争期间,废除什一税是农民的基本要求之一。西欧大多数国家直到18—19世纪才先后废除。英国一直征收到1936年。——译者注

② See Eugen Herzog, *Streitfragen der Romanischen Philologie*, Halle: a. d. S., Max Niemeyer, 1904, p. 48;Henry Buergel Goodwin, *Über Umgangssprache in Südbayern*, Uppsala: Akademiska Bokhandeln, 1905, p. 99.

会同时出现在大脑，选择中的犹豫又会导致一种折中言语行为的产生，即包含一个单词的词头与另一个同义词的词尾。显然，这种混合与上述内容密切相关，读者也可参阅本书第 16 章，第 6 节关于此类音变的细节讨论。

句法混用（syntactical blends）同样常见，例如：对"different from"与"other than"二者之间的犹豫选择，会导致"different than"或者"another from"的产生，我们偶尔也会发现"another to，different to，contrary than，contrary from，opposite from，anywhere than"等等句法混用现象。而引导从句"hardly"或"scarcely"中的"when"有时又被"than"替换，因为二者的同义词"no sooner"常与"than"搭配。

## 五 正确范围

我们认识到，语言中处处都存在着正确使用范围，不论词义，还是语法，抑或语音，这是人类话语的一种自然结果，也是人类语言世代相传的发展方式。说话者越接近既定或者常理的中心，就越容易被他人理解。假如他的话语存在某些"反常（eccentric）"，那么他的话语虽然不会完全理解或者完全误解，但理解他的语言多少有些困难，或者听者有种瞬间的感觉，觉得他的选词、表达或者发音中多少存在古怪。在许多情况下，假如有人跨越标准语言的界限，使得听众无法立刻把握含义，那么听众只好根据他所讲的整体内容试着去理解。因此，误解的产生大多源自意义不明、发音相似的单词，且拥有相同的词组搭配，在此情况下，一个微小的音变可能是有害的。那么，导致音变的因素究竟有哪些呢？

首先，不同语言读音的正确范围极为不同，一些单词只具有狭窄的正确读音范围，而另一些词音拥有更加宽泛的正确区间。每种语言只对部分单词的读音要求准确。但是，一种语言中被认为微不足道的偏差，在另一种语言中则是无法容忍的错误，如德语的双元音"eu"或者"äu"（如："eule，träume"），二者的发音留有很大的音变余地（地域不同或个体差异所致），"ru"或者"äu"可以读作 [ɔ] 或者 [œ] 甚至以 [æ，a] 为首音，也可以 [i]，圆唇元音 [y]，或者任何中前元音（mid front vowels）

为尾音（是否为圆唇音并非重要）。而英语中的双元音，如"toy，voice"，可接受的读音差异要小得多。①

需要谨记，读音的正确范围和词义紧密相关，这一点非常重要。如果在一种语言中，有许多单词读音相似，且彼此的差距仅限于如 [e·] 与 [i·]，或者长元音 [i·] 与短元音 [i]，浊音 [b] 与清音 [p]，或者声调高低等，那么该语言的使用者必定对这些语音进行了精确区分，以此避免误会。假如上述差别在另一种语言中并未产生明显的误解，那么我们无需考虑犯错。如在英语与法语当中，我们能够找到仅靠词尾辅音清浊区分的成对单词："cab，cap""bad，bat""frog，frock"等，由此，词尾辅音 [b] 和 [p]，[d] 和 [t]，[g] 和 [k] 被严格区分。不过在德语，此类单词极为稀少。德语词首与词中也少有需要清浊区分的单词，② 这也就不难理解德国人能够轻易消除 [b，d，g] 和 [p，t，k] 之间差异的原因了。但是，德语中长元音和短元音之间的区分要比法语更为明显，因为德语由长短元音导致混淆的单词数量是法语单词的 10 倍甚至 20 倍。而法语单词并非通过重音区分，因此，重音落在最后音节的规则常被话语节奏以及其他因素打破。

## 六　等距趋同音变

音变一般分为两种：音变可能与该语言中已有的发音相同，也可能是全新发音。前者会与现有发音产生混淆与误解，后者则不会导致混乱。在某些情况下，一个发音（或者一组发音）会占据单词中的一个位置，而该位置恰好被另一个发音（或一组发音）抛弃。古日耳曼语族中的辅音音变便是典例：只有当日耳曼语族中的 [p，t，k] 转化成为擦音 [f，þ，x（h）]，雅利安语 [b，d，g] 才能变为日耳曼语族 [p，t，k]，否则日耳曼语族将会遭遇无法忍受的语音混乱。在英语长元音的发展史中，我们可以看到另一个启发性例子：只有古英语中的长元音"a"衍变为近似 [ɔ·] 的圆唇

---

① See Otto Jespersen, *Lehrbuch der Phonetik*, 16. 22.

② Ibid. , 6. 78.

音（古英语"stan"，中世纪英语"stoon，stone"），新的长元音"a"才能够在单词某些位置上拉长传统短元音"a"。之后，受元音大推移的影响，长元音的音值一直发生变化，不过新旧语音之间的差距依旧保持不变，并未造成显著的读音混淆。假如我们不考虑圆唇后元音（rounded back vowels）而只考虑前元音的话，那么元音音变可通过下列图表进行阐释（下图中，第一列与最后一列为单词拼写，其他列为发音）：

表 15－1 元音音变

| 中世纪英语时期 | | 伊丽莎白一世时期 | 现代英语 | |
| --- | --- | --- | --- | --- |
| （1）bite | bi·tə | beit | bait | bite |
| （2）bete | be·tə | bi·t | bi·t | beet |
| （3）bete | bɛ·tə | be·t | bi·t | beat |
| （4）abate | a'ba·tə | ə'bæ·t | ə'beit | abate |

当（2）"bete"中的元音舌位抬高至［i·］时，（1）中的"bite"的元音脱离原有位置，形成双元音；当（3）"bete"舌位太高至闭元音［e·］时，（2）"bete"的元音变为［i·］；直到（3）"bete"中的元音较为接近［e］时，（4）"abate"中的元音才会衍变为［æ·］或者［ɛ·］。可见，这四个元音在提升舌位的过程中从未交集，且这一过程花费数个世纪，当然，音变的中间过程并未列入图表。只要图表中每一个单词都与其上面和下面的单词发音保持一定的距离，那么混淆的情况就不会发生。因此，我们发现，伊丽莎白一世时代的英国人都像乔叟，他们一丝不苟地把这四类词音完全区分。不过，进入 17 世纪，（3）"bete"的元音舌位持续提高，而（2）并无变化，最终导致（2）和（3）的元音都发［i·］，于是产生一定数量的同音异义词，而这些同音异义词并非通过等距趋同变化产生。

## 七 同音异义词

读者在此会反对这样一个事实，即由元音音变产生的同音异义词阻碍了音变的发展，因为同音异义词并非经常引发误解。现在，如果我们浏览

由闭元音"e"抬高舌位产生的同音异义词表，① 我们会发现，消除元音
"e"与曾经的［i·］之间的差异并不会产生误解。要区分名词与动词的
同音异义词（如："bean, been""beet, beat""flea, flee""heel, heal"
"leek, leak""meat, meet""reed, read""sea, see""seam, seem"
"steel, steal"），或者区别实质名词与同音异义形容词（如："deer, dear"
"leaf, lief""shear, sheer""week, weak"），我们可通过它们在句子中的
具体位置加以判断，例如：作为复数形式的"feet（双脚）"并不会误认为
是单数名词"feat（功绩）"。只有两个单词属同一"词性（part of speech）"，
误解才会产生，这样的情况并不多见，如："beach, beech""breach, breech"
"mead, meed""peace, piece""peal, peel""quean, queen""seal, ceil"
"wean, ween""wheal, wheel"。我想明智的读者都会同意笔者的观点，这
些单词以相同发音所造成的混淆少之又少，它们不可能强大到足以阻止其
他成百上千单词的音变。只有当声调普遍降低，对句子的理解造成严重影
响，这些同音异义词才可能阻止语音的变化。

　　有趣的是，我们会发现历经音变的同音异义词已不多见，至少可以说，
这类单词早已过时，从"breech, lief, meed, mete（形容词），quean, weal,
wheal, ween"以及其他单词中便可窥知一二。事实上，被淘汰的同音异
义词大都与趋同音变有关，换句话说，早在趋同音变发生之前，这些单
词已不再广泛使用，因此它们无法阻止趋同音变的产生。另外，一个单
词的消失必然会被视为音变的结果。如今的许多学者倾向认为语音融合
（phonetic coalescence）是废弃词产生的主要内因之一。该理论可参阅布
鲁诺·利比希（Bruno Liebich）发表于德国学术期刊《德语史与文学史》
（*Beiträge zur Geschichte der Deutschen Sprache und Literatur*，1910）第 23 卷，
第 228 页的文章；更多的德语实例可参阅奥斯卡·韦斯（Oskar Weise）的《我
们的母语》（*Unsere Muttersprache*，1909）第 206 页；朱尔斯·吉列隆（Jules
Gilliéron）的《论语音词源学的失败》（*La Faillite de l'étymologie Phonétique*，
1919），该著作耸人听闻的标题与内容并不相符。

---

① See Otto Jespersen, *Modern English Grammar on Historical Principles I*, 11. 74.

同音异义词①的缺点可以通过以下方法弥补。最常见的方式是使用其他同义词，比如，几乎所有的英语方言都用"lad"或者"boy"代替"sun"的同音异义词"son"（参阅本书第 6 章，第 5 节相关实例）。另外，增词法也可避免同音异义词的产生：我们说"the sole of her foot"，添加"foot"是为了避免"her sole"误解为"her soul"。法国人所说的"un dé à coudre"或者"un dé à jouer"（试比较英语"minister of religion""cabinet minister""the right-hand corner""the subject-matter"）同样通过增词的方式避免歧义。而受趋同音变严重影响的汉语成为拥有众多同音异义词的典型语言。对汉语同音异义弥补方法的研究也极为有趣，可参阅高本汉（Bernhard Karlgren）《中土王国的字与笔》（*Ordet och Pennan i Mittens Rike*，1918）第 49 页起。但总的来说，我们必须承认，无论是为了消除语音不便，还是说话者为了理清语音或者句法带来的误解，解决办法都是相同的：一旦说话者意识到自己的含义未被理解，他会使用其他方式摆脱歧义。

## 八 词义与语音

笔者认为，词义自古至今都有助于语音发展，许多词义的误解可能有效地检验了两种截然不同的语音融合，而这一观点不应视作老派语言学家

---

① 罗伯特·布里奇斯（Robert Bridges）在《论英语同音异义词》（*On English Homophones*，1919）中指出，语言中存在的大量同音异义词会带来诸多不便，但笔者并不认同这位桂冠诗人的全部观点，特别是他的同音异义词的使用建议以及对一些值得称赞的英语语音学家的无端打击。他似乎夸大了同音异义词的危险，例如："know"和"no"的读音一样。他表示，除非有类似的元音在"规则"中被还原为否定意义的"no"，"否则我会认为动词'to know'注定消失。因为，在同音异义的影响下，'know'现在时的第三人称单数会被误认为'nose'，过去时误作'new'，这种不便太过彻底、持久，以至于无法被世人接受。"（《论英语同音异义词》第 22 页）但是，这些同音异义词在对话中的作用并非相同且依靠语境，我们能够区分清楚，在现实中，很难想象有人会把"know"理解成"no"，将"knows"误解为"nose"，"knew"当成"new"。笔者再次重申，关于词义的误解，词典编纂家罗列的一长串同音异义词并无决定性作用，比如：希腊语"humeîs"的消失是否由于该词与"hemeîs"读音相同，这一点有待商榷。曾经，乔治斯·尼科拉乌·哈齐扎基斯（Georgios Nicolaou Hatzidakis）表示，"humeîs"的新词形"eseîs"要早于该词 [i] 位置的"e"与"u [y]"的融合。而根据阿尔布雷克·迪特里希（Albrecht Dieterich）与卡尔·达林·巴克（Carl Darling Buck）的论断，对"u"和"i"的语音混淆可追溯至公元 2 世纪。现在，所有的语音混淆已完全消除，因为希腊语"humeîs"第一和第二人称的复数都有全新的拼写形式，即"emeîs"与"eseîs 或 seîs"。参阅《古典语文学》（*Classical Philology*，1914），9.90。

（包括库尔蒂乌斯）反对"青年语法学家"的论点之一，换句话说，"青年语法学家"认为承载意义的语音与音节可能会对正常的音变过程造成影响。在反对如库尔蒂乌斯等老派语言学家的争论中，德尔布吕克与同仁的论断大部分是正确的，例如，他意识到后缀"i"的原始含义，并解释了在希腊语中某些希求式动词（optative forms）对"i"保留的缘由。他认为希腊语否定与肯定形式也是基于词缀含义，这一说法未免过于夸大。但这依然无法推翻词义对语音的影响，只有说话者意识到改变读音会威胁词义并试图避免此类事情发生的时候，保留原来的发音才合乎预期。并且，无人认为说话者会时刻留意"语音规则"，对于说话者而言，所需注意的唯一的事实是当自己的话语不被对方理解时，自身便不得不重复，并对其中省略或者发音不清的单词再次清晰发音，甚至以夸张的方式读出。

有些单词经过特殊的音变，避免了因同音异义引发的误解，但此类单词少之又少，以至于对这一现象的其他解释（如，对同一单词不同词形的类推等）或多或少说得通，比如：英语介词"on"中的［ɔ］十有八九轻读，处于句中非重要位置的其他介词（如"to, for, of, at"），其发音同样变为中性元音［ə］。但如果"on"也采取类似［ə］的读音，那么会因句中经常出现与［ən］相似的"an（不定冠词）"和"and（可能还包括'in'）"等单词导致读音混淆，更不必说包含［ən］的"drunken, shaken, deepen"等词。不过，介词"upon"发音不必考虑上述情况，因为它的发音［əpən］常处于句子中的弱读位置。出于语音清晰的考虑，曾经频繁使用的英语语音"o（o'）"同样退出了历史舞台，这实际是两个介词"on"与"of"自然发展的结果。而字母"a"仅存在于一些古老的复合词内，如"ashore"，它在其他复合词中业已消失，如："a-going（上弦）"，等等。

有时，音变所带来的影响会导致部分日常单词的旧发音比新发音更具表现力。例如：英语长元音［i·］变为双元音［ai］，于是，"pipe"和"whine"不再是拟声词。但是，一些方言中如"peep（抱怨）"仍然保留过去读音，爱尔兰人所说的"wheen"便是如此。[1] 在"squeeze"一词中，

---

① See Patrick Weston Joyce, *English as We Speak It in Ireland*, London：Longmans, Green, 1910, p. 103.

[i·] 被保留，该音更具表现力，而该词的最早拼写形式是"squize"；同理，意为"偷看（to look narrowly）"的系列单词中的 [i·] 也被保留了下来，如："peer, peek, keek,（早期英语的）pire, pike, kike"，丹麦语"pippe, kikke, kige"以及德语"kieken"①；假如传统 [a·] 变为 [ɛ·, ei]，那么单词"gape"的读音便不再具备完美的表现力（比较丹麦语"gabe"），而在大众语言当中，民众抵制元音舌位抬高的旧读音 [ga·p] 依然存在，如在 1817 年，将其拼写为伦敦腔单词"garp"。② 亨普尔教授告诉过我，[ga·p] 的读法在美国极为流行。此外，我们在本书关于语音象征的章节（参阅本书第 20 章）将会看到其他象征词汇特殊音变的实例，比如"tiny, teeny, little, cuckoo"。

## 九　趋异与类推

除了等距趋同音变，我们还会发现语音的趋异变化。通过这一变化，同一时期的相似发音差异明显。具体来说，一个读音在它所处的所有位置上都被一致改变，这是极为罕见的，相反，绝大多数音变是由邻音、首音、中间音或者尾音（如处于两个元音之间等）以及强、弱重音节的位置等决定。以我们耳熟能详的法语单词为例，拉丁语"c" [k] 在法语单词中，读音趋异：与"o"邻近"corpus > corps"，与"a"邻近，"canem > chien"，与"e"相邻，"centum > cent"。在"amicum > ami"中，"c"读音完全消失。除鼻音之前不会音变外（amat > aime），拉丁语"a"会变为重读开音节"e"（natum > né）；但当"a"处于"c"之后，"a"又会继续变音："canem > chien"；闭音节中："arborem > arbre"；弱读音节中的"a"起初是被保留的（amorem > amour），但之后变为 [ə]（字母由"a"改为"e"）（bona > bonne）。以上音变主要的实例在于展示同一单词不同

---

① 《新编英语词典》并未给出上述解释，仅指出："'peer' 不是 'pire' 的语音衍生词形，就目前所知，二者不能混为一谈""动词 'keek, peek' 与 'peep' 关系紧密。'kike, pike' 作为 'keek' 和 'peek' 的早期词形，最早出现在乔叟的作品中；而 'pepe' 与 'peep' 直到后来才出现……因此，'pike, peek, peak' 三者之间的语音关系尚不得知。"

② See Alexander John Ellis, *On Early English Pronunciation V*, London, 1869, p. 228.

词形所致读音的巨大差异。因此，根据拉丁语"amo, amas, amat, ama-mus, amatis, amant"，我们可以推演出古法语"aim, aimes, aime, amons, amez, aiment"，随后通过"类推"的方式消除差异，得到现代法语单词"aime, aimes, aime, aimons, aimez, aiment"。不过，这种语音拉平趋势还不足以影响"amour"与"amant"中的词首"a"音，因为人们觉得二者的发音并无太大关联。起初，同一元音在不同的单词中只存在微小差异，随着时间的推移，差异越加明显，如"feel"与"felt"，"keep"与"kept"，等等。这些单词最开始的差别仅在于读音长短不一，后来，长元音［e·］舌位抬高，变成［i·］，而短元音［e］的舌位并无变化，最后造成两个单词元音上的差距。其他诸多例子亦是如此。不同国家对同源词差异化读音的允许范围程度不一，大多数国家不喜单词首音存在任何差异，但凯尔特人根据不同的语境，允许"同一个单词"拥有多达4种不同的首音（例如"t-, d-, n-, nh-"）。几个世纪以来，冰岛语单词"other, second"在不同的语境中也呈现出不同的发音方式："annarr, önnur, öðrum, aðrir"。而在其他斯堪的纳维亚语中，同一单词的发音早已趋于一致。

这种趋异变化几乎引起所有学者的关注，这是他们基于历史语法著作，研究语音学的自然结果，因为这些著作大多从某个历史阶段为始，随后梳理每个读音发展至今的变化。这同样导致大多数人认为语音规则和类推是语言学中的两个对立项，前者总是破坏语音的规律与和谐，而后者则对混乱、困惑进行重构。[1]

但是，这一观点太过绝对，并未考虑语言发展的多面性。事实上，并非所有的不规则都是出于语音规则，而是在所有的语言中，我们的意识依旧保留着许多原始人混乱的语言与表达方式。另外，许多音变并无增加现有不规则的语音数量，反而通过废除毫无意义与价值功能的语音差异，建

---

[1] "一种语言不断地受到语音规则的侵蚀与威胁，如任其发展，语法系统将会分解……幸运的是，类推（就是我们所说的无意识倾向，它会保存抑或重新创造那些发音规则威胁、破坏的事物）逐渐消除了这些差异……由于盲目的音变会造成语言永久性的衰退，而语法系统会以并行重组的方式始终防止这一衰退。"参阅查理斯·巴利（Charles Bally）《语言与生活》(Le Langage et la Vie, 1913)第44页起。

立了一套更规则、更简易的语音系统，例如，非重读元音的趋同变化已经简化了英语屈折系统（参阅本书第 14 章，前 10 节）。如果我们习惯从其他视角观察语言变化，那么将当前的语音追溯到过去，就会发现趋同与趋异的发生频率大体一致。现实中，许多音变同时包含趋同与趋异两种音变，例如：由于趋异，一个 "a" 从其他 "a" 语音系统分离，变成了 "e"，自此，它又与其他 "e" 的趋同变化息息相关。

## 十 语音规则扩展

假如一个音变能够让单词具备两种词形且在词义上毫无差别的话，那么这种音变可以扩展到其他单词内（语音类推）。一个毫无质疑的例子便是现代英语 "r"。当辅音之前的 [r] 被舍弃，它又在元音之前被保留，那么这导致了现代英语单词如 "better" 和 "here" 拥有两种读音：[betə, hiə]，"better off, here and there" [betər (ɔf), hiər (ən ðɛ·ə)]。这种变化又会转移到了其他单词上，如："idea" 和 "drama" [ai'diə, dra·mə]。因此，[r] 经常置于以元音为首音的单词前，如："I'd no idea-r-of this, a drama-r-of Ibsen"。[①] 同理，法语中的 "t" 和 "s" 已不发音，但在元音前又被保留，如："il est [ɛ] venu" "il est [ɛt] arrivé" "les [le] femmes" "les [lez] hommes"。这使得如今的法国人在日常对话中也会错误地将 [t] 或者 [z] 置于元音之间，如："pa-t assez" "j'allai-t écrire" "avant-z-hier" "moi-z-aussi"，对于此现象，我们称之为 "cuir" 或者 "velours"，即连读错误。

随着时间的推移，语音规则可能经历一种 "质变"，并延用在越来越多的单词当中。有时，我们能够追溯语音规则的近代进程。一个恰当的例子便是英语中特定辅音之后的 [ju·] 会失去 [j]。[②] 起初，"true" 和 "rude" 中的 "r" 导致 [j] 消失，随后，如 "blue" 和 "clue" 等单词辅音之后的 "l" 迫使 [j] 消失。不过，假如 "l" 之前并无其他辅音，那么

---

① See Otto Jespersen, *Modern English Grammar on Historical Principles I*, 13.42.

② Ibid., pp. 13, 7.

［j］是否保留将变得复杂，如"Lucy""absolute"；后来，在"Susan"和
"resume"中，［s，z］虽不致［j］消失，但［j］同样受到语音"抑制
（suppression）"。[1] 而在"tune，due，new"［t，d，n］之后，［j］的读音
抑制现象出现在英国平民以及美国部分地区受过教育之人的语言中。可
见，语音规则可能对辅音之后任何位置的［ju·］都具有攻击性，为了适
用于年龄较大或者较为年轻的英国人，语音规则须以各种不全面的术语进
行表述。而将上述语言现象与正统的"青年语法学家"的音变理论进行调
和是极为困难的，但也不是天方夜谭，因为该音变理论是基于发音器官感
觉或者口腔感知（verschiebung des bewegungsgefühls）产生，在相同的语音
条件下，相同的发音必然发生改变。那么，什么是相同的语音条件？是在
"r"或者"l"辅音组合之后？还是在辅音"l"之后抑或所有的辅音之
后？每一代英语人都会给出不尽相同的答案。如今，我们仅能找出许多古
老音变的最终结果，而其间的变化无从得知。不过很有可能的情况是，这
些古老的音变与现代英语中由［ju·］到［u·］的音变程度相仿，都历
经较为温和的变化过程。对此，假如一个人总是听到别人说［tru·，ru·
d，blu·，lu·si，su·zn，ri'zu·m，tu·n，du·，nu·］，他会自然地认
为［ju·］一旦出现在任何辅音之后，其中的［j］会被略读，而我们与他
的想法一样。

## 十一　音变传播

　　一些语言学家宁愿把语音规则（假设该规则完全成立）与时尚界的服
装比较，也不愿意将它与自然规则对比（如：梅林格）。不过，笔者认为
在此做出时尚界与自然规则的区分十分必要，因为语音规则与时尚界的比
较无法揭示音变如何产生，它也无法告诉我们［u·］之前某些位置的
［j］被遗弃的初衷是什么？不过，当我们考虑这种变化最初如何从一个人
的身上传播到另一个人身上的时候，这种对比依然有效。第一个问题即使

---

[1]　在"Susan，supreme，superstition"等单词中，一些说话者会读［su·］，在"suit，sue"
中，又会读［sju·］。而其他人要么始终选择前一种发音，要么始终选择后一种。

在本章之前的相关研究中做出详尽讨论，我们仍然需要探讨。和语言其他
变化一样，音变传播是有意识与无意识模仿他人话语习惯造成的。我们已
经在儿童与外语影响母语的相关章节中了解到这种模仿行为。人的一生都
在模仿，这种论述适用于语言学习过程，也适用于人类的其他习惯。无论
在人类的哪些方面，模仿并非总会产生最完美的效果，"普通人"虽然不
会对语言上的完美或者更好的语言做出最为正确的评判，但他们依然会模
仿自己认为漂亮且有趣的人与物，特别是仰慕之人。本质上讲，模仿是一
种社会现象，即便所模仿的事情并非最好，人类也会模仿"比自己更好之
人"，如在级别、地位、财富等方面的优越之人。但是，人类的这份优越
感并非一成不变，它有时可能随着环境、年龄等因素的改变而变化。一名
小学生可能模仿比自己大 1—2 岁粗野、狂妄的男孩，却不会将老师或者家
长奉为楷模；但在之后的人生当中，他可能会根据自身职业或者个人喜
好，寻找其他模仿对象。当该行为发生的时候，他会倾向模仿这个人的一
切，甚至包括一些不值得模仿的品质。如在《亨利四世·下》第 2 幕，潘
西夫人说：

> 他的确是高贵的青年们的一面立身的明镜；
> 谁不曾学会他的步行的姿态，等于白生了两条腿；
> 说话急速不清①本来是他天生的缺点，
> 现在却成为勇士们应有的语调，
> 那些能够用低声而迂缓的调子讲话的人，
> 都宁愿放弃他们自己的特长，
> 模拟他这一种缺点；这样无论在语音上，
> 在步态上，在饮食娱乐上，在性情气质上，在治军作战上，
> 他的一言一动，都是他人效法的规范。

通过模仿、传播新的发音肯定需要花费大量的时间，尽管在某些情况
下，这一过程可能相当迅速。在历史上，我们可以看到一个新发音在某一

---

① "发音模糊，嗓音沙哑。"——《新编英语词典》

国家某个区域快速兴起，并以汹涌的态势传播开，直到它最终遍及该国的整个语言领域。这一过程虽不能一日千里，但很明显，对于某一特定的语言群体来说，新的发音方式越自然，就越易接受，其传播速度也就越快。通常，当新的发音更易读出且在某个特定的用法上存在特殊的心理诱因时，这种新发音甚至会在不同的人类个体中产生，当然也会促进其他人对它的接受。不过一般来讲，除非经过多次尝试，新的发音并不会广为人知：它可能出现过多次，随后消失，直到最终找到可以扎根的沃土。因此，对语言学著作中时常发现的谬误提出警告也许并不多余：在 15 世纪的丹麦或者英国的语言学著作中，学者发现了一个与当今完全一致的音标，便匆匆得出 15 世纪的某一语音与现在语音完全一致的结论，虽然对该音标的研究以及后来语法学家的验证都证明了该论断的错误，但这种认识远远不够。因为这种音标越是孤立的存在，就越有可能表明说话者在瞬间偏离了当时的常见语音，从而获得某种超前的发音。这种情况好比"发现第一只燕子之人并不能带来整个春天"。

## 十二　矫枉过正

即使没有接受过正规语言训练之人对语音的好坏也有一定的判断力，他能够注意到其中常规对应关系，甚至偶尔将其夸张化，导致"矫枉过正（hypercorrect）"的情况出现，这种情形常见于常说方言之人试图以本国"公认标准（received standard）"的语言进行发音。本杰明·艾德·惠勒（Benjamin Ide Wheeler）于《美国语言学会会刊》（*Transactions of the American Philological Association*）第 32 卷，第 14 期提出上述观点，笔者已将他的音标符号转换为本书一致音标："在我的方言里，我会把'new'读作［nu·］，后来发现自己更倾向于说［nju·］，特别是在认真发音或者公开场合讲话的时候；同样还有［tju·zdi］'Tuesday'。这些词与其他词形成了有效的双重语音印像（a dual sound-image）［u·：ju·］，每当［u·］出现在齿龈爆破音或者鼻音之后，［ju·］便可能出现，且语音效果并不稳定。与'new, Tuesday'相比，'tune, duty, due, dew, tumour, tube, tutor'等单词中的［j］出现的频率较少。不过遇到情绪激动的瞬间，我很容易在这些单词中发出［j］。甚至在发音极为准确的瞬间，我也会意识到自己将该读音带入其他单词中，如：'do'［dj·］与'two'［tju·］。"我们再举一个美语实例："在密苏里州及其邻州的方言中，'America, Arizona, Nevada'等词尾字母'a'发音为'y'，即'Americy, Arizony, Nevady'。不过，该地区受教之人在讲话时，都会小心地纠正这一习俗，其中大多数人矫枉过正，最后发出'Missoura, praira'等读音。① 同样，标准英语［i·］会被许多爱尔兰人读作［e·］，如"tea, sea, please"等单词，并错误地将［e］转移到"great, pear, bear"等单词中。② 他们还会把"ar"发成"er"，将"learn"读作"derning"。③ 英格兰也有类似的情况，如"ruin, certain"读成"ruing, certing"。

在德国，讲低地德语之人希望自己说高地德语，例如说"zeller"而非"teller"，因为高地德语中的许多单词会用"z"代替"t"（如"zahl, zahm"，等），而常用"j"代替"g"的德国人（柏林人等，单词如"eine, jute, jebratene, jans, ist, eine, jute, jabe, jottes"）有时试图正确发音，会用"getzt, gahr"代替"jetzt, jahr"。④

不难看出，这种矫枉过正的语音形式与"拼写发音（spelling pronunciations）"密切相关，当一种语言的拼写与它的发音并非一致，"拼写发音"的情况就会愈加明显。19 世纪见证了"拼写发音"的大量涌现，进入 20 世纪，该状况可能持续增长，特别在社会新贵当中，他们往往喜用此方式炫耀他们刚刚获得的优越地位。不过我们没有必要束缚于此，因为这些单词被语音的自然发展排除在外。笔者在此只想指出，许多明显受到拼写产生的语音形式，其源头可能并非"唯一"源自拼写，它们极可能反映了

---

① See Edgar Howard Sturtevant, *Linguistic Change: An Introduction to the Historical Study of Language*, Chicago: The University of Chicago press, 1917, p. 79.

② See Otto Jespersen, *Modern English Grammar on Historical Principles I*, 11. 73.

③ See Patrick Weston Joyce, *English as We Speak It in Ireland*, 1910, p. 93.

④ 即使说外语，人们也可能不自觉地使用语音对应（phonetic correspondences）。一位丹麦同胞曾经告诉我，一回，他因被收取过高的费用而愤怒地喊道："这个价格太高了（Das sind doch *unblaue preise*)!"匆忙间，他把丹麦语中的"ublu（无耻）"说成了"unblaue"，因为德语的否定前缀"un-"对应丹麦语否定前缀"u-"。而"au"在德语中常出现的位置，丹麦语用"u"替代，如：德语"haus"对应丹麦语"hus"，等等。当时，这位丹麦同胞立即发觉自己的口误，哑然失笑。

真正的古老语音形态，并以单纯的口头相传的方式，与古老的拼写一同保留。我们必须承认，同一单词的两种或者三种词形是可以共存的，它们会依据语境的庄重程度分别使用。即使不懂书写的野蛮人，其古老歌谣、庄严仪式以及狂热的崇拜行为也会保留原始语音。

## 十三 语音规则与词源学

在本章以及上一章中，笔者回顾了导致语音结构产生变化的各类条件。虽然，笔者提到的发音方式不够详尽，也许还存在缺点，但我想指出，目前没有一种语音规则能够让笔者完全接受，因为实际的音变现象不能毫无例外地遵从语音规则。恰恰相反，笔者发现，许多迹象表明，人们对发音完全一致的要求并不比对其他事物要求高。

学者常说，假如语音规则允许有特例存在，那么就不可能有词源学的产生。早在 1858 年，库尔蒂乌斯就曾写道："假如语言史中真的存在某些个别反常之例的话，如完全不合常理的语音畸变，那么我们就应该放弃一切词源性探索，因为只有那些受到规则约束并可简化为一个连贯系统的语音才能成为研究对象，凡是出于偶然，充其量只能猜测，决不能对其科学推理。"[①] 不过，研究中的库尔蒂乌斯并未像他的拥趸那般严格。作为公认的"青年语法学家"领袖，莱斯金指出："如果允许语音特例（abweichun-gen）的存在，就等于宣布我们的研究对象——语言，是无法被科学解释的。"[②] 自那时起，学者们一再重申，如不严格遵守语音规则，词源学就会成为一纸空谈。那些怀疑语音学中是否存在绝对规则之人，又被视作反对普通语言学的无知者，当然，他们并非相信一切语言皆出于偶然，也不相信自己可以随意地找出语音例外。

即便"没有遵循语音规则"，我们也极难否认语音与词源之间的关联。难道带有浊辅音的哥特语"azgo"，包含清辅音的英语"ash"与德语"asche"，丹麦语"aske"不是源自同一单词？我们也无法否认，德语短元音单词

---

[①] See Hanns Ortel, *Lectures on the Study of Language*, p. 259.
[②] August Leskien, *Die Deklination im Slavisch-Litauischen und Germanischen*, 1876, xxvii.

"neffe"与中古高地德语"neve"，古高地德语"nevo"相同；英语"peb-ble"与古英语"papol"，"rescue"与中世纪英语"rescowe"，"flagon"与法语"flacon"，这些词义虽有不同，但彼此相似。对于"heart（心）"的两种词形，我们同样难以区分：一种是梵语"hrd（心）"与阿瓦尔语"zered-"中以"gh"为首音的单词，另一种是希腊语"kardía, kēr"，拉丁语"cor"，哥特语"haírto"等以"k"为首音的词形。另外，希腊语中带有浊辅音序数词"hébdomos, ógdoos"与包含清辅音的序数词"heptá, oktō"对应，二者并不能区分彼此。以上事实（可能还有更多的实例）表明，每种语言中都存在着发音与词义极为相近的词汇，它们违背了"语音规则"，但彼此关联，无法分割。面对极为明显的词源，即使是最严谨的学者也会极不情愿地将语音规则暂时忘记，甚至暗自祈祷在未来的某一天能够找到违反语音规则的真正原因。

因此，与其将语言规则视为探究词源的基础，不如就此与常识妥协：假如两个词的发音与意义相去甚远，或者二者属于同一语言不同时期或隶属关联不大同一语系，其词源并非明显，除非通过其他类似的例子加以证明同一种语言内部发生过类似的音变。当然，这更适用于传统词源研究，因为在可供观察的当今语言内部，每种语言的语音规则或多或少存在例外情况。即便假设全人类拥有相似的心理，各个历史时期产生语言的条件基本相同，由此得出古代词汇似乎严格遵循了音变规则，但依然存在例外。事实只能证明语音领域中哪里存在质疑，哪里就需要有学者构建最简单与最易掌握的规则或者规律。在语音领域，语音现象相对明确，我们可以相对容易地考虑音变的可能性，但这种研究行为在词义领域要困难得多，因为词义变化较多，即便词义变化不明显，我们也要探究词义的共时变化，甚至这种变化超越了同一种语言或者同一语族，其难度可想而知。但对于发音来说，相应的音变定会发生在同一时期同一语言之内，这会帮助我们获得足够的证据追溯词源。

因此，语言学家最好戒掉强调语音"法则（law）"的习惯，转而使用一些诸如语音定律或者规则之类的描述方式。若要坚持"法则"一词，我们也许可以想象该词在司法系统中的使用方式：这违反了语音法则，或者语音法则不允许我们使用某个词源；某书的作者正接受审查，他的作品多次违反现行的语音法则，等等。这暗示了语音法则类似于刑法条文，又或者假设你的词源学理论并未遵守语音法则，你又大胆地提出了希腊语"Kaléo"与英语"call"等同，希腊语"k"等同于英语"h"，由此，你将会受到最严厉的惩罚，不仅你的理论会被驳斥，本人也会被严谨的同行排挤。

另一方面，语音规则可以与动物学中的达尔文规则相比较，例如：哺乳动物共同祖先的前肢在鲸类中进化成为鳍状肢，而在类人猿和人类身上进化为双手。这两种规则之间的相似性不容小视。用显微镜观察鲸鱼，甚至用肉眼仔细查看，我们会发现无数细小的差别，因为这世界上没有两只鳍状肢是完全相同的，同样，也没有两个人的说话方式完全一致，虽然无法详解每一个细微差别，但我们不应怀疑这些差别遵循因果律并以完全自然的方式发展而来，即便某些鳍状肢或者发音不如人愿，我们也不应对科学研究感到绝望。只有对鳍状肢进行大量观察，找出鲸鳍的典型特征，并与祖先独特的前肢或者现存哺乳动物的典型前肢进行比较，才能推断出前肢发育的规律。同理，只有放弃对语音的微观观察，继续宏观检验那些时空交错的语言，我们才能发现语音发展的一般规律。于是，语言之间细小的差异在研究者眼中消失不见，所剩下的正是语言规律化的发展路径，而这条路径也正是语言变化中的结果。

## 十四 结论

音变不应孤立于语言其他变化之外，这是这两章讨论语言变化的主要共识之一，在实际的语言交流当中，我们见证了语音与词义之间的不断作用。不仅每一个读音变化总是与该语言在同一时期发生的其他音变有关（如英语元音大推移），而且我们也应该把每一次音变对整个语音系统的影响当作研究对象，以便梳理同音异义词（如果有的话）是如何产生的，它又是如何危害句子理解的。我们不能撇开词义谈语音，也不能撇开句子谈词义。语音变化和非语音变化之间并非泾渭分明。在很多语言实例当中，音与义变化背后的心理动机是相同的，二者完全以相同的模仿方式进行传播。所以，不论在语音、形态、句法、词义，还是在新词的选取与旧词的遗弃等方面，本书第 11 章的论述完全适用。

最后，我们将非常简要地论述语言发展中的另一个因素，该因素此前并未得到充分的诠释，这便是"玩语言的欲望（the desire to play with language）"。在专门讨论儿童语言的章节中（参阅本书第 8 章，第 3 节），我们已经看到玩语言的影响。尽管这一现象在年轻人语言世界中极为明显，但依然可以看到相似的行为在成年人的语言中依旧强烈。实际上，它是一种不满足传统表达方式的语言泛溢，人们能够在创造、传播新词以及赋予旧词新义的行为中找到乐趣，它显然与我们之前探讨的语言如洋泾浜英语中贫瘠的词汇量相反。我们发现，情人之间的爱称，母亲为孩子取的小名，学生阶段的绰号，朋友之间的外号，以及普通单词的反常使用等等，这些有时会成为一小撮时间充裕之人的语言时尚，我们可参阅乔纳森·斯威夫特（Jonathan Swift）和斯特拉（Stella）之间的"小语言"。不过该类语言形式受众面小，存在时间短，但在俚语（slang）的世界中却长盛不衰。

俚语常与俗语混淆，尽管二者完全不同。一方面，俗语是一种阶级方言，正如方言是某地区农民日常用语一样，俗语是下层民众的主要语言构成；俚语却有意与日常用语做出区别。它存在于社会各阶层的特定情绪当中，比如，在某些场合，说话者试图摆脱普通话语的平淡无趣，希望带来与众不同的语言效果的时候，俚语便会出现；俗语一出口便能辨别说话者所处社会等级，而俚语则故意替换最先浮于脑际的词语。另外，二者在语法上存在最为明显的差别：如果一个人用"them boys"替代"those boys（这些男孩）"或者使用"knowed"而非"knew（知道了）"，这反映了他找不到更好的表达方式，但在受教之人看来，上述语言极为粗鄙。假如一位受过教育之人时不时地使用非传统的语言形式以此自娱，比如，用"wunk"替代"wink"，"collode"替代"collide"，"praught"替代"preach（'taught'的类推）""就像他们说的，我们挥手道别（handshook），熄灭蜡烛（candlestuck），上床睡觉。"那么这些是俚语而非俗语。不过，在实际使用当中，二者无法完全区别，比如：一个人想另辟蹊径，只要文字新颖别致，并不介意它的出身，便会将俗语提升到俚语的高度。

最初，俚语仅属于个人使用，但在某些条件下，它会随着模仿开始流行,一段时间后,该单词可能被大众接受,成为日常语言的一部分,又或者出于频繁使用,变得老套,最终无人使用。

俚语最初多以隐喻的方式赋予日常词汇不同意义。我们还会遇到不同俚语使用相似的喻体,如"head(首脑)"在英语中使用"upper story(upper loft, upper works)",丹麦语则作"øverste etage",德语使用"oberstübchen"。而在更多时候,不同语言的俚语所选取的喻体是不同的,比如"头",英语用"nut(坚果)""chump(丛林)",丹麦语用"pære(梨)",法语是"coco(可可)""ciboule(葱)"或"boule(球)"。俚语可能产生一些词源不明的表达方式。例如传统俚语中有一种"the red rag"的说法,后缩写成"rag"。笔者猜测动词短语"to rag(责骂、批评)"是由"rag"衍化而来(参考"to jaw")。参阅《新编英语词典》(*A New English Dictionary*)①"不明词源"。

其次,俚语词汇也可能源自日常用语,其意义不变,但在词形上多少有所不同,如"examination(考试)""quadrangle(四边形)""public-house(酒吧)"缩略为"exam, quad, pub"等等。而缩略过程又常常与扩展过程相结合,换言之,单词的词尾被随意地替换为其他词尾,如"football"替换为"footer","rugby football(橄榄球)"和"association football(足球协会)"成为"Rugger"和"Socker";在剑桥,"freshman(大一新生)"成为"fresher","bedmaker(宿管)"成为"bedder"。

在(哈罗公学)学生俚语中,词尾"-agger"可以替换任意单词的词尾,如在1885年,当时在剑桥学习的阿尔伯特·维克托王子(Prince Albert Victor)的绰号是"pragger(装腔作势者)";不可知论者被称为"nogger"。我强烈怀疑"swagger(招摇之人)"与"swashbuckler(恃强凌弱者)"的产生出于同样的方式。而学生常用的另一词尾是"-g",比如"fog, seg, lag"意指"第一,第二,最后"。在温彻斯特,"gag"替代"gathering(一项特殊的拉丁运动)"。查尔斯·兰姆(Charles Lamb)在基督公学注意到"crug(四分之一面包)"一词是从"crust"衍变而来,另

_____

① 1702年首次在伦敦出版。与以往的词典专注于记录困难单词不同,《新编英语词典》是首批关注常用词汇的词典之一。——译者注

外，"sog" = "sovereign（主权）"，"snag" = "snail（老人）"，"swig" = "swill（痛饮）"。诸如 "fag, peg away" 一类单词也可借上述方式进行解释。依诺克·阿诺德·贝内特（Enoch Arnold Bennett）在他的一本书中还提到学生的词汇包含了大量以 "-gs" 结尾的单词："foggs（第一），seggs（第二）"，等等。有趣的是，在法语的俚语中，许多单词舍去了部分字母，并添加如 "-aque, -èque, -oque" 等词尾。①

此外，还有一类俚语比较特殊，它采用迂回表达法，即说话者有意避开常规表达，多以专有名词隐晦暗示，而该词与普通单词极为相近，或者是由普通单词派生而来，至少词形看似如此，如 "我想睡觉"，不用 "I want to go to bed" 而说 "I am for Bedfordshire"，德语会说 "Ich gehe nach Bethlehem" "nach Bettingen"，丹麦语 "gå til Slumstrup, Sovstrup, Hvilsted"。同样，"send a person to Birching-lane" 的意思是 "抽打某人"；"he has been at Hammersmith" 意为 "某人挨打"；"you are on the highway to Needham" 意为 "你马上要一贫如洗"，等等。②

诗歌与俚语密切相关，二者极力避免用词平庸。彼此的不同之处在于，俚语使用超出常规的语言，往往涉及古怪或者有趣的单词（有时只会带来滑稽感）。而诗歌更为高雅，它渴求不朽的永恒美、思想美与形式美，形式美又可以节奏、头韵、尾韵、元音谐音来实现。

在某些国家，刻板的形式在一定程度上扼杀了诗艺精髓，自此，诗歌不再是门艺术，而是矫揉造作的产物，后期的吟唱诗（Skaldic poetry）即可作为例证。在文学传统浓厚（即使没有书面形式的文学）之地，过分推崇经典文学会导致语言僵化，从而筑成古词句的神龛，后人永无自如使用语言的可能。假如这样的状况持续了几个世纪之久，那么口语和书面语之间会形成不可跨越的鸿沟，必将对高等教育产生毁灭性的打击：希腊和印度南部的现状便可作为警示。由于篇幅所限，笔者止笔于此，但这一话题应当得到更加详细的讨论。相关细节可参阅卡尔·克鲁姆巴赫（Karl Krum-

---

① See Lazăr Şăineanu, *l'Argot Ancien ( 1455—1850 )* , Paris：Champion, 1907, pp. 50, 57.

② See Otto Jespersen, "Punning or Allusive Phrases", *Nordisk Tidsskrift for Filologi*, Vol. 3, 1900, p. 66.

bacher）《现代希腊书面语问题》 （*Das Problem der Neugriechischen Schrifts-prache*，1902）；哈齐扎基斯《希腊语言问题》（*Die Sprachfrage in Griechen-land*，1905）；吉德鲁·韦瑞卡塔·拉马穆尔蒂（Gidugu Verikata Ramamur-ti）《现代泰卢固语备忘录》（*A Memorandum on Modern Telugu*，1913）。

# 第四卷

---

# 语言发展

# 第十六章　词源学

## 一　成就

"在词源学中，元音毫无意义，辅音无足轻重"。伏尔泰（François-Marie Arouet）的这句名言在语言学著作中被多次引用。而在今天的学者看来，这则格言无疑是对18世纪词源学的无情嘲讽。它对我们这个时代毫无用处，因为今天的词源学不仅研究元音，还要探究辅音（尽管时常遗漏词义的探索）。现在，学者们常常为现代词源学取得的成就倍感欣慰，他们的观点大致如下（instar omnium）："词源学已经走过了'盲目乐观（glücklichen einfälle）'的阶段，正如其他学科，它已经成为一门科学，只要坚持不懈，就会带来坚实可靠的成果。"①

不可否认，今天的词源学取得了巨大成就。但是，学者对许多理论中的不确定性心存疑虑。词源学家从未"盲目乐观"，除非质疑之人最终认可了词源学理论。以英语为例，1200年的发展史保留了大量文献，这些文献被杰出的语言学家相继研究，并与它的姊妹语（sister languages）相比较。当然，他们编撰长长一份关于日常用语单词表绝非难事（如"fit，put，pull，cut，rouse，pun，fun，job"），但面对这些词汇，学者们依然无法探究某些单词的来源。甚至如今在欧洲大陆流行的单词："race（种族），baron（男爵），baroque（巴洛克），rococo（洛可可），zinc（锌）"，其词源追溯依旧未知。

---

① Heinrich Schröder, *Ablautstudien X*, Heidelberg: Carl Winter, 1910.

## 二 争 议

首先，让我们从词源学领域选取一个单词，该单词的词义就像太阳一样清晰："sun"。该词存在几条词源线索：（1）英语"sun"，古英语"sunne"，哥特语"sunno"；（2）丹麦语、拉丁语"sol"，哥特语"sauil"，希腊语"hḗlios"；（3）古英语"sigel，sægl"，哥特语"sugil"；（4）古斯拉夫语"slǔnǐce"，俄语"solnce（'l'不发音）"。这些单词之间的关系毋庸置疑，不过该词与希腊语"selḗnē（月亮）"，古英语"swegel（天空）"之间的联系一直存在争议。斐迪南·霍尔特豪森（Ferdinand Holthausen）试图从动词"sinnan（去）"洐生出"sunno"，从动词"sigan（下降、传承）"推演出古英语单词"sigel"。但是，我们的祖先真的能够了解太阳的运动轨迹吗？另外，单词"south"（源自"*sunþ；古高地德语"sund"中的字母"n"依然保留在丹麦语"sønden"中）通常认为与"sun"有关，其意为"阳面（sunny side）"。施罗德却认为"south"洐生出含有"右边（right）"之意的单词（如，古英语"swiðre"，该词原义为"强壮"，是德语形容词"geschwind"的比较级），并指出当你看到日出的时候，南方就在右边，这当然是正确的。但当人们在下午或者晚上谈论南方的时候，为何会认为南方还在右边呢？

请允许我再举一例：就目前的方法或者语料，我们会在最普通的词源研究中陷入困境，因为在无任何词形限制的情况下，这些单词大都由词根"seqw-"构成，例如：

1. "说话"：英语"say"，古英语"secgan"，古诺尔斯语"segja"，德语"sagen"，立陶宛语"sakýti"，希腊语"énnepe, eníspein"，拉丁语"inseque"或者"inquam"。

2. "展示、指出"：古斯拉夫语"sočiti"，拉丁语"signum"。

3. "看"：英语"see"，古英语"seon"，哥特语"saihwan"，德语"sehen"，等等。

4. "跟随"：拉丁语"sequor"，希腊语"hépomai"，梵语"sácate"，英语"follow"源自拉丁语"socius（同伙）"，古英语"secg（人）"的原义为"跟随者"。

那么，上述四项在词源上是否一致？我们从卡尔·达林·巴克（Carl Darling Buck）的论文中可以看到，学者们对此分歧很大，① 如下所示（"，" 表词源一致；"—"表词源不同）：

1，2—3，4：弗里德里希·克鲁格（Friedrich Kluge）、耶尔玛·福克（Hjalmar Falk）、阿尔夫·托尔普（Alf Torp）。

1，2，3—4：布鲁格曼。

1，2，3，4：弗朗西斯·A·伍德（Francis A. Wood）、巴克（Buck）。

对于从"看"到"说"的意义转换，我们指的是如英语"observe（观察），notice（注意）"与德语"bemerkung"。而在德语"anweisen"以及拉丁语"dico"中，也存在类似从"显示"到"说"的词义转变。通过对"show（显示），guide（指导），attend（出席）"等单词的研究，伍德从"point out（指出）"衍生出"follow（跟随）"这一含义；至于3与4之间的关系，学者们通常认为"看"，即为"跟随目光（to follow with the eyes）"。换言之，上文4项之间的关系并不比其他词汇的联系紧密。笔者实在看不出目前所掌握的知识能够解答上述4项之间的本质关联。假如这种词源关系可视为"科学"的话，那么认定一个人的想法与另外一人一样好，或者通过否定一个人的猜想肯定另外一个人的设想，如此方法在考古学家塞缪尔·佩格（Samuel Pegge）看来，只能叫做"随性科学（scientia ad libitum）"。当然，在词源学领域，个人偏好与品味并没有像许多学者让我们相信的那样，被逐出词源学研究。

总之，我们在词典和语言学期刊中所给出的词源有三类，一类坚如磐石，从未改变；一类像潮水，游移不定；不过还存在第三类，对于这一类的词源解释，总是变幻无常！②

---

① See Carl Darling Buck, "Words of Speaking and Saying", *American Journal of Philology*, Vol. 36, 1915, p. 128.

② 当然，很难说辞典中的词源有多少会严格地归纳入以下条目：（1）确定的，（2）很可能的，（3）可能的，（4）不大可能的，（5）不可能的。恐怕前两类的数量最为稀少。保罗·朱尔斯·安东尼·梅耶（Paul Jules Antoine Meillet）对此有一段极佳的评述："为了保证词源的准确性，词典一般会为一个单词提供多达10余种词源，但是，这些词源无法用严谨的科学方法加以证明。"参阅《希腊语言简史》（*Aperçu d'une Histoire de la Langue Grecque*, 1913）第59页。

## 三 真相

早在 1867 年，米歇尔·朱尔斯·阿尔弗雷德·布雷亚尔（Michel Jules Alfred Bréal）在一篇极为优秀的论文中指出，比较语言学家有一种普遍倾向，即"跳过中间时期以便近一步靠近语言的初始阶段"①。这种倾向所带来的危害，我们虽然必须警醒，但未起到多大作用。词源学家在探究近期出现的一个单词的同时，往往试图重构该词的原始雅利安语词形，并将它与其他语言中的某些单词进行比较，例如，福克、托尔普认为德语单词"krieg"源自雅利安语"*grêigho－""*grîgho－"，与爱尔兰语单词"bríg（力量）"对应。不过，德语"krieg"一词直到中世纪才出现，该词仅为德语特有，从未出现在其他语言当中（随后，斯堪的纳维亚语以及荷兰语从德语借用该词）。假如该词真的源自某一古老单词的话，它为何在所有古籍中都无记载？同理，我们该如何看待那位将"boche"（"德语"的法语昵称）视为原始雅利安语词根的蠢人呢？"boche"一词于 1914 年流行，在此之前，该词只存在短短几年，并且只有少数人知道。依据上述例子，我们看出，当时的词源学理论构建了一个谁也无法确定的假设，即经历多个世纪发展的单词在语音或者语义上不会有任何改变。如此假设深受语言学家们的喜爱，甚至认为自诺亚时代伊始，这些单词就不再变化。可事实是，这些单词充满了意想不到的变化，假如未曾知晓这些单词的变化史，我们何谈科学。以"grog"为例。弗农上将（水手们称他为"Old Grog"，因为他总穿一件粗布斗篷；顺便一提，"grogram"源自法语"gros grain"）于 1740 年下令使用勾兑的朗姆酒替代纯朗姆酒。于是，他的名字成为了该酒品的名称。假如有人反对，认为该词义跳跃仅出现在俚语当中，我们就会指出：俚语往往在一段时间后才为人熟知，另外，又有谁会知道"krieg"与其他单词的产生是否拥有上述同样经历？

无论如何，事实远比想象更有分量，任何人想要确定一个单词的词源，首先须查明所有可用的史实，例如该词出现的时间、地点，它最早的

---

① Michel Jules Alfred Bréal, *Mélanges de Mythologie et de Linguistique*, Paris, 1882, p. 267.

含义和句法结构，它的传播以及被它淘汰的同义词，等等。只有这样，学者才有希望摆脱模棱两可的猜测。在此方面，著名的辞典——牛津大学出版的《新编英语词典》为我们提供了宝贵帮助。除了这些词典之外，我们还要提到一篇优秀的论文。笔者认为文章的笔者——赫尔曼·穆勒对德语单词"ganz"之谜给出了令人满意的答案。在文章中，他认为该词借用了斯拉夫语"konǐcǐ（终止）"作为副词使用，其词意为"最终地、完全地"，构成"v-konec"或者"v-konc"，并与介词搭配。而斯拉夫语的"c" ＝ 德语"z"。斯拉夫语"k"基本与高地德语"g"发音相同。因此，该词逐渐传播及其各种意义与其衍生词形具有很高的学术价值。[①] 奇怪的是，该篇文章常被忽视，尽管作者满足了词源学全部的科学要求。

## 四 "hope" 词源

"hope（希望）"（丹麦语"håbe"，瑞典语"hoppas"，德语"hoffen"）一词在日耳曼语族中的含义完全相同。不过，学者对该词的词源认识并非统一。最初，克鲁格认为，"hope"与古英语名词"hyht"有关，他推测日耳曼语族中的"＊hopôn"代表了从雅利安语词根"kug"衍化而来的"＊huqôn"，并表示"hope"一词不可能与拉丁语"cupio"存在关联。阿罗伊斯·瓦尔德（Alois Walde）同样否认了"cupio"与"hope"或者与哥特语"hugjan"之间的关系。但福克和托尔普认为，"hope"虽与"hyht"无关，却与"cupio"有关。两位学者指出，"cupio"源自词根"＊kup（kvap）"，该词根出现在拉丁语"vapor（蒸汽）"一词中，并从"hope"中发现了"＊kup（kvap）"的第二种古老词形"＊kub"。同时，从哥特语"af-hwap-jan（窒息）"发现的"＊kvab"又与"＊kub"成为一对奇妙的意义组合。而赫尔曼·穆勒按照自身独特的研究方法，建立了雅利安—闪米特语族词根"＊k̇-u̯-"，其意为"火（ardere）"，转义为"ardere amore（爱情之火），cupiditate（热心），desiderio（欲望）"[②]。至于"hope"与"cupio"两个单

① See *Zeitschrift für die Alttestamentliche Wissenschaft*, Vol. 36, 1916, p. 326.

② Hermann Möller, *Indoeuropaeisk-Semitisk Sammenlignende Glossarium*, Kjøbenhavn, 1909, p. 63.

词，词根""k̂-u̯-"分别添加"b-：p-"，构成""kub"和""kup"；词根
""k̂-u̯-"又与哥特语"hugs"中的"gh-"组合，组成""kugh"；词根
""k̂-u̯-"与古英语"hyht"中的"ĝ-"组合，产生""kug"。当然，上
述是令词源学家困惑不解的典例，因为词源学家在对任何词源研究中都
有完全不同的看法。并且，笔者非常怀疑含有"希望"之意的现代单词
"hope"怎么可能追溯到雅利安语。真相到底是什么？简单来讲，"hope"
一词在历史的特殊节点中出现较晚，随后，该词逐渐传播至邻国，如丹
麦语"håb，håbe"与瑞典语"hopp，hoppas"，它们最早出现在中世纪
晚期，是低地德语宗教借词"hope，hopen"的产物。大约在 1150 年，
几乎无人使用高地德语"hoffen"，直到百年后，"hoffen"才被广泛应
用。毫无疑问，"hope"一词源自低地德语的语音替换，并在德国由北向
南传播。而古撒克逊语中的替换词"tō-hopa"可能源自古英语，因为古
英语中存在相同的词形"tō-hopa"。此外，"tō-hopa"在英语宗教文章中
极为常见，但在诗歌中仅出现过一次。这说明该词直到最近方才出现，
而去除"tō"的替换词出现得更晚。即便进入 18 世纪，动词"hopa"的
使用同样罕见。如今一项重大发现是，作为动词的"hope"在过去从未直
连宾语，而与介词"tō"搭配（如："tō-hopa"）。即使在现代语言中，我
们也有"to hope to""to hope for""to hope in"的句型，德语中同样存在
"auf etwas hoffen"。后来，该动词具备连接属格的能力，能够连接作为宾
格的代词，最后才可直连宾语。不过现在，我们依然能够在圣经中找到
"zu gott hoffen（对上帝的希望）"。至于与"hopa"关系密切的单词
"hopu"在《贝奥武夫》（Beowulf）第 450 行与第 764 行中出现。而该长诗
中的"refuge（避难所）"一词为我们带来很好的启发："hopan to"＝
"take one's refuge to"；"to-hopa"意为"避难"。最初，笔者认为该动词等
同于"hop"，因为据我所知，"hop"唯一的古英语实例出现在埃尔弗里克
（Ælfric of Eynsham）《天主教布道书》（Catholic Homilies），1. 202："hop-
pode ongean his drihten"。我们还有另外一个例子可用来支撑，即动词"on-
hupian"意为"后退、畏缩"，它与古诺尔斯语"hopa（退缩）"同义。参
阅约翰·弗里茨纳（Johan Fritzner）《古挪威语词典》（Ordbog over det
Gamle Norske Sprog，1867）第 49 页与第 15 页的引注："þeir Osvígssynir ho-

pudu undan"。① 起初， "hope" 的含义似乎是 "弯曲、抑制、鞠躬、弯腰"，或指摆脱坏事。可参阅 "hope" 的替代词形 "hip"，古英语 "hype"，哥特语 "hups"，丹麦语 "hofte"，德语 "hüfte"，拉丁语 "cubi-tus" 等。② 而从 "表肢体动作" 的 "hope" 转义至 "表精神领域" 的 "hope"，可能由于古英语动词 "hogian（思考）" 的出现，但该词并不比拉丁语 "ex（s）ultare（跳起、高兴）"，丹麦语 "lide på（偏向、信任、信赖）" 以及挪威语 "tillid（信心、倚重）" 等带有精神意义的单词复杂。而且在当时，我们需要一个表 "希望" 的新词，因为古老名词 "wen"（哥特语 "wens"）以及动词 "wenan" 在早期就包含了一个更加普遍的意义："意见（opinion）、概率（probability）"，其动词词形也意为 "假设（suppose）、想象（imagine）"。另外，在 "hope" 中，它仅包含一个短音 "p"（瑞典语是 "pp"），而 "hop" 的古英语词形 "hoppi-an" 却含有 "pp" 或者长音 "p"，这种矛盾并未对该词源探索造成严重阻碍，因为根据下文提到的原理（参阅本书第 20 章，第 9 节），我们可以轻易地解释字母成对现象的产生，也就是说，单词中字母成对的出现可以更加生动地表述动作的迅速性。

## 五 要求

当然，我们不可能硬性规定哪两个单词在词源上完全相同（etymologi-cally identical），也不能说二者在语音和语义上，孰轻孰重。随着历史语音学的兴起，学者在语音方面提出更加精准的要求，而在语义学方面只要求语义近似即可。在此，笔者举一例，用以说明许多学者在语音方面是有多么的挑剔：保罗声称，"nut（坚果）" 一词（古英语 "hnutu"，德语 "nuss"，古诺尔斯语 "hnot"，丹麦语 "nød"）与拉丁语 "nux" 无关。克鲁格认为，"'nut' 起初既不与拉丁语 'nux' 类似，也非借用

---

① 德国威斯特伐利亚地区使用 "hoppen" 一词，其意为 "逃跑、撤退（zurückweichen）"，参阅《英语研究》（*Englische Studien*）卷 54，第 88 页。

② 霍尔特豪森在 1904 年出版的《英格兰副刊》（*Beiblatt zur Anglia*）第 350 页中探讨上述单词，但他并未把上述词汇与 "hop" "-hopu" 或者 "hope" 建立关联。

拉丁语'nux'一词"。《新编英语词典》甚至未提到"nux"，编者一定认为"nux"跟英语单词"nut"无关。不过在拉丁语和英语这两种相关语言中，"nut"和"nux"不仅发音相似，词干与词性相同，而且彼此具备完全一致清晰的词义。但是，我们又必须认为二者之间毫无关系！幸运的是，笔者并非第一位抗议这种野蛮分割的学者：佩德森论证了二者源于""dnuk-"（由于音位转换，变为""knud-"），① 福克、托尔普、沃尔德认为""knud-"才是二者最初的词形，之后该词形在拉丁语中转换为""dnuk-"。但事实上，上述观点究竟哪一个是正确的结论（两者可能都是错误的）并非重要。

因为，有两种因素经常导致语音对应的不准确：词根变换（带有限定词的词根扩展）与元音交替。对于前者，乌伦贝克指出："词根限定论无疑蕴含真理，但是它对词源学来说是致命的，因为该理论将学者的注意力从已经得到证实的词语之间的真实对应，转移到抽象概念之间的虚幻相似性上。"② 而元音交替则给予词源学者更多的信心，且在很多实例中，它提供了相当可靠的解释。不过，这一原则常常被滥用，我们很难找出它的真正局限性。所以在许多情况下，用元音交替来解释词源的做法似乎更令人怀疑，比如，在德语"stumm"，丹麦语"stum"被理解为形容词"stam"（哥特语"stamms"）的元音交替词形时，我们还可以派生出动词"stammer"，德语"stammeln"，丹麦语"stamme"。难道"muteness（哑巴）"也源自"stammering（口吃）"吗？这看起来极不可能，因为当新词"stumm"出现，我们早已拥有另外一个蕴含"哑巴"之意的单词："dumm, dumb"，且二者在英语中被长久保留。因此，笔者提出了一种全新的词源设想：首先，"stumm"是同义词"still（e）"与"dum（b）"构成的混合词，它是由前者的词首与后者的词尾构成的。由于词首采用"st-"，该词也与"stump"有关。而且，我们找到了同样形容人的"dumm, dum, stumm, stum"和描述物的"dumpf, stumpf（丹麦语'dump, stump'）"之间极为确切的对应关

---

① See Ernst Wilhelm Adalbert Kuhn, *Zeitschrift für Vergleichende Sprachforschung*, Vol. 12, 1863, p. 251.

② Hermann Paul& Wilhelm Braune, *Beitrage zur Geschichte der Deutschen Sprache*, Vol. 30, 1905, p. 252.

系。请注意，在包含新词"stum（m）"的语言中（如德语，丹麦语），从未改变词形的"dum（m）"可自由发展出新的含义，如"stupid（愚蠢）"（又或者"stum"的出现是旧词获得引申义所致?），不过英语中的"dumb"依然维持旧义。

## 六　混合词

在语言发展史内部，同义词的混合要比学者假想的作用大得多。我们在日常生活中可能听到很多这样的例子，它们总会被说话者立即纠正（参阅本书第 15 章，第 4 节），但是这些瞬间的失误有时却不能与其他正确的混合词相区分，因为这些失误的混合词听起来是如此的自然，以至于它们反复出现，直到说话者感觉不到它是混合词而将其视为普通词汇为止。曾经，布龙菲尔德表示，他多年来一直拥有一种无法抑制的欲望，即借鉴"squench"和"quelch"的构成方式，同化出动词"quench"和"squelch"。[①] 最终，他在一本黑人小说找到了前者。当读到"无法抑制的欲望"的时候，笔者十分震惊，因为每次自己使用丹麦语讲"照顾病人"，都有同样的感觉。我总是在"pleje［plaiə］"和"passe"之间犹豫不决，最终会使用混合词"plasse"。古斯塔夫·阿道夫·贝里斯特伦（Gustaf Adolf Bergström）的《英语同义词研究》（*On Blendings of Synonymous or Cognate Expressions in English*，1906）以及路易斯·庞德（Louise Pound）的《混合词与英语构词法》（*Blends，Their Relation to English Word Formation*，1914）同样提到了很多实例，不过，这两位学者并未充分认识到其中的紧缩原则，这也就解释了许多混合词为何比庞德女士著作中所列举的例子更加重要的原因。在此，请允许我多举一些实例：

"blot"是由"blemish，black"中的"bl"与"spot，plot，dot"中的"ot"紧缩成的混合词。另外，包括废弃单词"splot"。

"blunt"是由"blind"中的"bl"与"stunt"中的"unt"紧缩成的

---

混合词。

"crouch"是由"cringe, crook, crawl, "crouk"中的"cr"与"couch"紧缩成的混合词。

"flush"是由"flash"中的"fl, sh"与"blush"中的"lush"紧缩成的混合词。

"frush"是由"frog"中的"fr"和"thrush"中的"rush"紧缩成的混合词。

"glaze（莎士比亚创造）"是由"glare"中的"gla"与"gaze"紧缩组成的混合词。

"good-bye"是"good-night 或 good-morning"中的"good"与"godbye（God be with ye, 上帝与你们同在）"组成的混合词。

"knoll"是由"knell"与"toll"中的"oll"紧缩成的混合词。

"scroll"是"scrow"和"roll"紧缩而成的混合词。

"slash"是由"slay, sling, slat"中的"sl"和"gash, dash"的"ash"紧缩成的混合词。

"slender"是由"slight, slight"中的"sl"和"tender"中的"ender"紧缩成的混合词。

而在表音或者具有其他象征意义的单词中，混合词极为常见，例如：

"flurry"是由"fling, flow 以及其他带有'fl'单词"中的"fl"与"hurry"（也可能是"scurry"）的"ᵘrry"紧缩构成的混合词。

"gruff"是由"grum"中的"gru"或者"grim"中的"gr"与"rough"紧缩组成的混合词。

"slide"是由"slip"中的"sl"与"glide"中的"lide"紧缩成的混合词。

"troll"是由"trill"中的"trll"与"roll"紧缩构成的混合词；也可能是"tread, trundle"中的"tr"与"roll"紧缩成的混合词。

"twirl"是由"twist"中的"tw"和"whirl"紧缩而成的混合词。

此外，俚语中也存在许多混合词，如：

"tosh"是由"tub"中的"t"和"wash"中的"ash"紧缩成的混合词。（有时候也被解释为"toe-wash"）

"blarmed（血腥）"是由"blamed, blessed以及其他带有'bl'的词"中的"bl"和"darned（damned, 诅咒）"中的"arned"紧缩成的混合词。

"be danged"是由"damned"中的"da"和"hanged"中的"anged"紧缩形成的混合词。

"swow"是由"swear"中的"swe"和"vow"中的"ow"形成的混合词。

"brunch"是由"breakfast"中的"br"和"lunch"中的"unch"紧缩成的混合词。较少使用的"brupper"是由"breakfast"中的"br"和"supper"中的"upper"紧缩成的混合词；"tunch"是"tea"中的"t"和"lunch"中的"unch"构成的混合词；"tupper"是由"tea"中的"t"和"supper"的"upper"紧缩成的混合词。①

## 七　回声词

许多词源学家并不情愿承认回声词（echoism）的存在，比如：迪茨否认意大利语"pisciare（法语'pisser'）"是由拟声产生的，他宣称："学者在假定某词为拟声词时会走得太远。一般来说，更可取的做法是以现有的单词为基础。"随后，他列举自己从"pipa（管子）"衍生出一个并非存在的单词"*pipisare, pipsare"。但是，福克与托尔普指出，"dump（倾倒，丹麦语'dumpe'）"实与瑞典语"dimpa"有关。瑞典语"dimpa"又源自日耳曼语族词根"demp"，并认为该词是由雅利安语词根"dhen"扩展而来。他们不愿相信"um（p）"蕴含重物落地的声音。参阅丹麦语"bumpe, bums, plumpe, skumpe, jumpe"以及其他语言中的类似单词。

这听起来也许荒谬，但是，笔者从拉丁语"plumbum（铅）"发现了类似的发音。起初，我认为该词音并不是金属响声，而是铅锤突然掉进水

---

① 路易斯·卡罗尔（Lewis Carrol）提出的"portmanteau words（混合词）"同样知名。

中的声响；由于铅锤通常是铅制成的，该词又被使用指代金属。因此，绝大多数词源学家想当然地认为"plumbum"是一个借词，部分学者甚至坦率地承认，他们并不知晓该词是从哪种语言中借用而来，而另外一批学者则毫不犹豫地声称，该词源自伊比利亚语。但是，由于我们过于忽视这门语言，至今无人能够从学术的角度推翻这一假设。[①] 假如笔者的假设正确的话，单词"plummet"（源自古法语"plommet"，即"plomb"的小词）以及源自拉丁语"*plumbicare"的法语动词"plonger（跳水，衍生出英语'plunge'）"，其二者不仅为"plumbum"（其他学者唯一提到）的派生词，也是回声词。作为动词，二者的传播很大程度归功于彼此恰如其分的拟声。笔者曾经在一本小说中发现"Plump went the lead（铅重重地落下）"，这表明该词音足以表达铅锤落下的声响。《新编英语词典》在动词"plump"的词条中写道："有人比较拉丁语'plumbare'……与'扔铅锤'的声音……'plombar'一词与低地德语'plump-plomp'等词形的相似只是偶然（！）"足见，《新编英语词典》只承认"plump"最为明显的语音象征，但笔者认为语音象征在"plump"有关的所有单词中都有体现。基于物体落入水中的声响，我们可以看到"plump"作为副词的有趣发展：

　　"I said, 'plump' out, that I couldn't stand any more of it."——萧伯纳

　　"The famous diatribe against Jesuitism points 'plumb' in the same direction."——克里斯托弗·莫利（Christopher Morley）

　　"fall 'plum' into the jaws of certain critics."——斯威夫特

---

　　① 人们对英语单词铅（plumbum）及其同源语中指代"铅"的单词关系进行了广泛推测，但至今尚无共识，例如，希腊语"molibos, molubdos"等，爱尔兰语"luaide"，英语"lead"，德语"lot（半盎司重的铅锤）"，斯堪的纳维亚语"bly"，古斯拉夫语"olovo"，古波斯语"alwis"。参阅《印欧语系》（*Die Indogermanen*，1905—1907）第686页；参阅奥托·施拉德尔（Otto Schrader）《语言比较和史前史》（*Sprachvergleichung und Urgeschichte*），第3版，卷2，1.95；赫尔曼·莫勒（Hermann Möller）指出，"molibos"与"plumbum"是词根"m-l（mollis esse）"的扩展，并以"multum"＝比较级"多"解释上述初始发音区别。参阅《印欧语系与闪米特语族词汇比较》（*Indoeuropaeisk-Semitisk Sammenlignende Glossarium*，1909）第87页。此方法虽然巧妙，但无法令人信服，因为其中的一些单词最初仅是铅锤落地的回声词。

"Nollie was a 'plumb' little idiot."——约翰·高尔斯华绥（John Gals-worthy）

作为副词，"plump"的最后含义为"完全地（entirely）"，该含义在美语中尤为常见，比如："They lost their senses, 'plumb' lost their senses"（丘吉尔）"she's 'plum' crazy""it's 'plum' bad"等等；另外，与"fall（掉落）"相关的词汇有"plop, plout, plunk, plounce"等。由于篇幅有限，笔者不再一一列举如"pop, bob"等其他回声词。

## 八　连词

但是，一些明显正确的词源解释依旧存在困惑。笔者最感兴趣的是其中转折连词的研究，如：拉丁语"sed"已经被"magis"取代，由此衍生意大利语"ma"，西班牙语"mas"，法语"mais"。这种转折连词的产生极易解释。首先，"more（更）"与"rather（相当，德语'vielmehr'）"的词义差别不大，二者均可用来纠正或反驳之前所说过的话语。而斯堪的纳维亚语中表示"但是"的转折连词是"men"，该词最早出现在15世纪，被视为"meden"的缩写"men（意为'然而'，如今的词形是'mens'）"与低地德语"men（但是）"的混合词。低地德语"men"代表了古代斯堪的纳维亚语中的"niwan"一词，该词中的"ni"表否定，"wan"表缺乏，含义是由"除外"衍变而来，其发音也很容易被理解为语音同化的产物。而这种语音同化现象同样出现在由"en ware（过去不是）"衍变而来的荷兰语单词"maar"与古弗里西亚语（Old Frisian）"mar"，二者又以上述同样的结合方式产生德语"nur"。于是，我们就拥有了4种表"但是"的词形，但是其中没有任何一种形态对于人们来说是容易的。那么为何急于采纳上述新词呢？旧词难道真的不好吗？

在此，笔者必须提醒读者，这些新的转折连词当中存在着两个共通之处：首先，它们常位于句首，而像拉丁语"autem"，德语"aber"等连词又可置于一个或者多个单词之后；其次，这些新单词的读音存在一致性："magis, men, maar"均包含首音［m］。这两个特征都可以在上述意为

"但是"的两个单词（芬兰语"mutta"与桑塔尔语"menkhan"）中找到，但笔者并未发现二者的相关词源信息。至于另外一个包含上述两个特点的英语单词是"me"，它在《修女戒律》（*Ancrene Riwle*）以及其他中世纪早期的英语文本中有所出现。有学者怀疑该词与斯堪的纳维亚语（以及法语）的单词存在关联。那么，我们该如何解释这些有趣的巧合呢？笔者认为 [m] 的自然属性可诠释上述现象。首先，发"m"时，我们需要双唇紧闭、舌头放松、软腭压低，以此让气流鼻腔逸出，换句话说，这是人类一言不发安静思考时典型的唇舌位置，只不过此时声带振动所产生的"m"是无意识发出的，而其他情况却是有意为之。

另外，"m"经常出现在一个人想说什么却没想好的时刻，在想法酝酿、话语犹豫的瞬间，肺和声带已经提前做好准备，结果导致 [m]（有时发出 [m] 之前会有相应的清音产生）变为"hm"或者"h'm"，成为一种尚未成形表否定的感叹词。并且 [m] 又通常出现在实词之前，比如萧伯纳《错姻缘》（*Misalliance*）第 154 页中的"M'yes"与伦纳德·梅里克（Leonard Merrick）的《追寻青春的康拉德》（*Conrad in Quest of His Youth*）第 179 页出现的丹麦语"mja"，二者都可视为略带犹豫的同意。

因此，这就清晰地解释了以"m"为词首的单词为何常被用作转折连词，因为人类的话语多以 [m] 开始，随后构成以 [m] 为首音的转折连词，如"mais, maar"。而早期丹麦语"men"极可能只是 [m]，随后又与旧连词"en"结合，其结合过程亦如"myes"由"m"与"yes"组成；而最早使用"men"一词之人也许会认为"men"等同于"meden"，另外另一批学者又会认为"men"源自低地德语"men"。但这三种词源解释并非互相解构，而是共同促进了"men"这一转折连词的普及。通常，人们认为现代希腊语和塞尔维亚语中的"ma"是从意大利语中借用而来，但它也有可能是本地词，且与罗马尼亚方言中的同义词"ma"的产生过程大体一致。总之，作为表犹豫且随后提出反对意见的初始音"m"，它完全符合人类的话语习惯。①

---

① 更加详尽的论述与其他"m-"转折连词，参阅伊萨亚斯·泰格纳（Esaias Tegnér）《专门研究》（*Studier Tillegnade*，1918）第 49 页。

## 九 词源学目的

词源学的目的是什么？一位词源学大师回答："为了明确一个单词的真正含义。"① 但是在大多数情况下，即便无词源学的帮助，我们也可以做到这一点。因为，我们早已知晓数以百计单词的含义，却对它们的词源学一无所知，比如，"grog"这样的单词，其起源无从考证，即使该词的确切含义我们同样知晓。不过，许多人仍然相信，一个名称的最初起源可以诠释它所指代事物的本质，比如想要定义"宗教"或者"文明"，人们首先陈述（真实的或者假想的）该名称的起源——"词源学（源自希腊语'etumon'，意为'真实的'）"一词最初的创造者必定拥有同样的想法，但这种认识必然迷信，因为词源学并未告诉我们太多，甚至也未曾告知该词的当下意义。从某种程度上讲，它只能告诉我们一个单词是如何产生的，以及该词过往的含义。

因此，人们对词源学的高估主要由于"他们坚信语言中不会有任何无法理解、不规则以及不合常理的存在。"② 这种信念至今依然是许多语言研究的基础，而本书的读者将会在多个方面见证此观念的错误。总的来说，马克思·穆勒质朴地解释了关于语言的诸多主观看法。他还强调："现在请你必须相信，语言中最初的一切都是有意义的。因为语言除了承载意义之外，再无其他目的。为了达到这一目的，语言包含的内容既不会过多也不会过少。"③ 是的，假如语言是由一个无所不知、无所不能的"神"创造出来的话，那么语言本应如穆勒所说。不过可惜，语言是由不完美的人类发展而来的，它无法完全满足上述目的，总会言之过甚或者言之不足。而最初作为极为必要的语言在后来又被视为多余的存在，这样的观点也是错误的；另外，第三种错误的观点是将语言视为人类必须之外的奢侈品，此说法虽不无纰漏，却比前两者更加贴近事实。因为，早期表达思维的语言

---

① Alois Walde, *Lateinisches Etymologisches Wörterbuch*, Heidelberg: C. Winter, 1910, p. xi.

② Max Müller, *Chips from a German Workshop IV*.

③ William Dwight Whitney, *Language and the Study of Language: Twelve Lectures on the Principles of Linguistic Science*, 1. 44.

虽被后世看作迂腐陈杂的用语并逐渐消亡，但在任何时代，人们都能发现语言中都包含一些冗余成分，这就像许多人使用大量多余的手势，虽无必要，也无法帮助领会使用者的意图，却不知何故，人类就是有做手势的冲动。可以说，语言和生活一样，在某些方面我们拥有的太少，而在其他方面却拥有的太多。

## 十　重构

克鲁格认为，重构原始雅利安语是我们现代语言学的主要任务（不过在笔者看来，这只是语言学的部分任务，要完成该任务必须先理解语言的本质）。他乐观地指出："采取可靠方法对其重构，已经牢牢地扎根于词源学领域，我们确信自己对原始雅利安语的了解，就像拥有了一部记录原始雅利安语的真正文献。"① 这显然是夸大之词，因为当今没有任何一位学者能如施莱歇尔，具备足够的勇气发表自己用原始雅利安语创作的作品，即便发现了记录原始雅利安语的文献，我们同样觉得它如吐火罗语（Tokharian）一般，困惑不解。

因此重构须包含两个层面，即外部重构与内部重构。首先，就外部重构——"语音"而言，语言学大师常常将其天马行空化。笔者在此不会对臭名昭著的"鼻音共鸣（nasalis sonans）理论"做出详细的探讨，笔者只希望能够在他处阐明该理论是语言学上的一块赘疣，因为从未有人在任何现存的语言中找到包含重读音节 [n]，且意为"嘴"的词形"mnto"（福克和托尔普将该词与希腊语"stóma"建立联系，甚至给出"stmnto"一词），或者"dkmtóm"（源自拉丁语"centum"等），抑或"bhrghnties, gumskete"。这些词形不仅在语音学上难以实现，该理论也无法解释现实语言中真实存在的词形转换，倘若我们假设 [ʌm, ʌn] 与英语"un-"等元音对应，那么这一切就会变得简单得多。在原始雅利安语重构过程中，使用"i"和"u"也会招致笔者的批评，不过，笔者将在另

① Hermann Paul& Wilhelm Braune, *Beitrage zur Geschichte der Deutschen Sprache*, Vol. 37, 1911, p. 479.

外一篇文章中专门讨论此类问题。

至于内部重构——"词义",在此无需赘述。从这门学科的性质来看,在这一领域显然并没有如语音领域,制定了严格规则。不过,当今的学者比以往更加实际。当"moon"和"month"这两个单词在相关语言与具有相同意义的单词关联的时候,多数学者都会表示信服,他们并不会沉迷于使用同一词根"me(测量)"对"moon"和"month"横加解释。而当我们把英语单词"daughter"与希腊语"thugáter",梵语"duhitár"以及其他语言中的相关词汇建立关联,无人试图打破此类单词指代"女儿"这一通用含义,也无人推测究竟是什么原因让祖先赋予了上述单词独特的内在关联。这就好比克里斯蒂安·拉森(Christian Lassen)将"女儿"一词从词根"duh(挤奶)"中衍生出来一样,并借此描绘了一幅田园般的家庭生活,在此环境中,挤奶就是年轻女孩的工作,又或者如菲克从词根"dheugh(有用的)"中推演出"女儿"一样(德语"taugen",意为"像女仆的,类似女仆的"),就好像女儿是家庭中唯一或者最有效率的成员。遗憾的是,这种推测在近期许多权威词典中仍然保留:对于"mutter, mother",克鲁格曾经在其二者是词根"ma(给予)"的派生词还是梵语"ma(生产,孕育)"的派生词之间犹豫不决。足见,对于不可避免的无知的默许以及对现实的肯定是未来词源学家的两大特质。

# 第十七章　进步还是衰退？

## 一　语言评价

语言学家普遍认为，一种语言形式或者一种特定表达只要在现实中存在，那么它与其他表达处于同样出色的地位，而且每种语言都被看作承载该民族思想的完美载体。语言学家的这种看法在某种程度上与曼彻斯特学派①的观念如出一辙：只要不存在人为阻碍的自由交流，那么这将是最美好的世界，相比于任何政府，需求与供应更有利于调节一切。但是，正如经济学家对社会上许多实际甚至迫切需求视而不见，语言学家也对日常对话中产生令人误解的语言结构充耳不闻。在这种误解的语言结构中，一个单词会被不断地重复、改良、扩展并解释多次，目的是为了传达说话者的意图而已，比如："he took his stick—no, not John's, but 'his own'（他已经拿起来他的棍子，不，不是约翰的，是他自己的棍子）"或者"I mean 'you' in the plural（or, you all, or you girls）（我指的是'you'的复数形式或者指代你们所有人，你们这些女孩）""no, a 'box on the ear'（不，一记耳光）""un dé à jouer, non pas un dé à coudre（一个骰子，不是一个顶针）""nein, ich meine 'Sie persönlich'（不，我是说你这个人）"，等

---

① 曼彻斯特学派是英国19世纪初的资产阶级自由主义经济学派。1820年创立，因在曼彻斯特商业会馆开会得名。其成员为资产阶级激进派和积极支持自由贸易政策的人士，多为工商业者。鼓吹自由贸易，要求废除《谷物法》和保护性关税，主张自由放任的经济政策。领导人为理查德·科布登（Richard Cobden）和约翰·布赖特（John Bright），他们创立了反谷物法同盟。——译者注

等。不论使用何种语言，每一位谨慎的作者都有这样的经历：再次阅读手稿，自己都会发现过去自认为清晰无比的句子极易引发误解，须换用另一种表达方式，有时又不得不添加插入语以作说明，因为语言在某些方面是有缺陷的，就像爱德华·卡彭特（Edward Carpenter）谈及婴儿崇拜时写道："男性——人类男性——绝无可能做到这一点。不过对女人来说，这是与生俱来。"① 在此句话中，插入语的使用规避了对包含两性全部物种用词的误解；赫伯特·斯宾塞写道："最近，查尔斯在邮局谋得了一个职位。原本，我要写成'a post in the Post Office'，但'粗音调（cacophony）'阻止我这么做，而当我尝试写成'an office in the Post Office'的时候，却发现这种说法同样糟糕，于是，我只好写成'a place in the Post Office'。"② 当然，粗音调并非读音上的缺陷，而是意义上的缺陷，因为"post"和"office"的含义在此模糊不清，二者彼此搭配更让读者或者听者感到困惑，因为相同的单词接连不断地出现，还须理解为不同的词义。任何语言都可能出现以上类似的情况。

所以，没有一种语言是完美的，假如我们承认以上事实（真理）的话，那么也须隐晦地承认：研究不同语言的相对价值或者语言中的诸多细节合情合理，当古典学者视拉丁语和希腊语是唯一值得研究的语言的时候，比较语言学家强调了方言以及缺少文学性的语言都具有研究价值。可以说，传统学者从未以语言使用者的角度，发现比拉丁语、希腊语更为重要的其他语言。

## 二　语言退化？

人们经常将"进化""发展"这样的字眼与语言联系在一起，但绝大多数语言学家坚信，如此表达在语言学中不应该附加任何暗示，即带有一种朝着更美好、更完美方向发展的隐喻。他们会说，语言学中的"进化"是指语言的变化，不会对这些变化做出价值评判。

不过，语言学家们几乎都认为语言正在退化。塞缪尔·约翰逊博士在

---

① Edward Carpenter, *Art of Creation*, London：G. Allen, 1904, p. 171.
② Herbert Spencer, *An Autobiography*：*Herbert Spencer II*, New York：D. Appleton, 1904, p. 73.

《英语大辞典》（*A Dictionary of the English Language*，1755）的序言中指出："语言好比政府。它存在退化的倾向。"自约翰逊时代以来，学者常常发出同样的哀叹。但这一现象极为自然，因为人们总是崇拜语言的黄金时代，认为遥远的过去无比辉煌。我们对语言抱有同样的观念。这在很大程度上是因为人们无法忽视当代语言中一些"古老美好的语言形式"（至少表面上）的退化。由此，所谓一切"悠久的"事物都被贴上"美好的"标签。艾米·洛威尔（Amy Lowell）与其他学者认为，假如能够证明那些饱受唾弃的美式英语确实存在于 16 世纪的英国，那么就能为广受诟病的美式英语辩护。类似的观点随处可见。从语法学校对拉丁语、希腊语以及这两种语言作品的赞赏中，我们也可以看到同样的观点。人们被教导轻视现代语言，将其视为方言或者土话（patois），还要崇拜希腊语、拉丁语，其二者丰富、饱满的语言形式被认为是语言结构的完美典范。培根在《知识的进步》（"De Augmentis Scientianum"）中对此做出经典评论："我们早期的语言更加明晰、精妙（ingenia priorum seculorum nostris fuisse multo acutiora et subtiliora）。"① 对于那些刚刚从普通语法学校毕业之人，假如一种语言没有 4，5 种格与 3 种词性，或者动词的时态和语气少于 5 种的话，这种语言就不值得尊敬。于是，这门贫瘠的语言要么过早地失去原有丰富的语法形态（如，英语、法语、丹麦语），要么从未有过丰富的语法形态（如，汉语）。人们对这些贫瘠的语言自会产生怜悯之情，怜悯这些语法贫瘠的同族语，或者鄙视那些形态匮乏的外语。众所周知，西欧语言，如英语、德语、丹麦语、瑞典语、荷兰语、法语，其内部过时的语言形式被人为地保留，且大多数语法学家都倾向使用较为古老而非新鲜的语言形式，比如，我们发现受匈牙利语法学家米克洛斯·雷瓦伊（Révai Mátyás Miklós János）语言史著作的影响，人们更加坚信"庄严古远（veneranda antiquitas）"的古匈牙利语更为卓越。②

---

① 摘引自约翰·威尔金斯（John Wilkins）《论象形文字和哲学语言》（*An Essay towards a Real Character and a Philosophical Language*，1668）第 448 页。威尔金斯对培根的这句话进行了彻底批判。他指出，拉丁语存在诸多本质性缺陷，这让威尔金斯创造的"哲学"语言在逻辑上更具优势。

② 参阅西格蒙德·希莫尼（Siegmund Simonyi）《匈牙利语》（*Die Ungarische Sprache*，1907）第 259 页；参阅本书第 15 章，第 14 节，关于现代希腊语、泰卢固语的论述。

　　不过，比较语言学家采用此方式评估语言另有其因，他们的学科迄今为止为何会取得丰硕成果？究竟从哪里获得语料用以构建这座宏伟的语言大厦？能否证明这座大厦足够开阔，足以容纳印度语、波斯语、立陶宛语、斯拉夫语、希腊语、罗马语、德国语和凯尔特语？而这些问题的答案却是，构建大厦的语料既非来自现代英语，也非源自现代丹麦语，而是来自每一语系最为古老的阶段。这就意味着文献越古老，比较语言学家就越有价值。因此，像"had"这样的英语单词并无多大用处，但是其哥特语词形"habaidedeima"可轻易地拆解成多个部分，甚至能与梵语、立陶宛语和希腊语媲美。可以说，语言学家多以古老的语言为素材，兴趣集中在丰富的词形之上。之后，他们认为这些语言比其他语言更加优越，这有何奇怪？通过"had"与"habaidedeima"的比较，语言学家将英语视为一件残破的珍贵遗物，又或者在语言从旧形态转换为新形态的过程中，言辞犀利地品评语言的退化、堕落、恶化、衰败、语音衰退等等，这又有什么可奇怪的？

　　有一种普遍观点认为欧洲、波斯和印度的现代语言远不如它们的古老语言，抑或不如它们共同的源语，在本书的第 1 卷语言史探索部分，我们从波普、洪堡特、格林以及他们追随者的著作当中也可以找到同样的观点。语言衰退观在施莱歇尔那里尤为严重，据他的说法，语言自始至终都在退化、衰落，马克斯·穆勒也曾表示："所有雅利安语史不过是一部衰落史"，但并未灭绝。　　　　·

## 三　现代语言评价

　　一些学者隐约感到，对现代语言无限度、大规模的贬低并不能包含全部真理。在笔者收集到的各类敷衍了事的文章中，现代语言的地位得到一定程度恢复。洪堡特就曾表示，助动词与介词的现代使用提高了语言的精确度。[①]

---

① See Wilhelm von Humboldt, *Ueber die Verschiedenheit des Menschlichen Sprachbaues und Ihren Einfluss auf die Geistige Entwickelung des Menschengeschlechts*, p. 284.

拉斯克认为，简洁的语言可能比复杂的语言结构更具优势。① 格林的论述
参阅本书第 2 章，第 4 节。约翰·尼古拉·马德维格（Johan Nicolai Madvig）
反对对古典语言不加任何批判性的赞赏，但他并未指出现代分析型语言能否
媲美古老的综合性语言，因为二者都能够清楚地传达我们的思想。约翰·弗
雷德里希·克劳特（Johann Friedrich Kräuter）指出："法语的衰退与该语言
发展出的清晰性与精确性步调一致。从莎翁的语言可以看出，现代语言对于
诗歌并非致命。"② 赫尔曼·奥斯托夫（Hermann Osthoff）则在抗议对戈特
霍尔德·以法莲·莱辛（Gotthold Ephraim Lessing）与歌德作品的贬低中，
支持了乌菲拉主教或卡尔·奥特弗里德·穆勒（Karl Otfried Müller）的语
言观。③ 他还指出，倘若一种语言的语音系统未受到损害，且该语言词源极
为明了的话，那么这种语言具有不可估量的魅力，因为词汇选取与思想表达
的灵活性确实是一种优势。因此，一切事物的优劣全部取决于人类不同的视
角，比如建筑师拥有自己的观点，而住户又会有自己的想法。

在那些并非完全接受语言衰败论的学者当中，我们必须提到惠特尼。
他笔下的诸多作品反映了他在该问题上的犹豫态度。当涉及旧语言形式丧
失时，他指出："旧语言中的一些形式完全多余，但被抛弃的旧形式有着
自身的价值，对于它们的完全放弃实则削弱了语言的表现力。"我们把语
法产生归功于语音的衰败，虽然语法丰富了语言的屈折系统，但也破坏了
由自身搭建起来的语言大厦。当谈到"要忽视和消除语言中一些不必要差
别"的时候，惠特尼不承认"我们比祖先更能清楚地表达思想，因为我们
的祖先拥有各种屈折词形"。而在单词性别的问题上，他又认为单词性别
是任何语言都可以抛弃的奢侈品，不过，虚拟语气的消失又使得语言变得
贫瘠。而放弃语法词尾在他看来又是另一种损失，正是屈折词尾的过度消
失才导致了英语如今的衰退。④

---

① See Rasmus Kristian Rask, *Samlede Afhandlinger*, p. 191.

② Tohann Friedrich Kräuter, *Archiv für das Studium der Neueren Sprachen und Literaturen*, Vol. 57, 1877, p. 204.

③ See Hermann Osthoff, *Scbriftspracbe u. Volksmundart*, Berlin, 1883, p. 13.

④ See William Dwight Whitney, *Language and the Study of Language: Twelve Lectures on the Principles of Linguistic Science*, pp. 31, 73, 74, 76, 77, 84, 85; See William Dwight Whitney, *Life and Growth of Language*, London: H. S. King, 1875, pp. 51, 104, 105.

## 四　科学态度

为何对现代语言的贬低或者欣赏都令人不满意呢？原因是这些论证过于依赖作者的主观感受，而非基于对语言结构细节的真实对比，因此，想要得到语言"衰退还是进步"这一问题的科学答案，我们必须调查语言变化的真实案例，并且要特别小心，因为这些案例并非随机选择，而要涵盖语言的总体特征。换句话说，我们并非孤立地比较语言事实，而是要建立普遍的发展规律，只有通过这些规律，我们才能证明语言史中"发展"与"进化"的表述是否合理。

第二个原因是这些学者没有提出我们该用怎样的标准衡量语言价值，也无涉及使用何种标准与方法来检验语言的优点。语言学家只是将语言视作自然的产物，无法为语言价值建立合理的基础。如果我们从语言历史学家的视角来看待这一问题，找出一个合理的答案微乎其微。一个滑稽可笑的例子便是库尔蒂乌斯提出希腊语宾格形式"póda"比梵语宾格形式"padam"更佳，理由是我们可以一眼看出"póda"属于第三人称变格。[1]当然，我们还要考虑语言群体利益，如果将语言始终视为一套具有明确目的的人类行为的话，即人类思想与情感交流的媒介，我们会轻易地找出检验语言价值的方法："价值极高的语言勿需费力便可以在艺术领域获得巨大成就，也就是说，价值越高的语言越可以使用最简单的形式传达最丰富的思想。"

当然，这种价值评定必然以人类为中心（anthropocentric）。而这种观点在其他学科领域却可能视为缺陷，因为研究者在其他领域须将自己的一切抽离出来。不过，由于语言学研究对象的主观性，人们又不断地从自身的利益出发判断语言的一切。我们具有误入歧途的危险。

需要注意，笔者提出的语言价值标准包含两项基本要求，即"效率"的最大化与"施力"的最小化。"效率"意味着语言表现力的大小，而"施力"又意味着体力与脑力劳动的高低，这个标准恰似现代能量学公式。

---

遗憾的是，我们无法用它精确衡量效率或者施力在语言中的使用量。在二者彼此冲突的情况中，很难做出谁比谁更重要的精准判断，比如：究竟需要多少剩余的效率才能抵消过度的施力，或者用多大的过度施力才能抵消剩余的效率。不过在此消彼长的情况下，我们依然能够指出，语言在总体上呈发展趋势，因为它要么在效率方面获得显著提高，要么在努力一方有所缩减，或者二者兼而有之。

许多读者可能会提出这样一种反对意见：母语使用对于个体来说，毫不费力（参阅第 14 章，第 6 节）。曾经，马德维格承认简化语言结构会让外语学习者更易学习外语，但这并不意味着原住居民更易学习自己的母语。[①] 韦克斯勒同样表示："学习母语，其困难与不适并不存在。"[②] 这里，笔者引用他的同胞加贝伦茨的论述作为反驳，加贝伦茨明确指出，德国人能够清晰地感受到母语学习的困难之处，这一观点得到了舒哈特的完全认同。[③] 在笔者看来，不同语言即便是以英语为母语的使用者，其难易程度也有所不同。在本书探讨儿童语言的章节中，我们已经看到儿童在各类情况下所犯的诸多错误，这足以证明母语习得的艰辛。在高度复杂且包含许多不规则的语言内，这种艰辛自然要比学习简单、规律的语言付出的更多。

而且，语言习得的困难不只存在于母语学习初期。对于从小说母语之人，掌握日常母语也需不小的努力。一般情况下，他并不觉得说话有何困难，但是，这种缺乏意识的感觉并不能说明语言学习毫不费力。与之相反，一个强有力的观点认为，当脑力透支的同时，你几乎不可能正确说话，你会不断地犯语法、习语和发音上的错误，你对语言的掌控能力也不如往常。因此，面对一个困难又陌生的话题，你并不愿多言，只想谈一些中肯或者合理的看法，你甚至会发现，这些想法占用了太多的脑力，再无

① See Johan Nicolai Madvig, *Kleine Philologische Schriften*, Leipzig: Teubner, 1875, pp. 73, 260.

② Eduard Wechssler, *Giebt es Lautgesetze?* p. 149.

③ 参阅本书第 8 章，第 1 节，关于德语语法中形容词的强、弱形式。另外，保罗指出："准确掌握德语强弱形容词的区别极难，即使是德语作家违反该语法规则的现象也数不胜数。"当然不仅是作家，普通的说话者也会犯同样的错误。

余力顾及高雅的措辞与语法，甚至会为自己的语言不当感到惶恐。这恰如钢琴家在练习一首较难的曲目时，他只会机械地弹奏钢琴一样，并没有意识到自身的努力。当某一天，音乐家"心不在焉"挂念着其他事情的时候，这种努力就会显露，我们一眼便可看出他的弹奏漏洞百出。

## 五　最终答案

至此，对随后的调查结果做出预测，笔者认为我们有足够长的时间能够对任何一种语言史进行考察。在所有这些考察中，我们发现语言都具备一种进步的趋势。但是，语言并非直线发展，所有的变化也非朝着正确的方向迈进。笔者唯一坚持的是，"当遥远的过去与现在比较，我们会发现，语言的进步是大于倒退或者不变的"。如果把现代语言视作整体的话，那么现代语言结构比古代语言更加接近完美。当然，难以想象的是，语言的进步是通过人类有意识地提高母语水平获得的，反言之，人类祖先的语言会犯很多错误，甚至大错特错，就像人类在其他领域中的活动一样，只有经历大量的错误与持续不断的摸索，人类的语言才能取得好的结果。[1]　我对这一问题的态度与莱斯利·斯蒂芬（Leslie Stephen）的观点相同，他在《亨利·福西特的一生》（*Life of Henry Fawcett*）第 454 页中写道："我有一种观念，这种观念或许不合理，那就是千禧年之前，整个世界都在跌撞中前行。"

曾经，施莱谢尔用绝佳的比喻评价语言："与哥特语相反，现在的德语就像一尊雕像，它在时光的河床上翻滚了许久，直到完美的四肢日渐消磨，只剩下一根光洁的石柱，上面还隐约可见往昔的模样。"[2]　现在，反过来思考：我们自然不会把语言这座雕像置于供人瞻仰的位置而不使用它，但是，假如该艺术品并无足够欣赏价值的话，它又会是怎样的下场呢？又或者作为工具的语言如不能在轧钢厂里发挥应有的作用，人类的福祉受

---

[1]　人们常常指出，英国是在"跌跌撞撞"中成为世界性帝国。在《国王的政府》（*The King's Government*，1914）一书中，理查德·亨利·格雷顿（Richard Henry Gretton）对政府机构的发展也持同样的观点。

[2]　August Schleicher, *Die Deutsche Sprache*, Stuttgart：Cotta, 1860, p. 34.

到威胁，它又会有怎样的走向？到底是一尊粗犷、笨重、每次转动极为困难的雕像好？还是一支光滑匀称、运转顺畅的石柱棒？

在初步思考之后，我们可以对古代和现代西欧语言的主要差异进行比对。

## 六　语音

对于精通语言史与音变的学者来说，他们很难掌握语音发展脉络或者一般趋势，因为一切语音现象似乎只存在于偶然或者意外，比如：长元音"i"在此处发短元音，在另一处又被双元音化或者降低舌位成为"e"。这些音变并非经常发生。简言之，语音史内部存在着太多矛盾，以至于所有的"语音规则"从未衍化出一套普遍规律，更不用说音变造成的词形价值的差异。但是，对于使用语言的人类群体而言，不管是古英语词形"stān"，还是现代英语单词"stone"，其二者的差异似乎无关紧要，这样的例子数不胜数。从另一角度来看，任意音变都会对语言的初衷背道而驰，[1] 只不过当人类习惯旧发音（或者旧含义），这种说法才会成立。音变即便产生也仅仅妨碍了理解，或者使得理解变得不那么容易而已，且音变并非经常发生。

一位学者声称语言普遍存在进步的趋势，或者用他的话来讲，"语言的人性化"，这位学者就是博杜恩·德·库尔德内（Baudouin de Courtenay）。[2] 他主要的研究领域是语音系统，他认为人类拥有消除口腔内部发音的倾向，转而使用距离牙齿和嘴唇较近的位置发声，[3] 例如：一些后辅音（后腭音、软腭音）变成了"p，b"，而其他辅音成为了"s"（斯拉夫语"slovo"，拉丁语"cluo"，等等）。库尔德内还提到后辅音的频繁腭音化现象，比如法语和意大利语"ce，ci，ge，gi"，但这种音变实则是受前

---

① See Eduard Wechssler, *Giebt es Lautgesetze?* p. 28.

② See Jan Niecisław Baudouin de Courtenay, *Vermenschlichung der Sprache*, Hamburg, 1893.

③ 在词义领域，库尔德内认为语言的"人性化（humanization）"只体现在抽象术语的发展。笔者和库尔德内在形态学领域存在重要分歧，他只看到语言历史性的"往复"状态，并不认为语言具备进步或者衰退的发展态势，而笔者认为语言处于一种明朗的进步趋势。

元音的影响，不应将其视作人类语言的普遍趋势。他还进一步表示，现代绝大多数语言所抛弃的喉音在闪米特语中发挥着重要作用，因此喉音的发展将会成为现代语言的发展目标，比如丹麦语 "stød"，英语方言中的 "bu'er（黄油）" 等。即便这种语音现象成为现实，与祖先更原始、更粗犷的语音相比，也不能证明现代语言的进步。库尔德内还表示，与发音器官的内部和下部相比，利用发音器官的前部和上部发音更为轻松，也更加准确。[1] 事实上，语言的发音方式本该如此，即在不费力的情况下，声带就可精准发音。因此，笔者从未看到库尔德内为他的 "语言人性化" 概念提供怎样有力的证据。

## 七　缩略词

不过，有一种语音倾向比库尔德内的语音主张更为普遍也更具价值，那就是语音缩略。不论在哪种语言中，我们总能发现，缩略导致了单词的发音越来越短，弱音节中的元音发音越来越模糊，直到完全消失。比如，古英语 "lufu, stānas, sende" 在中古英语中读作 "luve, stanes, sende"，但是进入现代，它们又衍变成单音节词 "love, stones, send"；或者当拉丁语 "bonum, homo, viginti" 衍变为法语 "bon, on, vingt"，拉丁语 "bona, hominem" 变成法语 "bonne, homme" 的时候，作为辅音组中的元音受到该辅音组的保护，被保留了下来，可是现在，这些单词中的元音亦在逐渐消失。在丹麦语和德语方言中，词尾的元音也已被大量省略，俄语 "u's, i's" 的发音也被移除，即使保留在拼写当中，也只是作为引导辅音的标记而已。辅音同样不稳定，现代法语 "tout, vers, champ, chant" 当中的辅音虽然在拼写中被保留，但词尾的辅音发音通常省略。甚至 "champ, chant" 中的 "m, n" 同样消失，仅在鼻化元音之后留有痕迹。"bon, nom" 等单词的辅音省略同样如此。法语 "quatre, simple" 中的 "r, l" 发音也会经常消失。在 "coste" 变为 "côte"，"beste" 变为 "bête"，"salvo" 变为 "sauf [so·f]" 等例子中，辅音字母被省略。我们在英语中发

① See Jan Niecisław Baudouin de Courtenay, *Vermenschlichung der Sprache*, p. 25.

现了类似实例："us，five，other" 对应古英语单词中的 "n" 读音被省略，不过，德语保留了旧辅音 "n"："uns，fünf，ander"。而在近代英语当中，"half，calm" 等词中的 "l"，"light，bought" 等词中的 "gh [x]" 以及 "warm，part" 等单词中的 "r" 也被省略。即便在多数语言中，词首辅音相对稳定，一些英语字母组合，如 "know，gnaw，wrong" 中的 "k，g，w" 发音依旧消失。辅音同化现象同样意味着一个辅音的省略，如英语单词 "cup-board，blackguard [kʌbəd，blæga·d]" 等。

迄今为止，我们已经提供了一些实例，这些例子可被视为导致缩略最规律、最常见的音变类型，但语言自然发展的过程偶尔也会产生同一结果——类音删略（haplology），即一个读音或者一组读音只会发一次音而非两次，听者误认为一个读音或者一组读音同时属于前一个单词也属于后一个单词，例如："a goo(d) deal，wha(t) to do，nex(t) time，simp(le) ly，Eng(la)land，eighteen（源自古英语 "eahtatiene"），honesty（源自 "hon-estete"），Glou(ce)ster，Worcester [wustə]，familiarly pro(ba) bly，vulgar-ly lib(ra)ry，Febr(uar)y"，等等。我们同样可摘引其他语言例子，例如法语 "cont(re) rôle，ido(lo) lâtre，Neu(ve) ville"，拉丁语 "nu(tri) trix，sti(pi) pendium" 以及意大利语 "qual(che) cosa，cosa（源自 'che co-sa'）"，等等。①

历经几个世纪，类音删略累加的影响最终导致了每位历史语言学家所熟悉的看似暴力的语音缩略现象。本书上文已经提到一个经典例子，即与哥特语 "habaidedeima" 对应的英语单词 "had"，其他的实例还包括拥有 3，4 种发音的英语单词 "lord"，其过往词形是 "laverd" 以及古英语 "hlāford"，该词在古日耳曼语族中多达 12 种发音。另外，拉丁语 "augus-tum" 经由 "aoust"，最终衍变为法语 "août"，其元音发 [au] 或者 [u]；拉丁语 "occhio" 缩略出拥有 4 种读音的意大利语单词 "occhio"，3 种读音的西班牙语单词 "ojo" 以及 2 种读音的法语单词 "œil"；意大利语 "medesimo"、西班牙语 "mismo" 与法语 "même" 代表了拉丁语 "metip-simum（相同的）" 一词缩略的三个阶段。另外，可参阅法语词 "ménage

---

① See Otto Jespersen，*Lehrbuch der Phonetik*，11.9.

（家务）"，它源自"mansion- + -aticum"。而原始诺尔斯语将"ne veit ek hvat（我什么都不知道）"缩略为丹麦语"noget"，通常读作［no·ð］或者［nɔ·ð］。

在上述例子当中，单词的缩略过程就已耗费几个世纪，其他例子的缩略过程则极为短暂，且无任何过渡，此类单词即为本书在以往相关章节提到的残词（参阅第9章，第7节；第14章，第12节）。

## 八　异议与结论

语言的总趋势毫无疑问都是朝着越来越短的词形发展：印欧语系中的古老语言，包括梵语、古代波斯语等，都拥有大量长词；我们越往过去探究，多音节词（sesquipedalia）的数量也就越多。不过现在，我们还会发现一些语音延长的实例：中古英语"soun"与法语"son"衍变为如今的英语单词"sound"；中古英语"whiles, amonges"变成英语单词"whilst, amongst"，"t"添加在"s"之后的语言现象在德语单词"obst, pabst"，瑞典语"eljest"以及其他语言中存在。另外，"t"可添加在德语"jemand, niemand"中的"n"之后（三音节词"jedermann"并无添加）。即使这样的例子数不胜数，此类词的数量与重要性远不及语音缩略的实例（关于"ndr"看似中间插入"d"的问题，参阅本书第15章，第7节注释）。我们也会发现人们抗拒过短的单词，认为过短的读音无法辨识（参阅本书第15章，第1节；第20章，第9节），但总的来说，这样的例子少之又少且差异巨大，缩略仍旧是语言发展的一般趋势。

此处还存在一个异议，我们必须解决：有人说，只有单纯的语音发展才有可能缩略单词，而在所有语言当中，单词并无缩略，这是因为非语音的力量抵消了这一趋势。于是，在现代语言中，我们有了一批比之前被取代的单词还要长的类推词，就像现在的"books"一词要比古英语"bēc"多一个音，又或者用德语单词"bewegte"替代"bewog"，等等。并且，相对于现代语言多个位置添加助词（介词，情态动词），过去的语言不存在这样的情况。假如我们把所有语言都考虑在内，那么上述异议必然无效，因为如何计算相同文本在不同语言中的长度，我们也许可以用统计学上加以证明:《圣马太福音》(*Gospel of St. Matthew*) 在希腊语中约 39000 个音节,瑞典语大约 35000 个,德语 33000 个,丹麦语 32500 个,英语 29000 个,汉语只有 17000 个,其中《马太福音》英文版本和丹麦语版本的数据经我本人计算;其他版本的字数计算摘选自以伊萨亚斯·泰格纳 (Esaias Tegnér)《超越思想的语言力量》(*Språkets Makt öfver Tanken*, 1880) 第 51 页;约翰内斯·霍普斯 (Johannes Hoops)《英格兰增刊》(*Beiblatt zur Anglia*, 1896) 第 293 页;埃德加·霍华德·斯特蒂文特 (Edgar Howard Sturtevant)《语言变化:语言学史研究导论》(*Linguistic Change: An Introduction to the Historical Study of Language*, 1917) 第 175 页。在比较这些数据的过程中,我们还应考虑译文会比原文更为冗长,而实际的缩略词数量又比收集的数据更多。①

接下来,我们还需解决另外一个问题:缩略在语言发展中究竟是一笔财富还是一场灾难?答案毋庸置疑是前者。我们可借用之前探讨过的实例:与哥特语 "habaidedeima" 相比,英语单词 "had" 更加可取,因为这就好比在其他条件相同的情况下,任何一个人在需要步行 1 英里或者 4 英里之间,都会选择较短的行程一样。当然,如果把单词视为单独存在的个体话,那么 "habaidedeima" 就是最笨拙的巨人,而 "had" 只是个侏儒而已。这类本末倒置的评价甚至是近期语言学家论述的基础,就像斯威特把语音消失视作 "纯粹的破坏性变化"② 一样。但是,如果我们采用上文解释过的,即以人类为中心标准,并意识到我们所说的每一个单词主要是由人类肌肉综合产生的声学效果的话,我们就会发现,缩略词意味着在我们思想交流中可以减少施力、节省时间。即便使用英语单词 "had" 产生了时间与精力损耗,那么这也意味着现代人使用 "had" 所产生的消耗要比使用 "habaidedeima" 少得多。因此,伏尔泰写下 "缩略词是野蛮人所特有 (C'est le propre des barbares d'abréger les mots)" 的名句绝对大错特错,因为笨拙冗长的单词才应视为野蛮的标识,简洁灵活的词汇必将是先进文

---

① 计算音节的数量并不公平,因为音节之间的差异巨大,比如,有些语言喜用一些较长的辅音组,而其他语言则无此形式。最合理的测量方法是计算口腔器官发音次数,但这超出了笔者能力。

② Henry Sweet, *The History of Language*, p. 10.

化的标志。

　　虽然，语言向着缩略形态的发展总体上是进步、有益的，但我不想在这一观点上过于教条，不会断言它总是有益的。因为，缩略过度会造成词义模糊。这一点可从电报与一些作家避免冗长的文风中看出。[①] 但就整个社会语言而言，这种危险无疑微乎其微，过分缩略现象的背后总会存在审慎的对抗。同时，我想避免另一种误解，那就是读者不要以为我把过多的精力放在这一问题的探讨上，毕竟它与肌肉的运动幅度有关。总之，这一问题既不应忽视，也不该高估。无论在以往的著作中，还是在本书里，单词缩略或者拉长只是反映了人类心理的冰山一角，因此现在，我们要把更多精力放到更为重要的问题上。

## 九　动词形式

　　我们可以回顾上文施莱谢尔所举的词例：英语单词 "had" 和哥特语 "habaidedeima"。前者不仅在肌肉使用上比后者更占优势，并且 "had" 并非只对应 "habaidedeima" 一个单词，它还可以指代哥特语中的 "habaida，habaides，habaidedu，habaideduts，habaidedum，habaideduþ，habaidedun，habaidedjau，habaidedeis，habaidedi，habaidedeiwa，habaidedeits，habaidedeima，habaidedeiþ，habaidedeina"。这些单词在两种截然不同的语气中仅与第二与第三称搭配！显然，英语 "had" 为所有英语人士节省了大量脑力，不仅对不熟悉词形的儿童有益，对于那些使用较少词形，轻易做到区分的成年人来说，同样如此。也许，有人会说英国人总是将人称代词与动词联用，这抵消了语言的优势，因此这两种语言形式孰好孰坏，难分伯仲。这是一个肤浅的异议。首先，处于所有时态与所有语气下的英语人称代词是一致的，只是词尾稍有不同。其次，拥有词尾的哥特语同样不具备独立的人称代词，每当使用这些人称代词，正如第一人称与第二人称经常出现的情况，表人称的动词词尾大都多余。而在英语当中，主语要么单独

---

　　① 古典插图常摘引蒲柏的名言，如 "brevis esse laboro, obscurus fio（当力求话语精简的同时，我的语言就会晦涩难懂）"。

使用名词，要么依靠之前的语言内容加以理解，因此绝大多数情况都使用第三人称。如果将几页古英语散文与现代译文进行比较，我们会发现，指代人称的词尾有所减少，但在省略人称代词的古英语句子当中，人称代词并非必要。因此，总体来说，旧语言中存在大量词尾必定多余。

如果哥特语、拉丁语和希腊语等语言因其屈折词尾导致记忆负担，那么词尾中诸多不规则形式更让记忆雪上加霜。并且，不规则和屈折变化总是共时存在：拉丁语和希腊语中的动词屈折词形的复杂性众所周知，而仅仅掌握梵语当前词干的各种形式就要耗费不小的精力。这些语言中诸多不规则词形又会随着时间的推移而逐渐消失，而新的不规则词形又会随之出现，只不过与之前消失的不规则形式相比，它们的数量相对较少。另外，除了词形本身在早期语言中是不规则之外，它们的用法同样不规则：与古英语、拉丁语、希腊语相比，简洁在现代英语句法中占据主导地位。而在一门语言中，规律性的词形对于所有学习者或使用者都大有裨益。

作为英语史上的学术权威之一，亨利·布拉德利（Henry Bradley）认为："尽管现代英语（比如，复杂的强变化动词系统）经历了许多细小的变化，但它仍然和旧英语系统一样复杂。"[1] 的确，在现代英语中，利用元音变化构成时态的方式确实相当复杂（"drink-drank，give-gave，hold-held"等），但在其他方面却实施了极大简化：除现在时第三人称动词需加 "-s"外（还有第二人称废弃词尾 "-est"，曾被规范化使用，如："thou sangest"代替了 "þu sunge"），所有与人称搭配的动词词尾都被丢弃；另外，"ic sang，þu sunge，we sungon" 在陈述语气中的元音音变与 "ic sunge，we sungen" 在虚拟语气中的元音音变均已消失，随之产生的辅音音变亦是如此。因此，我们不再使用 "cēosan，cēose，cēoseþ，cēosaþ，cēosen，cēas，curon，cure，curen，coren"，取而代之的是现代词形，比如 "choose，chooses，chose，chosen"。尽管数量较少，词形规则无疑是从更加复杂的系统向着更为简单的系统迈进。[2]

在现代语言中，一个极端但绝非唯一的简化例子是英语单词 "cut"，

---

① Henry Bradley, *The Making of English*, New York: The Macmillan Company, 1904, p. 51.

② See Otto Jespersen, *Growth and Structure of the English Language*, p. 178.

它既可以用于现在时，也可以用在过去时，既可以视作单数也可以用作复数，既可以用在第一、第二、第三复数人称中，也可以用在不定式、祈使、陈述，虚拟语气之内，还可视自身为过去分词（或者被动分词）；与具有不同时态、语气、单复数以及人称的传统语言相比，我们还要记住"cut"又是名词，完全符合经济原则。而语言在其早期阶段的结构特征是每种词形本身都包含了几种细微的屈折，这些屈折通常是在该语言的后期阶段借助助词分别体现，比如拉丁语"cantavisset"，它将 6 种不同的属性集于一身：（1）现在时"唱"；（2）过去完成时"唱"；（3）虚拟语气"唱"；（4）主动式"唱"；（5）第三人称"唱"；（6）单数"唱"。

## 十　综合语与分析语

因此，拉丁语单词比现代语言中的单词具体得多，有时 2 种或 2 种以上的现代词形须结合在一起，才能替代拉丁语一个词形的复合概念。现在，这一变化所导致的结果之一，是通过对词组中的某些特定成分重读，致使某些重要的思想变得更加凸出，比如：拉丁语"cantaveram"把"I had sung（我唱过）"三个成分组成不可分割的整体，从而强调个人、时间或者行动。如有必要，罗马人甚至（谁能肯定，谁又能否认这一点呢？）使用"cántaveram（我'唱'了）"与"cantaverám（我唱'完了'）"做出差异性表达。要强调人称，须加上"ego"一词。强调时间则重读单词中"scripsi，minui，sum，audiam"等成分。显然，拉丁语在此方面的自由程度不如英语。在英语中，"I""had"和"sung"这三个单词可按不同顺序排列，又可以在中间插入其他单词，用来修饰或限定句义："Who had sung（谁唱过歌了）？""I had（我唱过了）"；"What had you done（你做过什么了）？""Sung（唱歌）""I believe he has enjoyed himself（我认为他玩的开心）。""I know he has（的确如此）。"如果拉丁语"Cantaveram et saltaveram et luseram et riseram"对应英语"I had sung and danced and played and laughed（我唱歌、跳舞、玩闹、嬉笑）"，那么英语的"Tom never 'did' and never 'will' beat me（汤姆从未也永无可能打败我）"这句话所对应的拉丁语是什么？我们无从得知。

在这种情况下，分析语意味着弹性，而综合语意味着僵化；在分析语当中，如果拥有变形与重新排列单词的能力，那么就可以把综合的、僵化的"cantaveram"一词以一种类似连体婴的结构重新排列。事实上，拉丁语动词的综合形态提醒了世界各地的任何一种语言，包括北美、南美、霍特督语（Hottentot）等，"父亲""母亲""头""眼睛"等概念不必单独表达，而加入指示代词"谁"的父亲（'whose' father）即可，一种说法是：如果某个单词在一种语言（的限定语气中）是动词，而该单词在另一种语言中作为名词，它须与人称代词搭配。

## 十一　动词一致性

基于从属成分，不可分割是语言一致性原则的基础，而一致性在古老的雅利安语中发挥着巨大作用，在近代语言，这种作用趋于消失。因此，我们这里提到的一致性是指一个次品词（形容词或动词）[①] 与它所属的首品词（名词或主语）保持性数一致。但在丹麦语口语中，人称主语和谓语动词的性数一致已不存在，例如，一般时的动词"旅行"在所有的人称单复数中统一使用"rejser"。直到 19 世纪末，丹麦书面语才人为地保留了其复数词形"rejse"，尽管在丹麦口语中，它已消失了尽 300 年。可以说，作为奢侈品，传统屈折对主语的修饰已经转移到对谓语的修饰，但对于谓语，它的存在意义不大，因为当我们说"mændene rejse'（die männer reisen）"，这并非暗示着"他们旅行了几回"。[②]

与更加古老的姊妹语雅利安语相比，丹麦语抢先一步消除了屈折。即便在简化屈折系统方面走得最远的英语也晚于丹麦语，因为在多数现在时的动词中，第三人称单数多以"-s"结尾区别其他人称，而"be"动词同

---

① 叶斯柏森的三品说可以表述为如下形式：在任何一个表示事物或者人的词组中，总是其中一个词最为重要，而其他的词则结合在一起，从属于该词。品级（ranks）是根据词语词之间限定与被限定的关系而确定的。在一个词组或短语中，首品词（primary）受到次品词（secondry）的限定，次品词受到三品词（tertiary）的限定，三品词受到四品词的限定，依此类推。——译者注

② See Johan Nicolai Madvig, *Kleine Philologische Schriften*, 1875, p. 28; *See Nordisk Tidsskrift for Filologi*, n. r. Vol. 8, p. 134.

样保留了某些古丹麦语当中动词一致性原则，更不用说在宗教和诗歌语言中与"thou"联用的"-st"，尽管这些遗留形式看起来有多么的微不足道，但在某些情况下，他们仍然阻碍了思想的自由表达，如"enten du eller jeg har uret"不觉得丝毫别扭，因为"har"可以指代第一人称与第二人称单复数。但是，试图简化英语的英国人却遇到了困难，他们会觉得"either you or I 'are' wrong""either you or I 'am' wrong"是错误的，也许他们会说"either you are wrong, or I"。虽然（加上或不加"am"）语法允许，但多少有些笨拙。而避免上述难题完全没有自然的语言方式，亨利·阿尔福德（Henry Alford）教长曾经建议使用"either you or I 'is' wrong"，①不过这种形式也不受推崇。假如动词不涉及人称，其优势就会直接体现在"either you or I must be wrong""either you or I may be wrong"或者"either you or I began it"等极为地道的英语表达上，并且符合拉丁语、希腊语的语法规定。而在以下的段落，"戈尔迪之结（the Gordian knot）"将以不同的方式得到解开：

莎士比亚的《爱的徒劳》（*Love's Labour's Lost*）第 5 幕，第 2 场，第 346 行写道："Nor God, nor I, 'delights' in perjur'd men"；《皆大欢喜》（*As You Like It*）第 1 幕，第 3 场，第 99 行："Thou and I 'am' one"；阿尔弗雷德·丁尼生（Alfred Tennyson）《国王之歌》（*Idylls of the King*）中"For whatsoever knight against us came Or I or he 'have' easily overthrown"；《殷红之花》（*The Dark Flower*）第 30 页："'Am' I and all women really what they think us?"莎士比亚《亨利四世·下》第 4 幕，第 2 场，第 121 行："Heaven, and not we, 'hath' safely fought today"（四开本还有这样一句话："God, and not wee, 'hath' ….."）。

同样的问题还常见于一些关系从句中，比如：阿尔福德注意到祈祷书中的句子："Thou art the God that 'doeth' wonders"，希伯来圣经写道："Thou art the God that 'doest' wonders"。②另外，比较莎士比亚《皆大欢喜》第 3 幕，第 5 场，第 55 行："'Tis not her glasse, but you that 'flatters'

① See Henry Alford, *The Queen's English*, London：A. Strahan, 1864, p. 155.
② Ibid. , p. 152.

her"；《针锋相对》（*Measure for Measure*）第 2 幕，第 2 场，第 80 行："It is the law，not I，'condemne' your brother"；卡莱尔在其著作《法国大革命》（*The French Revolution*）第 38 页提到 "There is none but you and I that 'has' the people's interest at heart"（译自："Il n'y a que vous et moi qui 'aimions' le peuple"）

　　恰如英语的 "It was not her glass，but you that flattered her"，丹麦语的语言结构与英语过去时结构同样简单、自然。而法语最明显的缺点是其动词强调了人称以及单复数，例如罗曼·罗兰（Romain Rolland）在《约翰·克利斯朵夫》（*Jean Christophe*）第 7 章，第 221 页，写道："Ce mot，naturellement，ce n'est ni toi，ni moi，qui 'pouvons' le dire."在该句中，动词不与主语保持性数一致，事实上，此句话应为 "celui qui peut le dire，ce n'est ni moi ni toi（谁能说出来，既不是我，也不是你）。"

# 第十八章　语言进步

## 一　名词

在名词及形容词的屈折中，我们看到了与动词相似的语言现象。印欧语系的几种古老语言包含了诸多不同且尚未在现代语言中出现的词形。虽然最初，这些词形之间各有不同，但随着时间推移，要么通过改变词尾消除差别，要么通过类推产生统一形式，例如：现代英语"good"一词在古英语中有"god, godne, gode, godum, godes, godre, godra, goda, godan, godena"等不同词形；意大利语"uomo"与法语"homme"曾经在拉丁语中具备"homo, hominem, homini, homine"等形态。不仅如此，如果将口语考虑在内，法语［ɔm］不但与上述拉丁语词形对应，也可追溯到"homines, hominibus"等形式。此外，现代语言只包含1种或2种格，其前身可能有3，4种格，而在该语言最为古老的阶段则具备7，8种格。但是，单纯依靠某个单词拥有多少种词形来判断古代语言的难度是片面的，行之有效的方法是查找不同变格中某一格的数量。不过有些时候，我们会发现一些特殊变格只影响了某一个单词。

有学者认为，现代语言确实会出现新的不规则形式，用以弥补该语言在早期历史发展过程中被抛弃的不规则变格。持有这种观点的学者依照这一原则，编制了一份清单，罗列同一语系在古今两个阶段中的所有屈折形式：这是唯一能够真正权衡语言得失的方法。笔者在《语言进化论——特别着重英语》（以及再版的《论英语》第9章）对古英语与现代英语的格系统进行了比较，结果发现古英语的格系统占据7至10页，而现代英语仅占 2 页。这几页纸上全部是缩写与附表，看起来未免枯燥，不过笔者认为，相比孤立的例子或者抽象的推理，这几页纸更能说明英语 900 年历史的真实趋势与变化，能够向每位读者展示英语的总体结构实现了怎样的巨大飞跃。

谈到语言是否进步，我们有必要在此引用穆勒的另一种观点："即便霍屯督人能够区分'he''she''it'及其单复数，但第三人称'he'和'she'的同一发音以及第二人称的相同发音都表明霍屯督人对性、数语法概念毫无意识，必然导致该语言的性、数分类与我们的语言系统截然不同。"① 穆勒或许不该如此嘲笑霍屯督人，因为他的母语（德语）也好不到哪里去，我们大可公平地评判："就像德国人使用不同的词形表示复数，如'gott-götter, hand-hände, vater-väter, frau-frauen'，等，德国人对数的认识同样缺乏概念。"又或者，我们以拉丁语为例，无证据表明"dominus-domini, verbum-verba, urbs-urbes, mensis-menses, cornu-cornua, fructus-fructūs"等单词之间有着相同的关系。即便是同一词，其复数的形式也非一致："dominus-domini, dominum-dominos, domino-dominis, domini-dominorum"。穆勒认为这种不规律不利于说话者构思单词的复数形式。这无疑是正确的，一种语言只能用复杂的手段来表达单复数的简单差别，这种差别就像儿童理解一个和多个数量的差别那样简单，而另一种语言只需要一种表达方式就能够概括所有的单复数。显然，后一种语言要比前一种更优越。从名词单复数来讲，现代英语明显优于古英语、拉丁语或者霍屯督语。

## 二 不规则词源

经典比较语言学派相信，每个格原本只有一个词尾，该词尾无差别地置于所有名词之后（比如，单数属格名词都以"-as"结尾），而在现存最古老的语言中，我们发现不规则的词形是后来发展起来的，它们大多基于各种语音技巧和手段并从假定的统一形式中派生而来。因此现在，学者们

---

① Friedrich Max Müller, *Aperçu d'une Histoire de la Langue Grecque I*, Paris, 1913, 2.7.

开始意识到原始语言不可能始终如一、有迹可循。① 如果着眼于事实，而
忽略想象或者重构语言形态的话，我们就不得不承认，在印欧语系最古老
的阶段，不仅词尾呈现复杂多样的局面，词基也会受到不同格的影响产生
剧变。因为在不同的词形中，词基具有不同的重音和（或）不同的元音交
替，又或者在一些最为常见的单词中，格的产生源自一个单词的词干，而
其他格则由其他单词的词干构成，比如，主格源自词干"r"，间接格源自
词干"n"。希腊语"水"一词就保留了 2 个词干，由此形成主格"hudōr"
与属格"hudatos"，属格中的"a"原本读［ən］。无论词干变化的起源是
什么，这种现象都发生在印欧语系的早期阶段。在这一时期，我们发现主
格中的词干"r"变成了其他格中"n"＋"r"的组合词干，例如，拉丁
语"jecur（肝）"变成了"jecinoris"，"iter（航行）"成为了"itineris"，学
者推断"itineris"原本要代替"itinis"，其产生原理与"femur"变成
"feminis"相同。不过，印欧语系在后期开始简化，所有的格只有一种形
态，无论是主格词干，如英语"water"，德语"wasser（希腊语 hudōr）"，
还是间接格词干，如斯堪的纳维亚语中的古诺尔斯语"vatn"，瑞典语
"vatten"，丹麦语"vand（希腊语前缀 hudat-）"，以及混合词形，如瑞典
湖泊"Vättern"，古诺尔斯语与丹麦语"skarn（泥土）"。"skarn"中的
"r"源自希腊语"skōr"，"n"源自希腊语属格"skatos（旧读［skəntos］)"。
英语将这种简化发挥到极致，同样是"water"这一词形，相对于使用不同
格的古英语，它维持词形不变，如"the water is cold""the surface of the
water""he fell into the water""he swims in the water"，并且还能够作为动
词（如，"did you water the flowers?"）以及准形容词（quasi-adjective），如
"a water melon""water plants"。

　　总之，大多数格的不规则形式已经通过简化被完全废弃，只有一种词
形（或词干）得以保留。保罗·克雷奇默（Paul Kretschmer）认为，不规
则的屈折导致了某些单词的彻底弃用，② 如在现代希腊语中，"hêpar"被

① See Streit Wilhelm August Streitberg, *Geschichte der Indogermanischen Sprachwissenschaft*, 2. 194.

② See Alfred Gercke& Eduard Norden, *Einleitung in die Altertumswissenschaft I*, Leipzig: B. G. Teubner, 1912, p. 501.

"sukōti" 取代,① "phréar" 被 "pēgadi" 替代，"húdōr" 被 "neró" 取代，"oûs" 被 "aphtí（=ōtíon）" 取代，"kúōn" 被 "skullí" 取代，或许 "commando" 取代拉丁语 "jubeo" 也属于这一情况。

　　一些学者坚持认为，中世纪诸多语言比现代英语更具规律，但是深入思考这些学者的言论，我们会发现，所谓的规律性并非指词义的规律性（不过，词义的规律性对于语言使用者来说同样重要），而是指该语言与其早期语言之间对应的规律性。埃米尔·利特雷（Emile Littré）在《法语史》（*L'Histoire de la Langue Française*，1878）发表的文章中涉及了这种观点。他对古法语充满热忱，但他对法语的偏爱很大程度上是由于古法语忠实地保留了拉丁语的某些特征。因此，古法语两种格的形态差异由来已久，比如：单数主格 "murs"，单数宾格 "mur"，二者变为复数的词形恰好相反，复数主格 "mur"，复数宾格 "murs"。而二者又与拉丁语 "murus，murum" 的复数词形 "muri，muros" 完全一致。学界曾经认为古法语对 "s" 的去留过于随意。不过，当学界最终发现了 "'s' 的规则（règle de l's）"，使得这一现象终得解释。学者一直认为，这是现代法语失去古法语值得称道的优点，同样的看法也体现在法语单词格的区分上，比如古法语主格 "maire"，宾格 "majeur"，或者主格 "emperere"，宾格 "emperëur" 分别对应拉丁语 "májor，majórem，imperátor，imperatórem"，但彼此的重读位置不同。不论历史语言学家对此方面多感兴趣，对于法语使用者而言，与过去复杂的用法相比，现代法语中更加简洁的屈折变化无疑是一种进步。这一点正如舒哈特一针见血地指出："语言史学家厌恶现代语言。"

## 三　句法

　　在古代语言中，格的句法使用也存在诸多不规则之处，例如，有些动词搭配属格，有些动词搭配与格，等等。即便在多数情况下，这些用法都有据可循，但对于使用者来说，格的句法似乎变化无常，必须逐一学习每一个动词的用法。因此，格的句法逐渐被弃用，这无疑是一件幸事，很多

---

　　① 拉丁语 "jecur" 被拉丁语 "ficatum" 与法语 "foie" 取代。

语言都有这样的趋势，甚至保留了诸多传统格的德语也是如此，如"ent-behren, vergessen, bedürfen, wahrnehmen"之类原本搭配属格的动词，现在多与单一宾格搭配。这种简化使得被动语态的句子结构更加简单，也更具规律。

弃用陈旧的格的句法，其优势在英语和法语的使用者身上得到体现。他们可以轻松地说："with or without my hat"或者"in and round the church"，然而保留传统句法的德语是"mit meinem hut oder ohne denselben"和"in der kirche und um dieselbe"。雅各布·瓦克纳格尔（Jacob Wackernagel）曾经写道："Was in ihm und um ihn und über ihm ist?"如果介词后紧跟一个没有格区分的实质性名词，那么德语句子结构自然与英语一样简单，比如："mit oder ohne geld"。优秀的作家有时甚至能够写出"um und neben dem hochaltare"（歌德），或者"Ihre tochter wird meine frau mit oder gegen ihren willen"。这些实例摘引自乔治·奥利弗·库姆（George Oliver Curme）《德语语法》（*German Grammar*，1905）第 191 页。类似的例子还有"Ich kann deinem bruder nicht helfen und ihn unterstützen"。

因此，在消除传统格句法之后，古代综合语言中许多鲜为人知的习语可用英语方便表达，如："Genius, demanding bread, is given a stone after its possessors death."——萧伯纳[①]；"He was offered, and declined, the office of poet-laureate."——埃德蒙·威廉·戈斯（Edmund William Gosse）；"The lad was spoken highly of | I love, and am loved by, my wife | these laws my readers, whom I consider as my subjects, are bound to believe in and to obey."——亨利·菲尔丁（Henry Fielding）；"He was heathenishly inclined to believe in, or to worship, the goddess Nemesis"——菲尔丁；"He rather rejoiced in, than regretted, his bruise."——菲尔丁；"Many a dun had she talked to, and turned away from her father's door."——萨克雷；"Their earthly abode, which has seen, and seemed almost to sympathize in, all their honour."——约翰·拉斯金（John Ruskin）。

---

① See Otto Jespersen, *Chapters on English*, p. 79.

## 四 异议

笔者认为，没有格的语言最优越。不过，阿维德·约翰森（Arwid Johannson）与我意见相左，在 1892 年《印欧语系研究》（*Indogermanische Forschungen*）第 1 卷，第 247 页一篇极具说服力的文章中，他援引一些模棱两可的德语句子："Soweit die deutsche zunge klingt und 'gott' im himmel lieder singt（'gott' 是主格还是与格？）"；"Seinem landsmann, dem er in seiner ganzen bildung ebensoviel verdankte, wie 'Goethe'（'Goethe' 是主格还是与格？）"；"Doch würde die gesellschaft 'der Indierin'（'der Indierin' 是属格还是与格？）lästig gewesen sein"；"Darin hat Caballero wohl nur einen konkurrenten, die Eliot, 'welche' freilich 'die spanische dichterin' nicht ganz erreicht"；"Nur Diopeithes feindet insgeheim dich an und 'die schwester' des Kimon und 'dein weib' Telesippa.（在后两句中，哪些成分充当主语，哪些成分充当宾语？）"

约翰森表示，这些段落证明了弃用格所造成的缺点，假如每种格都有自己独特的标记，那么句意就会清楚明了，因此，在他看来，"格的形式越丰富，句子含义越清楚。"而上述例句表明，词序规则最为严谨的语言也会产生歧义。笔者并不认为 "die schwester（姐妹）" 和 "dein weib（你的）" 当作宾格是错误的，因为句末并无 "an"。同样，笔者也不愿指出倒数第二个句子中把乔治·艾略特（George Eliot）称作费尔南·卡瓦列罗（Fernán Caballero）的劲敌（konkurrent），反映了该句作者对这位西班牙女作家的偏爱，因此，我们须把 "welche" 视为主格，"freilich" 似乎也是如此。当然，这些不过是微不足道的异议。最关键是，我们必须承认，约翰森的论点包含真理，德语的确存在缺陷，确实会导致歧义的产生。从宏观的视角审视德语结构，如果把这些句子译成其他语言进行比对的话，就不难找出缺陷的原因。

首先，考虑到属格之间的形式区别，德语的真正缺陷不在于词尾太少而是词尾太多，我们应该预见，英语和丹麦语也会出现同样的歧义，但在这两种语言中，由于格导致的歧义要比德语少得多。事实上，这种歧义在德语中比这两种语言中更加常见。尽管听起来十分矛盾，但导致德语歧义的主因之一正是德语语法形式过于丰富。如果使用其他单词代替上述例句中模棱两可的单词的话，我们会发现歧义几乎消失，原因在于其他大多数单词都拥有不同的词形可以分别指代这两种格，例如："Soweit die deutsche zunge klingt und 'dem allmächtigen'（或'der allmächtige'）lieder singt"；"Seinem landsmann, dem er ebensoviel verdankte, wie 'dem grossen dichter'（或'der grosse dichter'）"；"Doch würde die gesellschaft 'des Indiers'（或'dem Indier'）lästig gewesen sein"；"Darin hat Calderon wohl nur einen konkurrenten, Shakespeare, 'welcher' freilich 'den spanischen dichter' nicht erreicht'（或者'den⋯der spanische dichter⋯'）"；"Nur Diopeithes feindet dich insgeheim an, und 'der bruder' des Kimon und 'sein freund' T.（或'den bruder⋯seinen freund'）"。

　　事实上，上述的句法结构极为清晰，但人们也可使用该句型造成模棱两可的含义。如果大部分单词的主格或与格相同，如"gott"，或者与格和属格相同，如"der indierin"，那么，上述句法结构不利于思想传播。因为，造成歧义的根本原因在于格的形式不统一。雅利安语中所有古老语言都存在格不一致现象：某些词或者某类词干不同格的差别明显，而另一批词或者另一类词干的不同格则完全相似。在此，笔者列举一些拉丁语实例，因为拉丁语是代表格混乱最典型的语言，当然，哥特语和古斯拉夫语也出现同样的情况。比如，"domini"既可以是单数属格，也可以是复数主格（如，"verbi""verba"）；"verba"既可以是复数主格，也可以是复数宾格（如，"domini""dominos"）；"domino"可表与格、离格；"dominæ"可以是单数属格，单数与格，也可以是复数主格；"te"表宾格、离格；"qui"表单、复数；"quæ"表阴性单复数以及中性，等等。因此，"patres filios amant"和"patres filii amant"虽表意清晰，"patres consules amant"却存在两种理解。那么，"Horatius et Virgilius poetæ Varii amici erant"究竟有多少种含义？"Menenii patris munus"可能表示"美尼涅斯神父的礼物"或者"美尼涅斯父亲的礼物"；"expers illius periculi"要么意为"脱离危险"，要么表示"避免与那人一起犯险"。而在包含两个宾格的不定式中，明晰主语和宾语的唯一方式是依靠语境，不过此方式并非绝对，例如古希腊伊庇鲁斯国王皮洛士（Æacide Pyrrhus）① 的神谕就是如此，马库斯·西塞罗（Marcus Cicero）从昆图斯·恩尼乌斯（Quintus Ennius）那里引用了该神谕："Aiote, Æacida, 'Romanos' vincere posse（告诉你吧，伊庇鲁斯国王，你将征服罗马人；告诉你吧，伊庇鲁斯国王，罗马人将征服你）。"即使高度屈折化的雅利安语似乎也难以摆脱此类缺陷，而这类缺陷又往往存在于词尾丰富的语言中。当然在这里，我们并不关心如何创造人造语言（笔者不建议在人造语言中使用多种格），而是关注自然语言在其早期和现代阶段的价值，因此，对于约翰森"形式越丰富，话语越易懂"的论点，难以服众。

## 五　词序

在上一节列举的德语句子中，其语义不清不仅由格所致，还包括德语词序规则的缘故。其中的一个规则是将动词置于从句最后，这样一来，上一节两句话中的主句就不存在歧义："Die deutsche zunge klingt und 'singt gott' im himmel lieder"或"Die deutsche zunge klingt, und 'gott im himmel singt' lieder"；"'Sie erreicht' freilich nicht die spanische dichterin"或者"Die spanische dichterin 'erreicht sie' freilich nicht"。不过，歧义的产生在于另一条词序规则，即动词须置于引导性次修饰语（introductory subjunct）之后。假如省掉"doch"，句义就会变得清晰："Die 'gesellschaft der Indierin würde' lästig gewesen sein"或者"'Die gesellschaft würde der Indierin' lästig gewesen sein"。在此，语言结构不一致所带来的后果再次一览无遗：一些词序的规则是为了显示语法关系，但在某些情况下，这些规则又要给其他规则让位，这就破坏了原有词序。在德语中，词序有所改变，句意无太多变化，但这不符合语言习惯（语法性变差）。而在英语中，词序的改变会产生极好的语法效果，其句意也与原句不同。不过，这并不意味着德语的词序规则一无是处，而英语的词序规则奉为楷模，我们只能说

---

① 皮洛士（公元前319—公元前272），古希腊伊庇鲁斯国王。生于亚历山大大帝死后分裂的希腊。——译者注

英语的词序在改变句意的程度上要比德语深得多。

　　曾经，一位批评家反驳我的观点："举一例就能说明，几乎所有的修辞（rhetoric）都会破坏句子的清晰度，比如'And thus the son the fervid sire address'd'"。他还补充道："假如主格和宾格使用不同的形式，歧义会立即消除。"毫无疑问，这种观点会招致反驳，因为正常词序也会受到争议，正如格尾（case-ending）是其他语言语法的重要组成部分，词序也是英语语法无法分割的成分，违背词序规则同样会造成理解偏差，比如：拉丁语用"dominum"替代"dominus"造成的歧义。即便在每一种英语修辞中都能找到歧义句，笔者也会指出，英语著作中所存在的歧义句是极为罕见的。诗歌存在破格（poetic licence）现象，对节奏、押韵也有要求，诗人也对古体以及不合常规的表达有所偏爱，这些因素都会导致诗歌违反正常词序，但即便如此，诗歌的歧义句也极为少见。当然，对于托马斯·格雷（Thomas Gray）诗中的主语，学界众说纷纭："And all the air a solemn stillness holds（万化皆偃息，阴肃笼四野）"

　　实际上，这行诗并不重要，因为到底是空气笼罩着肃穆，还是肃穆包裹着空气，人们对此行诗的理解都是相同的。在日常用语中，我们或许会发现相似的搭配，但人们不会对哪个是主语，哪个是宾语存在质疑。通常的词序为"主—谓—宾（Subject-Verb-Object）"，一旦词序有所改变，那么一定存在理由。改变词序可能是为了减轻句子某些成分的负担。如果为了减轻主语的负担，只需重读就可达到目的，词序不受影响；但是为了减轻宾语的负担，就需要把宾语放在句首，若是如此，英语并不像德语和丹麦语那样要求动词倒置而是变为"宾语—主语—动词（Object-Subject-Verb）"，其语义清晰，不产生歧义。例如，查尔斯·狄更斯（Charlies Dickens）的句子："Talent, Mr. Micawber has; capital, Mr. Micawber has not（才华，米考伯先生是有的；资本，他可没有）。"下面的实例出自近期的一本小说："Even Royalty had not quite their glow and glitter; 'Royalty you' might see any day, driving, bowing, smiling. The Queen had a smile for every one; but the Duchess no one, not even Lizzie, ever saw.（就算是皇室，也没那么光彩，就算是皇室，你也可以见到他们开车、鞠躬、微笑。女王对谁都会报以微笑，可公爵夫人就不是了，即使是利兹也没见过公爵夫人微笑的模样）。"

莎士比亚的诗中也有这样的句子：

> Things base and vilde，holding no quantity，
> 卑贱和劣行在爱情看来都不算数，
> Loue can transpose to forme and dignity，
> 都可以转化成美满和庄严，

——《仲夏夜之梦》（A Midsummer Night's Dream）第 1 幕，第 1 场，第 233 行

亨利·沃兹沃思·朗费罗（Henry Wadsworth Longfellow）译自弗里德里希·冯·罗高（Friedrich von Logau）的诗句：

> A blind man is a poor man，and blind a poor man is；
> 瞎子是穷人，穷人是瞎子；
> For the former seeth no man，and the latter no mansees.
> 前者看不见人，后者人看不见。

违背"主—谓—宾"词序的原因可能出于语法目的：关系代词或疑问代词须置于句首。不过，英语语法再次避免了这种歧义，以下句子可以为证："This picture，which surpasses Mona Lisa（这幅画的创作水平高于《蒙娜丽莎》）""This picture，which Mona Lisa surpasses（这幅画的水平不及《蒙娜丽莎》）""What picture surpasses Mona Lisa（哪幅作品超越了《蒙娜丽莎》）？""What picture does not Mona Lisa surpass（哪幅作品《蒙娜丽莎》没有超越）？"如果是德语（如"dieses bild，welches die M. L. übertrifft"，等），上述 4 句话都会产生歧义，若是丹麦语，后两句句意毫无差别。可见，英语证明了少数格的存在并不影响句意的清晰。假如《亨利四世·下》第 1 幕，第 4 场，第 33 行中那句著名的神谕："The Duke yet liues，that Henry shall depose（公爵还活着，亨利就要下位）"存在歧义，这也只是该句使用诗体创作所致。而在一般的散文体中，要想清晰，只需一步，即以上句中的"Henry"作为宾语，词序倒装。

## 六 单词性别

古老的雅利安语除了拥有格区分外，还有很复杂的单词性别系统，其中很多单词的阳性、阴性和中性划分都与现实世界保持一致，但在其他一些单词中，无性别单词并不等于无法表达性别或者与现实世界无关，其事实甚至与设想相悖。这种语法上的性别有时被看作语言的价值元素。利奥波德·冯·施罗德（Leopold von Schroeder）指出："相比于其他语言，词性别划分绝对是雅利安语、闪米特语族以及埃及语的一大优势。"[1] 伊瓦尔·奥森（Ivar Aasen）发现，保留旧的单词性别赋予了语言生动性与多样性。[2] 因此，他构建人造挪威语"landsmaal"的同时，区分了阳性与阴性冠词。而其他一些学者却认为这种区分会招来弊端。伊萨亚斯·泰格纳遗憾地指出，瑞典语中的警世恒言"sin make må man ej svika（不得让自己的配偶失望）"无法同时适用于丈夫和妻子，因为句中的"make"是阳性词，"maka"才是阴性词。[3] "mage"在丹麦语中指代双性，因此不会出现上述情况。加贝伦茨也曾表示："语法性别意味着德国人永远都不会使用'menschen（人类，阳性）'指代女性，也不会用'person（人，阴性）'表示男性。"[4]

事实上，德语单词性别造成了诸多不便，它不仅与自然性别冲突，例如，想指代"das mädchen（女孩）"或者"das weib（女性）"，是用"es"还是用"sie"？指代"die schildwache（哨兵）"应使用"er"还是"sie"？涉及无性别事物同样造成负面影响，比如"er"可以指男性，也可指代"der stuhl（椅子）"或者"der wald（森林）"，等等。在法国，语法学家一直争论代词"ils"指代阴性代词"personnes（人）"是否妥当，例如："Les personnes que vous attendiez sont tous logés ici（您期待的

① Leopold von Schroeder, *Über die Formelle Unterscheidung der Redetheile im Griechischen und Latei-nischen: Mit Besonderer Berücksichtigung der Nominalcomposita*, Leipzig, 1874, p. 87.

② See Ivar Aasen, *Norsk Grammatik*, Christiania: P. T. Malling, 1864, p. 123.

③ See Esaias Tegnér, *Språkets Makt öfver Tanken*, Stockholm: Samson & Wallin, 1880, p. 50.

④ Hans Georg Conon von der Gabelentz, *Die Sprachwissenschaft*, p. 234.

人们都在这里）"。① 上句中的 "personne" 明显是阳性名词，如："per-sonne n'est malheureux（没人不开心）"。而在修饰 "gens（人们）" 时，假如 "gens" 指阴性，就会产生 "les bonnes gens（好人）" 和 "toutes les bonnes gens（所有好人）"。当形容词不具备单独的阴性词形时，教师们偏爱使用 "tous les honnêtes gens（所有诚实之人）"。假如形容词距 "gens" 较远且 "gens" 指代阳性的话，那么传统语法学派常用 "Instruits par l'expérience, toutes les vieilles gens sont soupçonneux（经验告诉我们，老人都多疑）"。可见，语言学家制定的严格规则存在着大量的人为因素。《1901 年 2 月 26 日法语语法简化部长法令》（L'Arrete Ministeriel du 26 Fevrier 1901 sur la Simplification de La Syntaxe）允许法语获得更大程度的自由，这是值得称道的。但是，争议依旧无法避免，因为任何一种语言只要尚未彻底摆脱语法性别，矛盾就会产生（当然，无语法性别的语言不等于无法表达性别差异）。

大多数英语代词并无性别区分，如："I, you, we, they, who, each, somebody"，等等。但是，假如我们得知芬兰语、匈牙利语以及雅利安语和闪米特语之外的绝大多数语言中的代词 "他" 和 "她" 只有一种形式，必定惊异不已。我们无法想象，语言中没有语法性别区分会是怎样。不过，经过仔细观察，语言不需要区分单词性别也有其便利之处。在《诗人的灵魂》（Anima Poetæ）第 190 行，塞缪尔·泰勒·柯勒律治（Samuel Taylor Coleridge）曾经遗憾地表示，由于英语无指代 "人（person）" 的代词，会导致语言结构死板、怪异，比如："not letting the person be aware wherein offence had been given（不要让一个人知道自己哪里受到了冒犯）"，而不是 "wherein he or she has offended（他或她哪里受到了冒犯）。" 假如使用中性代词替代 "he"，比如 "It would be interesting if each of the leading poets would tell us what he considers his best work（如果每一位杰出诗人都告诉我们他最好的作品是什么，那太有意思了）"，女性又未免感到不适，误认为

---

① See Kristoffer Nyrop, *Kongruens i Fransk*, København: Universitets bogtrykkeriet (J. H. Schultz a/s), 1917, p. 24; See Paul Jules Antoine Meillet, *Aperçu d'une Histoire de la Langue Grecque III*, Paris, 1913, p. 712.

优秀的诗人只有男性。一本德语著作也出现过类似不合理的例子："Was Maria und Fritz so zueinander zog, war, dass 'jeder' von ihnen 'am' 'anderen' sah, wie 'er' unglücklich war（玛丽亚和弗里茨在一起的原因是彼此认为对方不快乐）。"而伊多语使用者会对泛指性别代词的便利深有体会，如："lu（他和她）""singlu（他）"以及"altru（她）"。颇为有趣的是，我们可以使用不同的方法解决现实中遇到的单词性别问题。首先，区分"他"和"她"非常累赘，如菲尔丁在《汤姆·琼斯》（*Tom Jones*）第174页中，使用"the reader's heart（if he or she have any）"："读者的心（如果他或她有心的话）"；在小说《模范绅士约翰·哈利法克斯》（*John Halifax*, *Gentleman*）第2章，第128页，莫洛克女士说道："each one made his or her comment（每个人都有自己的评价）。"① 另一种方法是用"he"指代所有性别，比如，"If anybody behaves in such and such a manner, he will be punished（假如人人都这么做，就会遭到惩罚）"。另外，还有一种不常见的表述："Whoever behaves in such and such a manner will be punished"。英国议会法案（*Acts of the Parliament of the United Kingdom during the Reign of Victoria*）已经将"he"的使用合法化："That in all acts words importing the masculine gender shall be deemed and taken to include females（所有法案条例中都将使用阳性词，阴性词被认为包括在内）。"而第3种方法，我们可使用无性别复数代词"they"。如表示"无人阻止你吗"，可用"Nobody prevents you"后接疑问句，你会发现"does he"太过绝对，"does he or she"又太啰唆，因此，会像萨克雷在《彭登尼斯的历史：他的命运与不幸，他的朋友与他的最大敌人》（*The History of Pendennis*：*His*

---

① 这种笨拙的重复在拉丁语撰写的罗马法典中极为常见，例如，《法学汇编》（*Digesta*）中的"Qui quæve…capite diminuti diminutæ esse dicentur, in eos easve…iudicium dabo""Qui quæve in potestate Lucii Titii est, si is eave apud te est, dolove malo tuo factum est quominus apud te esset, ita eum eamve exhibeas""Qui servum servam alienum alienam recepisse persuasisseve quid ei dicitur dolo malo, quo eum eam deteriorem faceret, in eum, quanti ea res erit, in duplum iudicium dabo"。以上以及其他拉丁语实例摘引自笔者已故老师奥斯卡·席思碧（Oskar Siesbye）博士的著作。克里斯托弗·尼罗普（Kristoffer Nyrop）《论法语的一致性》（*Kongruens i Fransk*, 1917）第12页提供了类似的法语实例："tous ceux et toutes celles qui, ayant été orphelins, avaient eu une enfance malheureuse"。至于古法语"Lors donna congié à ceus et à celes que il avoit rescous"，引自弗鲁瓦·德·维尔阿杜安（Geoffroi de Villehardouin）的作品。

*Fortunes and Misfortunes*，*His Friends and His Greatest Enemy*）中使用"Nobody prevents you，do they（无人阻止你，对吧）?"莎翁在《柳克丽丝失贞记》（*The Rape of Lucrece*）第 125 行也有类似的写法："Everybody to rest themselves betake（大家休息一下）。"用复数代替单数并非不合理，因为"everybody（每个人）""all men（所有人）"几乎同一含义，"no body（无人）"又相当于"all men"的否定。不过在其他情况下，此用法并非适宜。艾略特在《米德尔马契》（*Middlemarch*）第 2 章，第 304 页，这样写道："I shouldn't like to punish any one，even if 'they'd' done me wrong（我不愿惩罚任何人，即使他们误解了我）。"不同于罗曼语族的疑问代词"quis""quæ"，英语疑问代词"who"不限于指代某一语法性别，因此若要把英语问句"Who did it（谁干的）?"一字不差地译成拉丁语，我们须列出全部形式："Quis hoc fecit? Quæ hoc fecit? Qui hoc fecerunt? Quæ hoc fecerunt?"或者更加确切地说，由于疑问代词"who"具有抽象性，英语在此类问题的处理比任何屈折语都要容易得多。所以很多时候，不确定又意味着语义精确，能让表达与思想更为贴合。

## 七 名词一致性

在前文，我们看到了古雅利安语中动词一致的现象。事实上，名词也是如此。它是由次品词（主要指形容词）构成，与首品词保持一致。不过，动词的一致性体现在性、人称两方面，而名词的一致性体现在数、性、格三方面。希腊语、拉丁语尤为如此，以哥特语版本《路加福音》（*Book of Luke*）为例，"gamunan triggwos weihaizos seinaizos"意为"to remember His holy covenant（铭记主的圣约）"（1.72），"allans dagans unsarans"（1.75）表示"all our days（时时刻刻）"。英语译文恰恰反映了英语如何抛弃名词一致性的用法，因为哥特语很容易看出这些单词指代哪些实质性名词，而英语词形"（his），holy，all，our"无法判断。

假如同一形容词修饰两个不同名词，那么非一致性就会成为明显优势，如：英语"my wife and children"与法语"ma femme et mes enfants"；"the local press and committees"与"la presse locale et les comités locaux"。

再试着将下列句子准确地译为法语和拉丁语："What are the present state and wants of mankind?"以及"a verdict of wilful murder against some person or persons unknown"。在后者中，"some"和"unknown"既表单数又表复数。菲尔丁曾在《汤姆·琼斯》第 3 章，第 65 页写道："'Some particular' chapter, or perhaps chapters, 'may be obnoxious'"。英语编辑可能写成："Some word or words wanting here"，句中的"some"不分单复数；丹麦编辑可能写成："Et（单数）eller flere（复数）ord（不区分单复数）mangler her"。后几个例子可以证明在某些特殊情况，不具备单复数之分的实质性名词可能具有优势。我们还须承认，单数与复数的区别属于实词范畴（substantival notions），从逻辑上讲，名词与形容词、动词的关系并非紧密（参阅本书第 17 章，第 11 节），例如，在词组"black spots"中，发生单复数变化的单词是"spots"，而非"black"。而在"two black spots"中，单词"two"已经充分显示了复数概念，如果我们还要添加双数或复数词尾（如拉丁语"duo, duæ"）就显得画蛇添足。最后，我们还可对比英语、法语和德语：英语"to the father and mother"，法语"au père et à la mère"，德语"zu dem vater und der mutter（zum vater und zur mutter）"。

　　若要使用形容词与名词在格、数、性上的一致，这必然导致诸多不便。可从另一方面上讲，这种特性能够让形容词置于距离名词较远的位置上，而听者或者读者能够立即将二者建立关联。这也可能是该语言的可取之处。不过，这种关系是否像能量学一样，优势抵消劣势？换句话说，自由放置形容词，这种便利能否抵制形容词屈折变化所带来的繁杂。你会自然想到这一问题，为什么让形容词远离名词呢？因为形容词作表语时不得不与修饰对象保持距离。但是，德语的一些句子表明，在某些情况下，名词无需与形容词保持一致，因为修饰性形容词的屈折变化并不会造成表语的改变，比如："ein 'guter' mensch""eine 'gute' frau""ein 'gutes' buch""'gute' bücher"，亦如副词也不会发生变化："der mensch ist 'gut'""die frau ist 'gut'""das buch ist 'gut'""die bücher sind 'gut'"。这一点尤其体现在拉丁语诗歌中，即形容词远离名词，并非保持性、数、格一致，如维吉尔（Publius Vergilius Maro）的史诗《埃涅阿斯纪》（Aeneid）第 4 卷，第 539 行："Et bene apud memores veteris stat gratia facti"，此

句话显示 "veteris" 修饰 "facti" (但是, "bene" 又修饰哪个单词? 是 "memores" "stat" 还是 "facti"?) 曾经, 贺拉斯 (Quintus Horatius Flaccus) 说过一句名言: "Æquam memento rebus in arduis servare mentem (记住, 当人生之路陡峭时, 要保持沉着)", 由于形容词 "æquam" 发生屈折变化, 能够置于句首, 远离其修饰对象 "mentem", 这为诗人写出一句完美的韵句提供了便利。但对于读者而言, 他们更愿意把 "æquam" 和 "mentem" 放在一起, 这样可以毫不费力迅速找到形容词的修饰对象。总之, 传统形容词修饰名词的方式无疑为读者和听众带来了诸多不便。冰岛的几首吟唱诗中尤为如此, 这些诗歌的作者为了创造高度复杂的韵律, 追求首字母与中间字母极致押韵, 导致词序极为混乱, 一如高超的棋局, 最终造成诗歌晦涩难懂, 算不上最佳的诗歌。

## 八 英语属格

如果将拉丁语 "opera virorum omnium bonorum veterum" 与其他屈折变化较少语言中的对应单词进行比较: 古英语 "ealra godra ealdra manna weorc"; 丹麦语 "alle gode gamle mænds værker"; 现代英语 "all good old men's works", 我们会发现古罗马人的话语特点, 即复数主格或宾格的 "work (工作)" +阳性复数属格 "man (男性)" +复数属格 "all (所有)" +阳性复数属格 "good (好的)" +阳性复数属格 "old (老的)"。撇开 "opera" 不谈, 此句话中的复数词出现了 4 次, 属格 4 次, 阳性词 2 次。[①] 在古英语中, 数和格分别出现了 4 次, 词性不显; 丹麦语中, 复数出现了 4 次, 格 1 次。在现代英语中, 数、性、格各出现 1 次, 且无任何语义不明。可见, 英语的表达简明扼要, 堪称最佳方式。从数学角度讲, 呈现同一事物的不同方式可用如下公式表达: $anx + bnx + cnx = (an + bn + cn) x = (a + b + c) nx$。

上述公式中这种不同寻常的类似 "加括号" 的方式, 让丹麦语与简化

---

① 假如笔者选择的不是 "omnium veterum", 而是 "multorum antiquorum", 那么该阳性词则出现了 4 次。

更甚的英语脱离了早期语言学家对雅利安语的认识。根据过往认知，雅利安语中的实质性名词和形容词必须带有格的标志。施莱赫尔指出："匈牙利语和印欧语系（雅利安语）之间的根本区别在于匈牙利语中的所有并列名词（co-ordinated nouns）除保留最后一个名词之外，其余名词均可省略，如，'a jó embernek'，即德语'dem guten menschen'（其中的'a'替代'az'，作指示代词和冠词；'jó'意为'好的'；'ember'为'人'；'-nek, -nak'作为与格功能基本一致的后置词），'az-nak（annak）jó-nak ember-nek'写作希腊语'τo 'αγαθo 'ανθρώπω'。作为定语形容词位于名词之前，该形式通常作为词干，其复数标识以及表示格的后置成分往往欠缺，例如，匈牙利人会说'Hunyady Mátyás magyar király-nak（致匈牙利国王马修·亨亚迪）'，其中的'-nak'修饰之前所有单词。当几个单词以'and'的方式连接，也会出现相同的语义效果。"①

这与英语集体属格（group genitive）类似，比如："all good old men's works" "the King of England's power" "Beaumont and Fletcher's plays" "somebody else's turn"，等等。近些年来，英语集体属格发展可以概括如下：在最古老的英语中，"-s"是格词尾，就像在所有其他屈折语言中的格词尾一样，它与名词主体一同构成了不可分割的整体，在这个整体中有时无法区分词基在哪里结束，格词尾又从哪里开始（试比较"endes"与"ende"，"heriges"与"here"）。只有部分单词包含此类格词尾，而在其他单词中，属格用其他方式标识。从句法角度讲，属格的含义或功能复杂、隐晦，句子中所处位置也无固定规律可言。②

随着时间的流逝，语言朝着更强规律性、准确性的道路发展。属格表部分、表宾语成分、表描述成分以及其他语法功能已被淘汰。现在，属格一成不变地位于修饰对象之前。不规则形式消失，只有词尾"-s"保留了下来，至此，我们终于拥有了一个功能确定、位置固定的词尾。

在古英语中，当几个单词同时表属格时，这几个词须带有属格标记，不过不同的单词带有的标记往往不同，因此才有了下列组合："anes reades

① August Schleicher, *Nomen und Verbum*, Leipzig, 1865, p. 526.
② See Otto Jespersen, *Chapters on English III*.

mannes（一个红种人的）"；"þære godlican lufe（神圣的爱）"；"ealra godra ealdra manna weorc"，等等。如今，随处可见的词尾"-s"可以独立于副词"else"或者介词词组"of England"。我们甚至只需在一长串单词的结尾添加"-s"即可。由此可见，近代以来的语言已经抛弃了旧的屈折变化，屈折已不再属于单词的组成部分，也无需遵从一致，这导致一种更简单与更规则的语法系统应运而生。在这种语法系统中，词尾更具独立性，甚至可以和匈牙利等语言中的"黏着"成分以及汉语中的"虚词"媲美。这一发展方向必然与大多数语言学家对史前语言发展的设想完全相反。

## 九　班图语的一致性

英语发展过程中一个最显著的特点是将一致性视为不必要的繁文缛节，并逐渐摆脱这种语法形式。日耳曼语族中的一致性无疑是早期语言的遗产，现在，我们认为这是并非必要的产物。该语言现象与"多重否定表肯定"相似，学者们都认为反复强调多重否定实属多此一举，例如，在古英语中，人们常说："nan man nyste nan þing"；在乔叟时代，这句话写作："he neuere yet no vileynye ne sayde In all his lyf unto no manner wight"。而多重否定同样存在于我们这个时代的土语中："there was niver nobody else gen（gave）me nothin'（从来没有人给过我任何东西）"（乔治·艾略特）；而现代标准英语只需一次否定："no man knew anything（无人皆知）"。可见，多重否定与一致性实际上是原始语言的特征（当然，并非所有"原始人类"的语言都是如此），而这一语言现象又可从南非班图语的语言结构中得到体现，该语言中不仅存在多重否定，其一致性的发展也称得上欣欣向荣。

以下案例摘选自威廉·海因里希·伊曼纽尔·布勒克（Wilhelm Heinrich Immanuel Bleek）《南非比较语法》（*A Comparative Grammar of South African Languages*，1862—69）。此书极为优异，遗憾在于并未完成，且书中涉及的一些表达方式已被当地原住民弃用，如，"si-m-tanda（我们爱他）"。[①] 祖鲁

---

① See Jules Torrend, *A Comparative Grammar of the South African Bantu Languages*, London: K. Paul, French, Trübner & Co., Ltd., 1891, p. 7.

人表示"人"的单词是"umuntu";在同一句子或下文当中,任何与之相关的单词都须添加"umuntu"的词首以示提示。根据该规则,这些单词的词首要么是"mu"或"u",要么是"w"或"m"。在下列意为"我们英俊的男人(美貌的女人)出现了,我们爱他(她)"的句子中,提示部分已用斜体标出:

**表 18 - 1　　　　　　　班图语"男人,我们的漂亮的出现,我们爱"**

| *umu*ntu | *w*etu | *omu*chle *u*yabonakala, | si*m*tanda (1) |
|---|---|---|---|

如果采用相应的复数词形"abantu(男人,人们)"(班图语的通称),那么该句变为:

*aba*ntu *b*etu *aba*chle *ba*yabonakala,si*ba*tanda (2)

如果将"ilizwe(国家)"一词替换成复数"amazwe(各个国家)",那么我们将会拥有"isizwe(种族)""izizwe(各个种族)""intombi(女孩)""izintombi(女孩们)"以及:

**表 18 - 2　　　　　　　班图语"女孩们,我们的漂亮的出现,我们爱"**

| *ili*zwe | *l*etu | *eli*chle | *li*yabonakala, | si*li*tanda | (5) |
|---|---|---|---|---|---|
| *ama*zwe | etu | *ama*chle | *a*yabonakala, | si*wa*tanda | (6) |
| *isi*zwe | *s*etu | *esi*chle | *si*yabonakala, | si*si*tanda | (7) |
| *izi*zwe | *z*etu | *ezi*chle | *zi*yabonakala, | si*zi*tanda | (8) |
| *in*tombi | *y*etu | *en*chle | *i*yabonakala, | si*yi*tanda | (9) |
| *izin*tombi | *z*etu | *ezin*chle | *zi*yabonakala, | si*zi*tanda | (10) |
| 女孩们 | 我们的 | 漂亮的 | 出现, | 我们爱。 | |

换句话说,每个实质名词都属于诸多词类中的某一种,其中的一些类别具有单数含义,另一些则包含复数意义;每个类别都有自己的前缀,通过这些前缀保持句中各个部分的一致性,例如,乌干达(Uganda)的国民被称为"*mu*ganda",复数为"*ba*ganda"或"*wa*ganda",他们所讲的语言叫作"*lu*ganda"。

需注意,如"漂亮的"或者"我们的"这样的形容词会根据它们所指代的事物改变词形；在对祖鲁神祈祷的祷文中，"thy"有以下几种词形："*l*ako"指"*i*gama（名字）"，（5）；"*b*ako"指"*ubu*kumkani（王国）"，（14）；"*y*ako"指"*in*tando（意愿）"，（9）。同理，同一名词的属格也存多种形式，因为属格关系是由支配词（governing word）标志＋关系小品词"a"（与后续读音组合在一起）构成的，以"inkosi（首领，国王）"为例：

*umu*ntu *w*enkosi，"the king's man（国王的仆人）"，其中的"we"＝"w + a + i"（1）

*aba*ntu *b*enkosi，"the king's men（国王的仆人们）"（2）

*ili*zwe *l*enkosi，"the king's country（国王的王国）"（5）

*ama*zwe *e*nkosi，"the king's countries（国王的各个王国）"（6）

*isi*zwe *s*enkosi，"the king's nation（国王的国民）"（7）

*uku*tanda *kw*enkosi，"the king's love（国王的爱）"（15）

戴维·李文斯顿（David Livingstone）表示，这些明显不必要的重复"为句子中的各个成分注入了活力和清晰度，防止了先行词出错的可能。"所以，前缀对班图语来说至关重要。尽管如此，布勒克对利文斯通的批评是正确的，他认为，该语中的重复极为累赘，就像拉丁语词尾"multorum virorum antiquorum"，尽管它们对西塞罗同时代的西方人来说有多么重要。

在此提到非洲语言主要是为了说明在某些原始种族的语言中，一致性可以达到何种深入的程度。学界普遍的观点是，这些单词中的前缀（如"umu，aba，ili"，等等）最初都是独立词，因此"umuntu，ilizwe"等最初类似于英语"steamship（轮船）"的复合词，我们可以轻易地想象原始人类如何通过重复"ship"一词来创造更多的词语（如，"our ship, which ship is a great ship, the ship appears, we love the ship"）。随后，祖鲁人将这一原理扩展至"friendship（友谊）"或者通过词尾"-er"联系到"steamer（蒸汽船）"一词。① 布勒克等人试图通过分析不同类别的单词，挖掘同类

① See Wilhelm Heinrich Immanuel Bleek, *A Comparative Grammar of South African Languages*, London, 1862—69, p. 107.

别单词中前缀的原始含义，结果却是前缀原始含义之间的联系极为松散，在许多情况下，某些类别的单词似乎又属于另一个类别。此外，词与词之间的关联通常也是派生关联而非原始关联，且词类划分也如雅利安语对名词性别的区分一样随意。在某些词类中，单词具有确定的数值（definite numerical value），因此这些单词成对组合产生单数和复数名词。不过有相当数量的案例表明，班图语单词最初不与前缀有关，而是通过类推的方式扩充。① 该现象可能源于实质名词，它们彼此相连，用以表示"个人"与"人们"，"士兵"与"军队"，"树木"与"森林"，等等之间的关系。不论这类词语本意如何，每组中后者的前缀都会轻易地获得特定的复数含义，这有助于其他名词构成相似的复数形式，要么把该词代表单数的前缀替换掉，如："amazwe（各个国家）"，（6）；"ilizwe（国家）"，（5），要么把复数前缀置于名词词首，如："ma-luto（许多勺子）"，（6）；"luto（勺子）"，（11）。

在这些语言中，"一些前缀的形式经过强烈缩略，已经难以辨认"②。起初，所有的前缀可能比现在更完整。布勒克注意到，除了在一些退化的语言中，前缀"ma-"从未拥有对应的小品词"ma-"，相反，前缀"ma-"的出现频率不及"ga-，ya-或a-"。而在（3）中，"mu-"通常只有一个对应的"gu-"。但是现在，哈里·汉密尔顿·约翰斯顿爵士（Sir Harry Hamilton Johnston）发现埃尔登山（Mount Eldon）和卡维伦多地区（Kavirondo）存在许多非常古老的班图语，其中前缀"gumu-，gama-"经常替代前缀"mu-，ma-"，"baba-，bubu-"替代普通前缀"ba-，bu-"，由此，他推断"mu-，ma-"的最初词形是"ngumu-，ngama-"③。当他表示这些前缀最初是"具有单独含义，即作为指令或指示代词，用以规定性别、强弱、大小，等等"的时候，笔者不确定他的观点是否正确。因为在本书随后的章节中，我们将会看到，这些单词最初可能只是长单词中不可分割的一部

---

① See Wilhelm Heinrich Immanuel Bleek, *A Comparative Grammar of South African Languages*, London, 1862—69, p. 140.

② Ibid., p. 234.

③ Sir Harry Hamilton Johnston, *The Uganda Protectorate*, London: Hutchinson & Co., 1902, p. 891.

分，本身并无意义，之后通过逐渐侵入其他原本无关的单词之中，或多或少获得了语法含义。实际上，这些词缀的应用范围并无规律可循。

## 十　再议词序

关于词序与语法结构简化这一重大问题，前文已经多次谈及；但在此应以一种更加综合的方式看待这一问题。长久以来，词序理论一直是语言科学的"灰姑娘"：最完美、最完整的语法理论都对它缄口不言！不过，这一理论提出了许多至关重要且大有裨益的思想，不仅仅限于那些用词序表示语法关系的语言，如英语和汉语，它同样适用于其他语言。

随着历史的发展，词序逐渐衍化出严格的规则，而我们对语言早期阶段的总体印象是单词或多或少随机排列。这也符合我们对原始人的设想，因为他们的思想和话语很可能是在狂乱和仓促中产生的。当然，梵语、希腊语、哥特语未必如此；假如与当代语言相比，这些古老语言必然无比混乱，或者从另一个角度来看，更加自由。

这一点在句中主语以及动词的位置体现得尤为明显。在语言早期，主语有时在前，动词有时在前。后来，人们越来越倾向将主语置于首位，这种词序不仅适用于绝大多数欧洲语言，汉语和其他语言也同样适用。而这一现象是建立在人类思维本质基础之上的，尽管该词序在大多数古老雅利安语中并不普遍，可它符合了人类思维发展的自然规律。

早期词序的遗存随处可见，如在德国民谣中，"Kam ein schlanker bursch gegangen"。值得注意的是，德语和其他西欧现代语言通常避免这种词序，如果说话者出于特殊原因必须将动词置于主语之前，那么他会在动词之前加上一个形式主语以满足语法，如英语中的"there comes a time when…"，丹麦语"Der kommer en tid da…"，德语"es kommt eine zeit wo…"，法语"il arrive un temps où…"。

在凯尔特语中，人们习惯将动词置于句首，却把独立词引入句中，此方式蔚然成风，比如，"（it）is the man that comes"，后缩写为"the man comes（那个人来了）"，"先主语后谓语"的词序就是这样在曲折中产生了。

早在现代日耳曼语族正式确立主谓词序之前，所有以非主语开头的句子都是特例。这可能是为了强调，从而将句子中的某个重要成分置于首位，也可能是把一些无关紧要的副词放在开头，但按照规则，动词无论如何都应置于句子第二词位，因为动词在某种程度上被认为是句子的中心或者主干。作为中世纪英语和古法语的规则，德语、丹麦语同样严格遵守这一规则，如"Gestern 'kam das schiff'；Pigen 'gav jeg kagen, ikke drengen'"。而在英语，这种特例的痕迹只存在于包含插入语的句子当中，比如，介绍说话者的句子（如，"Oh, yes," said he），在有些较长的次修饰语（subjunct）之后，如果没有宾语（如，"About this time died the gentle Queen Elizabeth"），那么该词序不过是一种文体上的技巧，用以避免句尾遗留一个单独动词（如"…died"）。除此之外，主谓顺序在英语中完全通用。

## 十一 折中

许多语言的倒装句被广泛用于表达疑问、愿望、邀请。但如上所述，这种倒序最初并非在此类句中特有。不论单词如何排列，都会以特殊的升调读出整个句子或句中最重要的成分。当然，这种表疑问的方式在现代语言中依然存在，同时也是表疑问的唯一方式："John（约翰）？""John is here（约翰在这儿）？"尽管存在如此自然的疑问方式，随着时间的流逝，人们觉得动词放在主语之前是在暗示疑问，之后升调也就不再必要了，如在"Is John here?"此类的倒装句中，升调的使用要比正常语序的句子"John is here?"少得多。

现在，这种表疑问的方法相对稳定，在大家开始普遍习惯于首先思考主语的时候，正常词序与倒装这两个原则之间产生了冲突，英语、丹麦语和法语随之各自建立了多种折中方案，比如，英语通过助动词"do"来实现倒装。现在，我们都说："Did he not come（Didn't he come）home to-night?"，而不是莎翁《罗密欧与朱丽叶》第 2 部，第 4 场，第 2 幕中的"Came he not home to-night?"所以，类似的词序并不是由于其他助动词的存在而产生的："Will he come（他会来吗）？""Can he come（他能来吗）？"等等。当我们用疑问代词做主词时，就不需要任何助动词，因为代词的前移保持了"主语—动词"的正常词序，如"Who came（谁来了）？""What happened（发生了什么）？"但如果代词不是主语，我们就需要用"do"在这两个原则之间建立平衡，如"Who（m）did you see？""What does he say？"

在丹麦语中，动词"mon"表微弱的必然性或者模糊的未来，它在一定程度上与英语中"do"的功能相同。直到18世纪，"mon"才成为一个真正的助动词，可后接不定式："Mon han komme？"如今，该结构已经发生转变，陈述语气和"mon"一同使用："Mon han kommer？"且"mon"不再是动词，而是疑问副词，其作用是将主语置于动词之前，同时模糊疑问句意："Kommer han？"意为"他来了吗？"或者"他会来吗？"但"Mon han kommer？"的意思是"你觉得他来了（会来）吗？"

法语发展出两种截然不同的折中方式，因为在"Est-ce que Pierre bat Jean（皮埃尔打败了琼吗）？"中的"est-ce"表疑问，"Pierre bat"为正常词序，但在"Pierre bat-il Jean？"其真正的主语位于动词之前，形式主语置于动词之后。此时，法语与丹麦语一样，都产生了"虚词"或疑问副词。除了拼写，"est-ce-que"在任何方面都是一个单词（注意，该词的时态不随主要动词时态改变而改变），它可视作句子的前缀来引导疑问句。在法语流行语当中，我们还会发现另一个虚词"ti"，[1] 该词的起源极为有趣。在法语早期阶段，拉丁语"amat"等单词元音之后的"t"早已消失，由此产生了"il aime"等。不过在古法语，只要有辅音的保护，"t"就会保留，[2] 于是便有了"est, sont, fait（源自'fact'，替代'facit'），font, chantent"等词形。之后，始于"est-il, fait-il"中的"t"以类推的方式重新进入"aime-t-il"，取代早先的"aime il"。而在中世纪末，除非紧跟一个元音为词首的单词，否则法语词尾辅音通常不发音，如"Ton frère'dit'；Tes frères'disent'"中的"t"不发音，而在相应的疑问句"Ton frère'dit-

---

① See Paul Boyer, *Mélanges Linguistiques offerts à M. Antoine Meillet*, Paris：C. Klincksieck, 1902.

② 带有保护性质的辅音在法语后期的发展中又被去掉。

il'? Tes frères 'disent-ils'?"中，"t"发音。由于"il, ils"最后两个辅音字母通常被略读，因此，口语中的疑问句和陈述句之间的区别仅在于动词后是否添加"ti"，对比如下：

〔tɔ̃ frɛ · r di—tɔ̃ frɛ · r di ti〕
〔te frɛ · r di · z—te frɛ · r di · z ti〕.

现在，出于便利考虑，法国人本能地把"ti"作为疑问句标志，而忘记了它的起源，甚至将其与女性主语连用："Ta sœur di (t)"变为问句"Ta sœur di ti?"也用于第一人称："Je di ti?""Nous dison ti?""Je vous fais-ti tort?"在小说中，"ti"常常被副词"y"替代："C'est-y pas vrai?""Je suis t'y bête!""C'est-y vous le monsieur de l'Académie qui va avoir cent ans?"我之所以详述这一点，除了"ti"与诸多词序存在关联外，它还揭示了语言有时须以一些意想不到的方式实现语法功能。

如上所述，"动词—主语"倒装词序不仅在疑问句使用，也普遍用于祝愿、邀请句型。在此，我们找到英语折中词序，除了"Long live the King!"的惯用语之外，愿望通常以"may"开头，真正的动词放在主语之后："May she be happy!"而过去的"Go we!"也变成了如今的"Let us go!"其中"us"置于动词之前。当祈使句中使用代词时，代词过去通常置于动词之后，比如莎士比亚："'Stand thou' forth""'Fear' not 'thou'"或者圣经中的"'Turn ye' unto him"，而现在的词序则变为"You try!""'You take' that seat, and 'somebody fetch' a few more chairs!"如果使用了助动词，折中词序将会产生："Don't you stir!"

## 十二　词序优势？

在这里，笔者仅以主语位置为例，对词序发展的规律性进行了探讨，而句子的其他成分也体现了同样的变化趋势，比如，宾语的位置（或者两个宾语的位置，除了直宾还有间宾），修饰性形容词的位置，从属副词的位置（规律地置于特定格之前的从属副词会变为"支配"这一格的介词），等等。不可否认，规则性词序发展的趋势非常普遍，而根据这一普遍趋势，我们将深入探讨下列问题：这种发展有益吗？在语言现阶段，更有规律的词序是否意味着语言结构的进步？还是它妨碍了自由词序的发展而应被抛弃？

回答此类问题之前，我们须小心，不要被"自由"这个词误导。自由为世人所向往，但不意味着它在语言中是最好的，如上所述，我们不应该被"丰富的语言形态（wealth of forms）"蒙骗，必须警惕"自由"这个词。假如换一种方式看待这一问题的话，那么就是有序和无序，究竟哪个更可取？诚然，仅从说话者的角度来说，自由似乎拥有更大优势，因为强迫遵守严格的规则是一种约束。但是，规则词序显然有利于听者，因为它在很大程度上提升了听者对所听内容的理解；同时，规则词序也符合说话者的利益，因为说话自然是为了被人理解。此外，说话者又会成为听众，因为没有人会一直做为听众或说话者，两个角色之间也不存在真正的冲突。

假如必须从诗人的角度考虑自由词序的话，我们首先承认不可能人人都是诗人，毕竟比起那些极少数写出令人羡慕诗句之人，更应关注如莫里哀笔下不知散文为何物却努力模仿的茹尔丹式的人物；其次，毫无疑问，一项调查会得出这样的结论：那些频繁使用倒装的诗人没有位于最伟大诗人之列；最后，有许多方法可以中和词序的约束，如小品词、被动语态、不同句型的使用，等等，所以，语言的艺术家无需绝望。

到目前为止，我们只为回答上述问题做了一点铺垫，现在，我们必须认识到，有些词序规则绝对不能称之为有益的。它们就像某些礼仪规则，并无存在的理由，但人类又不得不严格遵守。关于此类特殊的规则，历史学家也许能够解释它们的起源，并解释它们在遥远的过去存在的原因。但毕竟时过境迁，现在，它们已经成为了约束，继续使用毫无益处。在这类词序规则中，我们或许还会想起把法语代词一会儿放在动词前，一会儿置于动词后的规则，以及时而与格在前，时而宾格在前的词序规则，如："elle 'me le' donne；elle 'le lui' donne；donnez-'le moi'；ne 'me le' donnez pas"，以及把谓语、宾语等置于从句而非主句中的德语规则。与英语相比，上述德语词序规则是有缺陷的。我们在上文探讨约翰逊的德语句子时就曾指出（参阅本书第 18 章，第 4 节）。但在这里，我们批评的真正目的在于词序的内部矛盾：同样的规则并不适用于所有情况。似乎一个重要的原则只能这样确立，词序规则越统一，语言表达越省力，这不仅有助于理解，也让语言结构发生彻底改变成为了可能。

## 十三　词序与简化

因此，笔者得出结论，现代语法存在结构简化、大小写区别消失等现象，这些都与词序的发展相辅相成，且绝非偶然。那么，到底谁是因？谁是果？在我看来，固定词序毋庸置疑是前提（prius），而语法规则简化是结果（posterius）。然而，从人类大脑中找到一种不成熟的想法并不罕见，学者大多认为屈折词尾的消失在于"语音衰退"或者"发音规则的盲目操作"。之后，固定词序的出现是为了弥补表达形式的缺失。假如上述说法正确，我们就会构想出一个空白的历史时期，在这一时期，上述两种方法都无法体现词与词之间的关系，换言之，该语言在这一时期是无法理解的，几乎无法使用。但这显然是谬论。固定词序必然首先出现：当说话者的想法不再杂乱无章而是井然有序地浮现于脑海，固定词序便会逐渐形成，这是人类心智发展和全面成熟的自然结果。但在确立某种固定词序之前，假如句子具有模糊词尾辅音或者模糊元音的倾向，而这些辅音和元音本身就已表现出语法的重要性，那么这种固定词序就不会成为主流，因为它会不断受到语言可理解性的检验，以此彰显词与词之间的关系。不过，一旦每个词处于正确位置，就再也没有什么能够阻止词尾同化所带来的弱化，甚至完全消失的可能了。

为了证明我的观点，在上一段中，我不得不使用非学术性的论述。当然，事实要复杂得多，词序的明确与词尾的省略，其二者的变化互相交织，甚至在每个案例中，难以分辨二者孰是因孰是果。但是，我们也不能想当然地指出：词尾省略了"m"或"n"，作为格标记的二者是多余的，因为宾格总是放在动词之后，或是其他类似的原因。在笔者看来，我所做的推测基本正确，比如，关于拉丁语词尾"-s"，西塞罗曾经在《论演说家》（Orator）中表示，有许多铭文证实了当时语言去掉词尾"-s"的强烈趋势，但这种趋势最终并未成形。原因似乎很明显，我们拿出一篇拉丁语文章，把所有词尾"-s"去掉，你会发现文章变得晦涩难懂，因为名词和动词词尾中的辅音起到极为重要的作用，要想让拉丁语这种在词序上如此自由的语言无任何的损失，辅音自然不能省略，由此，词尾"-s"得以保留。但随着时间的流逝，词序越来越受规则限制。几个世纪之后，拉丁语分裂成罗曼语族，省略词尾"-s"的趋势卷土重来，它不再遭到以往的阻力。意大利语和罗马尼亚语词尾"-s"最先消失，法语词尾"-s"一直保留到中世纪结束，现在，西班牙语词尾"-s"也在慢慢减少。该现象可参阅安达卢西亚学者弗雷德里克·阿玛迪斯·伍尔夫（Fredrik Amadeus Wulff）《安达卢西亚语语音论》（*Un Chapitre de Phonétique Andalouse*，1889）。

因此，我认为语言的发展主线如下：第一阶段，人类按照自身的喜好把单词随意放在句中的任何位置，但这些单词都具有表明彼此关系的标记；第二阶段，标记被保留，词序变化逐渐规律，同时介词的使用更加丰富；第三阶段，词尾越来越模糊，直至消失，词序（和介词）足以表明最初由词尾或类似方法表明的关系。

从这个角度看，我们必须承认词序从自由转向严格是有益的，因为它让说话者能够摆脱更多不必要的累赘。正如约翰·克里斯托弗·弗里德里希·冯·席勒（Johann Christoph Friedrich von Schiller）指出：

> 诸多大家成名于口若悬河，
> 语言大家成名于寡言沉默。

语言风格是相对于个体而言的，而语言规则针对民众，我们必须鼓励这种具有"沉默智慧"的语言，它能够让简明的表达成为可能，而其他语言则使用更加繁杂的形式，比如，"*virorum omnium bonorum veterum*，*ealra godra ealdra manna*"。还有怎样的语言能够比英语"John beats Henry""Henry beats John"或者丹麦语"Jens slaar Henrik—Henrik slaar Jens—slaar Jens Henrik？—slaar Henrik Jens？"更能明确不同的目的与含义？汉字"之（ci）"在不同位置所带来的意义区别（参阅本书第 19 章，第 3 节），难道不能与巧妙的阿拉伯计数系统相提并论？与笨拙的罗马数字相比，阿拉伯计数中的 234 与 324，423，432 意义完全不同，"十"与"百"的概念由数字的顺序精确表示。

现在，我们不应忘记词序系统，因为词序不仅让语句更为便利，也让屈折变化更加清晰，这些语言中的词序比古老的雅利安语中的任何词尾使用都更为一致。约翰森是想让我们相信，放弃传统屈折词尾得不偿失，这一观点极为错误，因为屈折词尾会增加误解概率。在语言进化的过程中，抛弃原有屈折词的同时，也会产生更简单也更富有规律的词序，从而减少误解。约翰森写道："与叶斯帕森的观点相悖，我不认为精湛的表达会使用无屈折语言，这会迫使语句的部分含义通过猜测而得，我认为传统方式可以更清晰、更完美地呈现说话者和作者的意图。"这一评论相当离谱，正如读到数字 234 时，我们确信它指的是二百三十四，而不是三百四十二，同样，当我们读到或者听到"The boy hates the girl（这名男孩讨厌这位女孩）"时，我们不会质疑究竟是谁讨厌谁。毕竟，英语句子中的猜测要比拉丁语少得多。相关范例，请参阅本书第 18 章，第 4 节。

语言最终形成了向固定词序发展的直接或者间接的态势。词序取代屈折也就意味着人类精神力量的胜利。

## 十四 小结

执笔于此，我们已经对比了古代与现代印欧语系中语法结构中的主要特点，可以就此小结。印欧语系新、旧两种语言发展阶段中的某些共同点也能够让我们明确语言中的某些一贯的发展趋势，以此找出语言变化的总方向。我们有理由相信，这种发展总体上是有益的，是"进步的"。现代印欧语系的优越性体现在以下几个方面：

（1）词形总体缩略，消耗减少，发音时间缩短；

（2）记忆负担降低；

（3）构词更具规律；

（4）句法更加规范；

（5）语言更具分析性、抽象性，之前不可能或者无法实现意义的语言承载成为了可能；

（6）语法不再局限于一致性，多次重复显得多余；

（7）得益于规律词序，语句清晰、易懂。

以上的优势并非一蹴而就，各个语言发展的速度也存在较大差异，比如，高地德语在许多方面的发展落后于低地德语，欧洲荷兰语落后于非洲荷兰语，与丹麦语相比，瑞典语发展缓慢，但上述这些语言都不如英语发展迅速。此外，罗曼语族内部的各个语言发展速度也有所不同。语言学家主要认为，语言的总体发展趋势是沿着我们指出的这条路线前进，并且从人类中心主义的观点来看，这一发展趋势确实可以称之为语言进化。

但是，在语言的世界中，这种趋势是否真的广泛适用呢？不难看出，笔者所举实例大多选自特定几种语言，笔者与读者对这几种语言十分熟悉，它们都属于日耳曼语族和罗曼语族。那么，语言进化理论能否适用于所有语言？笔者不敢妄言对所有语言史有着深刻的了解，但笔者可以指出，该理论在这些语言中均得到史实的证实。相比古爱尔兰语，爱尔兰语和盖尔语在很多方面都具备更加简洁的语法结构。俄语已经摆脱了部分旧斯拉夫语系繁杂的语法结构，斯拉夫语系中的其他语言也是如此，其灵活度甚至更高，比如，保加利亚语极大地简化了自身的实质名词，塞尔维亚语对动词屈折变化进行了相当程度的简化。相比荷马或者德摩斯梯尼（Demosthenes）时代的古希腊语，现代希腊语口语的语法要简单得多。尽管古波斯语的语法结构异常复杂，但现代波斯语的结构几乎与英语一样简单、明了。在印度，我们见证了语法不断简化：从梵语到普拉克里特语（Prakrit）、巴利语（Pali），再到诸如北印度语、印度斯坦语（乌尔都语，Urdu）、孟加拉语等现代语言。另外，雅利安语之外的语言同样经历了简化：希伯来语比亚述语（Assyrian）更简洁、更规范，阿拉伯语口语也比古阿拉伯语更简便，科普特语（Coptic）比古埃及语更简明。在人类早期，大多数语言并无文字记载，不过可以肯定，土耳其语必定经历了类似的衍进，尽管这一过程极为缓慢。在后续的章节中，我们将会看到汉语似乎朝着同一方向发展，不过它的方块汉字让我们在探究其发展过程中面临巨大挑战。通过对非洲南部各地区班图语的比较，我们认为这些语言的发展同样遵循着进步的路线：划分名词种类的前缀在其使用数量与范围上亦已大幅减少（参阅本章，第9节）。根据布鲁索托·维特拉（Giacinto Brusciotto da Vetralla）的著述，[①] 班图语的语法已有 200 年的历史。将维特拉的描述与现在姆彭戈韦（Mpongwe）地区的语言比较，结果表明同类单词数量大幅减少，且词类已从原来的 16 种锐减到现在的 10 种。简言之，虽然使用小众语言证实语言进化论，但这些小众语言却包含了我们熟知的所有语言特征。因为与小众语言相比，我们拥有更漫长的时间对其他语言史更加熟悉。因此，我们有理由说，语法简化这一趋势在语言学历史上普遍存在。

这种简化趋势是有益的，但这种趋势却被老一辈语言学家忽略，因为古代语言对于他们来讲，如同一个美丽有序的世界，现代语言却让他们对于自己长久以来尊崇的事物感到困惑。从某个程度上讲，他们是正确的：如果以端正的态度学习每一种语言，每一种语言的系统结构就会呈现出美丽之处，甚至可以称之为"宇宙"。但并非所有特征都完美无缺，就像人类一样，它不仅呈现出美丽的优点，也能暴露不完美之处。出于综合考虑，我们应该将语言的优缺点同时考虑在内。毫无疑问，古希腊语拥有一种精致的美，古希腊人凭借自身的艺术气质，懂得如何在文学作品中把这种美发挥到极致。不过，现代语言中的这种美也丝毫未减，因为对于美的评价是一种品位问题，这就避开了理性的科学追问。但是，这种感性的力量不是决定性的，因为，语言对于人类的一切实际生活和精神世界都至关重要，语言也由此须从上述两个角度进行评估。假如做到了这一点，我们就不能忽视这样一个事实，现代语言整体上比古代语言更加实用，而后者则包含更多的异常与不规则，于此，现代语言方能更加博得人们的青睐。若不是读到莎翁台词"Misshapen chaos of well-seeming forms（匀称的体形之歪曲的混乱）"，我们如何都不会想到，语言正是由混沌向秩序不断衍进。

---

① 1882 年，由亨利·格拉坦·吉尼斯（Henry Grattan Guinness）于伦敦再编。

# 第十九章　语法成分起源

## 一　旧理论

显而易见，对于"语言是衰退还是进步"这一问题，前两章已经基于语言史中的客观事实予以解答。不过现在，我们可进一步深入探索史前语言。只要凭借过往合理的研究作为指引，我们的探索必然顺畅无阻。

回顾语言学，我们已经从过往的研究中找到了语言史前发展的普遍理论：早期的语言是孤立语，由毫无变化的词根构成；之后经历了黏着阶段，词尾应运而生，不过词尾与词根彼此独立；最后进入屈折阶段，这也是语言发展的最高阶段，词尾侵入词根，构成无法分割的整体。那么现在，我们对该理论进行检验。

首先是词根，词根是"根据同一语族内部不同的语言客观事实，对其进行严格、谨慎归纳的结果"① "词根理论的坚实基础是从语言学发展史推断出来的。"② "语言的工具性（instrumentality）起初大都简单、粗糙，如在语言中，所谓的词根……我们将这种不完美的暗示技巧称之为词根。"③实际上，上述包含了三种论断：依据事实归纳；语法工具学说当中的逻辑推理（这是学界的公认学说，不过，除了词根理论之外，学界还能构建什

---

① William Dwight Whitney, *Language and the Study of Language: Twelve Lectures on the Principles of Linguistic Science*, p. 260.

② William Dwight Whitney, *Life and Growth of Language*, p. 200.

③ William Dwight Whitney, "Logical Consistency in Views of Language", *The American Journal of Philology*, Vol. 1, No. 3, 1880, p. 338.

么?);语言"工具性"阶段由简单的先验观推断而来。就算我们承认上述
论断来自不同的语言学时期,且每个论断相互独立、相互补充,我们仍会
发现,支撑词根理论的上述三大论断就好比三脚凳,并非稳当,因为每个
论断都不够坚实,我们不久就会发现这一点。

## 二 词根

首先,我们来探讨词根,词根是什么?曾经,博普借用印度语言学家
对词根的定义,确信词根都是单音节的。他的追随者也信奉这一观点,他
们甚至将其他语音特征也归因于词根,例如,词根通常只含有一个短元
音。① 而笔者从一篇发表不久的论文中摘取以下一段话:"有些人认为印欧
语系的词根都是单音节的,我与他们的看法一致……这些词根大多以元音
开头。元音无疑是最早的话语,② 尽管我们无法确定印欧语系与人类语言
是否同时最初出现,但我们至少可以假设,印欧语系在当时处于非常原始
的阶段。"③

实际上,这类词根的数量不多。④ 这似乎是再自然不过,因为我们认
为最早的言语是最为贫乏的。

如果我们把词根阶段想象成为一种真正语言的话,那么这些为数不多
的单音节词根便成为真正的单词。这是一个必要的假设,学者也对它们的
阐释颇为详细。比如,库尔蒂乌斯坚持认为,词根本身就是真实、独立的
单词。⑤ 惠特尼也表示,词根"vak""曾有过单独成词的阶段"⑥。之后,
词根才有可能蕴含其他意义。但在此,我们姑且认为词根是真正的单词。

---

① See Georg Curtius, *Zur Chronologie der Indogermanischen Sprachforschung*, p. 22.

② 为何如此?难道指代绵羊和奶牛的单词最初也以元音开头?后又添加"b"和"m"产生
"bah"和"moo"?

③ Francis A. Wood, "Indo-European Root-formation", *Journal of Germanic Philology*, Vol. 1,
1897, p. 291.

④ Ibid. , p. 94.

⑤ See Georg Curtius, *Zur Chronologie der Indogermanischen Sprachforschung*, p. 22; See Georg
Curtius, *Zur Kritik der Neuesten Sprachforschung*, p. 132.

⑥ William Dwight Whitney, *Language and the Study of Language*:*Twelve Lectures on the Principles
of Linguistic Science*, p. 255.

那么世界上有没有一种语言仅由词根构成？关于此问题，我们可以在汉语中得到肯定答案。接下来，笔者将对汉语的主要结构特征做简要描述。

## 三 汉语结构

在汉语中，每一个汉字恰好由一个音节组成，并拥有 4 到 5 个清晰的声调。词性未做明显区分，例如汉字"大（ta）"可根据不同的语境，包含形容词"大的、多的"，名词"大"，动词"变大"，等等。此外，如"单复数、人称、时态、格"等语法关系也非通过词尾等方式进行表达。总之，汉字本身并无任何词形变化。而要判断名词性汉字是否为复数，须依靠语境确定。只有存在误解的危险或是强调复数概念的时候，才会添加如"几（ki）""数（šu）"等汉字。因此，词序是汉语语法最为重要的组成："大国（ta kuok）"颠倒词序，意为"国大（kuok ta）"，或者将"大国（ta kuok）"置于可视为动词的汉字之前，意为"国家幅员辽阔"。"子女（tsï niu）"意为"男孩和女孩"，而"女子（niu tsï）"仅指女孩，等等。除了中国的语法学家称上述汉字为实词（full word）外，汉语中还有很多为语法服务的精巧虚词，比如，汉字"之（či）"，该汉字除了能够清晰表示从属关系，还有其他语法功能："民（min）力（lik）"本身可充分指代"民众的力量"，但用"民之力（min či lik）"会把同样的概念表述得更加明确，同样的方法也可用于不同形式衔接，如将"之"放在主语之后，主语会变为属格，整句话变为从句，比如："王保民"意为"王保护民众"，但是，如果说"王之保民若父之保子（wang či pao min yeu fu či pao tsï）"，那么整个句子可译作英语的动名词："the king's protecting the people is like the father's protecting his child"。我们还可将整个句子变为属格，比如，"王保民之道可鉴（wang pao min či tao k'o kien）"即"王保护民众的方法有目共睹"。而在其他位置上，"此（či）"又可成为主谓结构、动宾结构、名词修饰成分，英语是用分词产生同样的用法，例如："王保之民（wang pao či min）"意为民众被王保护；"保民之王（pao min či wang）"意为"保护民众的王"。根据上述表述，我们发现区分主动式和被动式的巧妙方法是严格遵守词序，并用主谓结构或者动宾结构进行区分，比如，主语放在动词前，宾语置于动词后，这是主动式。如果将"以（i）"放在汉字前，将"故（ku）"放在同一汉字之后，则意为"因为、由于"（相当于英语中的"for…'s sake"）；如果将完整的句子放在"括号"内（汉语括号功能类似于英语括号），那么该括号就可视为因果连词，可译作"因为（because）"。[①]

## 四　汉语史

上一节的实例让我们对汉语有了初步了解，假如老一辈学者的研究值得信任的话，也会让我们对母语词根阶段的原始结构略知一二。但是，汉语结构是否自打一开始就保持不变？答案是否定的。在 1861 年，卡尔·理查德·莱普修斯（Karl Richard Lepsius）比较汉语和藏语后指出："汉字起初并非单音节，它实则是早期多音节结构衍化中的一个疏漏！"尽管研究汉语早期发音的学者之一艾约瑟（Joseph Edkins）依旧认为，汉语结构代表了"世界黎明时分所用的语言"[②]，但也为确定汉语早期发音提供了最重要依据。当然，与我们按字母顺序书写的语言相比，汉语发音问题要复杂得多，因为一个汉字就代表一个完整的单词，虽然汉字不变，读音却无限变化。通过汉语的方言发音，古汉语词典注解，中国僧侣抄写的梵语单词，古代诗歌的韵律以及文字符号中的音旁等研究，我们能够证实汉语发音经历了巨变，不过与世界上其他语言相似，其字形变得更加简短也更为简单，更重要的是，汉字的辅音组合也得到了简化。

在 1894 年，针对当时汉语的某种发音现象，笔者大胆提出了自己的假设，为汉语探究尽献绵薄之力。我指出，汉语借助不同声调产生的词义变化。比如，由于声调不同，"王（wang）"可表示名词"君主（king）"，也可以表示动词"称王（to become king）"；"劳（lao）"读二声，意为"劳

---

① 上述实例摘选自汉斯·乔治·康农·冯·德·加贝伦茨（Hans Georg Conon von der Gabelentz）《汉文经纬》（*Chinesische Grammatik*，1881）以及弗里德里希·泰科玛（Friedrich Techmer）《国际通用语言学杂志》（*Internationale Zeitschrift für Allgemeine Sprachwissenschaft*）第 1 期的一篇文章。

② Joseph Edkins, *Evolution of the Chinese Language*, London：Trübner & Co. , 1888.

务，工作（work）"，读四声，变为"犒劳（pay the work）"；不同声调的"踪（tsung）"可意为"跟随（follow）""随从（follower）""踪迹（foot-steps）"；一声的"妻（tshi）"表示"妻子（wife）"，四声表示"嫁（mar-ry）"。"haò"意为"好（good）"，而"haó"意指"爱（love）"。不止如此，不同声调的"sheu"可以是"收（acquire）"，也可以是"授（give）"；不同声调的"mai"可以是"买（buy）"，也可是"卖（sell）"。艾约瑟与维克托·亨利曾试图通过手势解释这一点，但明显有误。[①] 在日德兰半岛最南端的松讷沃（Sundeved），该地区的丹麦语方言有两种不同的声调，一种是高声调，一种是低声调。[②] 现在，这些声调经常能将单词或词形分开，人们也以这两种声调区分单词或词形，假如只存在一种声调的话，那么这种语言就会像汉语一样，成为单纯的同音异义词，比如汉语低声调"na"意为"傻瓜（fool）"，变为高声调时，要么意为复数"傻瓜（fools）"，要么意为动词"欺骗、捉弄（to cheat, hoax）"。根据声调的高低，"ri（骑）"可以表示祈使动词也可以表示动词不定式。低声调"jem"表示"家（home）"，高声调意为"在家（at home）"，这样的例子不胜枚举。但对于丹麦语来说，我们无需用手势说明声调的差异：以往单音节词声调偏低（比较标准丹麦语"nar, rid, hjem"），双音节词声调较高（如丹麦语"narre, ride, hjemme"）。不过，曾经的两个音节现已压缩成为单音节。当然，汉语的声调在各方面都不能与斯堪的纳维亚语的声调媲美，我们姑且认为上述汉字通过派生音节或者屈折词尾得以区分（参阅本章，第 5 节），但是现在除声调之外，其他区别全部消失。或许，以升调的方式省略词尾的闭塞辅音（p, t, k），这种假设更加合理。

在 1883 年，恩斯特·威廉·阿达尔贝特·库恩（Ernst Wilhelm Adal-bert Kuhn）做了一场题为《跨种族的起源及其语言》（*Ueber Herkunft und Sprache der Transgangetischen Völker*）的讲座，该讲座彻底推翻了汉语是原始语言的教条理论。他将汉语与周边地区的语言，如藏语、缅甸语、暹罗

---

① See *Le Muséon*: *Revue d'études Orientales I*, Louvain: Muséon, 1882, p. 435.

② See Nikolaj Andersen& Otto Jespersen, *Dania*: *Tidsskrift for Folkemål og Folkeminder*, Vol. 4, 1897.

语比较，指出这些语言与汉语密切相关，语言结构基本相似，彼此均为孤立语，并无屈折变化，词序是主要的语法手段。但在研究之后，库恩发现上述几种语言的词序规则完全不同，因此得出了一个无可争议的结论：这几种语言均未保持原有词序，这就意味着这些种族毫无理由冒着造成语言混乱的风险，改变了原有词序。而唯一的解释可能是，词序的古今差异可能源自该语言早期的极度自由。但是，如果人类祖先在说话时可以随意安排词序，那么想要了解话语的含义就必须采用其他语法手段。换言之，只有通过派生或者屈折等手段，我们才能够弄清词与词之间的关系。

根据库恩的结论，我们得出汉语自一开始就不存在固定词序。针对这一点，我们不禁要问："原始人也是通过这样的方式组织语言吗？"加贝伦茨表示，汉语语句具有缜密的逻辑，这点与英语信封上的地址书写如出一辙：最具体的地址写在最前面，之后的每个词都像一个盒子，一盒套一盒。而只有中国人反过来写，他们首先书写最笼统的地址，然后越来越具体。① 现在，我们可否这样理解：粗野的原始人，即野蛮人，他们甚至不配用"智人（homo sapiens）"的称号，只能勉强称之为"早期人类（homo incipiens）"，或者比"野人（unmensch）"称呼更好一点的"原始人（ur-mensch）"，他们能否把自己的话语或者思想通过完美的词序表达出来？笔者认为，只有历经长时间的历炼，人类的思想和表达才能更有逻辑，更富于条理。无论汉语，还是欧洲语言，固定的词序都是逐渐发展而来的，而在这一过程中，随着时间的推移，人们舍弃了逻辑性差且更加机械的语法手段。

至此，我们对汉语有了全新认识，它完全有别于以往论断，即汉语不能佐证雅利安语或者全人类的语言最初并无语法结构而由单音节词根组成。

## 五　近期研究

笔者再版了上述汉语概论，就像三十年前初写此概论的时候，只对其

---

① See Hans Georg Conon von der Gabelentz, *Die Sprachwissenschaft*, p. 426.

中几处措辞做了小小改动。笔者认为，主要论点放到今日依旧有效，并且，我读到的关于这种有趣语言的一切都证实了我在过去基于不充分研究的假设。现在，丹尼尔·琼斯（Daniel Jones）与胡炯堂（Kwing Tong Woo）合著的《粤语语音学读物》（*A Cantonese Phonetic Reader*，1912）与高本汉《北京话语音读本》（*A Mandarin Phonetic Reader in the Pekinese Dialect*，1917）收录于《东方研究档案》（*Archives d'études Orientales*）第 13 卷。这两本优秀的著作研究了包括声调在内的汉语发音，探索了两种不同的汉语方言。高本汉还是收录于《东方研究档案》第 15 卷《中国音韵学研究》（*Etudes sur la Phonologie Chinoise*）的作者。在对汉语口语与书面语深入了解的基础上，他对汉语语音史以及重构古汉语语音进行了缜密的学术性探索。在《中土王国的字与笔》（*Ordet och Pennan i Mittens Rike*，1918），高本汉简述汉语的语言结构与文字系统，这一概述颇受学界欢迎。

近期，高本汉发现了古汉语中的格区分，这一杰出发现极为重要。在古汉语中，第一人称（我、我们）有 4 种被视为绝对同义的代词。高本汉认为，其中的两个代词在《论语》中经常出现，且二者使用存在不同的倾向，一种经常充当主格，另一种作为宾格。纵使有例外，数量却有限。现代汉语第一人称第一个发音是［u］，第二个是［uo］或者［ŋo］。假如回到公元 6 世纪，我们会把前者读作［ŋuo］，后者［ŋa］，这显然是一种变格。现在，高本汉指出，第二人称拥有两个不同的代词，尽管不如第一人称发音区别明显，但第二人称两个代词的区别在宾格中表现出侵犯主格的强烈趋势。在此，高本汉巧举西方语言中类似的例子，即第一人称保留了异干词系统（suppletive system）的 "ego：me"，而第二人称依然使用同干词 "tu：te"。因此，古汉语的人称变格如下：

表 19-1　　　　　　　　　古汉语人称变格

| | 第一人称 | 第二人称 |
|---|---|---|
| 主格 | ŋuo | nźiwo |
| 宾格 | ŋa | nźia |

参阅《原始汉语屈折考》 "Le Proto-chinois, langue flexionnelle"，

《亚细亚学报》(*Journal Asiatique*) 1920 年，第 205 页起。[①]

## 六 再议词根

现在，让我们再次回到词根。受印度语法的影响，欧洲语言学家又将词根理论扩展至词根意义。这些词根全部含有抽象的动作意义，例如 "breathe, move, be sharp or quick, blow, go（呼吸，移动，快走，吹，走）"等等。假如说话者全部用抽象词表达自身所想的话，这会让听者不知所云。当然，汉语拥有大量的具象词（words for concrete objects）。

我们通常认为，语言史上存在着一个专门创造词根的特殊历史阶段，在该阶段，所有的词根都被创造出来，之后再无新词根产生。不过，惠特尼否认了这一观点。[②] 他指出，英语中的 "preach（布道）" 和 "cost（花费）" 可能就是新词根，尽管二者最早由拉丁语 "præ-dicare" 和 "con-stare" 衍变而来。而上述古老的复合词看似一个整体，换言之，"缩减成类似词根的模样，实则是派生词和复合词"，但惠特尼只是建立了新词根的 "假象"，并无进一步研究。他的论述更像是该理论的拥护者，而非批驳者。事实上，新单词是由现代语言创造而来，如果它们构成了派生词的基础，那么我们就可以称之为新词根，如 "pun-punning, punster; fun—funny" 等。此外，我们何不说法语词 "roul" 是 "rouler, roulement, roulage, roulier, rouleau, roulette, roulis" 的词根？这是因为只有当词根赋予了这些单词本义的时候，这一说法才会成立。语言学家也会提出异议，认为这些单词并非由词根构成，而只是基于非首品词的派生而已，比如拉丁

---

① 笔者还需提到奥古斯特·孔好古（August Conrady）《印支语系（汉藏语系）中使动名谓式之构词法及其与声调别义之关系》(*Eine Indochinesische Causativ-denominativ-bildung*, 1896)，在此书中，卡尔·理查德·莱普修斯（Karl Richard Lepsius）的理论被继续深化，并用大量研究证明了汉语与同源语言的诸多声调关系（以及首音变化）都可以在过去的前缀中找到相应解释。现在，这些词缀虽已消失，在藏语中仍能指认。在本书第 19 章，第 4 节，笔者本应探讨汉语前缀而非"屈折词尾"，但权威汉学家已经证实了史前汉语具有多音节、非孤立的语言结构特点。

② See William Dwight Whitney, *Max Müller and the Science of Language*, a Criticism, p.36.

语"rotula"就是"rota（轮子）"的小词。① 对大多数人来说，"sorrow（悲伤）"与"sorry（歉疚）"关系紧密，二者都含有词根"sorr-"，但在几千年前，这两个单词毫无关联，且词根不同：古英语"sorg"表"关心"，而"sārig"表"受伤的、折磨的"。如果拉丁语与希腊语的词源全部消失且无踪迹的话，那么语言学家定会将"scene（场景）"与"see（看见）"关联，这种观点也在英国大多数文盲中流行。不过，谁又能保证雅利安语中的词根如"preach, cost, roul, sorr, see"不会在不同的历史时期通过上述类似的过程产生新词根呢？

因此，词根的正确定义似乎是：词根是说话者凭直觉认为的某几个单词的共有之意。在这个意义上讲，我们当然可以谈论任何语言任何阶段的词根而非该语言最初阶段的词根。在有些情况下，词根可以单独成词，如英语"preach, fun"等，法语"roul"可以拼写为"roule, roules, roulent"等。而其他词根则无法单独成词，例如，拉丁语"amo, amor, amicus"中的词根"am"；英语的"sorr"。有时，语音的诸多问题会导致词根发音困难，如英语"drink, drank, drunk"或者"sit, sat, seat, set"，人们会轻易地把这几个词混为一谈，不过脱离了上述"dr. nk（'.'代表元音）"和"s. t（'.'代表元音）"词形，剩下的字母便不能称之为词根。同理，如果想要确定词根，我们也可以对辅音进行上述类似的考虑，如"give, gift（'gi'+唇齿摩擦音）"与"speak, speech"之间的共有部分。

在笔者看来，词根虽然形态多变，但它拥有真正重要的作用。由于词根形态不易表述且不易发音，它的含义极为模糊且难以界定，毕竟词根是多个单词的共有成分，它必然要比任何一个单词具备更加广泛也更为抽象的含义。因此，我们自然要用描述性的话语廓清一个词根的含义，因为描述性的含义要比定义更普遍也更抽象。同时，词根可以出现在任何历史时期的论断，也不会让我们将人类语言的最早时期视为"词根产生"的专属阶段。

---

① See Michel Bréal, *Mélanges de Mythologie et de Linguistique*, Paris: Hachette et cie, 1882, p. 407.

## 七　黏着理论

根据公认理论（参阅本章，第 1 节），一些词根会慢慢附着于其他词根并失去独立性，最终与词根融合成为构词要素（formatives）。通常我们将该理论称为黏着理论，但该理论有三个重要条件：首先，有些语言之前完全是黏着语，现在是屈折语，发生词根融合的具体时间无法确定，并不存在一个固定时期；其次，构词要素的前身起初并不是词根，而是真正的单词；再次，融合过程并非构词要素发展的唯一路径，因为，融合中还存在许多曲折变化，尽管并不明显，但它对语言的发展同样重要。

融合或聚合的过程需要历经几个阶段，我们可形象地表述为：两个单词首先放在一起（直白地说，两个单词接连发音），随后，二者交缠、粘连（黏着），最后熔凝、混合。在此过程中，最重要的阶段是单词内部的某些成分在语音和语义上逐渐丧失独立性。

因此，"黏着"只是整个连续发展的中间阶段，与其将这种基于构词要素的理论称作"黏着理论"，笔者更倾向称它为"融合理论"，因为"黏着理论"这一说法会让人们的注意力过多地集中在所谓的黏着上。如果我们拿土耳其语的构词要素来举例，如"sev-mek（爱）""sev-il-mek（被爱）""sev-dir-mek（生爱）""sev-dir-il-mek（为爱而生）""sev-ish-mek（彼此相爱）""sev-ish-dir-il-mek（为了彼此相爱）"，有谁能保证这些构词要素最初都是独立词呢？如今，那些能力出众对该问题有所见解的学者似乎也开始质疑该理论的正确性，他们反对早期学者对这些语言所做的描述。我们可参阅威廉·格伦贝克（Vilhelm Grønbech）《土耳其语语音史研究》（*Forstudier til Tyrkisk Lydhistorie*，1902）的最后一章，尤为有趣。

## 八　融合理论

融合分不同程度，在同一时期，不同程度的融合可用经典实例加以解释，比如英语单词"un-tru-th-ful-ly（不真实地）"与德语单词"un-be-stimm-bar-keit（不确定性）"。现在就让我们简析其中的构词要素。首先，

"ful（l）"是迄今为止唯一一个仍可作为独立单词的构词要素，"I have my hand full of peas（我满手豌豆）"可以轻易地变成"a handful of peas（一把豌豆）"，重音由"full"转移到"hand"上，这为两个单词融合铺平了道路。不过，只有在该词词尾能够添加复数标记时，如"handfuls，basketfuls"，等等，这一融合过程才算完成。在一些并非熟悉的词组中，表复数的"s"仍然置于单词内，如"bucketsful，two donkeysful of children"。[①] 而这些实质名词后缀"-ful"保留了元音［u］。而像"peaceful，awful"这类复合形容词，人们在发音时较为口语化，这导致了模糊或者省略元音现象的出现，产生了［-fəl，-fl］，从而削弱与单词"full"的语音关联。语义上也是如此，比如，"dreadful，bashful（讨厌的、羞怯的）"，这些单词并不包括"充满"之意。自此，从单词到派生后缀的衍变过程才彻底完成。

英语单词"childhood，maidenhead"中的"-hood，-head"原本也是独立词，在古英语和中古英语中，它由"had（状态、条件）"发展而来，哥特语写作"haidus"。而该词在德语中存在两种词形，一种是"freiheit（自由）"中的后缀"-heit"，另一种是"-keit"，其中的"k"是形容词"ewigkeit（永恒的）"与中世纪高地德语"ewecheit"的尾音，不过后来被认为是后缀"-keit"的一部分，之后转移到不含"k"的词干中，比如"tapferkeit，ehrbarkeit"。

后缀"-ly"是由"lik"衍变而来，其实质含义是"形式、外表、身体"，比如，"死尸"用丹麦语写作"lig"，英语"lich（死尸）"是由"lichgate（公墓入口）"一词产生的，"manlik"由此推断"具有人形"之意。形容词"like"源自"ge-lic"，意为"与……外表相同"（拉丁语"con-form-is"）。在复合词中，"-lik"简化为"-ly"，但在某些情况下，我们仍然使用完整的说法，如"gentlemanlike，gentlemanly"。该词尾在形容词中广泛延用。如今，如果形容词加上了后缀"-ly"，就会变成副词，如"truthful-ly，luxurious-ly"，那么这是由古英语形容词词尾"-lic"和副词词尾"-lice"这两种形式在语音上合二为一的结果。

我们也许会有疑问，德语的后缀"-bar"（古高地德语"-bari"，古英

---

① See Otto Jespersen, *Modern English Grammar on Historical Principles II*, 2.42.

语 "−bære") 是否曾是独立词。不过，它最终与动词 "beran（忍受）"
融合，对于这一点，我们并无质疑。而意为 "结果实（what bears fruit）"
的 "fruchtbar（古英语'æppelbære'）"，其含义在后来的融合中慢慢减弱，
像 "ehrbar，kostbar，offenbar（正派的、珍贵的、明显的）" 这类形容词的
后缀只保留了一点原义，甚至毫无意义。而英语中常用的 "un-" 和 "be-"
分别是古老的否定词 "ne" 与介词 "by" 的不同形态。所以在上文提到的
"un-tru-th-ful-ly" 中，只有 "-th" 的来源还存在质疑，该词尾实际把
"true（真的）" 变为 "truth（事实）"，类似的例子还有 "length，health"，
等等。

## 九 屈折词尾

毫无疑问，这些后缀和前缀都曾作为独立词存在，随后被或多或少地
弱化，最后成为构词要素。不过，对于屈折词尾，它们的变化经历是否与
上述一致？对某些词尾来说，这一过程同样适用。

比如，斯堪的纳维亚语中的被动语态就是由主动词与代词 "sik" 融合
产生。古诺尔斯语 "（þeir）finna sik（'他们找到了自己'或'彼此'）" 逐
渐融合成为一个单词 "（þeir）finnasik"，随后又变成 "finnast，finnaz"，瑞
典语写作 "（de）finnas"，丹麦语 "（de）findes"，即 "他们被找到"。在古
冰岛语中，一些代词的衍变依旧如此，尽管在词形上与动词无明显区别，由
此经常形成以下组合："Bolli kvaz þessu ráða vilja = kvað sik vilja（波利说
出了自己的意愿）""Bolli dixit se velle（波利说他会有自己的办法）"[①]。在
丹麦语中，如何区分反身词和纯被动语态的方式，我们可以 "de slås" 为
例，如果该词读短元音，其意为 "他们（互相）打架"；如果发长元音，则
意为 "他们挨了打"。俄语也有类似的融合现象，"sja（他自己）"（或 "我
自己" 等）缩减成词尾 "s"，比如 "kazalos"，意为 "自显、证明"。

罗曼语族的将来时也是如此：意大利语 "finiro"，西班牙语 "finire"，

---

① Johan Fritzner, *Ordbog over det Gamle Norske Sprog*, Kristiania: Feilberg & Landmark, 1867,
p. 55.

法语"finirai"是由"finire habeo（finir ho，等）"衍变而来，最初意为"我必须完成"。而在融合完成前，代词可插入其内，比如：古西班牙语"cantar-te-hé（我要为你歌唱）"。

带词尾的定冠词是第三种典型情况，前提是我们将其视为一种屈折性词尾：古诺尔斯语"mannenn（manninn）"为"the man（那个男人）"的宾格，"landet（landit）"意为"土地"；丹麦语"manden，landet"是由"mann，land"+指示代词"enn"以及中性词"et"构成；罗马尼亚语"domnul（主；上帝）"由拉丁语"dominu（m）illu（m）"衍变而来。

## 十 理论有效性

融合理论真的适用于一切情况吗？换句话说，所有派生词缀和屈折词尾在与中心词（main word）如"胶"一般粘连或者紧密焊接之前，是否都是独立词？权威语言学家普遍认同该观点，甚至把该观点奉为正统，他们还会组成强大的学术团队捍卫黏着理论。[①]

---

① 参阅约翰·尼古拉·马德维格（Johan Nicolai Madvig）《语言学微论》（*Kleine Philologische Schriften*，1875）第170页；威廉·德怀特·惠特尼（William Dwight Whitney）的《语言与语言研究：语言科学原理十二讲》（*Language and the Study of Language：Twelve Lectures on the Principles of Linguistic Science*，1867），1.271；《东方语言研究》（*Oriental and Linguistic Studies*，1873—1874），1.283，《语言的生命与发展》（*Life and Growth of Language*，1875）第124页；赫尔曼·奥托·西奥多·保罗（Hermann Otto Theodor Paul）撰写的《语言史原理》（*Prinzipien der Sprachgeschichte*，1909）第1版，第181页；第4版，347页，第349页，第350页；卡尔·布鲁格曼（Karl Brugmann）《闪米特语族比较语法》（*Grundriss der Vergleichenden Grammatik der Semitischen Sprachen*，1886），2.1（但在此书第2版中，这一观点被否认，取而代之的是绝望般的怀疑）；雨果·恩斯特·马里奥·舒哈特（Hugo Ernst Mario Schuchardt）《沃拉普克语研究》（*Auf Anlass des Volapüks*，1888），第11页；汉斯·乔治·康农·冯·德·加贝伦茨（Hans Georg Conon von der Gabelentz）《语言学》（*Die Sprachwissenschaft*，1891）第189页；伊萨亚斯·泰格纳（Esaias Tegnér）《胜过思想的语言力量》（*Språkets Makt öfver Tanken*，1880）第53页；斯威特（Henry Sweet）《新英语语法》（*A New English Grammar*，1898）第559页；约翰·斯托姆（Johan Storm）《英语语言学》（*English Philology*，1881）第673页，克拉科夫·罗兹瓦尔多夫斯基（Krakau v. Rozwadowski）《构词法与词义》（*Wortbildung und Wortbedeutung*），克里斯蒂安纳斯·科尼利厄斯·乌伦贝克（Christianus Cornelius Uhlenbeck）《巴斯克语法特征》（*Karakteristiek der Baskische Grammatica*，1907）第24页，路德维希·苏特林（Ludwig Sütterlin）《论语言结构的性质》（*Das Wesen der Sprachlichen Gebilde*，1902）第122页；维克多·波热津斯基（Viktor Porzezinski）《语言学导论》（*Einleitung in die Sprachwissenschaft*，1910）第229页。

　　笔者在以往的著作中列举了四大理由，用以驳斥学界广泛认同的黏着理论起源。① 在此，笔者将以更加清晰的逻辑顺序，重新阐述。

　　一、在上述所举的实例中，我们无法追溯多数屈折的最初起源，因为早在融合之前，单词已被彻底屈折化，比如，古诺尔斯语 "finnask, fannsk"，意大利语 "finirò, finirai, finira" 以及古诺尔斯语 "maðrenn, mannenn, mansens"，等等。它们只不过是在旧屈折的基础上衍变出的新屈折而已。可以想象，如果说话者还未准备好接受这一新形式的话，那么融合就不会发生，或者不会融合得如此彻底。不过，笔者不太重视这一论点，我们还会继续寻找更有说服力的理论。

　　二、毫无疑问，通过融合产生的单词数量并不多。没有几个派生音节最初独立存在，但是将这些单词与起源不明的融合词相比较，我们会发现该类词所占比例的确很小。根据斯威特在《新英语语法》（*A New English Grammar*，1891）中列举的英语后缀表，我们发现，只有 11 个后缀在过去为独立词，而 74 个来源不明。笔者认为，每位读者都会为布鲁格曼在《印欧语系比较语法简论》（*Kurze Vergleichende Grammatik der Indogermanischen Sprachen*，1904）第 2 卷中列举的大量后缀惊叹不已，其中大部分后缀无法追溯为独立词，如 "hood"，等等。很显然，以上后缀不论在形态、词义、词尾用法等方面都明显不符合词源论。

　　即便找到可以追溯到词源的屈折词尾，其数量也要比派生词缀少得多；所能列举常见的实例只有 3，4 个，这样的例子还有很多吗？是否足以证明该理论的正确性？笔者认为，该理论的基础极为薄弱。

　　三、事实上，如果我们多列举例子，以此说明屈折词尾的产生与黏着词尾的形成完全相反，那么上述理论就能得到支撑，因为只有完全放弃黏着，才能实现语言的屈折构词。参阅本章，第 13 节 "析取（secretion）"。

　　四、如果融合理论成立，我们应当期待，无论是在形式（形态）上，还是在语义（句法）上，该理论都会比古雅利安语更具规律性，因为，如果给一个词加上一个特定的成分用来体现变化，那么我们有什么理由不用

---

　　① See Otto Jespersen, *Progress in Language*, London：S. Sonnenschein & Co., 1894, p. 66；See Otto Jespersen, *Studier over Engelske Kasus*, København：Kleins Forlag, 1891, p. 36.

相同的方式把这种成分添加到所有单词中呢？事实上，罗曼语族的将来时，斯堪的纳维亚语的被动语态与定冠词都比古雅利安语的名词屈折与动词屈折要规律得多。

## 十一 不规则词源

也许，有人会提出异议，认为我们在这些古老语言中发现的非规律性是后来发生的，正如舒哈特所说："反常的黏着变化"。惠特尼也曾表示："每个后缀都有其独特的含义与作用，能够使用在类似的单词中。"[1] 而且，在阅读施莱歇尔的《印度日耳曼语言比较语法纲要》时，我们会有这样一种感受：古雅利安语的发音和词形就像一群训练有素的士兵，他们的军事风格无可比拟，而随后各个语言中不规则现象的出现都是后期松懈所致。但是，在过去的 50 年里，整个语言学的发展趋势都在体现越来越多的不规则性：以往，我们假设一种词尾指代一种格，那么现在有多个词尾对应同一格。[2] 正如词形发生的变化，语义和用法也在改变。早在 1857 年，马德维格指出最初词形的语法意义一定极为模糊且变化不定。[3] 但是，大多数学者依旧坚持认为，每种格、每个时态、每种语气始终不变，直到后来语言学的进步，这种观点才被抛弃。人们不愿相信原始雅利安语动词有明确的时态变化，而是普遍认为雅利安语动词同斯拉夫语动词一样，存在不同的"动词体（aktionsarten）"，而不同"时间"的概念不过是后来"动词体"概念的延伸而已。但是，如果比较不同学者对"动词体"的区分与定义，我们就会发现这一概念在本质上是极为模糊的，其中包含的诸如持续时间、完成、结果、开端、重复等概念如同微小的细菌难以辨认，而在其探讨过程中，诸如完成时、未完成过去时、过去时和现在时这样的概念却

---

[1] William Dwight Whitney, *Language and the Study of Language：Twelve Lectures on the Principles of Linguistic Science*, p. 254.

[2] See Streit Wilhelm August Streitberg, *Geschichte der Indogermanischen Sprachwissenschaft*, 2. 194, 2. 69.

[3] See Johan Nicolai Madvig, *De Grammatische Betegnelser*, Copenhagen, 1857, p. 27; See Johan Nicolai Madvig, *Kleine Philologische Schriften*, p. 202.

变得愈加清晰。

上述观点同样适用于语气。所有试图为虚拟语气寻找基本概念（grund-begriff）的尝试，不论是演绎法还是归纳法，最后都以失败告终，因为我们无法划分一种原始且具有严格界定的虚拟语气的使用范围。而一般理论认为：语言中存在着一种真正的虚拟语气，该语气以长词干元音（long thematic vowels）"-ē-，-ā-，-ō-"为特点，与希求语气存在区分，希求语气的构词要素为"-iē-：-ī-"①，而在拉丁语中，二者已经合二为一。不过，厄特尔和莫里斯·希基·摩根（Morris Hicky Morgan）在他们的名篇《印欧语系屈折变化性质与起源研究》（"An Examination of the Theories regarding the Nature and Origin of Indo-European Inflection"，1905）中，提出一种更为实际的假设，即在印欧语系形成阶段，情态构词要素"iē：ī"与长词干元音"-ē-，-ā-，-ō-"，其二者的实质含义相同，即便进入拉丁语，二者依旧无法区分。② 不过，一方面，日耳曼语族实际放弃了带有长词干元音的语言形态，将它缩短为后缀"i"；另一方面，希腊语和印度—伊朗语由于语言形态不同，已经将"虚拟语气"与"希求语气"分离。

## 十二　融合理论的衰落

在语言史部分，笔者已经列举一些被大多数学者抛弃的关于雅利安词形融合的例子，比如，拉丁语被动语态中的"r"其实是"se"的变体，这与斯堪的纳维亚语的被动语态极为吻合。但是，在凯尔特语中，假如发现了相同的变化，那么该理论就站不住脚了，因为凯尔特语中"s"到"r"的转变机制有待探索。因此，如今的学者认为，这些形式与梵语中的"r"词形有关，但不含任何被动意义，之后这一观点又成为对凯尔特语族

---

① 传统语言学派对该构词要素有两种解释：根据奥古斯特·施莱歇尔（August Schleicher）《印度日耳曼语言比较语法纲要》（*Compendium der Vergleichenden Grammatik der Indogermanischen Sprachen*，1861）第290页，"-iē-"是词根"ja"的关系代词；根据乔治·库尔蒂乌斯（Georg Curtius）与其他学者的说法，"-ī-"是"i（走）"的词根，希腊语"fer-o-i-mi"可以理解为"我去承受"，由此可以简单（？）地转换出"我愿意承受"，等等。

② See Morris Hicky Morgan，"An Examination of the Theories Regarding the Nature and Origin of Indo-European Inflection"，*Harvard Studies in Classical Philology*，Vol. 16，1905.

和意大利语族研究的新发现：这两个语言分支将现有无意义的辅音灵活地运用到自身的屈折系统当中，由此产生了全新用法。①

在日耳曼语族，由于"弱"过去时是由中心词与"did（比如 loved = love did）"融合而成，这一解释长久以来都是黏着理论的有力支撑。早期，博普把这些词形与其他单词混杂在一起，因此我们无法用同一个理论对其解释（参阅本书第2章，第6节），随后也被世人遗忘。在《弱变化动词与其历史》（*Das Schwache Präteritum und Seine Vorgeschichte*，1912），科利茨指出，构词要素中的辅音曾经是雅利安语中的"t"，它不仅与被动分词密切相关，而且与动名词词尾"-ti"关系紧密。

雨果·梅格（Hugo Merguet）表示，拉丁语完成时态中的"-vi"不可能源于"fui"。② 如此线性过程论已不被学界接受，如今，学者们转而开始在个别例子中观察"w"中的原始完成时态，并假设各种类推之间产生了复杂的影响。

许多人将格词尾"-s"视为融合指示代词"sa"，或者是当今的"so"；库尔蒂乌斯根据"sa"在两个不同历史时期进入单词导致了不同时期用法不同的论断，攻克了"s"何时表主格，何时表属格的难题，不过他并未告诉我们代词是如何衍变出主格和属格的。③ 写到这里，笔者想到了赫尔曼·莫勒的最新研究成果。④ 他认为，雅利安语和闪米特语中的主格词尾为"-o"，属格词尾为"-e"，但二者多用于阳性词而非阴性词。而代词"s"往往作为定冠词，因此，拉丁语单词"lupus"对应的原始词形表示

---

① 参阅费迪南·萨默（Ferdinand Sommer）《拉丁语语音和形态学手册：拉丁语语言研究导论》（*Handbuch der Lateinischen laut-und Formenlehre：Eine Einführung in das Sprachwissenschaftliche Studium des Lateins*，1902）第528页；关于亚美尼亚语和吐火罗语"r"的形式，参阅《巴黎语言学会纪要》第18期，第10页起以及西格蒙德·费斯特（Sigmund Feist）《语言学微论》（*Kleine Philologische Schriften*，1875）第455页。但我们不能忽视霍尔格·佩德森（Holger Pedersen）恢复并强调了相关传统理论，即意大利语族以及凯尔特语中"r"的原型是"se"。参阅恩斯特·威廉·阿达尔贝特·库恩（Ernst Wilhelm Adalbert Kuhn）《比较语言学杂志》（*Zeitschrift für Vergleichende Sprachforschung*）第40期，第166页起。

② See Streit Wilhelm August Streitberg, *Geschichte der Indogermanischen Sprachwissenschaft*, 2. 220.

③ See Georg Curtius, *Zur Chronologie der Indogermanischen Sprachforschung*, p. 12.

④ See Ernst Wilhelm Adalbert Kuhn, *Zeitschrift für Vergleichende Sprachforschung*, Vol. 49, 1920, p. 219.

"这只狼"，"lupu"表示"狼"；后来，无词尾"-s"的"lupu"被弃用，"lupus"既表示"这只狼"，又表示"狼"，属格同样如此。如果假定该原始词形转换为拉丁语"lupis（这只狼的）"和"lupi（一只狼的）"的话，那么"lupi"就会包含上述两个含义。闪米特语恰好相反，"m"相当于雅利安语的宾格词尾，表不定冠词，因此无"m"词尾便成为定冠词。但古老的巴比伦—亚述语并无此区分，"-m"（相当于拉丁语词尾"-s"）既可表冠词词尾，也可表不定冠词词尾。虽然，这些理论构想十分巧妙，但在笔者看来，整个理论过于臆想，很难想象雅利安人和闪米特人明明进化出了像"lupis"和"lupi"这样简单明了的词形区分，为何故意弃用，且过一段时间再次制定语法规则。① 所幸的是，我们可以承认自己对格词尾"s"和"m"的源头一无所知。如果非要在莫勒和洪堡特的假设中做出选择的话，② 那么笔者认同后者的论断，即高音调"s"象征生命体（人称代名词）和主动语态（主语）；而低音调"m"象征无生命体（中性词）和被动语态（宾语）。

赫特也指出，雅利安语中的"s"起初是独立词，并认为"se"和"so"起初并不是指示代词，而是小品词，与后缀"i"构成哥特语"sai（看）"。③ 因此，可以将其与拉丁语"hic（这个）"中的"c"比较，很明显，"s"可以加在任何格中。实际上，赫特发现了单数"s"可用于6种不同的格中，而复数"s"可存在于除属格之外的其他格中。不过，赫特并未解释这些存在于古老文献中的"s"是如何获得意义（功能）的，因为"s"本身并不具有格、单复数或者性别的意义，只有进入某些特定的格中，"s"才有意义。"④ 换句话说，他的理论毫无意义。同样，他认为助词"om"或"em，e，o，i"在其他格中也是如此，并表示："这足以让我们一探雅利安语屈折词的起源。"⑤ 但是，我们只能说，屈折词只是偶然

---

① 如果"s"是定冠词，它为何只与词干搭配？不与其他成分搭配？为何中性词不需要定冠词？
② See Wilhelm von Humboldt, *Ueber die Verschiedenheit des Menschlichen Sprachbaues und Ihren Einfluss auf die Geistige Entwickelung des Menschengeschlechts*, p. 129.
③ See Herman AlfredHirt, *Geschichte der Deutschen Sprache*, München：Beek，1919，p. 37.
④ Ibid. , p. 39.
⑤ Ibid. , p. 42.

产生的，对此学界至今仍然无法给出令人满意的答案。笔者尤其反对赫特理论中的两大推断，一是，雅利安语在某段时期内完全无屈折；二是，不同格中的相同语音必然拥有相同的起源。在笔者看来，主格与属格中的"s"最初起源并非一致。①

融合理论之所引起大多数学者和外行之人的兴趣，就在于它用人称代词来解释动词中的人称词尾。例如，带有第一人称词尾"mi-"的动词（如"esmi"）与代词"me"中都含有"m"；第三人称，如"esti"，与第三人称代词或指示代词（如，"to"）都含有"t"。因此，我们会认为"es-mi"源于词根"es（即'to be'）"＋代词"mi（即'I'）"，"esti"源自"es"＋其他代词，此推理同样适用于其他人称。但即便如此，也未能逃过以阿奇博尔德·亨利·塞斯（Archibald Henry Sayce）和赫特为首的后辈语言学家的质疑。② 事实上，该理论仅基于第一人称和第三人称单数实例，与双数词尾和复数词尾以及相应的人称代词无关，我们只能运用语言学家不屑的语音手段，对第二人称词尾与代词进行比较。即便是第一人称中的词尾与代词的对应也非完整，除了"-mi"之外还有其他词尾，即"-m"，不过，我们无法确定"-m"是否为"mi"的简写（正如塞斯指出，"-m"更像是名词的宾格词尾），而且我们无法用已知代词解释词尾"-o，-a"。因此，这只能如布鲁格曼所言："人称词尾的起源一向不明。"③ "只有理清人称词尾和独立人称代词之间的关系，才能证明假设……而雅利安语有证

---

① 虽然很难看出指示代词或指示助词与属格功能之间的关系，但如果从一个物主代词（如"ejus，suus"）为研究伊始，我们很容易理解并发现在两个隶属于不同语系的语言中，"s"常作为属格标记，如在印度—葡萄牙语，"gobemadors casa（总督官邸）"源自"gobernador su casa"（参阅本书第11章，第12节），在南非的"塔尔语（Taal）"中，属格常以"syn"标记，"syn"一般又会缩写成"se（s）"，常置于实质名词之后，甚至与阴性词和复数词连用，如，"Marie-se book（玛利亚的书）""di gowweneur se hond（统治者的走狗）"。参阅保罗·朱尔斯·安东尼·梅耶（Paul Jules Antoine Meillet）《布尔人的语言》（*Die Sprache der Buren*，1901）第40页。在同一页，梅耶还提到了形容词尾"-s"（荷兰语"-sch"）的使用困惑，并将德语"dem vater sein hut"与其他语言进行比较。另外，可参阅本人的《论英语》（*Chapters on English*，1918）第182页附录中关于英国"比尔·斯顿普斯铭文（Bill Stumps his mark）"的探讨。

② See Friedrich Techmer, *Internationale Zeitschrift für Allgem. Sprachwissenschaft*, Vol. 1, 1884, p. 22.

③ Karl Brugmann, *Kurze Vergleichende Grammatik der Indogermanischen Sprachen*, Strassburg: K. J. Trübner, 1904, p. 770.

据证明一个句子是不可能如此拼凑在一起的，因为该语言是以第一人称和第三人称的动词词形为主，其中代词词干仅用作宾语，而且还要将主语置于谓语之后，形成倒装。"① 梅耶十分明确地表达了自己的看法："研究雅利安语的语言学家，鲜有人敢断言希腊语'fēmi'中的'*-mi'是古老的人称代词。"②

以上所有例证给我们留下了这样一种印象：早期诸多黏着理论很难令人满意，而如今的语言学家要么任由该类理论自由发展，不作任何评价，要么承认该理论历经曲折发展。而在曲折发展中，我们看到古老语言的使用者们通过极为曲折的途径找到了恰当的语言表达方式。当然，界定这些理论绝非易事，而且融合理论还须与其他理论相互补充、完善。笔者认为，众多黏着理论中的一个理论并未得到重视，而该理论的分量与独特性值得我们为其命名为"析取"。

## 十三 析取

通过析取，笔者认识到一种语言现象，即一个单词中的某个组成部分最初并无语法意义，如同外来成分注入该单词中一样。因此，析取是"再分化"的产物（参阅本书第 10 章，第 2 节）。当析出的成分被添入原本不含有这一成分的其他单词中的时候，析取效果最为明显。

英语中某些物主代词的发展史可为我们提供典例：在古英语中，"min（我的）"和"þin（你的）"都含有字母"n"，"n"始终作为二者不可或缺的部分得以保留。同理，在"mine，minum，minre"以及德语"mein，meine，meinem，meiner"等其他格中，"n"同样存在。但在中世纪英语，这些词尾逐渐消失，"min"与"þin"在很短的时间内成为唯一的存在形式。不久，以辅音开头的名词省略字母"n"，但其他位置上的"n"得以保留。之后，"min"运用在元音为首音的单词之前充当物主代词，例如

---

① Franz Misteli, *Characteristik der Hauptsächlichsten Typen des Sprachbaues*：*Neubearbeitung des Werkes*，Berlin：F. Dümmler, 1893, p. 47.

② *Bulletin de la Société de Linguistique de Paris*，Vol. 17, 1911, p. 143.

" 'my' father, 'my' uncle（辅音字母开头，舍弃 'n'）" "it is 'mine'（其他位置，'n' 保留）"。最初，"my" 和 "mine" "thy" 与 "thine" 只在于发音不同，类似于今天 "a" "an" 之间的区别（ 'a' father, 'an' uncle）。后来，它们产生了功能性差异，可用于区分修饰成分和主体（或者用语法术语：联合式与独立式）。"my" 在此被当作常规形式，而 "mine" 中的 "n" 被视为一个提示中心词功能的词尾。在方言和俗语中，人们还会把 "n" 置于 "his, her, your, their" 之后，由此产生新代词 "hisn, hern, yourn, theirn"，这的确是人类的本能反应，比如，"He that prigs what isn't hisn, when he's cotch'd, is sent to prison. She that prigs what isn't hern, At the treadmill takes a turn。"

另外，"-en" 表示复数词尾，这是析取的另外一个例子，如英语中的 "oxen" 和德语 "ochsen" 等词。起初，"n" 与上文中的 "s" 类似，可用于任何格与数；比如，拉丁语 "hom*in*em, hom*in*is" 等，或者希腊语 "kuōn, ku*n*a, ku*n*os" 等等都含有词干 "n"。此外，哥特语中 "n" 多出现在带有 "n" 的词干中。而在古英语，"ox" 的主格是 "oxa"，其他格的单数写作 "oxan"，其复数形式为 "oxan（oxen），oxnum, oxena"。不过，中世纪英语只有单数才不加 "n"（如，单数属格 "oxes"），复数只保留词尾 "-n"。这样的实例数不胜数，在此，笔者仅列举几个复数实例，如："apen（猿），haren（兔子），sterren（星星），tungen（舌头），siden（边），eyen（眼睛）"，这些单词在古英语中都基于 "n" 的变格。因此，当 "-en" 成为复数标记时，最初并无 "n" 词干的单词也加上了 "-en" 表复数，例如中古英语 "caren, synnen, treen（古英语为 cara, synna, treow）"。甚至在一段时期，"-en" 几乎成为英格兰南部最常用的复数词尾，直至后来被词尾 "-s" 替代，成为英格兰北部最常用的复数形式。另外，"eyen（眼睛），foen（敌人），shoen（鞋子）" 还一度与 "eyes, foes, shoe" 抗衡，但如今，词尾 "-n" 只见于 "oxen" 和 "children" 之中。现在，德语与英国南部的中世纪英语极为相似："-en" 广泛保留在古老的词干 "n" 中，且 "-en" 还可进入早已包含其他词尾的单词内，比如 "hirten, soldaten, thaten"。其结果是如今表复数的词尾在以前并不具有复数性质（毫无任何功能），因为着眼于现在的语言，我们就会发现 "oxen

（德语为"ochsen"）"＝单数"ox"＋复数词尾"-en"，只是我们无论如何也无法想象，该单词最初是以这样"焊接"（黏着）的方式在一起的。而且，如果观察德语"soldaten"，我们可能会说"soldaten（士兵们）"一词是由"soldat（士兵）"添加词缀"-en"而来，那么"-en"从来就不是一个独立单词，而是从其他单词中析取出的无意义成分。

复数词尾"-er"与上述情况十分类似。词尾原本是"s"，例如，希腊语主格和拉丁语主格"genos，genus"，希腊语属格"gene（s）os，genous"，拉丁语属格"generis（源自'genesis'）"。根据格的规律性音变，日耳曼语族中的"s"先变为"z"，再变成"r"，但是假如主格为单数，"s"就会省略。因此，古英语中出现了单数"lamb，lambe，lambes"与复数"lambru，lambrum，lambra"。而英语中只有少量单词经历了如此曲折变化，所以古英语中的"孩子"单数为"cild"，复数为"cildru"；中古英语单数为"child"，复数为"childer"；之后，在"child"后增加"-en"，成为了今天英语的"children"。但在德语中，"-er"的生命力极其顽强，不仅很多单词保留了此词尾，如"lamm"的复数"lämmer"，"rind"的复数是"rinder"，而且很多单词本无该词尾，直到"er"成为了真正复数标记，越来越多的单词开始使用该词尾表复数，如"wörter，bücher"。

在以上析取示例中，有一点值得关注，即从说话者的角度来看，以这种方式产生的词尾似乎纯属偶然：它们只存在于某些词之中而非全部，而在上文"融合"一节所探讨的词尾会加入任意单词之内。但是，在我们语言最为古老的阶段，几乎所有的屈折词尾都出现过类似的不规则变化或者无序散乱的形式，我们无法追溯它们的起源，很有可能，大多数词尾并不是由独立词或者词根融合而来，而是在析取或者其他类似的过程中产生。

## 十四 后缀扩展

析取可以分为很多种，其中一种极为特殊，即后缀会取代单词中的一个或者几个发音。法语中就有这样的例子，由于尾音辅音为清音，人们会本能地为一些后缀添加前置辅音，虽然该辅音最初不属于后缀。例如，"laitier（牛奶厂）"一词开始被认为是"lait＋ier"，但是现在，人们认为该词是由

"lai（t）＋tier"构成，同样，"cabaretier（喜剧演员）"源自"cabare（t）＋tier"。于是，这些新后缀又进入其他单词，从而产生新词，如"bijoutier, ferblantier, cafetier"等。同理，"tabatière"源自"tabaquière"。而一些常用单词："ren-tier, por-tier, por-tière, charpen-tier"，其中的音节划分足见人们对后缀扩展的偏爱。古日耳曼语族也存在类似的情况，比如，古高地德语中的"ediling"是由"edili"扩展而来，于是，"-ling"取代了"-ing"，成为新后缀。古诺尔斯语"vesling"前身是"vesall"，古英语"lytling"是由"lytel"衍化而来。在英语中，大量单词都含有加长词尾，如"duckling, gosling, hireling, underling"，等等。哥特语的一些单词则带有后缀"-assus"，如"þiudin-assus（王国）"，后来人们认为该词的后缀是"-nassus"。在所有哥特语的同源语之中，人们认为这一后缀均以"n"开头，比如英语"hardness（艰难），happiness（幸福），eagerness（渴望）"中的后缀"-ness"便是由此得来。德语后缀"-keit"中的"k"源自以"-ic"为后缀的形容词，这一观点已在上文得到论证（参阅本书第19章，第7节）。根据"criticism（批评），Scotticism（苏格兰方言）"，我们能够创造出"witti-cism"，以此类推，弥尔顿就根据"criticaster（低劣的批评家）"一词，创造了"witticaster（自视聪明之人）"，当然，该词的后缀与"poetaster（蹩脚诗人）"一样，都是"-aster"。同样，在"tobacconist（烟草商），lutenist（琵琶弹奏者）"，词缀本应是"-ist"，现在却变成了"-nist"，参阅"botan-ist（植物学家），mechan-ist（机械技师）"。

总之，想要构成一个新单词，很简单，将现有的单词作为词根，加上一个后缀便可。而该后缀还会加在另一个单词之后，构成另一个新词，比如：法语单词"mérovingien（墨洛温王朝）"中的"v"必然是词根的一部分，因为该形容词是由"Mérovée"和"Merowig"衍变而来。后来加洛林王朝兴起，"v"成了后缀的首字母，"carlovingien"指代王朝。现在的历史学家试图将这个形容词矫正，写作"carolingien"，但埃米尔·利特雷对此毫不知情。"oligarchy（寡头政治）"是由"olig"＋"archy"组成，其反义词"poligarchy"或"polygarchy（多头政治）"却是由"poly"与双音节"oli-garchy"构成的，尽管现在的学者习惯了"polyarchy"这一词形，但在200年前，英语中最常见的单词还是含有"g"的"poligarchy"，法语、西班牙语以及其他语言都能找到相应的形式。此外，"judgmatical（明智的）"的构词方法类似于"dogmatical（教条的）"，尽管后者的词干是"dogmat-"。德语中有一个诙谐词"schwachmatikus（病包儿）"，而"rheumatikus（风湿病）"虽与前者感情色彩不同，却拥有一致的后缀"-matikus"（丹麦语"svagmatiker"亦是如此）。曾经，斯威夫特创造了"sextumvirate（六头执政）"一词，并暗示"triumvirate（三头执政）"比"sexvirate（六头执政）"更加流行。萧伯纳也曾写过"his equipage（autopage）"。很显然，由于人们普遍认为"equipage"是从拉丁语"equus"衍化而来，便将前者拆分为"equi"+"page"，即使这种想法并不准确。而"Scilly"之所以变为"Scillonian（锡利群岛人）"是受"Devonian"一词的影响，当时，人们普遍认为"Devonian"是由"Dev"+"onian"而非"Devon"+"ian"。

## 十五　后缀侵染

通过上述例子，我们发现，后缀不仅占用了部分词干发音，还占用了词干的部分意义，例如，"chandelier（枝形吊灯）"是由法语单词"chandelle（蜡烛）"+后缀"-ier"构成，其后缀含义模糊，表示"与……有关"。在英语中，该词指代可容纳许多小灯泡的悬挂式枝形支架，因此，一种形状类似燃气的设备被称为"gaselier（煤气灯）"，亦写作"gasalier"或"gasolier"。之后，随着交流电的普及，人们又将该词扩展为"electrolier"。"vegetarian（素食主义者）"是由词干"veget-"+"-ari-an"构成，这一后缀与"吃"或者"食物"并无关联，不过，我们依然可以看到不断涌现的相关词汇，如"fruitarian（果食者）"和"nutarian（坚果素食主义者）"。佩恩表示，美国亚拉巴马州人使用"solemncholy（庄严）"一词，明显效仿了"melancholy（忧郁）"，而希腊学者并不赞同这一说法。另外在过去，人们把"septentri-onalis（又名北斗七星，罗马人叫做'七头牛'）"整个词尾用于创造与之相对的"meridi-onalis"。

在近期的英语词汇当中，我们也发现了类似词缀"侵染"的实例。《新编英语词典》在有关后缀"-eer"的章节中提到，"包含该后缀的单词多少带有轻蔑之意",但并未做过多解释,也没有指出该情况只出现在后缀 "-teer(源自后缀 '-t')"的单词中。笔者认为这种轻蔑意味源自单词 "garreteer(低级作者)"和"crotcheteer(偏执之人)",也可能源自 "pamphleteer(小册子作家)"和"privateer(私掠船船长)",继这些单词之后,又出现了"sonneteer(拙劣诗人)""pulpiteer(布道者)"等贬义词。在第一次世界大战期间(大约 1916 年),人们开始使用"profiteer(投机商)"① 这一新词直到 1919 年才出现在《卡塞尔俚语词典》(*The Cassell Dictionary of Slang*)中。就在几天前,笔者在一本美国出版物上发现类似的新词:"反对极端爱国主义(patrioteering),反对欺诈和暴力……门肯先生一直都是如此高尚且勇敢地为之战斗。"

## 十六 分类本能

人是善于分类的动物。从某种意义上讲,人类讲话的整个过程不过是将语言现象按可觉察到的相似和差异分门别类,因为没有两种语言是完全相同的。在命名的过程中,我们会发现人类根深蒂固且十分有趣的思维方式,即看到相似的事物,趋向使用类似的名字指代相似的现象。亨普尔教授曾经告诉笔者,他的家里有只名为"Nig"的小黑猫,即"Nigger(黑人)"的缩写,自此,他的小女儿见到灰色的小猫就叫"Grig(小灰)",见到棕色的,则起名"Brownig(小棕)"。基于此事实,我们发现单词的后缀起源自然产生,这一过程与原本独立的单词逐渐弱化成为词缀毫无共通之处(如上文提到的词缀"-hood"以及其他相关例证)。而在儿童的话语中,类似的例子也不少见(参阅本书第 7 章,第 5 节)。梅林格曾经提到一名 1 岁 7 个月的孩子,他会把"augen, ohren, haare(眼睛、耳朵、

---

① 参阅 1917 年 7 月 6 日《泰晤士报》(*The Times*),劳埃德·乔治(Lloyd George)在邓迪市(Dundee)的演讲:"政府不会允许通过所谓'投机倒把'(profiteering)的方式增加国家的负担。尽管我会因为使用该词而受到批判,但总的来说,我认为这个单词的使用是恰当的。因为,'profit-eer-ing'有别于'profiting(利润)'。利润是生产或分销过程中的公平回报,而投机倒把却是一种过度回报。即使在和平年代,也是一种不公正的行为,在战争时期,更是暴利。"

头发)"说成"augn, ogn, agn"。①为了得到后缀,我们需要以相同的方式构造或转换多少个单词?难道要一眼看出罗曼语族中的"leve, greve (法语 grief)"是法语的"leve, grave"的前身吗?在此,舒哈特的评述极为妥当:当两个单词不仅词义相反,且二者在口语中通常接连发音时,会导致二者语音的相互影响。

出于分类的本能,人类经常把具有相同意义的单词划分为一类。这样就有了单词的大类和小类之分,不过有时,我们实在无法说清词形上的相似到底由何而来。我们只能阐述事实:在某段时间,这些单词或多或少存在相似,而在其他情况下,我们又可以容易地看到这一类词中的哪个词对其他单词产生了怎样影响。接下来,笔者将举一例,于我而言,重要的是把可能同属一类的单词放在一起,而非找到它们构成不同词类的原因。

在古英语中,有一些动物的名称多以"-gga"结尾,如"frogga, stagga, docga, wicga",现在,这些单词写作"frog, stag, dog, wig"。"savour(滋味)"与"flavour(风味)"同属一类,后者(古法语"flaur")中的"v"源自前者。笔者认为,过去写作"grine, grynd(e)"的"groin"受到了"loin"的影响才具备双元音。而这样的实例不胜枚举,如"claw, paw(早期写作'powe',古法语为'pol')""rim, brim""hook, nook""gruff, rough(tough, bluff, huff—miff, tiff, whiff)""fleer, leer, jeer""twig, sprig""munch, crunch(lunch)""uttering, muttering""lopped, topped"。另外,在古日耳曼语族中,"eye"一词中的元音源自"ear",二者过去经常组合在一起,构成"augo(n), auso(n)"。而在现代语言中,随着语音的发展,二者又逐渐分离开,例如,法语"air(空)""terre(陆)""mer(海)"三个单词的拼写虽然与发音完全不同,但笔者认为,大众会出于本能把这几个词归为"元素"一类。俄语"kogot(爪子)""nogot(指甲)""lokot(臂肘)"指的是身体的三个部位,彼此屈折方式一致,发音相似。②拉丁语"culex(蚊子)""pulex(跳蚤)""atrox

① See Rudolf Meringer, *Aus dem Leben der Sprache*, p. 148.
② See Paul Boyer et al, *Manuel pour l'étude de la Langue Russe*, Paris:A. Colin, 1905, p. 33.

（响尾蛇）""ferox（猛鲑）"也是如此。在 1891 年，载于《美国语言学杂志》第 12 期的论文《论同属名词后缀的适应性》（"On Adaptation of Suffixes in Congeneric Classes of Substantives"）中，布龙菲尔德收集了大量实例。笔者在此选取了几个例子，其中很大一部分指代身体部位的单词都是由不规则的变格所致，如 "r-n" 词干（参阅本书第 18 章，第 2 节），再比如 "liver（肝）"，希腊语为 "hēpar, hēpatos"；"udder（乳房）" 在希腊语写作 "outhar, outhatos"；"thigh（大腿）"，拉丁语为 "femur, feminis"，雅利安语中还有很多指代 "血""翅膀""内脏" 和 "粪便" 的词语也是如此。其他身体部位的命名也与之类似，可与上述单词归为一类，尽管它们包含间接格（oblique case）词干 "n"，且这些单词的主格是以不同方式产生的。词尾相同，词义相反的单词也会相互影响。布龙菲尔德指出，日耳曼语族中的 "t" 相当于英语 "white（白色）"，但是 "white" 一词又源自梵语 "th, çveta"，该词意为 "黑色"。类似的例子还有哥特语 "hweits（宽）""swarts（窄）"，古诺尔斯语 "hvítr（白色），svartr（黑）"。很多鸟类和其他动物的名字都包含相同的词尾，如希腊语 "glaux（猫头鹰）""kokkux（布谷鸟）""korax（乌鸦）""ortux（鹌鹑）""aix（山羊）""alopex（狐狸）""bombux（蚕）""lunx（猞猁）"，等等，许多植物名也是如此。在很大程度上，冬夏、黑夜、白天等也产生了自己的词类。在随后的一篇文章中，[①] 布龙菲尔德继续以相同的思路对意义相近词语之间的相似性进行了阐释，由于混合词的存在（参阅本书第 17 章，第 6 节），他的论述与如今通过添加词根限定（added root-determinatives）的说法恰好相反，例如，在拉丁语中，包含 "-esco" 的单词之所以成为表始动词，是因为这一类别中的几个动词偶然具有的内在连续性，如 "adolesco（青年），senesco（中年），cresco（老年）"。但是，在最为古老的语言中，表示 "询问、希望、寻找" 的词语都带有相同的后缀，德语 "forschen" 也保留了同样的后缀，基于词形和意义的相似性，这些词语最终成为相互关联的词群。

---

① See *Indogermanische Forschungen*, Vol. 6, 1896, p. 66.

## 十七　后缀特征

毫无疑问，一个单词的发音转移到另外一个单词中实属偶然且无规律，但这种转移之后却又产生诸多语音、意义相近的词语。整个转移过程是无序的，或者更确切地说，该过程以间歇的方式最终使得无序的词形变得规律。但是，如果在意义关系明确且语音成分能够轻易转移到许多单词的有利条件下，此类意义相似单词的数量会持续增加，但是它们又都会遵循语言的自然发展规律，数量始终有限。

笔者深信，大多数构词要素（如后缀和屈折词尾）都是由一个单词的某个部位转移而来。这种转移最初并无意义，它们从一个单词转移到另外一个毫不相关的单词，随后又在其他词内发生转移。在这一过程中，构词要素在这些单词获得了某种特性，并经过长时间的发展，最终或多或少拥有了属于自身的意义与功能。拿长词来说，像 "marmalade or, crocodile" 这类原始语言中的常见词在如今的英国人看来难以理解，而最自然地做法是保持词首不变，改变最后一个或几个音节，用以维持与原词的关联。正因为如此，我们语言中的后缀十分常见，但与前缀相比，后缀又缺乏系统性，其中多数都源自独立词。仅从语义角度来讲，同一后缀在不同的语言中的意义可能大不相同，有的甚至完全不沾边。我们无法解释一种语言中某一后缀只与特定词干连用，却无法与其他词干连用的语言现象。但凡读过布鲁格曼巨著《闪米特语族比较语法》（*Grundriss der Vergleichenden Grammatik der Semitischen Sprachen*，1906），读者都会为大多数后缀表现出的偶然性感到震惊。换句话说，每个后缀最初都有确定的意义，这是完全不可想象的，通过上文的假设便不难解释：很多后缀并非添加到现有的单词或者词根之中，而是与该词最初构成了不可分割的整体，比如：英语单词 "squabble, struggle, wriggle, babble, mumble, bustle" 中的后缀 "-le"。

## 十八　布鲁格曼单词性别理论

如上文所提，人类是善于分类的动物，他们会用语言对自身感到模糊的事物分类。而在众多分类中，最重要的也是最难解释的一点，当属雅利安语三种"性别"分类。我们可以用析取的方法证明勃鲁格曼的说法。在他的名篇《论印欧语系名词的性别》（"Das Nominalgeschlecht in den Indo-germanischen Sprachen"）中，① 他对古斯塔夫·罗德（Gustav Roethe）的批评做出了回应并质疑：古雅利安语是如何为"脚、头、房子、城镇"这样的名词冠以性别之分？为何希腊语"pous（脚）"为阳性名词，"kephalē（头）"为阴性名词，"oikos（房子）"为阳性名词，而"polis（城镇）"是阴性名词？普遍认为，人类乐于将无生命体赋予生命，因此才有了如此性别之分，但布鲁格曼表示，这种说法并不能自圆其说。语法中的性别仅在于词形不同，与真正的性别并无关系，例如，德语"der hase"为阴性名词，"die maus"为阳性名词，雌兔写作"der weibliche hase"，但这三者并不矛盾。再者，进入语言史，单词的性别变化完全是由词形变化引发的，因此许多德语实质名词都带有"-e"，如"traube，niere，wade"。起初它们都为阳性词，而现在却变成了阴性词，因为大多数带有"-e"的名词都属于阴性词，如"erde，ehre，farbe"等。由此，我们可大胆假设，单词性别起初与自然性别存在关系。根据勃鲁格曼的理论，我们可以将问题归结为：为什么"-a"用来指代女性？起初"-a"与女性并无关联，如：拉丁语"aqua（水）"等词，但是，在以"-a"结尾的古老词汇中，恰巧有一批表女性，比如，"mama（妈妈）""gena（女人）"，另外还包括英语"quean（轻佻女子）""queen（女王）"。现在，如无考虑后缀的词源意义，那么它们可能在其发展的过程中主动获得了附着单词的基本含义，随后把这层含义转移到新的词形当中。自此，"mama"和"gena"成为了类推构词的起点，随后，表女性的单词都以"-a"为结尾，如拉丁语"dea（女神）"是由"deus（上帝）"衍化而来，"equus"为雄马，"equa"指雌马，等等。此外，词缀"-iē-"和"-ī-"之所以指代女性，也可能历经类似的转换过程中获得意义，因为梵语"strī"意为"女性"，可能根据该单词，

---

① See Friedrich Techmer, *Internationale Zeitschrift für Allgem. Sprachwissenschaft*, Vol. 4, 1889, p. 100; See Hermann Paul & Wilhelm Braune, *Beitrage zur Geschichte der Deutschen Sprache*, Vol. 15, 1891, p. 522.

才有了区别于"＊wl̥qos（狼）"的阴性名词"＊wl̥qī（母狼）"。以上是对布鲁格曼凯伦的总结。有兴趣的读者可能希望了解另一个相似的观点，几年前由很有远见的学者布勒克提出，不过，他观察的对象是完全不同的语言——霍屯督语。布勒克认为，该语言使用一种与性别无关的词类用以区分自然性别。① 在此，笔者摘录布勒克著作中的原话："现在，霍屯督语中的名词具有明显的性别特征，这显然是在名词分类②之后出现的。首先，表男性和女性的名词是由不同的派生后缀产生的，这一产生过程可能纯属偶然。而这些派生后缀由于属于不同类别（性别），导致了它们在名词中指代不同的性别。"③ "例如，假定阳性单数后缀'-p'起初表'男性'，阴性单数后缀'-s'表'女性'，这对我们理解霍屯督语中名词的特殊分类毫无帮助，还会与这些词缀的现有词源学解释相左。而且，该语中表性别的词类包含大量名词，想要区分这些名词的性别难于登天……但如果表'男性'的单词由一个后缀'-p'构成，表'女性'的词语由后缀'-s'构成（不论是否出于偶然），该语中的其他名词均采用上述后缀进行类推的话，那么二者将会成为大部分名词的性别标识。"④

布鲁格曼雅利安语单词性别的理论遭到了学界质疑。因为，理论中存在最薄弱的一点，即最初以"-a"和"-i"为后缀的单词很少为阴性，不能把这两个后缀视为开启语法系统彻底改变的起点。但是，一些"-a""-i"后缀的形容词和代词又具有性别之分，布鲁格曼无法对此现象做出明晰解答。不过，我们无需对这些问题做出详细讨论，⑤ 于笔者而言，上述

---

① See Wilhelm Heinrich Immanuel Bleek, *A Comparative Grammar of South African Languages II*, London：Trübner & Co.，1862—1869, pp. 118 – 122, 292 – 299.

② 在此，布勒克认为这些名词分类与班图语中的词语分类类似，但与性别无关。

③ See Wilhelm Heinrich Immanuel Bleek, *A Comparative Grammar of South African Languages II*, p. 122.

④ Ibid.，p. 298.

⑤ 参阅本杰明·艾德·惠勒（Benjamin Ide Wheeler）《日耳曼语言学杂志》（*The Journal of Germanic Philology*）卷 2，第 528 页发表的文章；约瑟琳·德·琼（Josselin de Jong）《荷兰语言文学杂志》（*Tijdschrift voor Nederlandse Taal- en Letterkunde*）卷 29，第 21 页发表的文章与《印欧语系中"有生命"和"无生命"的区别与阿尔冈昆语族中的相同语言现象比较研究》（*De Waardeering-sonderscheiding van 'levend' en 'levenloos' in het Indogermaansch Vergeleken met Hetzelfde Verschijnsel in Enkele Algonkin-talen*，1913）；赫尔曼·赫特（Hermann Hirt）《德语史》（*Geschichte der Deutschen Sprache*，1919）第 45 页。

问题最宝贵的学术解答当属赫尔曼·雅可比（Hermann Jacobi）的研究。[①]
雅可比认为单词性别并非起源于名词，而是起源于代词（他在达罗毗荼语
系中找到了类似的案例）。但即使是雅可比也没有给出令人信服的解答，
因为雅利安语的性别之分可追溯到遥远古代，它的出现甚至比任何文学形
式的诞生都要早上几千年，其中的奥秘也许我们永远无法探究。近年来，
人们对布鲁格曼单词性别理论的关注越来越少，而是把目光转向了两类单
词的性别差异。其中第一类：主格加"-s"，被视为"及物主动（transi-
tive-active）"格；另一类则以无词缀或加"-m"的方式在第一类词中用作
宾语，被视为"不及物被动（intransitive-passive）"格。语言学家曾试图寻
找类似于阿尔贡金（Algonkin）语系中"有生命"与"无生命"的单词分
类方式。虽然从严格的科学意义讲，这两种分类说法不能算做学术，但原
始人的思维方式与现代人不同，他们会根据我们难以理解的标准划分有生
命词和无生命词。这就意味着我们需要将二者再次一分为二，一类为传统
的阴性词和阳性词，而另一类是中性词。

其中，古老的"-a"和"-i"表示阴性，至于后者，笔者大胆猜测，
它与各种语言中包含［i］的后缀有关，因为，我们一提到［i］，就会产生
"短小、轻盈、不重要、柔弱"等印象（参阅本书第 20 章，第 8 节）。而
在非洲的某些语言，单词可分为两类，一类表示男性与大型事物，另一类
表示女性和小型事物。[②] 由此，我们可自然地提出假设：人类的祖先很可
能拥有类似的划分。这样就不难解释梵语中的"vṛk-ī（'雌狼'，原指'小
狼'）"是由"vṛkas"和"napt-ī"衍化而来，拉丁语"neptis（侄女）"，
德语"nichte（侄女）"，梵语 dēv-ī"（女神）"等的产生也是如此。阴性词
缀"-a"但在笔者看来却像古老离格中的"d"，难以捉摸。

## 十九　最后的思考

词尾"-a"不仅表女性，还可以表抽象概念，甚至在后来的语言中还

① See Hermann Jacobi, *Compositum und Nebensatz*, Bonn：Cohen, 1897, p. 100.

② See Carl Friedrich Michael Meinhof, *Die Sprachen der Hamiten*, Hamburg：L. & R. Friederis-
chsen, 1912, p. 23.

能指代男性，如拉丁语"nauta（水手）""auriga（车夫）"，但这不过是用抽象概念表示具体动作而已，如航行、驾车等派生用法，也像德语"die wache"一词，它不仅表示"看"这一动作，还有"男性看守"这层含义。另外，"justice（西班牙语'el justicia'）"也可表示"法官"。而"Antonius collega fuit Ciceronis"的初始意义为"安东尼是西塞罗的同僚"。①

最终，词尾"-a"被用作大多数中性单词的复数词尾，但现在，学者普遍认为，该词尾最初既不表中性，也没有复数意义，相反，它为阴性单数。② 实际上，以"-a"结尾的单词大都是集合名词，如拉丁语"opera"为工作，"opus"表"一项工作"；拉丁语"terra"意为"土地"，欧斯干语（Oscan）"terum"表"一小块土地"；"pugna"即"拳击、格斗"，"pugnus"表"拳头"。这就引出了一种特殊的句法现象，这种现象经常出现在希腊语中，梵语和其他语言也偶尔出现，即中性复数主语搭配单数动词，比如希腊语"toxa"通常表"一张弓"，而在拉丁诗歌中则用"guttura, colla, ora"指某人的"喉咙、脖子和脸"。与拉丁语过往阶段类似，这些单词并非表复数。如今，我们会见到带有词尾"-a"的单词在某些特殊情况下还可以表阳性复数实质名词，如拉丁语"locus（地点）"的复数词形"loca"，"jocus（玩笑）"的复数词形"joca"，希腊语"sitos"的复数形式"sita"，等等。施密特在阿拉伯语中找到类似的例子。而在本书第19章，第9节中，我们还能发现，班图语的复数前缀可能拥有与上述相似的起源。因此，我们须不断提醒自己，语言必定经历曲折发展才能找到一种完美的语法规则，即以简单明了的方式区分如"he"与"she"，"one"和"more than one"。总之，语言的精简结构并非与生俱来，而是逐渐衍化之物。

---

① See Hermann Osthoff, *Das Verbum in der Nominalcomposition im Deutschen*, Jena: H. Costenoble, 1878, p. 263; See Berthold Delbrück, *Syntaktische Forschungen IV*, Halle: Buchhandlung des Waisenhauses, 1871, p. 6.

② See Johannes Schmidt, *Die Pluralbildungen der Indogermanischen Neutra*, Weimar: H. Böhlau, 1889.

# 第二十章　语音象征

## 一　音与义

　　语音和意义之间原本相互对应，文字通过特定的语音象征获得其意义和用途，该观点历来受语言学者青睐，柏拉图《克拉底鲁篇》便是最好的证明。希腊语和拉丁语的语法学家们沉迷于大胆的猜想，试图解释这种对应关系以及这些单词的自然起源，正如吉狄乌斯·菲古卢斯（Nigidius Figulus）所说，人们在读"vos"时，会撅起嘴唇向外送气，但在发"nos"时，嘴型并非如此。于是，菲古卢斯与早期学者猜测语音象征是追溯词源的唯一途径。而我们使用历史的研究方法和更加广博的知识就能证明他们的解释大多是荒谬的，但这依然无法排除这类观点的真实性（abusus non tollit usum）！

　　洪堡特表示："语言通过语音标记物体，而部分物体本身就是语音，并与其他语音区别，因此语音通过听觉在人脑产生一种类似该物体的声效加深印象，比如，'stehen, stätig, starr'，而梵语'lī'指液体的'溶解（des zerfliessenden）'……通过此方式，类似观感的物体就会被拥有类似语音的单词指代，比如，'wehen, wind, wolke, wirren, wunsch'等含有犹豫不决之意的单词都用'w'音表现。"[1] 马德维格却对此持反对意见。[2] 他认为，

---

　　[1]　Wilhelm von Humboldt, *Ueber die Verschiedenheit des Menschlichen Sprachbaues und Ihren Einfluss auf die Geistige Entwickelung des Menschengeschlechts*, p. 79.

　　[2]　See Johan Nicolai Madvig, *Kleine Philologische Schriften*, p. 64.

我们只需将洪堡特列举的四个实例与德语姊妹语言，即丹麦语中的 "blæse，vind，sky，ønske" 比较，就能发现他的结论错误。笔者认为马德维格的论述过于草率，因为洪堡特早就指出，随着时间的流逝，许多原始语音象征可能早已消失，他甚至告诫我们不要把这一语言现象归结为一种 "本质性原理"，因为此做法会带来极大危害。因此，"你要努力避开凶险，在泥泞的道路上奋力前行（so setzt man sich grossen gefahren aus und verfolgt einen in jeder rücksicht schlüpfrigen pfad）"。另外，丹麦语 "blæse"（英语 "blow"，拉丁语 "flare"）是 "wind，vind" 的拟声词。当然，无人谎称具有该意义的单词只有一个。至于洪堡特 "wolke" 与 "wunsch" 的论述至今依然留有争议，但这并不会影响洪堡特关于某些单词中存在近似语音象征特质理论的普遍真实性。

　　另一位学者克里斯托弗·尼罗普（Kristoffer Nyrop）却再次强调了马德维格的反对意见：同一个名称可以指代多个事物，同一个事物也可用多种不同的名称表达，同时，单词的含义也在不断变化；同一组语音根据不同语境指代的事物也不尽相同。最后，他质疑道："我们该如何（通过语音象征）解释 'murus，nurus，durus，purus' 等单词之间的意义差异呢？"[①]

## 二　直觉

　　的确，要保持所有语言中所有单词在任何时候的含义都与它们的语音完全对应，且每一个语音自始至终只有一个固定的含义，这样的要求自然荒谬。反过来讲，否认任何一种声音的象征意义[②]（除少数几类明显的回声词或者 "拟声词" 之外），我们在语言中只会看到声音和意义完全偶然、非理性的联系，这真的合乎情理？在笔者看来，该问题的答案和推断正如过去撒过一次谎的 X 再也不会讲真话一样，都是错误的。正确的结论应该

---

　　① Kristoffer Nyrop，*Grammaire Historique de la Langue Française IV*，Copenhague：Gylden dalske，1914，p. 545.

　　② 威廉·德怀特·惠特尼（William Dwight Whitney）在《语言与语言研究：语言科学原理十二讲》（*Language and the Study of Language：Twelve Lectures on the Principles of Linguistic Science*，1868）第 32 页，指出："世界上任何一种语言，它的思想与文字之间都毫无本质性的联系……"

是：鉴于他说过一次谎，我们不能一直相信任他，须对他提高警惕，但他有时也会讲真话。因此，语音有时也会成为意义的象征，即便这一点并不适用于所有单词。当然，一些语言史学者不承认语音象征也在情理之中，因为语音和意义方面存在着定期变化，这就导致了语言学著作中的主要实例大都不属于语音象征范畴。

但不可否认，我们会本能地认为有些单词足以表达其所指代的思想，而其他单词在语音与意义上又或多或少存在着不一致的现象。基于此，未来的语言学家们不得不挑出哪些单词存在音与义的一致，哪些单词又拥有音与义不一致的属性，从而进一步找出某些声音适合表达某种思想。虽然我们十分清楚（在此仅举个别例子），不论英语"apple"，法语"pomme"，还是英语"window"与德语"fenster"之间都别无他选，因为没有一个语音或者音组与富含具体、复杂含义的思想存在天然的亲和力，但是同时，每个人又都能意识到"roll，rouler，rulle，rollen"要比相应的俄语单词"katat'，katit'"的表现力更加充分。

因此，验证怎样的思想适用于象征性表现以及在不同的语言中它们选择了怎样的语音，这是一项极为有趣的任务。这一切都要基于更多的例子，在此，笔者仅尝试运用我所收集的实例，简要说明语音象征中最为明显的几种类型。①

## 三 直接模仿

首先，语音象征中最简单的一类是对声音的直接模仿，比如，"clink（叮当响）""clank（当啷）""ting（叮）""tinkle（叮当）"等模仿各种金属撞击的声音；"splash（哗啦）""bubble（汩汩）""sizz（嘶嘶）""sizzle

---

① 笔者在冯特等对该问题的论断中所获甚少，参阅威廉·马克西米兰·冯特（Wilhelm Maximilian Wundt）《语言》（*Die Sprache I*，1900）第 312 页至 347 页；贝特霍尔德·古斯塔夫·戈特利布·德尔布吕克（Berthold Gustav Gottlieb Delbrück）《语言学基本问题》（*Grundfragen der Sprachforschung*，1880）第 78 页起；路德维希·苏特林（Ludwig Sütterlin）《论语言结构的性质》（*Das Wesen der Sprachlichen Gebilde*，1902）第 29 页起；欧内斯特·赫尔曼·希尔默（Ernest Hermann Hilmer）《仿声、构词与词义转移》（*Schallnachahmung*，*Wortschöpfung u. Bedeutungswandel*，1914）第 10 页起。

（咝咝）"模仿水声；"bow-wow（汪汪）""bleat（咩咩、哞哞）""roar（咆哮）"指代动物的叫声；"snort（哼）""sneeze（噗呲）""snigger（嗤笑）""smack（咂嘴）""whisper（私语）""grunt（咕哝）""grumble（嘟囔）"模仿人类的语言。可以说，这类"回声词"或"拟声词"不胜枚举。但是，由于人类的发音器官不能完美地模仿所有"难以言表"的声音，因此语音的选择在某种程度上实属偶然，同一种声音在不同的国家或者地区有着不同的发音形式，这种选择或多或少都是约定俗成的，比如，公鸡打鸣在英语中是"cock-a-doodle-doo"，丹麦语"kykeliky"，瑞典语"kukeliku"，德语"kikeriki"，法语"coquelico"；而耳语（whisper）在丹麦语中是"hviske"，古诺尔斯语"kvisa"，德语"flüstern"，法语"chu-choter"，西班牙语"susurar"。

## 四　发音起源

其次，回声词，由于回声词可以反向标记发声实体，我们便拥有了英语"cuckoo（布谷鸟）"和"peeweet（田凫）"，丹麦语"vibe"，德语"kibitz"以及通俗法语"dix-huit"。

一些语言中不断出现指代别称的回声词，这一点极为有趣，例如，在过去，法国人称英国人为"god-damn（godon）"，在中国，英国士兵被称为"a-says"或"I-says"。法国人在爪哇岛被称作"orang-deedong（'orang'意为人）"，在美国，法国人被叫作"ding-dong"。在拿破仑战争期间，法国人被西班牙人称作"didones（源自'dis-donc'）"。而法国人在澳大利亚还有另外一个称呼"wi-wi"，比斯拉马语中是"man-a-wiwi"；新喀里多尼亚（New Caledonia）称作"oui-men"。此外，在埃莉诺拉·克里斯汀（Eleonore Christine）《埃莉诺拉·克里斯汀回忆录》（*Jammersminde*，1914）第 83 页，笔者读到"Ich habe zwei 'parle mi franço（法国人）' gefangen"；与之对应，戈德史密斯在《奥利弗·戈德史密斯作品集》（*The Miscellane-ous Works of Oliver Goldsmith*，1869）第 624 页，写道："Damn the French, the 'parle vous（法国人）', and all that belongs to them. What makes the bread rising? The 'parle vous' that devour us。"在罗维尼（Rovigno），当地

人把附近居住的斯拉夫人叫做 "čuje"，该词来自克罗地亚语 "čuje（听我说）"；在匈牙利，当地人把德国游客称为 "vigéc"，源自德语 "wie geht's（你好吗）"，将海关官员读作 "vartapiszli"，源自德语 "wart' a bissl（等一下）"。而巴拿马的邻国会把巴拿马人称作 "spiggoty"，因为早期的巴拿马人打招呼时，都会回答："No 'spiggoty（说）' Inglis"。在横滨，日本人会把英国或美国的水手叫作 "Damuraïsu H'to（源自'该死的眼睛'）"，因为在日语中，"H'to" 指 "人"。①

## 五 运动

再次，发音是在运动中产生的，它是运动作用于人耳产生的结果，这种运动本身自然是通过词的发音加以表现。事实上，发音与运动，二者密不可分，比如：动词 "bubble, splash, clash, crack, peck"。此外，人们敲门可以用 "bang" 或者较轻的声音 "tap" 或 "rap" 表示。有时，名词 "tap" 或者 "rap" 既可表动作，这类实质名词又可指代工具，比如我们从动词 "hack（劈、砍、打碎硬土）" 派生出名词 "hack"，即鹤嘴锄或镐。

于是，我们便有了表达动作但发音并非响亮的词汇，比如，以 "l-" 为开头的单词，"fl-：flow, flag（丹麦语 'flagre'），flake, flutter, flicker, fling, flit, flurry, flirt" "sl-：slide, slip, slive" "gl-：glide"，以及 "fleet, slippery, glib" 等形容词。视觉词和听觉词最初也可能组合在一起，用以描述人类不稳的步履："totter, dodder"，方言 "teeter, titter,

---

① 参阅雨果·恩斯特·马里奥·舒哈特（Hugo Ernst Mario Schuchardt）《克里奥尔语研究》，(Kreolische Studien，1882) 第 5 章，第 12 节；雨果·恩斯特·马里奥·舒哈特（Hugo Ernst Mario Schuchardt）《罗曼语言学杂志》（Zeitschrift für Romanische Philologie）卷 33，第 458 页；丘吉尔（Winston Leonard Spencer Churchill）《比斯拉马语：西太平洋土语或贸易用语》（Beach-la-Mar, the Jargon or Trade Speech of the Western Pacific，1911）第 53 页；延斯·克里斯蒂安·赛德费尔德·延森（Jens Kristian Sandfeld Jensen）《种族情感与语言》（Nationalfølelsen og Sproget，1910）第 14 页；卡尔·伦茨纳（Karl Lentzner）《殖民地英语：澳大利亚语，盎格鲁—印度语，洋泾浜英语，西印度语与南非语词典》（Colonial English, a Glossary of Australian, Anglo-Indian, Pidgin English, West Indian and South African Words，1891）第 87 页；西格蒙德·希莫尼（Siegmund Simonyi）《匈牙利语》（Die Ungarische Sprache，1907）第 157 页；《展望周报》（The Outlook），1910 年 1 月；《新季度》（New Quarterly Magazine），1879 年 7 月。

dither"。由于上述单词缺少听感印象，所以会被认为是动作的象征。另外，还有一些单词可反映人类突然或迅速抓住某物的动作，比如一个短元音紧跟一个塞音："pat，tap，knock"等，与之类似的语音组合又常常用来表示拿到或咬到东西时基本不出声音的动作，如："snap，snack，snatch，catch"，法语"happer，attraper，gripper"，英语"grip"，丹麦语"hapse，nappe"，拉丁语"capio"，希腊语"kaptō"，亚美尼亚语"kap（我抓住）"，土耳其语"kapmak（'mak'为动词不定式词尾）"，等等。在此，笔者仅列举可能源自上述词组的衍生词：英语"snack"指"快餐"，在斯威夫特时期则称"a snap"，[1] 另参阅德语"schnapps"与丹麦语"snaps（烈酒）"。同时，英语"chase"和"catch"虽出自两种不同的法语方言，但最终都可以追溯到晚期拉丁语动词"captiare"，这是由于"catch"一词获得了"抓住"的含义，但这绝非偶然，由于法语中找不到该意义的单词，英语自然会把"catch"与"snatch"联系到一起，特别是"catch"还与废弃的英语动词"latch（抓住）"存在关联。

而英语"tickle"与其他语言中对应的单词有德语"kitzeln"，古诺尔斯语"kitla"，丹麦语"kilde（d 不发音）"，努比亚语（Nubian）"killi-killi"，此类单词所表动作与语音之间也存在天然联系。[2] 另外，模仿笑声的英语单词"titter"与德语"kichern"，二者的关系同样紧密。

## 六　事物与外观

接下来，将象征符号延伸到物体之上，我们就会发现事物的外观与语音之间存在着较为明显的关联。欧内斯特·赫尔曼·希尔默（Ernest Hermann Hilmer）专门从事此方面的研究，在他的《仿声、构词与词义转移》（Schallnachahmung, Wortschöpfung u. Bedeutungswandel, 1914）一书中，列举了大量实例，比如，"knap"一词包含"一根粗木棍，一个木结，一点

---

① See Jonathan Swift, *The Journal to Stella*, London: G. Newnes, 1904, p. 270.

② See Hugo Ernst Mario Schuchardt, "Zur Methodischen Erforschung der Sprachverwandtschaft (Nubisch und Bas-kisch)", *Revue International de Etudes Basques*, Vol. 6, 1912.

点吃食，一个突起，一座小山"；"knop"与该词变体"knob, knup"，均意为"老板、螺柱、按钮、旋钮、疣子、丘疹、花蕾、海角"等等。另外，希尔默根据德语与英语相关单词，制作了一份长达170页的词汇表！

至于声调，我们通常会使用如"明"和"暗"这样的形容词，而高声调（声带振动迅速的语音）与"明"存在着天然联系；低声调与"暗"紧密关联。我们可以在"gleam, glimmer, glitter"与"gloom"的对比中发现，元音［i］听起来更适合"明"，而［u］适合"暗"，伊斯雷尔·赞格威尔（Israel Zangwill）就曾写道："The gloom of night, relieved only by the gleam from the street-lamp（只有街灯的微光才能抚慰夜的黑暗）。"虽然现在，"light"一词在现代英语中含有双元音，不足以充分表现"明"的意义，但在过去，该词只含有单元音［i］，比如：德语"licht"以及与之对应的反义词：德语"dunkel"，丹麦语"mulm"，希腊"amolgós, skótos"，拉丁语"obscurus"，等等。另外，英语"murky"与丹麦语"mörk"中的元音部分亦表"暗"。

## 七　心境

自古以来，语言对应心境并非难事，比如"gloom（忧郁）"。爱德华·道登（Edward Dowden）写道："The good news was needed to cast a gleam on the gloom that encompassed Shelley（好消息才能驱散雪莱四周的阴郁）。"同样还有"glum, glumpy, glumpish, grumpy, the dumps, sulky"等单词。如果说英语"moody（喜怒无常，丹麦语'mut'）"和"sullen（郁郁寡欢，丹麦语'but'）"的含义匀已发生改变的话（古英语"modig"意为兴致勃勃；中世纪英语"solein"意为孤独），那么语音象征在词义变化中的作用意义非凡。

比如"grumble（抱怨）"意味着一种不满的心境，该词的发音与其意义之间的联系就更加直接，因为该动词是在不满的情绪下所发出的声音，"mumble, grunt, gruntle"等单词的发音心境同样如此。由此，"Mrs. Grundy"作为传统道德意义上心胸狭隘之人的名字极为合适（"Grundy"引申意为心胸狭窄、极喜挑剔之人）。

　　至于厌恶、反感或者轻蔑的象征性词更是不胜枚举，下面仅列出部分实例。首先，同样不使用后元音的单词，如"blunder, bungle, bung, clumsy, humdrum, humbug, strum, slum, slush, slubber, sloven, muck, mud, muddle, mug（这些单词虽词形各异，但都含有轻蔑之义）""juggins, numskull（古英语为'numps, nup, nupson'），dunderhead, gull, scug（在英国伊顿，专指穿戴不整洁的男孩）"以及多以"sl-"为首的词汇，如"slight, slim, slack, sly, sloppy, slipslop, slubby, slattern, slut, slosh"等。其次，词首的唇音也十分常见，① 其元音后通常紧跟［ʃ］或［tʃ］："trash, tosh, slosh, botch, patch"以及德语"kitsch（拙劣的画，污迹）""patsch（e）（泥潭，廉价之物）""quatsch（胡说八道）""putsch（暴乱、政变）"。英语"bosh（废话）"据说源自土耳其借词，它之所以常用，是与第一次世界大战期间广泛使用的法语蔑称"boche（德国佬）"产生的内因相同。最后，请允许我提一下意大利语中的派生后缀"-accio"："pover-accio（悲惨的）""acquaccia（脏水）"以及"cavalluccio（劣马）"中的"-uccio"。

## 八　大小与距离

　　元音［i］，当它弱读时，专指小的、弱的以及无关紧要的事物，或者意为精致、优雅。在不同的语言中，具备这一特点的形容词实则很多，如"little, petit, piccolo, piccino"，匈牙利语"kis"，英语"wee, tiny（小孩子常读成'teeny［ti·ni］'），slim"，拉丁语"minor, minimus"以及希腊语"mikros"。甚至，许多表孩子或小动物的词汇也含有［i］（不过，含有［i］的小动物词汇通常会用来表示对孩子的喜爱或者轻视），如："child（之前发［i·］）"，德语"kind"，丹麦语"pilt"，英语"kid, chit, imp, slip, pigmy, midge"，西班牙语"chico"，以及一些形容小物件的单词：英语"bit, chip, whit"，拉丁语"quisquiliæ, mica"，英语"tip, pin, chink, slit"，等等。即使在不同的语言，小后缀（diminutive suffixes）也

---

① 例如，"fop, foozy, fogy, fogram"中的"f"多是由"fool"一词衍生而来。

含有近似［i］的元音，例如，英语后缀"-y, -ie（Bobby，baby，auntie，birdie）"，荷兰语后缀"-ie, -je（koppie）"，希腊语后缀"-i-（paid-i-on）"，哥特语后缀"-ein（gumein）"，英语后缀"-kin, -ling"，瑞士的德语后缀"-li"，意大利语后缀"-ino"，西班牙语后缀"-ico, -ito, -illo"，等等。

　　"矮小""软弱"常被认为是女性特征，因此笔者怀疑雅利安语阴性后缀"-i"最初表示"小（wolfy）"，如梵语"vrkī（母狼）""naptī（侄女）"。我们同样在许多阴性后缀中发现了元音"i"的存在，比如：晚期拉丁语后缀"-itta"（如"Julitta"等，随后衍生出法语后缀"-ette"，如"Henriette"等）与"-ina"（如"Carolina"），德语"-in"（如"königin"），希腊语后缀"-issa"（如"basilissa"，意为女王），之后形成法语"-esse"以及英语"-ess"。

　　元音［i］也可以表示短暂瞬间，比如：英语"in a jiff/jiffy"，苏格兰语"in a clink"，丹麦语"i en svip"。而相应的英语形容词有"quick，swift，vivid"，等等。难怪德国人认为使用"blitz"一词指代闪电时，形容转瞬即逝的闪光格外妥当。①

　　人们会注意到，在相应的代词和副词中，元音"i"经常表示较近的地点，而其他元音，特别是"a"或者"u"则表较远的位置，② 比如，法语"ci（这里）""là（那里）"；英语"here（这儿）""there（那儿）"；德语"dies（这个）""das（那个）"；低地德语"dit（这儿）""dat（那儿）"；匈牙利语"ez, emez（这个）""az, amaz（那个）""itt（这里）""ott（那里）"；马来语"iki（这个）""ika（那个，有点远）""iku（远

---

① 关于前文"i"的象征意义探讨，源自一篇发表在《语言学》（Philologica）卷1的摘要。

② 参阅西奥多·本菲（Theodor Benfey）《语言学史》（Geschichte der Sprachwissenschaft，1869）第791页；弗朗茨·米斯特利（Franz Misteli）《语言结构的主要类型特征》（Charakteristik der Haupts Chlichsten Typen des Sprachbaues，1893）第539页；威廉·马克西米兰·冯特（Wilhelm Maximilian Wundt）《语言》（Die Sprache I，1900）第331页，但他所举的部分例子不符合语言常规，须谨慎使用。但奇怪的是，冯特认为这种现象仅限于原始语言，未在闪米特语族或印欧语系中发现；《日耳曼—罗曼语月刊》（Germanisch-Romanische Monatsschrift）第1期，第638页；西格蒙德·希莫尼（Siegmund Simonyi）《匈牙利语》（Die Ungarische Sprache，1907）第255页；卡尔·弗雷德里希·迈克尔·迈因霍夫（Carl Friedrich Michael Meinhof）《含米特人语言研究》（Die Hamitischen Sprachen，1912）第20页。

处）"。在含米特语系中，"i"象征"近（这里）"，"u"象征"远（那里）"。因此，我们也可以把"zigzag（之字形）"一词理解为"从这里到那里的往复运动"。而在古英语阳性为"þes，se"，阴性"þeos，seo"，中性为"þis，þæt"（现代英语"this，that"）的指示代词中，最终中性代词得到广泛应用的原因（之一）是其二者的元音象征差异早已确定。

## 九　单词、语音的长度与强度

较短与较长的词形适合表达不同的心境，如同祈使句既可用于命令，也可表示谦卑的恳求。在匈牙利方言中，短词表命令如"írj，dolgozz"；而较长的单词表恳求如"írjál，dolgozzál"。[①] 在拉丁语祈使句中，"dic，duc，fac，fer"的使用是否比其他祈使词更频繁？只有弃用"-e"才能达到这样的效果。因此，祈使语句中的"es""este"和"i"不得不让位于更完整（更文雅）的形态："esto，estote，vade"。并且，人们经常使用"scito"而非"sci"。[②] 也许，只有在英语的祈使句中，通过添加一些单词的方式，如"please，bitte"才能达到缓和语气的目的。

延长派生音节在某些情况下会产生相似的情感效果，不过，这些音节本身并无意义，如在丹麦语中，为了表达"冗长"或"无聊"之意，单词"lang（som），kedelig，evig"会成为"langsommelig，kedsommelig，evindelig"。[③] 同样，"splendid"一词在俚语中的效果也得到了加强，由此衍生"splendiferous，splendidous，splendidious，splendacious"。人们觉得"aggravate"比"vex"的表达效果更为强烈，这可能解释了长词为何获得与自身词源毫无关联的含义，比如，"为了消除轻视，人们会用一个极具震撼效果的词汇，如'platitudinous（陈词滥调）'，这必然比任何一个只有一、两个音节的单词更具力度。"此类单词还包括"multitudinous，multifarious"。

① See Zsigmond Simonyi, *Die Ungarische Sprache*, Strassburg：K. J. Trübner，1907，pp. 359，214.

② See Wackernagel, *Abhandlungen der Königlichen Gesellschaft der Wissenschaften in Göttingen*，1906，p. 182.

③ See Henrik Johan Ibsen, *Når vi Døde Vågner*, Berlin：S. Fischer，1900，p. 98.

现在，我们看到了一些极具"夸张"的长词所带来的情感效果，其中一些可能被认为是对现有单词的象征性扩展，施罗德称之为"streckformen（词形拉伸）"。并且，长词带来的影响往往与上文提到的一些语音效果结合在一起，比如："slubberdegullion（肮脏的家伙）"以及"rumbustious（喧闹的）"源自"rumpuncheon（饭桶）"的系列单词"rumgumption，rumfustian，rumbullion"。该词曾经出现在罗伯特·路易斯·斯蒂文森（Robert Louis Stevenson）《金银岛》（*Treasure Island*）第 48 页："the cowardly son of a rum-puncheon（一个胆小的饭桶）"。另外还有"rampallion（恶棍）""rapscallion，ragamuffin""sculduddery（淫秽）""cantankerous（爱吵架的）"，美式英语"rantankerous，cankerous，rancorous"；"skilligalee（痛苦的惩罚）""flabbergast（混乱）""catawampous"或"catawamptious（意为凶猛，'一个听起来冠冕堂皇却无确切含义的单词'——《新编英语词典》）"法语"hurluberlu（疯狂的）"与丹麦语同义词"tummelumsk"，挪威语同义词"tullerusk"。

有了这种关系，在强烈的情感影响下，为了加强口语效果，人们更愿意拉长以及加强单音节词，例如，在"it's very cold（天很冷）"中，双元音［ou］和［l］明显拉长；"terribly dull（极其无聊）"中的［l］被拉长，"extremely long（冗长）"中的元音［ɔ］或［ŋ］（或者［ɔ］与［ŋ］）都可能被拉长。在法语"c'était horrible（太可怕了）"，颤音［r］被拉长（同样的效果通常无法出现在英语，因为英语［r］并非颤音，而是由舌尖移动发出）。在特定条件下，心理原因导致的读音延长可能会永久性地改变一个单词的发音，如拉丁语"totus"在意大利语中变为"tutto"（源自法语"tout，toute"，而西班牙语"todo"保留了拉丁语单辅音）。阿尔伯特·约瑟夫·卡诺（Albert Joseph Carnoy）发表了一篇极为有趣关于罗曼语族中发音拉长的单词表。[①] 在此文章中，他客观地强调了此现象的象征价值以及在昵称、儿语、讽刺、嘲笑等用词中，拟声词所形成的特质，他还指出："对语音学家来说，这种读音拉长似乎并无规律，而对于心理学家来讲，这种现象在词汇中的分布又是极为自然的。无论是音节拉

---

① See *Modern Philology*，Vol. 15，1917，p. 31.

长还是辅音重复，所有语言都具有此特性。人们发现它会出现在完成时、系动词或多次体动词（frequentative verbs）、复数名词以及集合名词中。虽然，这种语音现象大多是音节重复，但元音延长也非罕见，辅音强化同样存在。例如，在奇努克语中，感情色彩或强或弱的单词可通过增加辅音重读的方式进行增强。在闪米特语族中，动词的强化通常依靠辅音的重复。如词干'qatal'为了加强语气成为埃塞俄比亚语'qattala'，希伯来语'qittel''shibbar（切成小片）''hillech（走）''qibber（埋葬多人）'等，相关语料可参阅卡尔·布罗克曼（Carl Brockelmann）《闪米特语族比较语法》（*Grundriss der Vergleichenden Grammatik der Semitischen Sprachen*，1906）第 244 页。"

　　另外，依据米斯特利的著作，[1] 笔者可再次列举闪米特语族动词强化的例子，比如，拉长首个元音可表示一种偏好或者一个企图，与第三人称阳性单词"qatala, jaqtulu（杀死）"搭配，前者是不定式过去完成时，后者则表持续动作的未完成进行时。二者中的"ja"和"ju"是第三人称阳性标记，由此产生"qātala, juqātilu（试图杀死，打架）""faXara, jufXaru（声名远扬）""fāXara, jufāXiru（试图超越，争夺）"。另外，拉长（或者双写）辅音可加强"动作"的力度，如希伯来语"šaβar, jišbōr（打破）""šibbēr, ješabbēr（猛击）"；阿拉伯语"ḍaraba, jaḍrubu（打击）""ḍarraba, juḍarribu（反复击打）"。有时，此类拉长还会让动词变为使役动词或者及物动词等。

　　笔者猜想，另一批动词强化的实例完全出于相同心理（象征），如丹麦语"pp, tt, kk"代替（擦音）"b, d, g"："pippe"与"pibe"，"stritte"与"stride"，"snitte"与"snide"，"skøtte"与"skøde"，"splitte"与"splide"，"skrikke"与"skrige"，"lukke"与"luge"，"hikke"与"hige"，"sikke"与"sige"，"kikke"与"kige"，"prikke"与"prige"，"sprække"与"sprænge"。其中的一些单词虽已过时，另一些只是方言形态，但在此，我们若要详细探究这些单词的来源，未免过于周折。通常，辅音重复源于

_____

① See Franz Misteli, *Charakteristik der Hauptsächlichsten Typen des Sprachbaues*: *Neubearbeitung des Werkes*, p. 428.

早期派生词"n"的用法，<sup>①</sup>但并无必要继续使用早已弃用的"n"代替此类重复，因为延长辅音的方式象征性地强化动作，这样的读音极为自然，如将"g"变为"ck"的德语单词"plagen"与"placken"。而相反的变化，即辅音弱化，可在英语单词中找到，如"flag"（古法语"flaquir"，意为减弱）是由"flabby（早期为'flappy'）"辅音弱化而来，"drib"源自"drip"，"slab"可能由古法语单词"esclape"辅音弱化产生，"clod"源自"clot"，"cadge, bodge, grudge, smudge"中的"-dge"可能来自"-tch"。不过，这里的辅音弱化不如辅音强化效果明显。

　　为了满足读者的好奇心，笔者在此提及两名英国小孩所发明"语言"中的一个单词"bal（地方）"（伦敦大学学院语音系的沃德小姐向我介绍了其中一位孩子所创造的单词），若要指代的地方越大，该词中的元音"a"的发音也就越长。换句话说，在3种不同长度的元音中，它分别代表了"村庄""城镇""城市"。此外，意为"走"的单词是"dudu"，"走得越快，该词读得就越快，而［dœ·dœ·］则表示'慢慢地走'"。再比如洪堡特与斯坦塔尔主编的《论爪哇岛的卡维语》第82页，"瓜拉尼语南部方言会根据距离现在时间的久远，降低完成时后缀'-yma'的语速。"

## 十　总则

　　总之，语音象征有着极为广泛的应用，从直接模仿人类感知的自然声音，到略微增加现有非象征词汇中辅音的数量，以此达到强化动词的单纯语法目的。但是，在语言活动中，要想对语音象征做出真正的评判，我们须考虑以下几点：

　　第一，没有一种语言能够充分地利用声音的象征意义。元音［i］表达"小"是最为适当的，但如果说［i］总是暗示"小"或者"小"总是借由元音［i］表达，那么这样的观点极为荒谬。只要提出"big（大）"和

---

① See K. Brugmann, *Kurze Vergleichende Grammatik der Indogermanischen Sprachen*, Strassburg, 1886, p. 390; See Streit Wilhelm August Streitberg, *Urgermanische Grammatik*, Heidelberg, 1896, pp. 135 – 138; See Adolf Noreen, *Abriss der Urgermanischen Lautlehre*, Strassburg: K. J. Trübner, 1894, p. 154.

"small（小）"这两个词，或者指出"thick（厚）"和"thin（薄）"均含有元音［i］，足以否定这样的观点。

第二，由于历史的发展，曾经在语音上或者语义上（或者两者兼而有之）具有象征意义的单词可能不再具有象征意义，例如，"crow（乌鸦）"就不如古英语"crawe"（丹麦语"krage"，荷兰语"kraai"）一词能够完美模仿乌鸦的叫声。当元音［i］还是曾经的［i·］时，动词"whine, pipe"是完美的拟声词（丹麦语"hvine, pibe"），但是为了模仿鸟叫，后者"pibe"却使用长、短元音［i］（如，"peep"与"pip"），这是拟声词不断更新、重塑的结果。至于爱尔兰语"wheen"与爱尔兰方言"peep"的论述，可参阅本书第15章，第8节。拉丁语"pipio"最初意为任何一种"唧唧叫的小鸟"，但当它具体指代一种鸟儿时，它可以自由地遵循语音发展的一般趋势，由此衍变出法语"pigeon［piʒɔ̃］"和英语"pigeon［pidʒin］"。而英语"cuckoo（布谷鸟）"中的［u］拒绝衍化为"cut"中的"ʌ"音，这是因为人们时常听到包含［u］的布谷鸟叫声。笔者曾经听到一位苏格兰女士把"cuckoo"读成［kʌku·］，在我的询问下，她才告诉我，自己出生之地并无布谷鸟，因此，该词的读音与苏格兰语中任意含有由短音［u］变为［ʌ］的单词并无冲突。从另一个方面看"cuckoo"一词也十分有趣；它抵制了古日耳曼语的辅音音变，因此与梵语"kōkiláḥ"，希腊语"kókkux"以及拉丁语"cuculus"有着相同的辅音。至于意义发音的一般形式，请参阅本书第15章，第8节。

第三，随着时间的推移，有些单词比最初更具表现力。于是，语言便产生了一些所谓的次要回声词（secondary echoism）或者次要象征词（secondary symbolism），比如，动词"patter（啪嗒作响）"源自"pater（paternoster）"，该词最初表示重复念咒或者喃喃祈祷，后与同音动词"patter（连续快速拍打）"联系在一起，并受到如"prattle（咿咿呀呀）""chatter（喋喋不休）""jabber（叽叽喳喳）"等回声词的影响。现在，"patter"意为"流畅地说"，它实际上是一个真正具有象征意义的单词，我们可参阅实质名词"patter"，意为"隐语、演讲、谈话"；另外，"husky"起初意为"长着外壳的、有壳的"（《新编英语词典》），但如果不是该形容词的发音让人联想起沙哑的嗓音，它不可能具有现在"喉咙干、嗓子哑"的含义；如今，丹麦语"pöjt（劣酒）"包含了蔑视之意，但该词实际源于"Poitou"（普瓦图，一种以法国普瓦图省命名的葡萄酒），正如"Bordeaux（波尔多葡萄酒）"一样。它与其他表轻蔑的单词联系在一起，如"spröjt, döjt"。

而英语"little"中的元音"i"源自古英语"lytel"中的"y"。"lytel"中的"y"又是古撒克逊语"luttil"中的"u"突变而来，最初，"u"无任何象征意义；"little"在哥特语中为"leitils"（"ei"发音为［i·］），在古诺尔斯语中是"lítinn"，二者的元音很难用一般的语音规则进行描述，以至于《新编英语词典》坚称二者"毫无联系"。笔者却坚持认为，"leitils, lítinn"中的元音"i"是由其象征意义产生的，正如现代英语"leetle"中窄元音［i］代替宽元音［i］一样。在意义相反的单词"much（多）"中，我们通常会期待苏格兰语"mickle"中的［i］源自古英语"micel"，因此，"much"中的［ʌ］可能受到人们期待而获取与词义对应的元音（adequate vowel）倾向。在英语单词"quick（迅速的）"中，最适合表示"迅速"含义的元音［i］已经广泛使用，它取代了早期主格词形"cwucu, cucu"（源自"cwicu"以及屈折形式"cwicne, cwices"等）中的元音。但发音相似的"widu, wudu"却无上述诱因，于是元音［u］被保留了下来，便有了现在的"wood"一词。在丹麦语形容词"kvik"以及中古低地德语"quik"中，虽然包含了象征意义的"i"的存在，但二者被替换为丹麦语"kvæg"以及中古低地德语"quek"后，便再无任何象征意义，因为二者已指代具体事物，即"cattle（牛）"。笔者甚至注意到，丹麦语形容词中的"k"保留了［i］的象征意义，因为单词"quick"中的［i］被一个塞音"k"打断。难道在更早时期，"quick"一词发挥象征作用的并非是元音［i］？不过，古英语"cwicu"和古诺尔斯语"kvikr"（日耳曼语"qius"，拉丁语"vivus"）中的第二个"k"并未得到充分研究。另外，表示"小"的［i］又出现在一些较新的英语单词中，如源自"top（顶端）"的"tip（小部件）"，来自"troop（群）"的"trip（一小群）"，来自"sup（呷）"与"sop（渗透）"的"sip（小口抿）"。

总之，基于意义上的变化，一些单词比之前更具象征。而音与义的一致同样出现在后期出现的单词如"miniature"中。由于"i"的缘故，

"miniature"有了"微型画"的含义，但最初，该词仅指"用朱砂红绘制的图像"。另外，"pittance"原指任何形式的虔诚捐赠（不论多少），现在却意为"微薄的津贴"。读者也可参阅本书上述提及的其他单词，如"sullen，moody，catch"。

## 十一　暗示的重要性

如果要真实了解语言，我们还须考虑当今说话者察觉到的某些单词的暗示性。在特定情况下，这种暗示性可能自一开始就存在，而此类单词之所以产生，是因为它们蕴含了说话者想要表达的隐含之意。不过，暗示性的成分并非原始：其出现方式与其他词一样，发音从未拥有任何暗示作用。假如一个单词的发音在某种程度上暗示了它的含义的话，如一个单词中的元音［i］位于显眼的位置，且该词意为"小"或者"小的事物"的时候，那么该读音就会对这个单词产生强烈的暗示。这实际上是一种诱因，促使人们选择自己喜欢的某一特定单词，并停止使用不受欢迎的单词来表达相同的概念。可以说，语音象征让某些单词更适合生存，并在它们为生存而进行的斗争中给予了极大帮助，例如，使用指代小动物的单词来形容小孩子，我们大多会选择"kid（小山羊）""chick（小鸡）""kitten（小猫）"并非"bat（蝙蝠）""pug（哈巴狗）""slug（鼻涕虫）"。

另外，法语单词"rouler（滚动）"，即英语单词"roll（滚动）"，二者源于拉丁语"rota（轮子）"，并与小词词尾"-ul-"组合。但该词永远不会像在英语、荷兰语、德语和斯堪的纳维亚语中广受欢迎。假如该词音不具备任何明显暗示，那么在今天看来，该读音只是含义的自然表达。在此，笔者再举一例，在这一例子中，音与义之间的联系更加"偶然"。大约100年前，来自北卡罗来纳州邦科姆县（Buncombe）的国会议员菲利克斯·沃克（Felix Walker）发表了一场冗长乏味的演讲："许多成员离开大厅。他天真地告诉那些留下来的人，他们也可以走。他还会说上一会儿，但'他只是在帮邦科姆县说话'，为的是取悦选民。"现在，"buncombe（buncome，bunkum）"在美国不仅成为一个广泛使用的单词，而且在所有英语国家都很流行。因为"buncombe（废话）"并非基于政治信念，而是为了赢得选民支持的政治演说或行动，又或者是一种空洞的"哗众取宠"式的演讲。有学者认为，如果沃克先生碰巧来自安纳波利斯或者费城以及其他地方，当地的名字并不像邦科姆那样激起大众兴趣的话，那么他所在选区的名字还会被这样使用吗？（参阅本书第 20 章，第 6 节，关于短音"u"的暗示意义）。同样，"hullaballoo（喧嚣）"似乎源于爱尔兰村庄"Ballyhooly（巴利霍利）"①，因其暗示性的发音变得流行。

关于借词，我们经常看到，它们被采用的原因与其说是出于文化的需要，② 不如说由于它们的读音在某种程度上存在某种暗示意义而已。因此，阿尔贡金语（美国纳蒂克地区方言）指代"首领"的单词"mugquomp"在美语就以"mugwump"的词形表示"伟人"或"老板"，特别是在政治生活中，用来指代一个独立于党派并自认为比党派更加优越之人。现在，假如印第安语没有因为自身粗鄙的发音而受到嘲笑的话，谁也不会想到印第安语能够表达这样的概念。在此类单词中，我还会提到"jungle（丛林）"，该词源自印地语"jangal（森林）"，或多或少与"jumble（混乱）""tumble（跌倒）""bundle（束）""bungle（粗劣）"有关；俚语中的"bobbery（噪音，争吵）""在盎格鲁—印第安口语中，表示印第安人在惊讶时发出的感叹或悲伤的'Bap-rē!'或者'Bap-rē Bap（哦，天神啊）'"③，而"amuck"与美语"bunco（骗局，欺骗）"则源自意大利语"banco"。


## 十二　古代与现代

我们可以发现，回声词以及相关语音现象并没有把我们带回一个极富想象的原始时代，虽然，这些单词在语言中至关重要，因为我们每天都在发现、使用它们，但语言学家认为，声音的象征意义，如果存在的话，必

---

① See Patrick Weston Joyce, *English as We Speak It in Ireland*.

② Ibid. , p. 209.

③ See Henry Yule & Arthur Coke Burnel, *Hobson-Jobson: A Glossary of Colloquial Anglo-Indian Words and Phrases, and of Kindred Terms, Etymological, Historical, Geographical and Discursive*, London: J. Murray, 1886.

须追溯到更遥远的时代，否则时至今日，这种象征的意义早已磨灭。于此，引用查尔斯·德·布罗斯（Charles de Brosses）在法语中发现的带有象征意义的词组："rude（粗鲁）"与"doux（温柔）"①，本菲认为："这些单词的发音与该语言起源就好像相隔无尽的时长，它们对事物最初名称的解释与所起的作用微乎其微。"（本菲说得没错，人们可能会觉得这两个法语词是虚构的。也许，用这两个单词作为例子并非得当）。苏特林表示："在我们这个时代，寻找语言中的音与义的对应关系无疑是极为大胆的尝试，因为像'liebe（爱情）''süss（甜蜜的）'和'zorn（愤怒）''hass（厌恶）''hart（心脏）'这样经常被外行视为包含象征意义的单词，对真正的学者来说，并不能证明什么，因为这些词形仅仅最近出现，在语言创造期，其发音与现在必然不同。"②

　　同样，索绪尔把发音和意义之间的关系作为语言学研究的主要问题之一，他指出音与义之间的联系是随机的，或者说无目的的，对于那些支持拟声词并非随机产生的学者，他表示："拟声词绝不是语言系统的有机组成。它们的数量比一般人想象的要少得多，像法语'fouet（鞭子）'和'glas（丧钟）'这样的字眼虽然会引发强烈的暗示。③ 但二者最初并无象征价值，如果追溯它们的拉丁语词形，'fouet'源自'fagus（山毛榉）'，'glas'源于'classicum'，就可以充分证明这一点。实际上，它们的发音所带有的特质，或者更确切地说，属于它们实际发音的性质是语音发展的偶然结果。"④

　　在此，我们看到了现代语言学的一个特点，过于注重词源学，更关注单词从何而来，而非它们是如何形成的。假如一个单词的发音一开始就不具备暗示性的话，那么它在现实中的暗示性可以被忽略。不过，笔者希望这一章不论在语言学还是在心理学领域的研究都能体现更富有成效的

---

① See Theodor Benfey, *Geschichte der Sprachwissenschaft und Orientalischen Philologie in Deutschland seit dem Anfange des 19. Jahrhunderts mit einem Rückblick auf die fru Heren Zeiten*, p. 288.

② Ludwig Sütterlin, *Werden und Wesen der Sprache*, Leipzig：Quelle & Meyer, 1913, p. 14.

③ 必须承认，笔者在"glas"中找不到任何象征意义，"fouet"的象征意义极小（尽管动词"fouetter"受到英语单词"whip"的象征影响）。总的来说，人们在一个词中"听到"的很多内容都是臆想的，因此，学者们大都怀疑那些洞察声音象征本质的合理尝试。

④ Ferdinand de Saussure, *Cours de Linguistique Générale*, Lausanne, 1916, p. 104.

观点。

    虽然，有些回声词极为古老，但绝大多数是较新的。不论怎么说，当笔者在《新编英语词典》中查找大量此类词汇的最早确定日期时，笔者惊奇地发现，它们中的许多单词新近出现，其历史不超过几百年，有些甚至还不到百年。甚至，它们最近才出现在文学作品中，这可能归因于与古代文体相比，我们的现代文学在许多方面更加自由，因而能够选用多样的词形无尽地贴近人生，也更加贴近日常用语。当然，这并不能解释一切，很有可能，此类单词在现代口语中的使用频率要比以往更高，因为人类说话的方式比几百年甚至几千年前的祖先更加生动，也更为鲜活。如今，人类的心理反应时间也比以往更短，随着生活节奏的加快，人们不像之前受到传统的束缚。他们更倾于创造、采用这种特殊类型的新词，并认为这类单词颇具表现力。由此，在现代所有的语言当中，回声词和象征性词汇的创造和使用在历时进程中似乎都存在着增加的趋势。表达不够充分或形式不够丰富的词语必然遭到淘汰。所以，我们不必相信存在一个所谓的黄金原始时代，在那段年代里，每组声音都具有重要意义，语言中的一切都具有表达性和立即理解性。在此，我们更倾向于这样一种结论：语音朝着大量简单、充分的表达方式缓慢、渐进地发展。音与义的结合比我们远祖所知的方式更为紧密。

# 第二十一章 语言的起源

## 一 序言

前几章是为本章探讨所做的铺垫。在上文，我们了解到杰出的语言学家如何看待人类语言最初起源这一问题的，正是由于他们的否定态度使得法国语言学会对该问题一直保持缄默（参阅本书第 4 章，第 4 节）。也许在此，有学者会引用惠特尼的话回避这一问题："在语言学中，再没有围绕语言最初起源这一话题被各大流派不同水平的学者如此执迷与热烈地讨论的了，也没有哪一个学术问题会像它一样，付出的劳动最多，得到的成果最少。那些曾经说过和写下关于此话题的论述虽是一纸空谈，但这些学者除了信心满满、顽固不冥地捍卫自己的观点之外，再无他人可信，努力恰与认可度形成了反比。因此，明智的语言学家大多对该问题嗤之以鼻。"①

不过，追问语言进化的源头（与走向）是语言学永无回避的问题。尽管当下，我们对鸟类和哺乳动物语言的真实本质和表达能力以及蚂蚁的信号系统等知之甚少，但是，我们必须认识到人类并不是唯一拥有"语言"的物种。尽管很多人不愿承认，有些动物的语言与人类语言十分相似，甚至在某些方面，比人类的语言更加完美，这其实是动物与人类语言的差异所在，并且人类对动物语言的发展一无所知。纠结这些问题毫无意义，任

---

① William Dwight Whitney, *Oriental and Linguistic Studies*, New York：Charles Scribner, 1873—74，p. 279.

何一个人类族群都有自己的语言，本质上与我们现在语言相同，且共同推动了人类语言的发展。①

首先，人类是直立行走的，这让人类腾出双手，既能携带东西又能不停地讲话。与咀嚼食物和哞哞叫之外再无剩余时间的奶牛相比，人类吃饭的时间花费较少。性生活不受一年中特定时间的限制，男女全年都可以互相陪伴，这使得人类社交能力的提升。同时毫无自理能力的婴儿稳固了家庭生活，在家庭生活中拥有足够的时间进行各类活动，包括对发声器官的锻炼。因此，上述条件有利于人类歌唱与说话能力的提升，可问题是，在交流过程中音与义是如何联系在一起的？

我们如何解决这一问题？那些撰文讨论过此问题的学者几乎无一例外在自己的头脑中想象这样一副原始画面，然后自问：在语言尚未形成的历史时期，语言如何成为人类或者类人猿交流的工具？学者们本能地遵循着历时研究法，不仅如此，安东·马蒂（Anton Marty）甚至笃定地告诉我们，历时研究法是唯一切实可行的研究方式。相比于直接否定这一主张，笔者认为，历时研究法的问题主要在于错误的研究方式，以至于导致该问题时至今日未得到完美解决。要想获得成果，我们必须独辟蹊径。总有一些方法可以为我们提供一个全新的视角，从而让原始世界的语言以崭新的面貌呈现在我们眼前。不过在此之前，我们最好回顾一下那些采用推理或者演绎法（a priori method）的语言学家所曾提出的理论。

## 二 早期理论

最初的理论认为，原始词汇是对声音的模仿，比如人类模仿狗的叫声，由此获得含有"狗（dog）"或"吠（bark）"意义的自然单词。于是，该理论被称为"摹声说（bow-wow theory）"。但欧内斯特·勒南（Ernest Renan）指出，在语言史当中，该理论多少有些荒谬：低等动物生来具备嗥叫的能力，然后才是人类，换句话说，人类通过模仿低等动物的叫声是为自己创造语言？当然，人类还会模仿人类同胞的语音。而该理论的要点

---

① See Hans Georg Conon von der Gabelentz, *Die Sprachwissenschaft*, p. 294.

在于一个生物发出没有任何意义的声音，但该声音却具有该生物的特征，人类就用该声音指代这一生物（或者产生该声音的运动或者动作）。这样一来，原本毫无意义的声音在模仿者的口中以及对于听到该模仿声音的人类来说，便获得了真正意义。笔者在本书关于语音象征的第 20 章中试图阐明人类语言是如何从这种最粗鲁、最直接的模仿，历经多次衍进，最终获得一些最微妙的象征效果。可以说，"模仿（imitation）"这个词的意义比大多数理论倡导者所能想象到的更加广泛，因为模仿远不属于原始时代，它甚至至今依然存在。但该理论在马克斯·穆勒面前，并无多大价值，他指出："只要描述咯咯叫的母鸡还是嘎嘎叫的鸭子，拟声理论就会非常完美；但是在家禽场砌起一堵高墙，我们就会发现语言的真正起源却在这堵墙之后。"① 他在其他评论中继续指出："'cuckoo'这类词就像无根假花，毫无生命力，除了声音模仿，再无他意。"② 不过，"cuckoo"可能会衍变成"cuckold（法语'cocu'）"以及"coquet，coquetterie，cocart，cocarde，coquelicot"等单词，因此回声词与其他词汇一样，极富生命力。

　　第二种理论是感叹词理论，俗称"噗噗理论（pooh-pooh theory）"，该理论认为，语言源自疼痛或者人类其他强烈的感受或者感觉，由此产生本能的喊叫（instinctive ejaculations）。通常，该理论的拥趸认为，这些感叹词的存在理所当然，却不去了解它们如何产生的。达尔文曾经在《情感的表达》（The Expression of the Emotions，1872）中，对一些感叹词给出纯粹生理上的解释，例如，轻蔑或者厌恶会伴有一种"从嘴巴或者鼻孔喷出气息，由此产生噗（pooh）或者嘘（pish）音"的倾向。同样，"当某人受到惊吓或者感到震惊的时候，他会立即张大嘴巴，深吸一口气。而在随后的吐气中，嘴唇微撅，嘴巴轻轻闭合，气流通过该嘴形产生元音'o'。当然，一个拉长低沉的'Oh'会在目睹震惊景象后的人群中瞬间发出。假如惊讶的同时伴有疼痛，全身的肌肉（包括脸部肌肉）都会不自觉地收缩，嘴唇也会紧闭。这或许解释了人类为何会在此状态发出更加高昂类似'ah'或者'ach'的声音。"

---

① William Dwight Whitney, *Life and Growth of Language*, 2. 97.
② Ibid. , 1. 410.

　　而一般的理论反对将平常的感叹词视为感觉与情感的瞬间表达，因此，它们与其他语言材料彼此割裂。"只有当一个人不能或者不愿说话时才会使用感叹词，这让感叹词与单词之间存在巨大的鸿沟，足以让我们认识到感叹词是对语言的否定。"① 实际情况同样从语音学证明了"鸿沟"的存在：自发的感叹词并不属于正常的语言范畴，如清音元音、吸气音，等等。我们无法用普通的字母得当地标注感叹词，"pooh，pish，whew，tut"的拼写也不过是对自然发音最乏善可陈的再现。另一方面，许多感叹词或多或少早已约定俗成，如其他词汇一样为人类学习。不同的语言会产生不同的感叹词，比如遭受痛苦的德国人和斯堪的纳维亚人会大喊"au"，北欧日德兰半岛的原住民会用"aus"，法国人"ahi"，英国人"oh"或者"ow"。吉卜林在一篇故事中写道："那个人不是阿富汗人，因为阿富汗人的哭声是'Ai! Ai!'。他也不是印度人，因为印度人哭声是'Oh! Ho!'。他却像白人一样，发出'Ow! Ow!'的哭泣声。"

　　与该理论密切相关的是"先天论（nativistic）"，又称为"叮当理论（the ding-dong theory）"。根据该理论，声音和感觉之间存在着一种神秘的融合："它几乎贯穿整个自然界，即所有物质都会发出独特的声响，总之，不同物体所发之音也是不同的。"于是，语言成为一种本能，它是"人类在原始状态下所特有的能力，来自外界的每一种印象都能得到该本能的内部传达"，而该本能"在完成语言后，会立即消失"。不过，穆勒后来又明智地放弃了该理论。

　　路德维希·诺瓦雷（Ludwig Noiré）提出了第四种理论，又称"共同呼应说（yo-he-ho）"。该理论指出，在人类强大肌肉力量的作用下，均匀有力的重复呼吸声不仅能够放松身体，还能让声带以不同的方式振动。某些共同的动作会产生特定的发音，音与义的联系就此建立，换句话说，发音本身又会成为该行为的本来意义，例如，"heave（抛）"或者"haul（拉）"。

　　笔者对上述理论的阐述虽然只有寥寥数行，但这些理论彼此对立。诺瓦雷认为，解释语言的起源应该把上述模仿声音说排除在外，我们何不把

---

① Theodor Benfey, *Geschichte der Sprachwissenschaft und Orientalischen Philologie in Deutschland seit dem Anfange des 19. Jahrhunderts mit Einem Rückblick auf die fru heren Zeiten*, p. 295.

这几种理论结合起来加以利用呢？人类发出的第一个声音到底是"bow-wow"还是"pooh-pooh"，无关紧要，其二者均出自人类之口。而前三种理论只能解释语言的某些侧面，无法解答该问题的核心，总之，上述任何一种理论似乎很难触及语言本体。与诺瓦雷的理论相比，其他三人的理论都过于个人化，他们很少把语言视为人类交流的手段。他们都心照不宣地认为在语言产生之前，人类是一直缄默无声的，从生理学角度来说，这绝无可能，只有不断地使用语言，发音器官才能至臻完善。

## 三　方法

以上就是学界过往探究语言起源的诸多理论，它们大都想象出一个不会言语的人类，凭空推测他的语言是如何产生的。现在，我们可根据本书的相关内容（本书第 14 章，第 2 节），通过归纳、推理的方法补充甚至取代上述关于语言起源的推测与演绎。而这些归纳、推理的方法都基于三类研究事实：

第一类，儿童语言；
第二类，原始种族语言；
第三类，语言史。
其中，第三类最富有学术成果。

首先，关于儿童语言。一些生物学家指出，个体与种族的发展大体一致。正如胚胎在完全成熟前，它所经历的发育阶段大体相同，人类在经历无数代的努力后才让自身的语言达到当前水平。因此，人类获得语言能力的过程可以在孩子身上体现，任何一名孩子都可以通过发声器官学习语言，表达自己的思想。学者经常观察孩子语言的习得过程，将其视作原始语言形成的例证与推断。但是，不少学者犯了相似的错误，即误认为孩子是对一种早已存在的语言的习得，这就好比假设一个人试图从现在教孩子弹钢琴的方法中理解音乐衍变。很显然，现代语言的学习者与原始人处于完全不同的位置，二者的任务也有所区别：前者拥有趁手的乐器，已有为他谱好的乐曲，并且还有一位懂得如何演奏的老师。语言也是如此：孩子们的任务是学习一门早已存在的语言，只要把别人所说的话与意义联系起来，就不需要任何创新。但是，如果试图寻找与原始人习得语言类似的历史阶段的话，就须着眼于婴儿出生后未曾理解成年人语言的第一年。在此阶段，从孩子最初无目的的喃喃自语、啼叫和咿呀的语言中，我们找到了真正的原始语音。只有在此阶段，我们才有可能在婴儿身上找到人类语言原初阶段的线索。同时，我们又须细心，不能忽略孩子任何的造词方式，也不能忽视他们将一种情感附加于原本毫无意义声音的方式。

至于当今世界的野人语言，我们可将之看作一种更加原始的语言典型，视为一种更接近于起源的语言阶段。但要非常谨慎地运用从这些语言中得出的推论，我们不应忘记，即使是最落后的种族，它的语言也经历了长达数世纪的衍变，语言环境可能与真正原始人的语言环境不同。在接下来的论述中，所谓的原始语言只能用来验证已经在其他语料中得出的推论。

而我们获得最有价值的信息也是最卓有成效的方法就是基于语言史，这在本书前几章已有提及。虽然过往的语言起源论的提出者大都直接面对问题，但我们更应像寓言中狡猾耐心的狐狸，索骥一切能够将我们引向谜底的线索。由此，我们要采用迂回的策略来解决问题。这就意味着，与过往学者认为一切应从源头出发的思路相反，为了寻求更多线索，我们会从现在的语言着手，逐步追溯过去。也许，只有以这样的方式，才能直抵最初的语言。

笔者推荐的研究思路是依据现有史料，尽可能地追溯 20 世纪的语言起源，而笔者正是第一位采用此方法的学者。随后，从现代英语与古英语，丹麦语与古诺尔斯语，丹麦语、古诺尔斯语与日耳曼语族，法语、意大利语与拉丁语，现代意大利方言与印度梵语的比较中，笔者推断语言发展中的一般规则，并试图发现比现存语言史还要久远的语言系统。假如能够成功地发现早期语言特征，我们就有理由得出以下结论：语言的某些典型特征早在远古时期就已存在，而且发展程度更高；如果要证明语言在历史时期内发展的明确方向，我们必须推断，即使在没有文献考证的原始时期，语言也趋于同一方向发展。但是，如果能够证明大部分现代语言可以追溯到人类童年时期的话，那么我们会最终认为，这一特殊时期的人类发音并不是真正意义上的语言，而是一种先于语言的存在物。于人类来说，转化是我们可以理解的范畴，而从无到有的创造，人类始终无法理解。

因此，随后的研究目标就是在语言学的几个分支中寻找语言发展的一般定律（在本书过往的相关章节中，笔者已经对该问题进行了详细探讨），随后放大这些已经观察到的语言变化规律，由此构建一幅比原始语言还要原始也更能直观语言内外结构的图画。

## 四 语音

为了降低发音难度、减轻肌肉负担，语言中发音简化的趋势随处可见。人们摒弃了困难的发音组合，保留大多数容易的发音组（参阅本书第14章，第6节及以后）。现代研究表明，原始雅利安语的语音系统远比19世纪中叶学者重构的要复杂得多。现在，大多数语言只有吐气音，并未在连贯发音中插入吸气音（inbreathed sounds）、搭嘴音（clicks）或者缩塞音（suction-stops）。当然，我们在一些文明社会的语言中仍会遇到上述发音，但它们只存在于感叹词中，例如，人们会用一个吸气清音的"l"（通常伴有节奏变化以及舌头的小幅运动）表示吃喝时的喜悦，或用残词"tut"的搭嘴音来表示不耐烦。而在一些非常原始的南非语言，搭嘴音是单词读音不可分割的一部分。布勒克认为，在这些语言的早期阶段，搭嘴音的使用可能比现在更为广泛。也许，我们可以得出这样一个结论：原始语言充满了各种复杂的发音。

接下来的发现更具深远意义。在一些语言中，声调或音高重音（pitch accent）正逐渐消失，丹麦语就发生了此类现象，而挪威语、瑞典语仍然保持了部分古老的声调。与塞尔维亚—克罗地亚语（Serbo-Croatian）相比，俄语声调或音高重音同样消失。通过古印度、希腊和拉丁语著作的考证，语法学家发现音高重音在这些语言中都扮演了重要角色，其音程（intervals）也比现代语言更高。在现代希腊语和罗马语中，声调已被淡化，"重音（stress）"只能在曾经被标记高、低音高的音节中找到。我们现在掌握的有关现代原始部落的语言资料很少，且大多数对该类语言直接研究的学者未曾受过专业训练，他们难以观察或者描述原始语言的精妙所在。尽管如此，近年来，越来越多的学者开始关注音调、重音，如观察一些非洲语言，而这些语言证实了我们的想法：声调在许多原始语言中都扮演了重要角色。[①]

关于单词声调的讨论就到这里，现在，我们来谈谈句子节奏。众所周知，句子的抑扬顿挫受情绪的影响，在情感的支配下，声调上扬或者下降更强烈也更迅速。"所有注入情感的语言本身都会变成乐章，它为普通的语言带来更美的旋律。由于节奏的存在，一个人即使在愤怒时所讲的话语也会成为一首圣歌、一首歌曲。"（卡莱尔）"日常交谈中的语音很少产生太多的情感共鸣；只有情感强烈的诗词才会。愤怒中的声音会发出金属般的鸣响……吐露悲伤的声调又会接近那些低吟的音色；当雄辩的演说家读到动情之时，声调也会与往日不同，更加颤抖……相比之下，平静的声调多了几分枯燥，而充满情感的语言会让声音高五度、高八度，甚至获得更高的音程。"（斯宾塞）

不过现在，人类少有激情，即便激动下的表达也较为克制，这正是文明发展带来的结果。远离文明的原始语言则更赋有激情，更像音乐或者歌曲。当代原始人的语言也证实了这一结论。欧洲旅行者们常以下列词语描述不同部落的语言印象："无论在说什么，都好像在唱歌""日常交谈中的歌唱声调极为常见""话语如歌""高度艺术化、极致音乐感"，等等。

这些事实都证实了这样一个结论：曾经有一段时间，所有的语言都是歌曲，或者说，当时的语言和歌曲无法区分。但在现阶段，学者没有十足的把握建立这种推论，就像笔者接下来要讨论的关于原始语言的性质也非确凿。

如上文所述（参阅本书第17章，第7节），世纪往复，语言中的大量

---

① 声调的消失和上文汉语声调的论述（本书第19章，第4节）并无矛盾，明确指出这一点也许并非多余，因为声调的变化导致词义的变化，这种现象可解释为早期的词缀代表了不同的含义，而如今的声调主要集中在一个音节，并非在以往的两个音节或者更多音节之上。但这显然要以每个音节拥有自己的声调为前提，这就是本章所指的原始声调状态。声调原本极为常见，且毫无意义。后来，它们在某些语言中被删除，而在其他语言中则用于意义区别。

变化都是有规律可循，但期间又不时产生缩略词。这种现象在各个时代随处可见，追溯这一普遍发展趋势，我们发现远古时期的语言，如梵语、古代波斯语等都存在大量长单词（sesquipedalia）。而且，时代越久远，长单词的数量就会越多。我们还会发现，当前所谓"每一种语言都由单音节词根为始"的论断无法解释语言事实，因为它在语言学史的真理面前不值一提。正如宗教史并不是从"一神论"到"多神论"，而是从"多神论"向"一神论"的转变一样，语言的发展亦是如此，它只会从原始的"多音节词（polysyllabism）"向"单音节词（monosyllabism）"衍进：如果语言史前时期的发展与有历史记载的语言发展史相符，那么将历史大范围地投射到最黑暗的（一无所知的）时代，我们便可以了解早期词汇衍化至现在单词的过程，就像当时的"蛇颈龙（plesiosaurus）""巨太龙（gigantosaurus）"发展至今天的"爬行类（reptile）"一样。因此，语音的研究，其结果是，我们必须把原始语言想象成（至少是）由长词组成，充满困难发音，并且利于歌唱而非说话的方式。

## 五　语法

原始语言的语法有什么值得一提的吗？当然有，笔者认为，如果我们继续追溯过去，即从本卷前几章的研究中得出衍进路线，那么我们的确可以谈谈原始语言的语法。古代语言比现代语言拥有更多的形态，而最初原本清晰的语言在历经发展之后，无论在语音还是在名词、形容词和动词的类推上，都会变得极度混乱。

早期语言结构的特点是，每一个单词（无论是动词还是名词）的每一种词形都包含一些微小的屈折成分，这些屈折成分会在语言后期（如果有的话）借助助动词或者介词独自表达。比如，拉丁语"cantavisset"一词，它包含了6种含义：（1）"唱歌"，（2）过去完成时，（3）虚拟语气，（4）主动语态，（5）第三人称，（6）单数。而语言后期的发展趋势是用分析的方式体现这种屈折。但是，假如我们接受了古代阶段的"综合语（synthesis）"与近代"分析语（analysis）"的分类的话，我们必须意识到，二者存在多次变化：在任何一种语言之内，没有哪种语言是纯粹的综合语或者分析语。每种语言或多或少都能找到综合语与分析语的痕迹。与法语相比，拉丁语是综合语；与拉丁语相比，法语是分析语。但是假如发现拉丁语的前身，例如比最古老的拉丁语碑文还要早上两千年的语言，那么毫无疑问，我们会发现比拉丁文更加综合的语言，届时，西塞罗所说的拉丁语也不过成为了分析语。

其次，我们绝不能从"综合"这一概念（词源学上意为"组成"或者"放在一起"）得出这样一个结论，即综合语言形态，例如，拉丁语是由最初独立词素构成的，并以其分析语阶段为前提。有一小部分学者认为，所有的屈折形态最初都要经过独立词的融合阶段，但正如我们在上文所说（参阅本书第19章），单词中无法分割的成分并未获得越来越独立的地位。而那些不认同此观点的学者可能尝试找出一个比"综合语（synthesis）"更好、也更清楚的术语来描述原始语言特征。虽然，在语言的后期阶段，一些单词可能被拆解，但早期语言无法实现。用"纠缠不清"或者"复合混杂"形容原始语言阶段的语法，再合适不过。

## 六 单位

不过，古老的词形真的比现代词形更难拆分吗？当今许多学者对这一问题一再否定，即使他们读过笔者的著作《语言进化论——特别着重英语》第117页，也未必留下深刻印象。因此，我们有必要再次讨论这一问题的基本要点。首先，请允许我引用其他学者的话用以明示："从历史的角度讲，拉丁语'amat（他爱）'是由两个单词构成的。最初，该词尾't'是一个代词，表示'他''她'或'它'，为了方便，人们不会写成两个单词'am at'或'ama t'，也不会将英语'he loves'写成'he-loves'……而'amat'和'he loves'的本质区别在于，前者代词的含义以后缀体现，后者则通过前缀表示。"[1]"拉丁语没有按照'am-av-it'的方式书写，这完全出于偶然。对于不严谨的法国人来说，'il a aimé'就如同'amavit'之于罗马人一样，不多也不少，只代表一个意义单位……当'il

---

[1] Henry Sweet, *The Practical Study of Languages*, p. 274.

a aimé'这类惯用语出现时，内部的三个成分仍旧让人感到彼此割裂，不过，当它成为习惯用语后，便将这些成分融为一体。事实上，一些未受教育的法国人根本不知道'il a aimé'是由几个单词组成。"[1] 一些现代语言中的人称代词，就像古希腊语一样，起初与动词融合，单纯成为前缀（"désinence"，实指前缀），比如法语"j'don'，tu-don'，il-don'（我给、你给、他给）"英语"i-giv'，we giv'，you-giv'，they-giv'（我给、我们给、你给、他们给）"以及对应希腊语"dido-mi，dido-si，dido-ti"，只是人称代词的位置不同而已。[2] "假如曾经的法语是一门尚未开化且未产生书写的语言，那么当一位旅行中的语言学家偶然听到当地人说出现在时动词'aimer（爱）'的时候，他就会写出以下几种形式："jèm，tu èm，ilèm，nouzémon，vouzémé，ilzèm"。他也会对人称代词与动词的黏着感到为难，绝不会列出一份缺少代词的词形变化表，如'aime，aimes，aime，aimons'，等等，而加入代词的传统动词词形变化表又让我们相信……通过'ilèm'与'ilzèm'的比较，他甚至会建立起一种词语融合的倾向，因为复数的唯一标记是插在动词组合中的'z'。"[3]

在以上这些论述中，学者们混淆两个问题，即雅利安语屈折形态的起源以及不同语言不同词形的真实状态。至于前一个问题，我们已经看到"amat"与"didosi"等包含代词的单词充满了不确定性（参阅本书第19章，第12节）。至于后者，当人们被问及这些单词究竟包含了1个、2个还是3个单词的时候，我们不应将一般意义上的拼写视为决定性因素。但是，所有学者都不可思议地忽略了我们在该问题上的真正标准，比如，巴利案例中的这位旅行学者只有听了一节语法课，才能脱口而出该语言动词的三种人称变位。如果在实际对话中学习动词变位的话，那么他将会遇到数不胜数且无代词搭配的变位词形：首先，他会碰见祈使句中的"aime，aimons，aimez"，然后是固定搭配"celui qui aime，ceux qui aiment"，其中并无中缀（infix）表复数；另外，在"le mari aime，les maris aiment"以及

---

[1] Ludwig Sütterlin, *Das Wesen der Sprachlichen Gebilde*, Heidelberg：C. Winter, 1902, p. 14.

[2] See Albert Dauzat, *La Vie du Langage*, Paris：A. Colin, 1910, p. 155.

[3] Charles Bally, *Le Langage et la Vie*, Genève：Édition Atar, 1913, p. 43.

无数类似的词组中，是不包含代词或者中缀的。如果一开始把"ilaaimé"当作一个单词的话，那么当他进一步了解法语之后，就会发现这些成分又常常分开，比如："il n'a pas aimé'（他不喜欢）""il nous a toujours aimés（他总是爱着我们的）"，等等。英语中也有类似的例子："I never give（我从不给予）""you always give（你总是给予）"。重点在于，法语与英语的一些语法成分无法直接融合在一起，因此需要2，3个单词构成。但是，拉丁语"amat, amavit"又是无法可分割的单词，同理，我们绝不会在第一人称"amo"中找到"am"和"o"之间的任何成分。这些词形和英语中的"loves"同样无法分开，但英语中的"heloves"是可以拆分的，因为"he"和"loves"都可独立成词，且在一些极为少见的词组中还可调换词序，如"loves he"。另外，有些学者会把"il te le disait（他告诉你）"这样的法语词组同美洲某些印第安语言中的动词形式进行比对，因为这些语言中的主语、直宾、间宾"合并"成为一种"多词素综合的（polysynthetic）"动词形式。而法语的代词无法单独使用，只能与动词连用，与其他更为原始的语言相比，法语代词之间的独立性更强：首先，这一点体现在发音规则的改变："il te le disait（他告诉你）"可读作［itlədiзɛ］或［itəldiзɛ］或者更加正式的［iltələdiзɛ］；其次，这种现象也体现在连接代词的规律上，因为不论动词是什么，法语代词形式均保持不变；最后，在特定情况下，它们的位置发生变化，比如："te le disait-il? dis-le-lui"，等等。我们也不能说"he's = he is (or he has), I'd = I had (or I would), he'll = he will"呈现出一种"纠缠混乱"的趋势，无论这些形式在发音上多么紧凑，每一种形式都要由两个单词组成，要么调换位置（如："Is he ill?"），要么句中插入其他单词（如："I never had"）；而同样值得注意的是，动词的缩写可附着于任何单词之上，如："the water'll be…, the sea'd been calm"。至于"don't, won't, can't"此类形式，动词似乎经过融合，本身带有否定之意。需要注意，融合只会在有助动词的情况下发生，如在"I don't write（我不写）"中，实义动词并未参与，而在缺少助动词的情况下，动词在本应进行屈折的过程内甚至可以保持不变，比较"I write, he writes, I wrote"与"I don't write, he doesn't write, I didn't write"。如果考虑第三人称的口语或俗语"he don't write"，我们发现语言正朝着"孤立"

而非融合的方向发展，因为"write"一词去掉了所有人称与时态标记，人称被单独表示（如果有的话），时态标记和否定组合在一起。这一现象在疑问句中同样存在，假如伊丽莎白一世时期的英语遵循上述趋势，经常使用并非刻意强调的"I do write"，那么英语动词（除了一些助动词）将会完全剥离大多数语法学家所说的"动词本质"，即人称、数、时态、语气标记，而"write"将会成为统一形式，不再包括准词形"writing"和"written"。

如今，人们常说，语言史呈现出一种螺旋式发展，在这一发展中，综合语之后伴随着分析语的出现，随后又出现新的综合语（屈折），之后再次出现分析语，如此循环往复下去，例如：拉丁语"amabo（旧理论认为它是由'ama'与助动词组成）"后被"amare habeo（我爱你）"代替，之后经过融合构成"amerò"和"aimerai"，后者相当于今天法语"je vais aimer"。然而这种规则只是通过观察少数语言现象得出，并不是将语言的连续发展视作一个整体，导致对某一典型特征无法做出一般推论（参阅本书第8章，第7节）。如果每2个新屈折出现之后，就有10个旧屈折由于分析语或者孤立语的存在而被抛弃的话，那么我们是否可以概括语言的屈折性与不可分割性要让位于分析语呢？我们应当小心，不要像下述的这个人产生错觉：他要走出一片山丘林立的乡村，认为自己与大多数人一样，在走下坡路，见到山便登上去，实际上他上山的高度远远大于下山的距离，最终，他万万没有料到自己要比原本出发之地还要高出几千英尺。

同样，语言也向着包含大量自由组合成分的无屈折发展（如汉语或者现代英语）。其发展起点是屈折语（如拉丁语或希腊语），而在更早阶段，我们不得不假设存在一种语言，它的动词形式可能不仅仅包含6种含义，比如"cantavisset"一词。在这种语言中，动词可能会根据主语的性别（或者生理性别）产生变化，闪米特语族便是如此，或者像美洲印第安语，动词会随着宾语发生变化，又或者如巴斯克语，无论对方是一个男人，一个女人，或者是尊贵之人，要根据话语对象做出相应的改变。但是，这种改变会导致词句之间的界限不像近代语言那样明显。因此，作为独词句的"cantaviseet"，它的含义在爱斯基摩语以及其他北美语言中都需要更多的语音加以解释。就词义而言，原始的语言单位一定更加复杂，其发音也比我们现在最为熟知的语言要长得多。

## 七　不规则

另外一个观点也极为重要，与现代语言相比，早期语言中的不规则变化、特例、反常情况更多。的确，我们今天并不会经常看到全新不规则的语言替代旧有规则的语言现象，因为早期不规则的屈折最终拥有了规则，它们要么被干脆放弃，改用规则的屈折词，要么在句法中得到了妥善解决。人类越来越愿意用同一个方式比如词尾扩展来处理不规则的屈折，或者使用其他普适的方法对核心词义进行修饰，直到所有的单词都采取统一形式。

比较语言学直到在下列原则得以确立后才具有科学性，即两种语言的关系须由语言中最主要的部分（除语法之外）——代词和数词以及最不可缺少的名词和动词的关系来决定。如果被宗教保留的古老传统为我们提供了不同语言之间的可靠标准，我们难道不能从中找到祖先所使用的最古老语法系统中的一些线索吗？我们发现，作为"词尾变化"的典型，如"I，me，we，us"，彼此之间并无相似之处，就好像是新近产生的变格。而在英语阴性词与阳性词中，如"father, mother, man, wife, bull, cow"，从"count, countess, he-bear, she-bear"推断出的词类派生方法，英语形容词不规则比较级："good, better, ill, worse"，以及规则变化的形容词比较级："happy, happier, big, bigger"，以上种种的语言现象均普遍存在于英语晚期的语言阶段。此外，像"am, is, was, been"这样的屈折动词与更近代只增加词尾不改变词形的方法形成了鲜明的对比。在名为《印欧语系的补充性质研究》（*Vom Suppletivwesen der Indogermanischen Sprachen*，1899）这本有趣的著作中，奥斯托夫从古雅利安语互相补充、彼此不同的词干中收集到大量实例，并指出不规则语言现象在日常对话中频繁出现。在此，笔者随意挑取几个知名例子，比如：法语"aller, je vais, j'irai"，拉丁语"fero, tuli"，德语"horaō, opsomai, eidon"，拉丁语"bonus, melior, optimus"。奥斯托夫与我的想法不谋而合，即从原始心理学出发，认为我们远古时期的祖先无法理解，也无法表达普通概念，因为他们毫无系统的思维与支离破碎的语言密切相关，换句话说，他们的许多语法只具有词汇性质。

## 八　野蛮部落

如果有人问，能否通过当今野蛮人或原始种族的语言来追寻语言的起源，那么答案是原始语言与现代野蛮人语言不能混为一谈。因为二者的语言类型不同，语法结构亦不同。但是，对上述语言的研究越深入，对语言结构的描述越准确，学者就越会感到，语法当中错综复杂和异常的现象就会越多。加贝伦茨指出，即使在看似最为粗略的语言当中，那些漫不经心的观察者丝毫不知道该语言语法的复杂与精妙，因为普通语法从未涉及这些。① 威廉·施密特（Wilhelm Schmidt）表示，一些人试图从安达曼（Andamanese）底层文化中寻找安达曼人简易、贫瘠的语言，但他们常常为此陷入困境，因为安达曼的语言机制极为复杂，该语言中的大量前缀与后缀常常越俎代庖，掩盖词根。② 迈因霍夫也曾提到非洲语言中复数形式的多样性。③ 威廉·路德维希·彼得·汤姆森（Vilhelm Ludwig Peter Thomsen）认为桑塔尔语（Khervarian）的语法能够体现各种细微差别。而在其他语言中，这些细微差别必然长篇累牍。实际上，当地人在表达诸多次要概念时已经超出了必要的语言范围，这种语言就像一架天平，即使最简单、最普通的事物，在这架天平上也须通过累加最小砝码的方式进行测量。爱德华·米克尔斯维特·库尔（Edward Micklethwaite Curr）谈到人们对澳大利亚土著语言简易性的认知错误。与人们的认识相反，澳大利亚土著语言不仅不简单，反而存在大量动词变位。爱斯基摩语和美洲印第安语言中同样存在着极为复杂的结构，这早已人尽皆知。巴斯克语中的动词形态复杂多变，以至于我们能够理解曼纽尔·德·瑞兰门迪（Manuel de Larramendi）首次将该语言的动词词形简化成一个系统时，他不无自豪地声称自己完成了一项"不可能征服（El Imposible Vencido）"的任务。另外，在法国贝阿

---

① See Hans Georg Conon von der Gabelentz, *Die Sprachwissenschaft*, p. 386.

② See Wilhelm Schmidt, *Die Stellung der Pygmäenvölker in der Entwicklungsgeschichte des Menschen*, Stuttgart: Strecker & Schröder, 1910, p. 129.

③ Carl Friedrich Michael Meinhof, *Die Moderne Sprachforschung in Afrika*, p. 136.

恩流行着这样一则传说，由于魔鬼引诱夏娃，上帝把魔鬼发配到巴斯克以示惩罚，魔鬼要留在那里，直到他学会巴斯克语。七年后，觉得惩罚过重的上帝召回魔鬼。当魔鬼刚刚跨过卡斯特罗多（Castelondo）大桥时，魔鬼就已忘记七年来辛苦学得的一切。

因此，这里所说的野蛮部落语言（包括巴斯克语，虽然他们并非完全是野蛮人，但该语言通常被认为保留了诸多原始特征）与最近对原始人类研究所揭示的一切完全一致：在任何场合，野蛮人都要遵守仪式与习俗的诸多细节，他们吃什么，喝什么，什么时候吃喝，怎样吃喝都要受到严格的规定。面对如此众多非理性的规定以及无数的原始部落禁令，我们须以最谨慎、不带宗教色彩的态度探究他们的语言，而他们语言中一丝不苟的规则亦复如是。

## 九 发展规则

到目前为止，根据惠特尼的说法"原始简单的规律适用于语言，其自然和必然性不亚于其他规律"[1]。我们可以得出这样的结论：原始语言在句法上拥有大量不规则与异常现象，其程度不亚于词法上的不规则与异常，而二者的繁荣发展，就像原始森林中的树木一样彼此缠绕、复杂多变。因此，"没有什么比语言的精妙更能引发人们的幻想（Rien n'entre mieux dans les esprits grossiers que les subtilités des langues）"[2]。在早期，原始人类会用冗长、复杂的语言自娱，没有什么比假设原始语言语法与语言逻辑能够和谐统一更为离谱的了（比如斯威特在《新英语语法》第 543 页中提出的假设），原始语言不会依靠逻辑上的一致性进行区分，它并非简单易懂，而是诘屈聱牙。曾经，勒南的论述让我们想起了安内—罗贝尔—雅克·杜尔哥（Anne Robert Jacques Turgot）的至理名言："粗鲁之人不会使用简单的方法做事，而聪明之人才会借其成功。"

在本书前几章，我们看到，早期理论认为语言必经的三个历史阶段，即

---

[1] William Dwight Whitney, *Life and Growth of Language*, p. 226.

[2] Gabriel de Tarde, *Ètudes Pènales et Sociales*, Lyon: A. Storck, 1892, p. 285.

孤立语、黏着语、屈折语。但这一理论是建立在不充足的语料之上的。尽管我们很想彻底推翻这一理论，但也须警惕自己不要建立一种过于僵化、过于绝对的体系。换句话说，我们不能简单地颠倒顺序，说屈折阶段才是最古老的语言阶段，也不能认为从屈折阶段依始，语言经历黏着走向孤立，因为屈折语、黏着语、孤立语并不包括所有语言。语言发展复杂多变，有许多语言方式可以表达人类思想，因此比较不同语系的语言并不可能。即便英语、芬兰语和汉语都是更加复杂语言的简化形式，我们也不能说，汉语结构有时与英语相似，有时与芬兰语相似。英语曾经是屈折语，而现代英语在某些方面依旧保留着这种性质，不过，现代英语还有一部分是黏着语，也有一部分是孤立语。也许，我们可以给出以下准则，说明我们对上述研究的总体印象：

语言的衍变呈现出一种渐进的发展趋势，即从不可分割、不规则的混合体向自由、规律、可组合的简化方向前进。

在这里，旧的历史语言学系统好比一座巨大金字塔。遗憾的是，它竟以一个短小、工整、有力、灵活的词根作为基础，上面却悬着笨拙、蹩脚、比例失调、满是赘词，发音拗口的句子。这种结构也许可以凭借灵活性暂时屹立，但并不稳定，迟早会不可避免地崩塌。

## 十　词汇

词汇发展与语法相似。事实上，深入研究这一问题，我们会发现，事实的确如此。一种语言越先进，它表现抽象或一般概念的能力就越强。因为，任何语言首先能够表达"具体、特殊"的内容。在谈到蛮族语言时，我们会经常遇到这样的短语："塔斯马尼亚的原住民没有指代抽象概念的词语。每一种桉树和金合欢树，他们都为其命名。但是，他们没有"树"这个单词，也无法指代抽象的性质，例如"硬、软、暖、冷、长、短、圆"。或者，莫希干人有表示切割各种物体的单词，却没有表示"切割"概念的词汇。同样，祖鲁人没有"牛"这个单词，即便有"红牛""白牛"。① 在巴卡里（巴

---

① See Archibald Henry Sayce, *Introduction to the Science of Language II*, London: C. K. Paul & Co. , 1880, p. 5.

西中部），"每种鹦鹉都有特定的名称，也无指代一般概念的'鹦鹉'和'棕榈树'的单词。不过，当地人清楚地了解每种鹦鹉和每棵棕榈树的特性，而且非常重视这些特殊概念，以至于他们对共同特征不感兴趣。太多的事物名称让他们手足无措，不知该怎样有条理地管理这些名称。可以说他们是非常富有又非常贫穷之人。"① 另外，立陶宛人有许多表示特殊颜色的词汇，却没有"颜色"一词，在该语言中，指代"灰色"的单词可以是羊毛和鹅，也可以是马、牛，头发、毛发，其他颜色词也是如此。② 许多语言中没有表示"兄弟"的单词，只有"哥哥"和"弟弟"。其他家庭成员则根据其父亲或兄弟的人称和数的不同而用不同的单词进行表示。③ 这同样适用于许多语言中表示身体不同部位的名称。在切诺基语（Cherokee）中，我们发现没有单独指代"洗"的单词，由于洗的对象不同，对应的单词也不同，例如"kutuwo（我洗澡）""kulestula（我洗头）""tsestula（我给别人洗头）""kukuswo（我洗脸）""tsekuswo（我给别人洗脸）""takasula（我洗手或洗脚）""takunkela（我洗衣服）""takutega（我洗碗）""tsejuwu（我给孩子洗澡）""kowela（我洗肉）"。④ 总之，原始人的语言大都只见树，不见林。⑤

在美洲印第安人的语言中，不同种类的事物有着不同的数量词。夸扣特尔语（Kwakiatl）和钦姆锡安语（Tsimshian）亦如此。⑥ 同样，美拉尼西亚人也有专门的词语表示一定数量的特定物体，比如："buku niu（两个椰子）""a buru（十个椰子）""a koro（一百个椰子）""a selavo（一千个椰子）"；"a uduudu（十只独木舟）""a bola（十条鱼）"等。⑦ 在某些语言

---

① Karl von den Steinen, *Unter den Naturvölkern Zentral-Brasiliens*, Berlin: D. Reimer（Hoefer & Vohsen），1894, p. 81.

② See Johannes Schmidt, *Kritik der Sonantentheorie*, Weimar: H. Böhlaus, 1895, p. 37.

③ See Hans Georg Conon von der Gabelentz, *Die Sprachwissenschaft*, p. 421.

④ John Napoleon Brinton Hewitt, "The Native Languages of California", *American Anthropologist*, Vol. 7, 1897, p. 398.

⑤ 蛮族语言缺乏抽象的术语，可参阅雅各布斯·范·吉内肯（Jacobus van Ginneken）《心理语言学原理》（*Principes de Linguistique Psychologique*, 1907）第 108 页以及该书摘引的其他著作。

⑥ See Edward Sapir, "Language and Environment", *American Anthropologist*, Vol. 14, No. 2, 1912, p. 239.

⑦ Hans Conon von der Gabelentz, *Die Melanesischen Sprachen nach Ihrem Grammatischen Bau 1*, Leipzig: S. Hirzel, 1860, p. 23.

中，所有事物的数词都是相同的，但在数词之后需加上指代该事物类别的量词，而这些量词亦会根据事物的特征变化，类似于英语"twenty head of cattle（二十头牛）"中的"head"，皮钦语"piecey"。[1] 这让人想起度量衡制度。即使在近代文明国家，这种衡量制度也因国家而异，有时因地区而异，甚至在同一个国家，所称量的事物不同，度量也有所不同，例如，英国的"stone（英石）"和"ton（吨）"。

关于古老的日耳曼语诗歌，我们发现词典中有大量的单词仅被翻译成"sea（海）""war（战争）""sword（剑）""hero（英雄）"，等等。这些词当然可以看作语言早期的真实反映，即在古代，每一个单词都有各自的含义，但随着某些含义消失，现在也无法确定。毫无疑问，远古早期的命名规则是建立在这种近似的原则之上的，这种原则现在仍保存在如"horse（马）""mare（母马）"，"stallion（种马）""foal（驹）""colt（小马）"等单词中，而不是"he-horse（公马）""she-horse（母马）""young horse（小马）"，等等。只有在人类对相关的物体或动物产生浓厚兴趣的少数情况下，这种分类方得以保存。不过，我们依然可以注意到，在"a flock of sheep（一群羊）""a pack of wolves（一群狼）""a herd of cattle（一群牛）""a bevy of larks（一群云雀）""a covey of partridges（一群鹧鸪）""a shoal of fish（一群鱼）"中，人们会用不同的名称来表示相同的概念（"群"）。原始语言中还有许多类似的例子，其词汇量也比后来要多得多。当然，某些词汇的遗失实则是原始人对某些事物兴趣的消失所致。

而原始人的词汇量丰富还有另外一个原因：他们对文字的迷信，这让他们在某些情况下避免使用某些词语，如战争、外出捕鱼、重大宗教节日等等，因为他们害怕自己没有遵守禁忌，就会惹恼众神或者恶魔。因此对于完全相同的概念，原始人有两组或多组单词，而他们的后代通常只会保留其中一组，只有在需要区分相似却不完全相同的事物时，才会保留另一组单词。

---

① See Henry Yule & Arthur Coke Burnel, *Hobson-Jobson: A Glossary of Colloquial Anglo-Indian Words and Phrases, and of Kindred Terms, Etymological, Historical, Geographical and Discursive.*

## 十一　诗歌与散文

总体来讲，词汇发展是有益的，在某些方面，人们还是会对这种衍变的结果多少感到遗憾。我们的语言虽然更适于表达抽象和具体的事物，但是相对苍白。传统词汇更能直抵含义，因为它们更具暗示性与生动性：在描述一件事物时，我们经常不得不使用现代语言一点一滴地拼凑出它的全貌，而古老的单词会立即为听者呈现出完整的形象，因此它们更适合呈现诗意。这并不是我们看到的原始词汇与诗歌之间密切关联中的唯一优点。

如果将自己传送到一个语言完全由形象单词构成的时代，我们会发现，尽管单词数量众多，但它们还不足以涵盖所需表达的全部概念；虽然这些词汇具备诸多好处，但也存在一定的缺陷，因此使用它们经常会超出适用的意义范围。在所有语言生活中，词汇在比喻或隐喻方面的应用极为重要，这是不容置疑的。但笔者认为，这种应用在旧时代所发挥的作用要比现在更为突出，因为在漫长的岁月中，许多隐喻已经失去了原有的新鲜感和生动性，以至于无人再觉得它们是隐喻。仔细研究这一句话："He came to look upon the low ebb of morals as an outcome of bad taste"，你会发现句中几乎每个词都是一个亡隐喻（dead metaphor）。① 不过，一种语言中的前隐喻（ex-metaphors）越丰富，就越不需要刻意寻找新的隐喻，因为这些前隐喻已经成为特定概念的标准表达方式。由此，思想的表达变得越来越机械、乏味。

原始人由于其语言的特性，常常不得不使用比喻性的单词、短语，他们被迫使用诗歌表达思想。同样，现代野人的话语中经常出现大量的明喻以及寓言。在沿传至今的文学作品中，我们发现每个国家的诗歌都早于散文。抒情诗和宗教赞歌亦出现在科学之前，因此，亚当·戈特洛布·厄伦施莱格（Adam Gottlob Oehlenschläger）吟唱诗无疑是正确的（穆勒的译文）：

---

① 在此句话中，即便使用含有拉丁语词根的单词"consider"和"result"，并分别代替"look upon"和"outcome"，二者依旧是亡隐喻。

万物催人醒；

非是散文故，

婉歌引诗情。


## 十二　情感之歌

如果现在试图总结原始语言的理论，我们就会发现，在追溯过去的历史中，已经发现了一种语言，这种语言的词汇所表达的思想内容非常贫乏，且极为专门、具体。但与此同时，语音又特别丰富。单词越长，思想就越单薄！雷声大雨点小！没有哪个时代的人能够比第一代语言的缔造者不会说话。不过，原始说话者并不是沉默寡言、矜持之人，而是青年男女，他们兴高采烈，喋喋不休，对每个词意从不挑剔，也没有仔细揣摩每一个音节。对他们来讲，多几个音节或者少几个音节又算得了什么？他们喋喋不休只是为了图乐，就像我们这个时代的许多母亲一样，她们会对着婴儿不停地说话，却从不衡量自己的用词，也不仔细研究每个词的含义。她从不为小宝贝不懂她柔情蜜意的话语而徒增烦恼。在此，我们会得出原始话语更像婴儿语言的论断，因为处于婴儿阶段的人类还未开始按照成年人的模式构建自己的语言，因此，我们祖先的语言就像那永无休止的哼哼声和低吟声，从未与任何思想联系在一起，只能自我娱乐。可以说，语言源自娱乐，发音器官最初正是在这种闲暇时光的吟唱中训练出来的。

同时，原始语言能够表达的概念较少，如果我们把它当作一种交流思想的工具的话，那么它显然是笨拙、蹩脚的。但这又有什么关系呢？最先推动表达的因素并不是思想，而是更原始、更强大的情感与本能。究竟怎样的情感最能促使语言的萌生呢？我们已经确定这种情感不是对表达的渴望，也不是与渴望有关的情感，而是个人的自我主张以及为获取物质所进行的争斗。生活的平淡无奇只能产生单音节的感叹词，一如痛苦嚎叫，满意或不满的咕哝声，等等。但这些发音都是孤立的，且无法进一步发展，它们也是语言中最不可变的成分，现在的含义仍然与几千年相同。

亲爱的读者，假如你耗费一些时间研究德国语言学家深奥且形而上学的思辨，譬如马德维格和惠特尼这样的学者，你会立即被他们冷静的推理和高度清晰的思维打动。不过经过仔细观察，你又会发现他们仅按照自我形象把祖先想象成为严肃、善良，拥有大量常识的人类罢了。像重视语言的起源一样，两位学者非常重视思想交流，强调原始人能够和同类谈论至关重要的事物，这给你留下了深刻印象，换言之，"语言的第一创造者"都是稳重的公民，他们对生活中纯粹的交易和事物有着浓厚的兴趣。甚至，根据马德维格的说法，女性并没有参与语言创造。

为了反对上述理性主义观点，笔者认为，语言起源于生活诗情画意的一面，它并非源于平淡。换句话说，语言不是源自阴沉、严肃的生活，而是出自欢乐的游戏与青春的嬉闹。在最能引起音乐、歌曲创作的情感中，爱情必须居于首位。爱让人类在自然的进化过程中对无数事物产生兴趣，这不仅仅如达尔文指出的绚丽多彩的鸟类与花卉，还应包括让人类充满欢乐的事物。人类最初的歌曲都是在爱的启发下诞生的，这些歌曲对人类语言的形成起到至关重要的作用。当小伙子和姑娘们互相争抢，吸引彼此注意的时候，当每个人都唱着最最欢乐的歌，跳着信心满满的舞，吸引着一双双眼睛投来爱意的时候，笔者仿佛听见了他们的欢声笑语，心迷沉醉。可以说，人类的语言就诞生于求爱之刻。①

## 十三 原始歌唱

然而，爱并不是创作原始歌曲的唯一情感。任何强烈的情感，特别是

---

① 此部分是对《语言进化论——特别着重英语》中相关章节的调整、补充。在此，笔者觉得有必要提醒那些批评家，不要误认为笔者的语言进化论仅包括带有原始情感的歌曲研究，不要将该理论视为一种先验论，就像过去的许多投机理论一样。可以说，笔者对语言起源问题的研究是基于三个领域的归纳、总结（参阅本书第 21 章，第 3 节）。有些评论家认为，我的理论简述了一个原始黄金时代的浪漫梦想，在那个时代，人类除了求爱和唱歌之外再无它事可做。尽管在我们这个充满国家战争、世界大战与阶级斗争的年代，我们羞于承认所谓的文明取得了多少进步，但笔者从未迷恋遥远的黄金时代，更愿意相信从非常原始、野蛮的时代中发展而来的更加美好的事物。当然，原始时代可能更糟，我唯一有足够勇气且愿意维护是，在过去，人类绽放青春所换来的欢乐时光中产生了发音游戏，它与我们语言学史料推断出的语言事实相符。因此，语言进化论不存在"浪漫主义"（这是一种糟糕的认识），它自始至终只能通过驳斥语言与语言发展中的错误观点得以建立。

欣喜、激动，都可以创造出歌曲。而歌唱，与其他娱乐方式一样，都是由于人类的精力过剩所致，并以"各种不寻常的活力，包括声音的活力"的形式释放出来！换言之，嘴里唱出的是内心的情感！任何时候，原始野蛮人一激动，便会歌唱：歌唱战争或者歌颂追捕的种种壮举，歌唱祖先的伟大功绩，赞颂权势之人的到来，或者来了一位陌生人，发生了一场地震，等等。任何事迹都能编成歌曲，且大多数为即兴创作。"划船的时候，海岸上的黑人要么唱一些男女私通的歌曲，要么唱一些赞美女子貌美的歌。"马来人在闲暇时也会一遍遍重复歌唱，打发时间。东非人乐于即兴创作无意义、无韵味的歌词，然后不断歌唱，直到心生厌烦为止。上述摘引自赫伯特·斯宾塞的《论音乐的起源》（*Essay on the Origin of Music*，1891）以及附言。卡尔·威廉·布赫尔（Karl Wilhelm Bücher）《劳动与节奏》（*Arbeit und Rhythmus*，1899）的读者将从此书大量的例子与插图中了解到，节奏性歌曲在世界各地野蛮人的日常生活中扮演着极为重要的角色；每一件工作，尤其是由多人共同完成的工作，是如何拥有属于自身的歌曲，通过口头传唱的音乐语言形式是如何产生的。在很多时候，野蛮人擅长让自己的歌曲主题适应时事，而且并非只有野蛮人才在任何场合歌唱，在一切未被室内文明扼杀的露天狂欢之地，我们都能发现这种歌曲的踪迹。而在以前的西欧大陆，人们唱歌的次数要比现在多得多。瑞典农民乔纳斯·斯托尔特（大约 1820 年）写道："我知道有一段时间，年轻人从早到晚都在歌唱。在屋外、在屋里、在犁后、在打谷场、在纺车旁，他们一直欢快地歌唱。但这都是许久以前的事情了。如今到处都很安静。如果有人在我们这个时代尝试像过去那样歌唱，人们会把这种行为视作鬼哭狼嚎。"

毫无疑问，歌曲起初表达的事物既不深刻也无智慧。但是，你怎能指望包含深刻的智慧呢？我们被告诫过多次，原始人的歌是由完全没有意义的音节组成的，或者它包含着完全没有意义的音节。我们会读到关于美洲印第安人的文章："当地'歌曲'一词并不意味着要使用歌词。对印第安人来说，音乐是最重要的。音乐中可能有也可能不包含歌词。即便使用歌词，这些歌词很少用作叙述，且句子不大完整。"① 同样，"即使在史诗中

---

① Louise Pound, *Modern Language Association*, Vol. 32, 1917, p. 224.

找不到丝毫歌词的痕迹，也会存在于各种形式的抒情诗中。这样的抒情诗可能包括由无意义音节组成的歌曲。或者，它可能主要由无意义的音节组成，中间穿插着一些暗示某个概念与某种感觉的词语，或者它可能上升到与战争、宗教、爱情，甚至是赞美有关的情感。"① 根据威廉·卡尔·塔尔比策（William Carl Thalbitzer）的说法，格陵兰岛上因纽特人的咒语包含了许多难以理解的单词，而这些词从未在歌曲之外使用过（它们曾经是否是真正的单词？）。毛利人、非洲黑人和许多其他部落的神秘宗教用语，以及阿尔瓦尔兄弟会（the Arval Brethren）② 的古罗马赞美诗，也存在这样的单词。毫无疑问，音乐中传递出的快乐非常重要，就像古诺尔斯语创作的《埃达》（*Edda*）③ 中那些辞藻华丽但毫无意义的韵律以及副歌。甚至在约翰·斯蒂芬·法默（John Stephen Farmer）《穆萨行人：三个世纪的赞美诗和俚语押韵小诗（1536—1896）》（*Musa Pedestris*：*Metre and Meaning in Roman Verse-Three Centuries of Canting Songs and Slang Rhyme*，1536—1896）第51 页的《骗子的誓言》（*The Oath of the Canting Crew*）中，笔者只认识其中一半（甚至不到一半）的单词：

> No dimber, dambler, angler, dancer,
>
> Prig of cackler, prig of prancer;
>
> No swigman, swaddler, clapper-dudgeon,
>
> Cadge-gloak, curtal, or curmudgeon;
>
> No whip-jack, palliard, patrico;
>
> No jarkman, be he high or low;
>
> No dummerar or romany…
>
> Nor any other will I suffer.

---

① Franz Uri Boas, *The International Journal of American Linguistics*, Vol. 1, 1917, p. 8.

② 在古罗马宗教中，阿尔瓦尔兄弟会（拉丁语 "Fratres Arvales"）是一群祭司，他们每年向拉瑞斯和众神献祭以保证丰收。——译者注

③ 13 世纪冰岛的两部文学作品集之一；一部为《老埃达》，亦称《诗体埃达》，它是关于古代挪威传说的挪威诗歌集；另一部为《新埃达》，亦称《散文埃达》，它是斯诺里·斯图鲁松所著的冰岛诗学文集；这两部文集是研究斯堪的纳维亚神话的主要材料。——译者注

可以说，在世界许多地区，野蛮部落的祭祀和仪式歌曲中都有这一特点。虽然与我们而言，歌唱相关的思想通常既非清晰，也不深奥，就像哼唱或者吹口哨一样，但歌唱是情绪的自然外露，是将"不值得说的话唱出来"。除此之外，在任何时候，那些短暂、琐碎的事物远比苏格拉底式的智慧更易表达。看似随意的形式反而让歌唱适用于多种用途，且越来越易于触及人类的灵魂。

早在人类能够说出自己的想法之前，他们就把自己的感受唱出来了。但是，这里所说的"歌唱"与现代音乐厅里的"歌唱"绝非同义。当我们指出语言源自歌曲时，我们仅仅在暗示，作为原始语言中的单调口语与高度发达的声乐相比，后者要比前者的分化程度更深。最初，原始语言就像鸟儿歌唱，动物咆哮，婴儿啼哭，它们大都有感而发，并非用来交流。这些语言源自个人的内心渴望，不将其他同类考虑在内。因此，我们的祖先根本没有打算使用语言与他人交流思想，分享情感。他们丝毫没有意识到，自身在大自然的影响下的歌唱是为创造一种能表达细微思想的语言铺平道路。正如他们从未想过，在他们对人和动物创造出的粗糙符号中，有一天会发展出一种能让相隔万里的人类相互交流的艺术。正如书写源自绘画，说话源自歌唱。绘画与歌唱这两种思想交流工具的发展呈现出奇特却有启发性的相似。在原始的象形文字中，每个符号都意味着一个完整的句子，甚至有时可以代表一个情景或者完整事件。后来，这些符号发展成为象形文字。而象形文字被音节文字取代，音节文字又被字母文字替代。在字母文字中，每个字母代表了一个发音。这种进步是对语言进一步解析所致，随后，越来越小的语言单位逐步由单个符号表示。语言史旨在向我们表明，语言的发展呈现出一种渐进趋势，即通过语言分析，得到越来越小的语言单位，而这些单位在早期被视为不可分割的整体。

有一点必须时刻牢记：虽然把交流思想当作语言的主要目的，但我们没有理由认为这种情况一直存在。因为，语言的发展就是由发出悦耳或奇怪的声音，由取悦自己与他人的目标中发展而来的。几个世纪以来，人类言语的动机可能完全改变，但说话者却未意识到这种变化。

## 十四 初用语言

当开口不是因为惊讶或者兴奋而是出于交流，当发声是为了"告知"同伴某些事情的时候（比如鸟儿警告它们的幼崽即将面临危险），我们便得到了正确使用语言的最初方法。对于人类语言，交流内容可以极尽丰富、详细。因此，音和义的联系是如何产生的？这是一个异常复杂的问题。原本由无意义的发音组成的短歌如何成为思考的工具？如洪堡特所说，人类如何成为"一个既会唱歌，又会把思想和声调联系起来的物种？"

对于像"bow-wow"（汪汪）这样的拟声词或者回声词以及"pooh-pooh"（呸！）这样的感叹词，音与义的联系是简单直接的。这类单词被立即用作相应概念的符号。但对于大多数语言来讲，情况远非如此。在这里，音与义的关联定是通过迂回曲折的方式实现，这在很大程度上不利于探究，我们无法对音与义关系详细阐述。不过，它与同时期的许多学术问题完全一致。正如我们在前几章中了解到：只有通过间接和迂回的方式，许多当时使用的单词和语法才获得意义，或者在原本无意义之处取得了意义。让我提醒读者再次回顾本书关于"grog"（烈酒）这个单词（本书第16章，第3节），疑问助词（本书第18章，第11节），词序（本书第18章，第10节），词尾（本书第19章，第13节起），声调（本书第19章，第5节），法语否定词"pas"，"drink，drank，drunk"中的元音交替或者"foot，feet"等中的元音交替现象。可以说，语言非常复杂，它并不比人类大多数其他发明简单，人类并没有朝着一个明确的目标直线前进，而是在浑然不觉中前行，因此也会偶然发现一些令人满意的权宜之计（即暂时使用的单词）并根据适者生存的原则加以保留。

如果我们回想一下上文提及的关于早期单词的意义，并试图弄清楚这意味着什么，我们也许能够成功地把音与义联系在一起并产生某种最为原始的观念。首先，最早的单词含义须尽可能专门、具体。那么，哪些词的含义最专门、最具体呢？毫无疑问，专有名词，也就是最初指代伟人的专有名词。在以往描述原始人类生存状态中，这样的名称是多么容易出现啊！特别是在个人的歌声中，会有一系列特定的声音以特定的节奏重复吟唱。毫无疑问，不论在古代还是在现代，都存在这样的个人习惯。那么，假设"在春天，在最美丽的结婚季节"，一个情人习惯性对他的姑娘说："with a hey，and a ho，and a hey nonino"。他的伙伴和情敌也会注意到这一点，甚至会模仿、重复"hey-and-a-ho-and-a-hey-nonino"取笑他。但当"hey-and-a-ho-and-a-hey-nonino"被认为是威廉·理查德·瓦格纳（Wilhelm Richard Wagner）所说的一个人的"代名词（leitmotiv）"的时候，那么从模仿到使用"hey-and-a-ho-and-a-hey-nonino"作为这个人昵称的时间将会不远。一旦有了专有名称，普通名称（或名词）就会随之而来。我们会发现从一类单词到另一类单词的持续转变，名字原本只是用来指代一人，后被用作隐喻该人最鲜明的特点，就像我们说一个人是"克罗伊斯（Crœsus）①，范德比尔特（Vanderbilt）② 或者洛克菲勒（Rockefeller）③"，另一个人不是"俾斯麦（Bismarck）"④。19 世纪 80 年代的一位德国学生在历史课上说，汉尼拔（Hannibal）⑤ 发誓他永远是罗马人眼中的"法国人"。这至少是用语言表达"富人""政治家""敌人"等概念的一种方式。

对于"Cesar（凯撒大帝）"这一专有名称，我们既可用它指代俄语"tsar'（沙皇）"，也可指代德语"kaiser（皇帝）"。对于"Karol"（查理曼

---

① 克罗伊斯（公元前595—公元前546），吕底亚王国最后一位君主，公元前561年即位一直到公元前546年被波斯帝国的居鲁士大帝打败为止，在位15年以其巨大的财富而闻名。——译者注

② 科尼利尔斯·范德比尔特（1794—1877），在19世纪末20世纪初的"镀金年代"，范德比尔特无疑是亿万富翁的代表之一。他是著名的航运、铁路、金融巨头，美国史上第二大富豪，铁路大亨。——译者注

③ 约翰·戴维森·洛克菲勒（1839—1937），美国实业家，慈善家，是19世纪第一个亿万富翁，被人称为"石油大王"。——译者注

④ 奥托·爱德华·利奥波德·冯·俾斯麦（1815—1898），劳恩堡公爵，普鲁士王国首相，德意志帝国首任宰相，人称"铁血宰相"、"德国的建筑师"及"德国的领航员"。奉行"铁血政策"。——译者注

⑤ 汉尼拔·巴卡（公元前247—前182）：北非古国迦太基统帅、行政官，军事家。少年时向父亲立下誓言终身与罗马为敌。他自小接受严格和艰苦的军事锻炼，在军事及外交活动上有突出表现，仍是当代许多军事学家所研究的重要军事战略家之一，被誉为战略之父。——译者注

大帝①）这一专有名词，也可用来指代俄语"korol（国王）"（还可用于斯拉夫语系）和匈牙利语"király（国王）"。专有名词除了专指个人之外，还可以指代工具或其他事物。在很多时候，专有名词最初可能是一种爱称。例如，在盗贼的俚语中，撬棍或杠杆被称为"betty"或"jemmy"。而英语"derrick, dirk"，德语"dietrich"，丹麦语"dirk（匕首）"，瑞典语"dyrk"均指"Dietrich（Derrick, Theodoricus）"，还有很多这样的例子。在巴黎理工学院，许多单词都有相同的特征，如，源于巴卡拉克老师（M. Bacharach）的"bacha（德语课程）"，博里斯将军（Borius）的"borius（背带）"，马洛上尉（Malo）的"malo（马刺）"等。② "Pamphlet（小册子）"源自"Pamphilet"，最初是《人人爱》（*Pamphilus seu de Amore*）这本性爱小册子的简称。读者可以继续追寻以下单词史，比如："bluchers（半筒皮靴）""jack（脱靴器）""Jack for turning a spit（转叉夹）""a pike（矛）""jacket（夹克）""pantaloon（裤子）""hansom（双轮有篷马车）""boycott（联合抵制）""to burke（秘密谋杀）"。

## 十五　最初之句

我们在上文看到，在已知语言的历史中，越向前追溯，越会发现句子是不可分割的整体。在这个整体内部，那些我们通常认为是单词的成分未被分割。对于语言起源于句子而非单词的这一观点，惠特尼指出："这一观点太过疯狂且毫无根据，无需再次提起，更不用奢望对它做出任何明智、易懂的论述。"③ 但是，只有把原始语言中的句子想象成我们现代语言中的对应句子时，这些原始语言中的句子才会显得荒谬，因为我们语言中

---

① 查理大帝（742—814），法兰克王国加洛林国王，德意志神圣罗马帝国的奠基人。他建立了囊括西欧大部分地区的庞大查理曼帝国。公元800年，由罗马教皇立奥三世加冕"罗马人的皇帝"。他在行政、司法、军事制度及经济生产等方面都有杰出的建树，并大力发展文化教育事业。是他引入了欧洲文明，将文化重心从地中海希腊一带转移至欧洲莱茵河附近，被后世尊称为"欧洲之父"。——译者注

② See *Mémoires de la Société de Linguistique de Paris*, Vol. 15, 1908, p. 179.

③ William Dwight Whitney, *American Journal of Philology*, Vol. 1, 1880, p. 338；See Johan Nicolai Madvig, *Kleine Philologische Schriften*, p. 85.

的句子是由一些成分（词）构成的，而这些成分（词）又可以在其他组合使用，从而形成其他句子。这似乎正是加伯伦茨的构想。① 这样的构想并非毫无根据，假设最初的语言可通过"翻译"的形式转换成现代语言的话，那么最初的语言自然不能以现在"缜密（articulated）"的语句形式体现。比如，我们以句子"that is a pity（太遗憾了）"翻译或解释齿搭嘴音"tut"，那么"tut"并不是一个合乎语法的"句子"。也许我们可以通过现代电报码的形式进一步证明：假如"suzaw"意味着"我未收到你的电报"或者"sempo"意为"预定一流酒店带浴室的单人房间"，那么对于这些无法分析的整体，可以使用完整的句子加以表达。

现在，我们很容易想象出最初语言单位（当然，它与上述两个电报代码的意义并非完全相同）的起源，假设它是原始时期一段毫无意义的歌曲。如果有一定数量的原始人类一同见证了某一事件，并为该事件创作了某首即兴歌曲或者副歌。当日后，这首歌再次响起，就会唤起原始人对整个事件的记忆，例如打败、杀死某个可怕的敌人，军队会围绕尸体跳舞，唱起"Tarara-boom-de-ay"的凯歌，那么按照特定旋律歌唱的声音组合很容易成为该事件的专有名词。它可以大致翻译为："河对岸那个可怕的敌人被我们杀死"或者"我们杀死了河对岸那个可怕的敌人""你还记得我们什么时候杀了他吗？"等等。随后稍作改变，该歌曲或副歌可能成为杀敌之人的专有名称，也可将这种隐喻性的表达方式转移到类似的情境中（"又有敌军来犯：照屠如初！"），甚至混合这些代表专有名词的几个旋律又可以产生更为广泛的含义。关于此类混合如何衍生词缀，可从上文"析取"章节找到答案。而此类混合也可能分离出原始歌曲中类似于我们现代"单词"的成分。从原始歌曲的本质上看，我们只能得到一些暗示性的含义，但是笔者似乎看到了一些形式，通过这些特定的形式，原始的"无词之歌"最初变成了一些含义模糊且无法分解的冗长废话，然后逐渐衍化成如词一般的多单位组合，从而逐渐与其他单位结合使用。不管怎么说，这一理论似乎比其他任何理论都能够更好地解释语言中的不规则现象，在任何不被理解的语言发展轨迹中起到一定的推动作用，而词汇和语法中皆有

---

① See Hans Georg Conon von der Gabelentz, *Die Sprachwissenschaft*, p.351.

偶然与不规则的身影。

　　随后，原始人开始把意义附加到原本杂乱无章的音节序列上，就像孩子把意义附加到从长辈那里听到的许多单词中一样，他们所听到的是为了赋予音节意义。不同之处在于，在后一种情况中，说话者已经将意义与读音联系起来。从听者角度来看，这无关紧要，因为远古时期的原始人第一次听到某些音节与现在孩子们听到的这些音节所产生的理解是一样的。在"mamma"一类词的研究中，我们同样发现了相似之处（参阅本书第8章，第8节）。该类单词的产生是听者无意中赋予了音节意义，这些音节随后又可充当实词使用。假如我们的一位祖先在某个场合偶然发出了一串声音，他又看到（或者听到）周围人做出赞赏的回应，那么他会一直使用该串发音，并在相似的场合重复这些语音。通过这种方式，这串声音将逐渐成为"约定俗成"的符号，成为当时他们心中最重要的事物。恰似先收割后播种，在他发出语音的同时，第一次获得了别人的理解，那么他随后发现，只要故意播撒同样声音的种子，就能收获同样的众人回应。就像对待谷物，他会逐渐淘汰（即不使用）某些音节，用以提高该语音的质量，直到最后，他找到了一种远非完美但堪称绝妙的工具，这就是语言。不过，我们日常语言在很大程度上处于一种以思想为主导的发展路线，因为曾经话语中发挥最大作用的情感特质在某种程度上受到抑制，但它并未消失，而是为所有激情洋溢、雄辩的演讲和诗意的措辞增添色彩。毕竟，语言是门艺术，也是最精美的艺术之一。

## 十六　结语

　　语言最初是对个人或者单个事件含有一定音乐特点且未经分析的表达。它由词和准句子（quasi-sentences）组成，它是笨拙、不充分的思维工具。其错综复杂、反复无常、晦涩难懂。虽然最初语言呈现缓慢、间歇的进步状态，但它依然朝着愈加清晰、更有规律、更为简明、更加灵活的方向发展。没有一种语言是完美的。但理想的语言总是以同样的方式表达同样的事物，用相似的方式表达相似的事物，它不会使用任何不规范或者模棱两可的表达方式，其发音和意义亦完美匹配，各种微妙的含义都可轻易

表达。在这种语言中，诗歌与散文，美感与真实，思想与情感，都将得以
彰显。自此，人类的精神找到了一片优雅的寄托，也能让自己的灵魂于此
无拘无束。

　　不过，无论我们当前的语言与这一理想语言距离有多么遥远，我们必
须感激早已取得的成就，因为我们发现：

　　　　语言是永恒神秘之歌；
　　　　高亢婉转，规则繁多；
　　　　思想与形式巧妙融合；
　　　　无意无形到万物之合。